Zu diesem Buch

Die verstörende und doch zugleich bezaubernde Geschichte einer entsetzlich einsamen Kindheit, die Erinnerung an das Elend, aber auch an die rettende Welt der Phantasie. Von den Verletzungen, der Verwahrlosung des Kindes erfährt man wie beiläufig, die Autorin zieht ihre Leser in den Fluß der Erinnerungen, fügt die Ereignisse so ineinander, wie sie sich in ihren Gefühlen und denen der kleinen Melissa abbilden. Das begabte Mädchen schafft sich eine wunderbare und warme Gegenwelt der Imagination. Mit sieben Jahren kritzelt Melissa einen Roman in ein Schulheft, für sie ist die Welt der Phantasie wirklicher als das reale Leben.

Das kleine Mädchen ist heute eine erwachsene Frau und eine bedeutende Lyrikerin. Melissa Greens Buch ist weibliche Autobiographie im besten Sinn. Schreiben ist für sie kein Spiel, sondern Notwendigkeit.

«In ihren besten Traumerzählungen erreicht Melissa Green die Qualität eines Novalis.» («Handelsblatt»)

Melissa Green, geboren 1954, Lyrikerin, lebt in Winthrop/Massachusetts.

Melissa Green

Glasherz

Eine Kindheit

Deutsch von Susanne Höbel
und Maja Ueberle-Pfaff

Rowohlt

Die Originalausgabe erschien 1995
unter dem Titel «Color is the Suffering of Light»
im Verlag W. W. Norton & Company,
New York / London

Veröffentlicht im Rowohlt Taschenbuch Verlag GmbH,
Reinbek bei Hamburg, Juni 1998

Das Foto des Umschlags und die Fotos im Innenteil
sind aus dem Privatbesitz der Autorin
Umschlaggestaltung Susanne Heeder
(Foto: Melissa Green im Alter von zwei Jahren)
Gesamtherstellung Clausen & Bosse, Leck
Printed in Germany
ISBN 3 499 22362 7

Für Linda Emmetts
und meine Familie in Charles River,
in Liebe und Dankbarkeit

Kind, mein Kindchen mit dem Kastanienhaar,
Verloren gingst du hier,
Um in der Ferne gerettet zu werden.

Der Blattdeuter
Odysseus Elytis

Anmerkungen und Dank der Autorin

Ich wuchs in einer Familie auf, in der im wörtlichen und im übertragenen Sinn alles aus dem Lot und nichts mit dem Horizont im Einklang war. Als ich zu lesen begann, erfuhr ich, daß zumindest in der Literatur die Welt ein stabiler und sicherer Ort war. Bücher wurden für mich zum Maßstab für Ordnung und Sehnsucht – ich wollte dort leben, wo die Dinge übersichtlich waren und ihren festen Platz hatten. Die Buchrücken bildeten die Vertikale, die gedruckten Buchstaben auf den Seiten die Horizontale, und ich entdeckte, daß ich zwischen die Zeilen treten konnte, so wie man zwischen Zaunlatten hindurch auf eine blühende Wiese kriecht, und mich in der Geschichte, hinter der Sprache, wiederfand. Wie Alice durch den Spiegel glitt ich in eine andere Welt, in der alles wundervoll und fremdartig aussah, und mein wirkliches, ungeordnetes Leben trat in den Hintergrund.

Ich verliebte mich in die Sprache der Bücher, weil sie neu, aufregend, greifbar, lebendig war: Worte besaßen Struktur, Gestalt, Geschmack, Dimension, Gewicht, jedes lag wie eine Süßigkeit auf meiner Zunge. Ich liebte selbst die kleinsten Worte, die meist übersehen werden, «ein» und «die», weil sie zwar Randexistenzen wie ich sein mochten, aber in Büchern niemals nutzlos waren. Die Worte, die zu Hause gesprochen wurden, waren flach, abwertend, mißbilligend und grausam. Ich war verblüfft, daß die Sprache eine solche Macht hatte, daß sie so vollkommen verletzen oder heilen konnte.

Diese Erinnerungen sind mehr als die Geschichte meiner Kindheitserlebnisse. Sie handeln davon, wie ich durch Sprache gerettet wurde. Mit neun Jahren las ich zum erstenmal Shakespeare und war wie vom Schlag gerührt. Ich verkroch mich immer häufiger in die schützende Sprache. Ich hortete Worte wie Münzen. In einem geheimen Raum im abgeschiedensten Winkel meines Herzens hütete ich sie wie eine Schatzkiste voller Dublonen oder Reales. Ich war darauf angewiesen, daß mich die Sprache retten würde. Und nach vielen Jahren voller Kummer und Krankheit tat sie das wirklich.

Wenn ich in den Büchern lebte, war ich in Sicherheit. Außerhalb der Bücher war ich es nicht; doch wenn ich mich so klein und unsichtbar wie möglich machte, um den Lebensgeschichten meiner Familie zu lauschen, hörte ich wunderbare, schreckliche, wahre, spannende Geschichten, die mich ebenso veränderten wie mein geheimer Wortschatz.

Was wir sind, werden wir durch das, was uns geschieht und welche Bedeutung unsere Erinnerung daran dem Rest unseres Lebens auflädt. Nicht nur wir formen Metaphern, die Metaphern formen uns. Die Sprache ist unser Besitz, der uns größer macht, als wir sind.

Ich danke dem Writers' Fund Committee am amerikanischen Pen-Zentrum, der American Academy und dem Institute of Arts and Letters sowie dem Author's League Fund für ihre großzügige Unterstützung. Ein besonderer Dank gilt William Wadsworth und den vielen Menschen an der Academy of American Poets, die mir eine höchst willkommene finanzielle Unterstützung gewährten, gerade in einer Zeit, als mir das Wasser sozusagen bis zum Hals stand.

Danken möchte ich auch meinen wegkundigen und großartigen Führern: Ann Katz, Nancy Davis, Dan Buie, Michael Mufson, Joseph Brodsky, Derek Walcott, Ann Kjellberg, George Kalogeris, Sharon Hogan, Karen Fritz und Neal Winston; den lieben Freunden an der Winthrop Public Library;

meinem Ritter in schimmernder Rüstung Harry Ofilos; Herb Leibowitz, dem Herausgeber von *Parnassus*, der einige dieser Geschichten in einer früheren Fassung publizierte; Jill Biolosky, meiner Lektorin bei W. W. Norton; und Kathleen Anderson, meiner früheren Lektorin und heutigen Agentin, deren Handabdruck jede Seite dieses Buches wie ein Wasserzeichen prägt.

Prolog

« Ungelebtes … Leben,
an dem man sterben kann »
Rilke

Wir hätten nicht gedacht, daß du vierzig Jahre alt werden würdest. Wie hast du das geschafft?

Ihr würdet es nicht glauben, selbst wenn ich es euch erklären könnte, erwiderte ich. Dieses Buch hat unter anderem zu meiner Heilung beigetragen.

Wie kamst du dazu, deine Erinnerungen zu schreiben?

Als ich anfing, wußte ich nicht, wie sich das Buch entwikkeln würde. Es gab Geschichten, die ich mir selbst erzählen wollte – die ältesten, vertrautesten –, denn ich dachte, ich würde erfahren, wer ich bin und wohin ich gehöre, wenn sie aufgeschrieben würden.

Und hast du entdeckt, wer du bist und wohin du gehörst?

Ich habe entdeckt, wer ich war, aber ich bin nicht mehr dieselbe. Jetzt lerne ich, in welche Richtung es weitergeht.

Wie war es, bevor du deinen Weg gefunden hattest?

Stell dir auf einem Tisch ausgebreitet ein großes Stück hübschen Stoff vor, aus dem jemand das Schnittmuster für ein Kleid ausgeschnitten hat. Ich war weder der Stoff noch das Kleid, sondern die Stelle, an der die Schere die Stoffteile herausgeschnitten hatte. Stell dir ein Haus vor, das allem Anschein nach ein Zuhause ist – die Lichter sind an, man hört Musik, an den Fenstern flattern Vorhänge. Doch man könnte den ganzen Tag lang anklopfen, und niemand würde die Tür öffnen. Ich war dieses leere Haus. Jemand, der mir sehr nahestand, sagte einmal, ich hätte mich wie ein kleiner Baum auf blankem Fels am Rand des Abgrunds an ein paar Bröckchen Erde geklammert. Ein Leben besaß ich nicht. Ich konnte mich lediglich an die Erde anklammern.

Aber du hattest doch ein Leben.

Ja, aber das war wie ein Traum, aus dem ich nicht aufwachen konnte. Es gab unzählige Tage, durch die ich mich wie durch Nebel tastete. Ich selbst war nicht anwesend, mein Schatten sprang für mich ein. Es gab Nachmittage, an denen die Sonne zu heiß und das Geräusch fallender Blätter zu laut war und noch die leiseste Brise vom Meer auf meiner Haut brannte. Den Ansturm von soviel Schönheit ertrug ich einfach nicht. Ich fühlte, wie ich durch ein unendliches Weltall stürzte und wie eine Sandburg zerbröckelte, Körnchen um Körnchen, bis ich von der Dunkelheit davongetragen wurde. Niemand war da, der mich zusammenhielt, und ich selbst war dazu nicht imstande. An Jahre meines Lebens kann ich mich überhaupt nicht erinnern – nicht daran, wo ich lebte, wer meine Freunde waren, wie ich mich kleidete und wie ich meine Haare trug. Es gab nur Scherben und einen Schauer von Fragmenten – Rasierklingen, Schlaftabletten, Krankenhäuser, Nadeln, Einschränkungen, Leute, die an meinem Bett saßen und meine Hand hielten, und sie wollten mir die Kraft geben, dem Tod zu entkommen; aufwachen und nicht wissen, wo ich bin.

Wie viele Jahre gingen verloren?

Die meisten. Zu viele, um sie zu zählen. Wellen von Kummer schlugen über mir zusammen. Ich war überwältigt von dem Bewußtsein, daß ich lebte. Wie kann ich dir begreiflich machen, daß schon allein mein Da-Sein schmerzhaft war? Ich kroch auf trockenes Land, zog mich auf die Knie hoch und stand auf. Da rollte die nächste Welle über mich hinweg. Ich kämpfte dagegen an und stand auf. Das wiederholte sich immer und immer wieder, bis ich nicht mehr allein aufstehen konnte. Ich war zu verängstigt, zu erschöpft und schwach, zu verzweifelt. Und als freundliche, wissende Hände mich aus dem Wasser hoben, konnte ich nur noch sagen: Hilf mir. Ich versuche, geboren zu werden.

Geboren zu werden?

Ja, als ich selbst zur Welt zu kommen. Ich war nicht die Person, die ich eigentlich hätte sein sollen. Seit frühester Zeit wußte ich in meinem Herzen, daß ich schreiben mußte – für mich bedeutete das, die Wahrheit über mich und die Welt herausfinden –, aber ich traute mich nur ein paar Stufen vor die Haustür, weiter nicht. Ich wußte, ich würde sterben, wenn ich die Wahrheit nicht entdeckte, und ich würde sterben, wenn ich es versuchte. Die Wahrheit finden war schrecklicher als sterben. Und doch war es meine einzige Möglichkeit, die Mauern meines Lebens, wie ich es kannte, einzureißen und mich Zelle um Zelle neu aufzubauen. Ich mußte noch einmal geboren werden.

Wie war das möglich?

Stell dir ein Ruderboot vor, das in Ufernähe sanft auf den Wellen schaukelt, und darin ein Schatten, der die Ruder hält und sich nicht zu rühren wagt. Die Schattenfrau betrachtet die Welt, wie man es sie gelehrt hat, und erkennt deren Falschheit, die durchhängenden Balken und den verrotteten Unterbau einer Stadt mit Gesimsen aus Pappmaché, Türen, die sich nicht öffnen lassen, Gebäuden mit falschen Fassaden, gepflasterten Straßen, die nirgendwohin führen, Kirchen, in denen keine Götter wohnen, Geschäfte, die mit Lügen handeln, Straßenhändler, die Speisen verkaufen, die nicht sättigen, verseuchte Weizenfelder, Brunnen, aus denen rostfarbener Whiskey statt Wasser fließt, Blattgold an den Palastmauern, das sich unter dem sonnenhellen Blick der Schattenfrau in Blut verwandelt und an den pockennarbigen Wänden herabrinnt. Sie weint – alles, was sie kannte und für wahr hielt, hat sich als Lüge entpuppt –, und ihr Schmerz ist der wilde Schmerz der Verbannten, die ihr Heimatland verloren hat. Ihre Augen brennen, und ein weißes Farmhaus geht in Flammen auf. Ihre Augen brennen, und die brüchigen Landungsstege neigen sich und stürzen ins Meer. Sie kann nicht mehr zurück. Die Stadt der Lügen bricht zusammen. Die Schattenfrau beweint den Untergang der Stadt, obwohl es sie soviel gekostet hat, hier zu leben. Es war ihr Zuhause. Türme lösen sich aus ihren Grundmauern und zertrümmern das Straßenpflaster. Zäune kippen um, Pfahl um Pfahl, geschwärzte Fensterscheiben bersten aus den Rahmen, und frische, neue Luft strömt durch die Öffnungen. Mit jeder Schindel, die sich von den Nägeln reißt, mit jedem Schornstein, der in sich zusammensinkt, wird die Schattenfrau besser sichtbar. Sie umklammert die Ruder mit aller Kraft, als wären es Hände.

Und jetzt kann man erkennen, daß jemand bei ihr im Boot ist, ganz nahe bei ihr, der sagt: *Ich weiß, du bist verzweifelt und kannst nicht sehen, wohin dich die Reise führt. Ich will für dich die Hoffnung bewahren, bis du es selbst kannst.* Und die Schattenfrau, die immer noch weint, antwortet: *Das stimmt. Ich habe keine Hoffnung. Aber ich glaube, ich habe Hoffnung auf Hoffnung.* Und gemeinsam malen sie auf den Bug des Ruderbootes, von dem die Farbe abblättert, den Namen: *Die Hoffnung auf Hoffnung.* Die Schattenfrau, die mit jedem Moment an Festigkeit gewinnt, lächelt ein wenig, als erinnere sie sich an etwas längst Vergangenes. *In mir gibt es etwas Unzerstörbares. Es ist verborgen und heilig und unberührbar. Es war schon immer da, auch wenn ich es nicht immer fühlen konnte, aber jetzt weiß ich, daß es unzerstörbar ist. Weißt du,* sagt sie zu ihrer geliebten Begleiterin, *daß die Leute im Mittelalter Steine, die am Strand lagen, Sostoros, Austern, nannten? Sie glaubten, daß die Steine jeden Morgen bei Sonnenaufgang den Mund öffneten und den Tau und die Sonnenstrahlen und den Mond und das Sternenlicht tranken. Und diese einfachen, gewöhnlichen Steine, die Tag für Tag so viel*

Schönheit in sich aufnahmen, brachten Perlen hervor. Das ist es, was ich jetzt tun muß. Jeden Morgen bei Sonnenaufgang muß ich den Mund öffnen und den Tau und die Sonnenstrahlen und den Mond und das Sternenlicht aufsaugen und die Wahrheit schreiben.

Die geliebte Begleiterin lächelt die Frau an, die kein Schatten mehr ist, sondern vor Lebendigkeit strahlt, und sagt: *Ja, diesen Ort hattest du schon immer in dir. Ich konnte ihn sehen, auch als du es nicht konntest. Er wird dich nie verlassen, sowenig ich dich verlassen werde. Komm,* sagt sie, während sie ein Ruder nimmt, *ich helfe dir rudern.* Ich frage, von plötzlicher Angst ergriffen: *Aber wer bin ich denn jetzt? Und wohin fahren wir?* Ich, die Schattenfrau, habe meine wahre Stimme gefunden. *Du bist eine Frau auf einer Entdeckungsreise,* sagt meine Begleiterin. *Wir müssen abwarten, wohin sie uns führt. Aber wir werden es wissen, wenn wir da sind.* Und jede ergreift ein Ruder, und gemeinsam stoßen wir uns vom Ufer der Welt ab und nehmen Kurs auf die offene See.

"Green Acre."
in the early days.

Glas

Es war einmal ein Mädchen, das ewig zu leben wünschte. In den ersten Jahren ging alles gut, aber weil sie nur um immerwährendes Leben gebeten und immerwährende Jugend vergessen hatte, begann sie bald zu schrumpfen und zu verkümmern, bis sie zuletzt nicht mehr gehen noch stehen, nicht mehr essen noch trinken konnte. Und dennoch vermochte sie nicht zu sterben. Zuerst fütterte man sie wie ein kleines Kind, aber als sie dann immer winziger wurde, legte man sie in eine Glasflasche, und darin steckt sie noch immer, klein wie eine Maus.

Ich erinnere mich an gelbe Küken auf einem weißen Nachthemd deutlicher als an das Gesicht meiner Mutter, die Arme meines Vaters, das Zimmer, in dem ich schlief; gelbe Küken kuschelten sich behaglich in flauschige Baumwolle – auf den Ärmeln, dem Kragen, den Rüschen – helle, sonnengelbe Küken erwachten flatternd am Morgen mit mir, als hätten wir lange gemeinsam geschlafen und würden gerade erst aus demselben dunklen Ei schlüpfen.

Plötzlich fiel etwas von meinen Augen. Ich war wach, ich war lebendig, ich hatte die karamelfarbenen Stangen meines Kinderbetts gepackt und stand! Ein Rollo war hochgeschnappt, während ich träumte, und damit endete die lange Dämmerung des Babyalters. Helligkeit und Dunkelheit schieden sich und gossen sich in Formen, so wie Wasser Krüge bis zum Rand füllt; glänzende Seen von Hell und Dunkel zerrannen in aufregende Energieströme; überall entstanden Formen, Dimensionen, Gestalten, vom Licht auf dem Amboß des Schattens herausgehämmert. Kegel, Bögen und Kugeln belebten sich mit Farben, trennten Hand von Hand und Gesicht von Gesicht und bildeten eine Reihe von Hummel-Figuren auf dem Kaminsims in der butterhellen Unendlichkeit des Schlafzimmers meiner Mutter, und die weißen Vierecke, die an Vorhangstangen befestigt waren, wurden zu sonnenüberströmtem Musselin. Ein atemberaubendes Puzzle aus blauen Rauten ordnete sich vor meinen Augen, und zwischen den Fensterstreben prägte sich, wie Glas über einem Kirchenaltar, der Himmel auf die vergoldeten Scheiben, spiegelten sich die schimmernden Äste und Blätter von zweihundertjährigen Ulmen und junge Wolken, die wie Aprilfohlen über eine Weide aus Blau sprangen.

In den Raum traten, lange weiße Handschuhe zum Kirchgang überstreifend, mit pastellfarbenen Ostermänteln und hellem Haar Nana Higgins und ihre Schwester Genevieve; sie zupften die Blüten auf ihren Frühlingshüten vor dem Spiegel zurecht, bis das ganze Zimmer von Blumen erfüllt schien. Und obwohl ich sie nicht mit Namen kannte, wußte ich voll Freude, daß sie zu mir gehörten, und streckte einer von ihnen meine Arme entgegen, damit sie mich an sich drückte – und hier endet die Erinnerung, als sei ein schwerer Samtvorhang gefallen. Hat sich eine von ihnen über mich gebeugt oder mir das Haar gestreichelt? Und wenn es eine tat, warum kann ich mich dann nicht daran erinnern, wenn alles andere so deutlich erkennbar ist? Blitzartig glaubte ich zu verstehen: Ich konnte mich nicht daran erinnern, je umarmt worden zu sein.

Ich habe diesen Augenblick des Erwachens während meiner ganzen Kindheit durchforscht und ausgelotet. Meine Intelligenz faßte nach dem Griff einer metaphysischen Schaukel, die meine Loyalität in einen Zwiespalt brachte: der begeisternde Aufschwung *Ich bin lebendig*, der erregende freie Fall *Ich bin allein*, und der innere Aufruhr, wenn ich wie ein gefiedertes Wesen in die Luft stieg und dann in meinem sterblichen

Körper auf die Erde zurückstürzte. Es waren die vertrauten Seiten des faszinierenden Medaillons, das meine Faust umklammerte: *Ich bin lebendig, ich bin allein.* Immer wenn ich mir später mit geschlossenen Augen diese erste erstaunliche Vision vergegenwärtigte, war ich von ihrer Intensität überwältigt. Ich wußte, ich war «Ich» und in der Welt, und der gefahrvolle Moment meines Erwachens – als sich Dunkel und Licht schieden – hatte mich mit Erkennen und Freude erfüllt. Doch im nächsten Augenblick saß ich wieder in meinem Nachthemd mit den gelben Küken im Bett, und die Welt wurde weiß, rauschte in einer gewaltigen Welle über mich hinweg, und ich zerfiel zu Ascheflocken, zu schneefeinen, erlöschenden Lichtkörnern, wurde immer kleiner, verflüchtigte mich zu Luft, zu Staub, zu nichts.

Ich wurde am dritten April geboren, ein Jahr, bevor Jonas Salk einen Impfstoff gegen Kinderlähmung entdeckte, und verbrachte die ersten sechs Wochen meines Lebens in der Bostoner Beth Israel-Klinik, in der es eine Station für Frühgeburten gab. Mein Geburtsgewicht betrug knapp 1800 Gramm, und meine Lungen waren voller Schleim, deshalb wurde ich in einen Brutkasten gelegt. Meine Eltern hatten mit einem Jungen gerechnet, den sie Richard Winthrop Green III nennen wollten. Folglich hatten sie keinen Mädchennamen parat. Die Ärzte rieten zur sofortigen Taufe, weil ich blau war und sie mir keine Überlebenschancen gaben, deshalb nannten sie mich in aller Eile, einer wundersamen Eingebung folgend, Melissa, was auf griechisch Honigbiene bedeutet. Ein Spezialist aus der Kinderklinik wurde konsultiert, weil ich nicht trank und mein Gewicht auf 1500 Gramm gefallen war, aber nach drei Tagen zwischen Leben und Tod nahm ich schließlich etwas Zuckerwasser zu mir und versuchte zu leben. So zumindest wurde mir die Legende von meiner Geburt überliefert.

Ich wurde von diesem unheimlichen Lebensanfang verfolgt wie andere Kinder von Ungeheuern im Kleiderschrank oder

Drachen unter dem Bett. Ich stellte mir ein winziges, formloses Kind vor, das in weiße Laken gehüllt in einem Brutkasten lag wie eine Treibhausblume, die verwelken und sterben würde, wenn eine menschliche Hand sie berührte, und deren Blässe allmählich die Farbe von Schnee annehmen würde. Dieses Mädchen, so zerbrechlich, daß es von einem Atemhauch davongeweht werden konnte, war in einen gläsernen Sarg gelegt worden, allein auf ein leinenes Schneefeld. Ihr Weinen wurde nicht gehört, sie war ein Hauch, ein Löwenzahn am Ende des Sommers, eine Federkrone, von einem Luftstrom himmelwärts getragen. Wenn sie die Augen öffnete, sah sie eine kleine Kiste, die sie wie mit Eis umschloß, durchsichtig und unendlich still. Niemand hielt sie im Arm, niemand streichelte ihre totenblasse Haut. Sie war allein im Universum.

Es gibt eine Schwarzweiß-Fotografie von meiner Mutter und Flap – halb Landarbeiter, halb Onkel, dessen Namen mit einem stumpfen «a» ausgesprochen wurde –, wie sie vor dem Zaun des Hundezwingers hocken, die Arme voller Welpen, die Flaps Beagle Susie am Tag meiner Geburt auf die Welt gebracht hatte. Ich versuchte mir vorzustellen, was meine Mutter empfand, als sie das ganze junge Leben im Arm hielt und ihr eigenes Neugeborenes fünfzig Meilen entfernt war. Ihr Gesicht ist nicht traurig. Die Welpen zappeln fröhlich, während meine Mutter und Flap stolz in die Kamera schauen. Sie konnten sich sicher nicht vorstellen, daß in wenigen Wochen der gesamte Wurf, mit Ausnahme des kleinsten Welpen, an Staupe eingegangen sein würde, wogegen das Baby, das sie für todgeweiht hielten, bei ihnen zu Hause lebte.

In meiner Kindheit betrachtete ich stets den jüngsten Welpen als meinen Hund, weil das Zusammentreffen seines Geburtstages mit meinem mir bewußt werden ließ, daß wir beide unser Leben angesichts der sehr realen Bedrohung durch den Tod einem äußersten Glücksfall, einer hauchdünnen Gnade Gottes zu verdanken hatten. Der Hund hieß Dummy, weil er nie etwas dazulernte: ein ums andere Mal kam er mit dem Maul voller Igelstacheln nach Hause. Als ich groß genug war, um mich rittlings auf ihn zu setzen, holte Flap die Nadelzange, und während er die Stacheln einzeln herauszog, wimmerte der Hund zum Steinerweichen. Dann legte er sich auf einem zerschlissenen Ledersessel neben den Holzofen in der Eierkammer schlafen und schnarchte wie ein alter Trunkenbold.

Aber wenn Flap sagte: *Sing, Dummy! Sing für dein Futter!*, warf der Hund den Kopf zurück und jaulte aus Leibeskräften, und das langgezogene OU-OOO zog sich die gewundene Einfahrt entlang, schallte über die Obstbäume auf Rossbachs Acker und die Barker Hill Road hinunter bis ins Stadtzentrum. Er verdiente sich sein Futter durch Jaulen – an heißen Sommertagen, wenn das Dorngestrüpp sich unter den Beeren bog, und an Winternachmittagen, wenn kindergroße Eiszapfen vom Dachsims des Kükenstalls herabhingen. Dummy war auf Gedeih und Verderb seinem Herrn ausgeliefert, der ihm Futter versagen konnte, wenn ihm sein Lied nicht gefiel, der ihm Liebe entziehen konnte, wenn einem Befehl nicht gefolgt wurde. Der Hund mußte um sein Leben singen, und sein Jaulen klang kummervoll, wie eine Kirchenglocke aus einem Brunnen tief in seinem Inneren. Sein Geheul ängstigte mich. Ich glaubte, er weine um seine Mutter und seine Geschwister, die längst tot waren. Ich legte die Arme um seinen Hals und jaulte mit ihm, beweinte seinen Hunger und seinen Schmerz.

Alle Tiere auf der Farm meines Vaters mußten ihren Lebensunterhalt verdienen. Im Tausch gegen Liebe und Zuneigung durchstreiften die Hunde tagsüber die Wälder und Felder und standen bei Nacht Wache, zum Schutz gegen Füchse, Igel, Murmeltiere und Waschbären, die sie in Stücke rissen. Butcher, der größte Hund, war immer an einen Baum gekettet, weil man ihm nicht trauen konnte. Er war da, um Leute abzuschrecken, die fremd oder unangekündigt zum

Haus heraufkamen, und war ohne weiteres in der Lage, ein Kind zu zerfetzen. Selbst Flap warf dem Hund Knochen vor, ohne ihn anzufassen, weil er Angst vor ihm hatte.

Wir hatten fünftausend Hennen, die uns Fleisch und Eier lieferten, wofür sie auf improvisierten Fließbändern Wasser und frisches Mengfutter erhielten. Doch wenn ich die Eier holen ging und mit der einen Hand die Deckel der Nester hochhob und mit der anderen die Eier herausnahm, wußte ich nicht, ob die brütenden Hennen aus Wut oder aus Hunger so wild herumflatterten, mir die Hände blutig pickten und in einer Wolke von Federn und Staub ins Gesicht flogen.

Ruby, die wilde Stallkatze, die immer zischte, wenn ich ihr zu nahe kam, fing Mäuse und Eichhörnchen; dafür stand ihr ein Platz im Sägemehl zu, wenn die Temperatur nachts unter null Grad fiel. Rosita, die Eselin, hielt das Gras niedrig und mußte jeden Tag eine andere Stelle, neben der alten Böttcherei, entlang der Steinmauern und hinter dem Scheunenkeller, kreisförmig abgrasen. Sie fraß alles um sich herum, sogar Sumach. Ihr Lohn bestand aus Maisbrei in Melasse und Gemüseabfällen. Wenn ich sie fütterte, mußte ich ihr die flache Hand geben und die Finger möglichst weit von ihren samtigen Lippen wegbiegen, denn sie biß gerne zu und knabberte kräftig, um alles Salz von meiner Hand aufzunehmen.

Die Farm war seit fünf Generationen in Familienbesitz. Früher einmal hatten Ochsen Steinschlitten durch die Felder gezogen. Jetzt hatte der Wald die Weidefläche wieder in Besitz genommen, und mein Vater züchtete Hennen und verkaufte Eier. Die Ochsen waren fort. Der riesige Stall war bei einem Waldbrand schwer beschädigt und dann abgerissen worden. Das Leben auf einer Farm in Neuengland war damals wie heute eine nüchterne Angelegenheit. Dem herben Wechsel der Jahreszeiten ausgesetzt, dem Mangel und der Fülle, waren die Tiere entweder lebenstüchtig oder sie waren es nicht, und wenn sie es nicht waren, wurden sie im Fluß ertränkt oder erschlagen und auf den Komposthaufen geworfen, nüchtern und ohne große Umstände. Manche Tiere führte man sogar am Halfter oder Halsband an ein offenes Grab und schoß ihnen zwischen die Augen.

Nichts auf der Farm durfte verschwendet werden, kein Grashalm, kein Tropfen Wasser. Wenn im Sommer der Brunnen austrocknete und jeder Tropfen Wasser rationiert wurde, um die Hühner zu retten, stapelte sich das Geschirr tagelang im Spülbecken, und wir badeten nackt im Squanicook River unterhalb unseres Hügels und ließen Seifenstücke wie Flöße über die Felsen flutschen, bis eine Armee von Moskitos uns abends ins Haus trieb. Die Toilette im Haus wurde nur noch in Notfällen benutzt, und wir gaben uns im schindelgedeckten Klohäuschen mit dem Sichelmondfenster die Klinke in die Hand und inhalierten dort mit entzücktem Ekel den prosaischen Geruch von Kiefern, Wurzeln, toten Blättern, Moos und Jauche.

Alle eßbaren Reste vom Tisch wurden in eine Kaffeebüchse gekratzt und den Schweinen Honeysuckle und Rose in den Stall gebracht. Sie durchwühlten den Trog in wilder Hast wie die Schweine der Gadarener und betranken sich an dem Gemisch von Äpfeln, Maiskolben und Getreide. Im nächsten Winter würden sie uns Nahrung geben. Die sechs Gänse, die urplötzlich laut trompetend durch Vorgarten und Veranda marschierten, scheuchten Besucher mit ausgebreiteten Flügeln in ihre Autos zurück. Sie schnappten mit ihren harten Schnäbeln nach den Hosenträgerknöpfen meines kleinen Bruders und den Locken auf seiner Stirn, bis er blutete. Sie würden uns als Festschmaus dienen. An manchem kühlen Herbstmorgen, wenn der Nebel noch wie Rauch über den Apfelbäumen hing, suchten Rehe auf der Wiese nach Fallobst und sprangen hin und wieder über den Steinwall, knabberten an den rankenden Teerosen und dem Flieder vor dem Küchenfenster. Aber am Herbstende mußten sie für ihre Schönheit und Nähe zu uns teuer bezahlen, wenn die Männer mit den karierten Hemden, den leuchtendorangefarbenen Hüten und den Gewehren über die Staatsgrenze kamen.

Eines Sonntags während der Jagdsaison, als ich neun war, sortierte ich gerade Eier in der Eierkammer. Es war ein besonders warmer Spätsommernachmittag, die Tür zur Eierkammer stand offen, und die letzten fetten Fliegen torkelten ein und aus. Ich sah Rosita unter der Kiefer neben dem verdorrenden Himbeerstrauch grasen, und während ich träge mit Sandpapier den Mist von einer Eierschale kratzte, hörte ich ein sirrendes Geräusch, das wie ein wildgewordenes Insekt klang. Ich ließ das Ei in den Waschzuber fallen und rannte zu Rosy, die mit klirrender Kette wie rasend um den Baum rannte und sich immer enger um den Stamm wickelte. Ich schrie aus voller Kehle, was ich meinen Vater hatte rufen hören: «Mach, daß du von meinem Haus wegkommst, du verdammter Hurensohn!»

Zwei zerzauste Jäger stolperten aus dem Wald und sahen betreten erst den Esel und dann sich gegenseitig an. Ihre Gewehre hatten sie verlegen auf die Stiefelspitzen gesenkt.

«Denkt ihr vielleicht, das hier ist ein Reh?» fragte ich, und Rosita wieherte mit angelegten Ohren verächtlich. Die Jäger wurden so rot wie ihre Hüte, verzogen sich durch das Gestrüpp in Richtung Straße, starteten ihren Studebaker und fuhren los. Ich kehrte in die Eierkammer zurück, verblüfft über die Dummheit der Menschen, aufgebracht, daß ihnen ein neunjähriges Kind den Unterschied zwischen Esel und Reh beibringen mußte. Ich zog den Drahtkorb mit den gewaschenen Eiern aus der Waschanlage und trug ihn in die Eierkammer, wo ich unter den wachsamen Augen der Tiere, die ich aus *Fish and Stream*, *New England Farmer* und *American Kennel Club News* ausgeschnitten hatte, das Transportband anstellte und die Eier geduldig in die Mulden zur Sortierung setzte.

Wenn man ein Ei gegen das Licht hielt, gegen ein sehr starkes Licht, war die Schale fast durchsichtig, und wenn man genau hinschaute, sah man das Eigelb und manchmal sogar das Küken. Das nannte man Durchleuchtung. Bei unseren Eiern konnte man natürlich nicht viel sehen, weil dem Futter etwas beigemischt wurde, das verhinderte, daß die Eier befruchtet wurden – die Eier waren zum Essen da, also gab es keine Küken darin, aber die Vorstellung war dennoch eigenartig.

Die Sperr- und Zahnräder der Sortiermaschine setzten sich auf leichten Schalterdruck in Gang. Die Eier kullerten in die Mulden und rollten vorwärts wie längliche Kugeln auf einer Kegelbahn, bogen plötzlich links ab und ratterten weiter, bis sie je nach Gewicht in Abschnitte fielen, die mit Jumbo, Extragroß, Mittel, Klein und Sehr klein markiert waren – dreißig Dutzend braune Eier pro Karton, sechs Dutzend pro Lage, bis die Kiste voll war. Mein Vater oder Flap trugen dann die Eierkartons in die Kühlung – einen klimatisierten Raum auf der anderen Seite des Holzofens, in dem die Eier auf Regalen gehortet wurden wie Geld in einem Safe.

Ich war drei, als ich zum erstenmal in den kleinen Kükenstall mitkommen durfte, um mir die aufgeplusterten schwarzen Küken anzusehen, die uns am Tag zuvor ein möbelwagengroßer Lastwagen von einer anderen Farm geliefert hatte und die jetzt erbärmlich piepsend und fiepend unter den Schirmglucken lagen, die über den Brutöfen hingen. Mein Vater hielt mich an der Hand und hob mich in den Kükenstall hinein, in dem es süßlich nach Körnergrütze, Sägespänen und Kerosin roch und sich unter jedem Lichtkegel, umgeben von einem kniehohen Drahtgeflechtzaun, Tausende von Küken drängten und piepsend ihre gelben Schnäbel aufsperrten. Die kreisrunden, umzäunten Stellen um die Brutöfen, die große Hitze abstrahlten, nannte man Brutapparate. Brutkästen kannte ich. Hatte ich auch unter so hellen Lichtern gelegen? Mein Vater schob mich unter die Lichtquelle und setzte mich zwischen die Küken. Es war warm dort auf den Sägespänen. Die Küken kuschelten sich an meine Stiefel, als würden sie von mir Wärme abbekommen. Jeder einzelne kleine Federball gab fast unhörbare Töne von sich, aber alle zusammen machten sie einen ohrenbetäubenden Lärm.

Mein Vater griff in das Federgewühl und hielt ein Küken dicht vor mein Gesicht, so daß ich seine kleine rosarote Zunge sah, die wie ein Bonbonsplitter hervorlugte und nach Luft, nach Essen gierte. Seine flauschigen Stummelflügel wollten schon fliegen. Ich nahm das Küken in die Hand und fühlte seinen Herzschlag, ein winziges Herz wie meines, das nichts wollte als atmen und gefüttert werden; als unsere Herzen einen Moment lang gemeinsam schlugen, lachte ich vor Freude. Dann hielt ich das Küken nahe an mein Ohr und lauschte, weil ich hoffte, im Rhythmus seines Herzschlags eine geheimnisvolle Antwort zu vernehmen, ein Meeresrauschen, eine Erklärung für das Universum und meinen eigenen Ursprung. Als ich das Küken noch näher hielt und es wissen ließ, daß ich es lieben wollte, und als ich den Atem anhielt, damit ich noch mehr hören konnte, hörte das Ticktick in den zarten Federn auf, der kleine Kopf rollte auf dem winzigen, gebrochenen Hals nach hinten, und die Augen starrten an mir vorbei auf die staubigen Dachsparren. Das Küken war tot, und ich war schuld. Ich hatte es getötet, weil ich es zu fest gehalten hatte. Ein schrecklicher Wind brauste durch meinen Kopf. Ich riß den Mund auf, aber kein Schrei kam heraus, nur ein leises Fiepsen, ein Ton des Grauens, für das es keine Worte gab.

Streng, schweigend nahm mich mein Vater an der Hand, hob mich über die Schwelle des Hühnerhauses, und wir gingen hinaus in die Spätwintersonne, die auf dem verharschten Schnee glitzerte. Eis flüsterte auf den Birken, auf den tief gebeugten Brombeersträuchern, auf dem Sumach. Unsere Stiefel knirschten auf dem Schnee den ganzen Weg hügelaufwärts zur Eierkammer. Es war kalt, und die Ranken ratschten auf dem Eis. Mein Vater stocherte im Holzofen, nahm den Dekkel ab und rückte die Klappe zurecht. Es muß ein Sonnabend gewesen sein, denn die Bohnensuppe für das Abendessen blubberte auf dem Herd. Ich zitterte in meinen kalten, nassen Stiefeln. Mein Vater setzte mich auf den Ledersessel, auf dem Dummy manchmal schlief, legte meine Hände um das kleine tote Küken und hielt sie über den offenen Ofendeckel. Ich weinte lautlos. Ich hörte einen Eiszapfen vom Dach gleiten und auf dem Schnee zersplittern. Meine Hände waren eine Muschel, ich hielt ein Ei ins Licht, und ich dachte an die gläserne Kammer, in der einmal ein neugeborenes Mädchen lag und kaum atmete. In ihr schlug ein Glasherz. In dem Herz aus Glas lag ein Kükenbaby mit gebrochenem Hals und ein Kind, das immer kleiner wurde. Das Küken fiel ins Feuer, und das Kind im Inneren zerbarst in tausend Scherben aus Licht, verlöschend, verlöschend.

An einem Nachmittag Anfang Mai war ich oben im Haus und tat, als hielte ich meinen Mittagsschlaf. Schlafen war erforderlich als Ausgleich für das hektische Kinderleben, und ich haßte das. Ich war fünf, und es gab zu viele interessante Dinge, um tagsüber im Bett zu liegen – der summende Rausch des Frühlings, Bäume voller Musik, Zweige, die wie Reifröcke über Petticoats aus Apfel- und Birnenblüten hüpften. Rotkehlchen verströmten betörende Melodien. Den Kopf auf die Arme gestützt, beobachtete ich vom Fenster aus ihren Paarungstanz, von Ast zu Ast schwirrten sie in ekstatischen Bögen, mit pfeilschnellen Schwingen die Luft durchstechend.

An einen alten, knorrigen Holzapfelbaum hatten wir ein Lamm namens Mary gebunden. Ich sah Mary am Brombeergestrüpp knabbern, während sie es stoisch wie eine Säulenheilige zuließ, daß mein vierjähriger Bruder ihr mit dem Kolben seines Spielzeugrevolvers unablässig auf den Kopf schlug. Ein rätselhaftes, animalisches Wissen leuchtete aus ihren Augen – unheimlich waren sie, mit horizontalen goldenen Pupillen in einer braunen Iris. Mir gefiel nicht, daß sie angebunden war. Wir hatten keine Zäune und viele Hektar offenes Weideland, aber man sagte mir, wenn sie wegliefe, könne sie verlorengehen oder den Gemüsegarten plündern, was einer kriminellen Handlung nahekam. Deshalb war sie immer angebunden.

Dann tat Mary eines Tages das Unverzeihliche: Meine Mutter hatte mehrere wichtige Damen aus der Stadt nachmittags zum Bridge eingeladen und die Zimmer und uns drei wie eine Verrückte geschrubbt. Das Haus glänzte. Wir glänzten. Doch als sie vor das Haus trat, um ihre Gäste zu begrüßen, schlüpfte Mary, die sich losgerissen hatte, zur offenen Tür hinein und rannte durch das Wohnzimmer, wobei sie im ganzen blitzblank polierten Haus eine Unzahl ihrer Kügelchen verstreute. Wir johlten vor Vergnügen, aber es war nicht lustig. Von da an wurde sie immer besonders sorgfältig angepflockt. Ich mochte Mary. Aber keiner meiner Versuche, die Kette zu zerreißen, die funkelnd durch das Gras lief, hatte Erfolg, denn ihre Glieder widersetzen sich jeder Bemühung, sie auseinanderzuziehen oder von der geriffelten Wolle an Marys Hals zu lösen; ich schaffte es auch nie, die Kletten aus Marys verfilztem Fell zu kämmen.

Monate später, zur Mittagszeit, träumte ich nicht mehr von Mary. Ich hatte vergessen, daß sie beim Grasen immer zu kurz kam, weil das saftigste Gras nicht in ihrer Reichweite wuchs. Schläfrig sah ich dem Wind zu, der die Wiesen wellte wie eine Unterwasserströmung, und träumte, an meinem Aussichtspunkt wie auf einem Schiffsbug stehend, davon, daß die kleine Meerjungfrau ihren schönen Fischschwanz, ihre Stimme und ihre Heimat doch nicht aufgeben müßte. In diesem Augenblick röhrte ein Lastwagen die Auffahrt hoch, er schnaufte wie ein alter, pfeiferauchender Großvater mit Hosenträgern, dessen Muskelkraft geschwunden ist und der wieder einmal etwas vergessen hat. Ein grüner, unbeschrifteter Pickup mit einer selbstgezimmerten Ladefläche fuhr rückwärts auf den Hof und hielt unter dem Birnbaum, dessen unterste Äste einen Brautschleier aus Blüten bildeten. Zwei Männer in Arbeitsstiefeln und Overalls stiegen aus. Fremde. Ich mochte keine Fremden. Ich spürte ein unangenehmes Kribbeln im Nacken. Ich hatte Angst. Mein junger Vater kam in einem ärmellosen T-Shirt, Arbeitsstiefeln und Overall aus der Scheune, und die drei Männer unterhielten sich wie alte Freunde, Soldaten in der Armee der Erwachsenen, die die Welt beherrschte. Ich drückte mein Gesicht an den Fensterrahmen, aber ich verstand kein Wort.

Die Männer lachten, und einer von ihnen warf den Kopf zurück und nahm die Mütze ab, um sich mit dem Arm den Schweiß vom Gesicht zu wischen. Der andere, jüngere Mann drehte sich um, so daß ich sein Gesicht sah, und spuckte herzhaft ins Gras. Die drei gingen unter den Blüten-Baldachin, wo der Apfelbaum feierlich neben dem Birnbaum stand. Mein Vater hakte Marys Kette los. Ich hörte, wie die Glieder auf die Erde fielen, während die Kette noch um den Hals des Lammes lag. Sie stand still und kaute friedlich. Sie würden sie tatsächlich freilassen – oben, hinter dem Garten, wo das Gras hüfthoch stand und die Bienen schläfrig summten. Ich stellte mir Marys Entzücken über dieses Paradies vor: Ihre Kiefer würden unermüdlich mahlen, ohne daß ihr unbewegliches Gesicht etwas verriet. Ich liebte meinen Vater dafür, daß er sie freiließ.

Statt dessen ging er mit der Kette in der Hand auf den Lastwagen zu, bis sie sich spannte und Mary auf zierlichen schwarzen Hufen zögernd hinterherstolperte. Ich preßte meine Nase noch dichter an das Fliegengitter. Mein Vater zog hart an der Kette, das Tier sträubte sich. Dann stemmten sich die beiden Männer entschlossen von beiden Seiten gegen ihre dicken Flanken und griffen mit riesigen Händen tief in die Wolle an ihrem Hinterteil. Mein Vater stand auf der Laderampe und gab den beiden Fremden, die sich mit vollem Gewicht gegen das Tier stemmten, Anweisungen, während Mary furchtsam und instinktiv widerstrebend die Rampe hochstakste. Ich hämmerte gegen das Fenster und versuchte, die beiden Riegel am unteren Ende zu öffnen, aber ich hatte nicht genug Kraft in den Händen. Plötzlich wußte ich, was da geschah. Ich rannte die Treppe hinunter zu meiner Mutter: «Wohin bringen sie sie? Sie dürfen Mary nicht wegbringen!»

Ich wollte hinauslaufen und sie daran hindern oder ihnen sagen, sie sollten mich statt ihrer wegbringen, aber meine Mutter nahm mich in die Arme und erzählte mir gelassen meine erste Lüge.

«Sie bringen sie zu einer anderen Farm, zu ihren Brüdern und Schwestern», sagte sie.

Ich stoppte mitten im Heulen, mit aufgesperrtem Mund spürte ich, wie das, was sie sagte, mich mit voller Wucht gegen die Brust traf. Ich konnte nicht fassen, daß dieselbe Mutter, die mich badete und mir Essen gab, mit mir sang und betete, mir eine so lächerliche und durchschaubare Lüge vorsetzte, und daß derselbe Vater, der mich an ausgestreckten Armen über seinen Kopf hochhob, mich durchkitzelte und mir mit gespitzten Lippen wie eine Tuba sanft in den Nacken blies, mit ihr gemeinsame Sache machte. Hielten sie mich für beschränkt? Sie brachten Mary zum Schlachter!

Und dennoch nagte ich an den Lippen und glaubte ein paar Sekunden lang daran – an die Existenz einer vollkommenen Farm, auf der die Schafe, begleitet vom fröhlichen Gebell eines sanftmütigen Schäferhundes und behütet von einem wohltätigen Schäfer, glücklich inmitten ihrer Herde auf einer Weide umherstreiften, auf der sich der duftende Klee ausbreitete, so weit das Auge reichte. Dann wurde ich zornig und bekam Angst. Ich wußte, nicht nur Mary würde sterben, auch in mir starb etwas.

Ich löste mich mit offenem Mund von meiner Mutter. Im Glauben, ich hätte sie nicht verstanden, wiederholte sie die Lüge in besänftigendem Ton. *Mary kam auf eine andere Farm.* Ich schluchzte untröstlich. Ich wußte, das Lamm war verloren und mit ihm auch ich. Ich weinte verzweifelte Kindertränen. Wenn sie dachten, daß ich die Wahrheit nicht begriff, dann kannten mich meine Eltern überhaupt nicht. Ich war eine Fremde für sie. Sie argwöhnten nicht einmal, daß ich ihre Lüge durchschaute – ich war nur ein Kind, das man zum Narren halten konnte.

Nicht lange danach tauchte das Lamm eines Sonntags zum Abendessen auf, mit Minzsauce – der Minze, die ich vorher brav gepflückt hatte, nicht ahnend, wozu sie gedacht war. Ich saß am Tisch und zitterte, weil Mary tot war und ich wußte, man würde mich zwingen, sie zu essen, obwohl ich sie geliebt hatte. Aber was ich wollte, zählte nicht. Tränen rannen mir über das Gesicht, als mir mein Vater ungerührt ein Stück rosarotes Fleisch auf den Teller klatschte. Es roch nach Tod. Blinzelnd griff ich nach Messer und Gabel und versuchte, sachte ein Stück abzuschneiden, aber ich traf eine ihrer Venen und schrie auf. Wutentbrannt spießte mein Vater mit seiner Gabel ein Stück von meinem Teller auf und stopfte es mir, die Vene und alles, in den Mund. Völlig außer mir rannte ich die Treppe hoch. Nichts und niemandem konnte ich mehr trauen.

Ich dachte an meine Lieblingsmärchen, in denen der Held einen Zaubermantel erhält, der ihn unsichtbar macht und mit dem er das Schloß, den Schatz und die Hand der schönen Prinzessin erringt. Ein Mantel der Unsichtbarkeit, der es ihm erlaubte, wie Licht durch die Festungsgänge zu gleiten und unentdeckt durch den Palast zu streifen, bis er das Objekt erblickte, für das er alles riskierte. Ich war bereits unsichtbar. Aber ich suchte nichts, es gab keinen Zauber, von dem mich der Kuß eines Prinzen erlösen konnte. Ich taugte nichts. Ich war zu spät gekommen. In meiner Welt, wo ich gesehen wurde, aber nicht sichtbar war, war der Mantel, den ich trug, ein Zeichen der Auflösung, ließ mich zerfallen. Mein Rückgrat wurde zu Luft, mein Knochengerüst zu Nebel, mein Gewebe zu Meeresgischt, meine Haut zu Dunst oder Licht – nicht dem Lichtschein, von dem Heilige umgeben sind, sondern gewöhnliches, unsichtbares Tageslicht. Doch ja, der Wind blies, und ich spürte ihn. Ich war wohl lebendig.

Manchmal hielt mich meine Mutter vor ihrem Gesicht in die Höhe, als wäre ich ein Spiegel, ein vergoldeter Spiegel, der sie über ihre Schönheit und ihr Alter belog, ein Spiegel, in dem sie sich selbst in ewiger Jugend erblickte. Ich erinnere mich, wie Granny sich über meine Wiege beugte, als sei ich der Echo-See am Mount Kearsage, als sähe sie im glatten, schilfblassen Wasser meines Gesichts ihr eigenes Spiegelbild. Es war ihr Haar, das da schwebte, ihre Wangen, die milchweiß dicht unter der Oberfläche trieben, ihre Augen, umrahmt von unverwischbaren schwarzen Rändern.

Ich war für sie unsichtbar, untergegangen in ihren Persönlichkeiten, in der Tiefe ertrunken. Ich war Ophelia, doch nicht die Schönheit der Präraffaeliten mit dem ovalen Gesicht und den Kränzen im Haar, sondern einfach ein totes Mädchen im Wasser. Meine Stimme, ein Rascheln von Heiligengewändern am Himmelsrand, war kaum vernehmbar. Mein Weinen, mein Lachen, meine Verzweiflung stießen gegen die hohe, unbegreifliche Mauer des Baltimore-Katechismus, wo es auf jede Frage eine brüske Antwort gab. Wo war Gott? Sah er mich, unsichtbar und unglücklich an meinem Bett zusammengesunken, wie ich lautlos in die Hände weinte? Aus Alpträumen aufwachend schrie ich nach jemandem, der aus der Dunkelheit kommen und mich trösten würde, damit die furchterregenden Dinge der Lichtlosigkeit wieder ihre harmlose Tagesgestalt annahmen. Aber niemand kam, und ich begann, an der Macht meiner Stimme zu zweifeln. Ich wurde nicht nur nicht gesehen, ich hatte nicht einmal die Macht, mir Gehör zu verschaffen. Meine Stimme war das Schweigen selbst. Ich spürte, wie mich das magische Leichentuch immer enger umschloß.

Wie konnte sich das Gebet eines Kindes, in die Dunkelheit geflüstert, denn überhaupt über die Welt erheben und an den Sternen vorbei in Gottes Ohr gelangen? Ich war unsichtbar; der Tod war unsichtbar. Ich wußte, ich gehörte, wie ein Schatten dem anderen, bereits dem Tod, weil auch ich aus Feuchtigkeit und Luft bestand. Ich glaubte nicht mehr an die Heiligen oder das ewige Leben, weil Mary, das Lamm, zur Schlachtbank geführt worden war. Sie hatten mich angelogen.

Der Himmel mußte auch eine Lüge sein. Was konnte ich noch glauben, wenn ich Lucy, Agatha, Perpetua, Felicity verloren hatte und auch den Gott, der den geringsten Sperling sah, der sogar mich sah? Das Lamm war zur Schlachtbank geführt worden. Jesus war das Lamm. Ich würde sterben und für immer tot sein und in einem gläsernen Sarg unter der Erde liegen.

Ich schrieb meinen ersten Roman im Alter von sieben Jahren. Es waren acht Kapitel auf zehn eng beschriebenen Blättern, ich hatte sie auf einer monströsen Royal, die schwerer war als ich, mit großer Sorgfalt getippt. Eines Sonntagmorgens vor der Kirche war ich fertig und berauschte mich an der Kraft des letzten Wortes, *Ende*. Später rutschte ich mit all den anderen Kindern unruhig auf einer der vorderen Kirchenbänke herum, wo uns der Säuferpriester im Auge behalten konnte. Ich wartete darauf, daß die unverständlich dahindröhnende Predigt zu Ende wäre, während ich unter meinem Strohhut mit den dunkelblauen, gerippten Bändern, die mir den Rücken hinunterhingen, schwitzte und die weißen Handschuhe mit feuchten Händen im Schoß umklammert hielt. Alles war fremder denn je. Wußten meine Mutter und mein Vater nicht, was ich getan hatte? Für sie hatte es nicht das Geringste verändert. Ich drehte mich nach der Gemeinde um, aber ich sah nur Fremde. Ich blickte nach links, nach rechts, sah Kinder, die ich aus der Schule kannte, und fühlte mich plötzlich älter und anders. Sie kannten mich auch nicht. Ich saß still und hörte zu, und plötzlich krampfte sich mein Herz zusammen und ich verstand, daß ich immer noch genauso aussah wie gestern, daß niemand wußte, wie sehr ich mich verändert hatte. Ich hatte ein Buch geschrieben. Verstand denn keiner, was das bedeutete?

Ich schaute zu dem winzigen Fenster über dem hölzernen Christus hoch und wunderte mich, denn wir waren im hellen Tageslicht den Gang nach vorne gelaufen, und jetzt erstrahlte das durchsichtige ovale Fenster in einem wunderbaren Mitternachtsblau, in leuchtendem Marienblau, und es war unendlich still. Und dann wußte ich: Ich war ein Nichts, eine Staubflocke, ein Tautropfen auf einem Stengel, und durch das Fenster stürzte eine Kaskade von Sternen herab, durch mich hindurch, ein Stromkreis für die Ewigkeit. Eine überwältigende, goldene Lavaflut stürzte aus dem chagallblauen Fenster und benutzte meinen Körper als Brücke. Ich stand mitten im Gottesdienst schluchzend auf, weil das Gefühl so unbeschreiblich war, und stolperte, während Votivkerzen verschwommen vor meinen Augen flackerten, den lichtgefleckten Gang entlang mit ausgestreckten Armen dem geliebten, gewöhnlichen Tageslicht entgegen.

Ich war nichts, und ich wußte gleichzeitig, daß ich dasselbe war wie das Gras, die Blätter an den Bäumen, die Vogelnester, die flatternden, verdorrten Ranken an den Bohnenstangen. Gott war kein allesumfangender Vater mit weißem Bart. Er war Dunkelheit, Unendlichkeit, die Geschwindigkeit des Lichts, das Kreisen von Tausenden von Sternbildern am Himmel, und er goß aus einem ebenholzschwarzen Krug das Feuer der Ewigkeit durch meine unbedeutende Kinderseele und prägte auf meine stumme Zunge: *Du bist ein verglühender Stern, der Tod ist stets neben dir, schreibe, so schnell du kannst, die Zeit vergeht.* Es war ein ungeheuerliches Geheimnis. Ich konnte niemandem erzählen, was ich erlebt hatte – daß der Tod nahe ist, daß Gott fern, gewaltig und unsichtbar ist. Ich war niemand und ich wußte das, und dennoch mußte ich Worte finden, um zu beschreiben, was ich gesehen hatte.

Was Liebe bedeutete, lernte ich, als ich sechs war, in einem Sommer, als die Feuchte des Tagesanbruchs und die Helligkeit der Stunde über dem Squanicook miteinander verschmolzen, als hätten sich Zeit und Temperatur verschworen, ein flüchtiges Licht festzuhalten, das über die Morgenfelder entfloh. Dreißig Jahre später verstehe ich, daß in diese Nebel alle Stunden jener endlosen Kindheitstage eingeflossen sind: Die blauen Vormittage des späten August hatten sich in einen glühenden September aufgelöst, und vergangen waren nun die alles überschattende Schüchternheit, die Sandkasten-Tyrannei und jenes Erschauern, wenn sich unter einer vorüberziehenden Wolke eine Gänsehaut bildete. Was betrauerten wir denn, daß unsere Zähne so heftig klapperten, dort am Ufer des Teiches?

In meiner Erinnerung finden sich nur die Fragmente eines normalen Sommertages, als hielte man diesem Vormittag einen gesprungenen Spiegel vor: der stille, nierenförmige Teich unter den Kiefern, der sandige Rücksitz eines Strandwagens über einem geräuschlosen Teppich aus Kiefernnadeln, das Geräusch unserer Gummisandalen, wenn wir den Wurzelweg zum kalten Sand hinunterpatschten, wo eine sonnenhelle Kette aus hüpfenden, bunten Korken im seichten Wasser dümpelte. Der Teich war nicht viel größer als ein Wasserloch, ein kleines stehendes Gewässer, das sich neben ein Ferienquartier der Kriegsveteranen duckte. Er hatte keinen Namen. Wenn man es irgendwie nannte, dann den Veteranen-Teich, obwohl ich dort nie einen Veteranen oder eine amerikanische Flagge sah.

Stehendes Gewässer. Ich mochte den Klang der Worte. Jeder See, jeder Teich und jeder Ozean hatte eine eigene Begrenzung, eine einzigartige Belebtheit, und ich wünschte, ich hätte einen eisigen, von Quellen gespeisten Wasserkörper, ich wäre ein fließendes, unsichtbares Wesen, das über Steine auf warmem, steinigem Grund plätscherte, das wie ein Aal, der Sonne zugewandt, an der Oberfläche schwamm, wild flossenschlagend wie ein junger Delphin in einer Stromschnelle. Im knietiefen Wasser herumzupaddeln war himmlisch, aber eine Art Instinkt meldete sich jedesmal, wenn ich mich rückwärts in dunkleres Wasser warf und es plötzlich in unvorstellbare Tiefen absank. Ich hatte große Angst, ich würde in einen Strudel gezogen werden, und ein panisches Erschrecken umkrallte mein zitterndes Herz. Das Wasser hatte sein eigenes Wesen, eine Seele, einen Dämon, und ich würde, überwältigt von seinem kaum merklichen Sog, vom Tageslicht hinweg ins Leere gezogen werden.

Jeden Sommer bezahlten die Stadtväter zwei ältere Schülerinnen, die den Kleinen das Schwimmen beibrachten, und jedes Jahr wurden die Kleinsten dem Strand entwöhnt, mit Spielen abgelenkt, von der Sicherheit ihrer im Sand glucksenden Fußstapfen weg ins Tiefe gelockt, wo ihre Füße keinen Boden mehr fanden und strampeln lernten. Mit Haaren und Wasser in den Augen erreichten die Kinder die Ziellinie wie kleine Terrier, sie paddelten ungestüm in die bodenlosen Wasser der Unabhängigkeit, ihre strampelnden Beine verrieten den Eifer, mit dem sie sich der heiligen, verwirrenden Aufgabe des Erwachsenwerdens würdig zu sein bemühten. Ich war ein langsames Kind, ängstlich und voller Furcht vor Dingen, die sich zu schnell oder zu laut bewegten und zuviel eigene Kraft besaßen. Ich blieb auf dem Spielplatz scheu neben den Lehrern stehen, fürchtete mich vor den Schaukeln, der Wippe, dem Karussell, vor den flinken, hohen Stimmen der anderen Kinder, ihren Kreiselspielen, ihrem fieberhaften, animalischen Tätigkeitsdrang – aber am meisten fürchtete ich mich vor Wasser. Als daher beschlossen wurde, ich solle schwimmen lernen, gruben sich meine Füße protestierend wie Anker in den Sand. Ich hatte keine Wahl, ich mußte einen Sprung vorwärts tun und erwachsen werden.

Wir waren kleine Mädchen in gerüschten Badeanzügen, geblümten Badekappen und Ponyfrisuren und drapierten unsere Handtücher als orangerote Frottee-Capes um die Schultern wie Prinzessin Margaret, sie waren bestickt mit Giraffen oder zwinkernden Seesternen in Comic-Seeanemonen über türkisfarbenem Meer. Mit rotem Lippenstift waren unsere Namen daraufgeschrieben: Jane, Jody, Marcia, Cindy, Linda, Marianne. Die Jungen in unserem Alter schnorchelten und schwammen in weiten Baumwoll-Badehosen durch den

Teich, schüttelten sich das Wasser aus ihren Bürstenhaaren und rannten um die Wette wie Piraten mit blaugefrorenen Brustwarzen auf das Floß zu, das fünfzehn Meter vom Ufer entfernt auf vier Ölfässern trieb: David, Darby, Michael, Richard, Carl. Hüpfende, spannungsgeladene Körper und Zahnlückengesichter, sie verspotteten einander, waren ausgelassen und arglos und dachten, als sie in den Wald hineintollten, keine Sekunde daran, daß sie ihrem Erwachsensein entgegenliefen.

Den ganzen Sommer über streckte uns unsere Lehrerin im brusthohen Wasser die Arme entgegen und forderte uns auf, uns wie Kaulquappen in die Fluten und ihr entgegenzustürzen, unsere Furcht wie einen Bademantel abzulegen und in den Kreis ihres Wohlwollens und ihrer Zuneigung zu paddeln, als sei das ein Lichtkegel auf einer Bühne. Sie hieß Bonnie und wurde jeden Tag hübscher, denn die Sonne übergoß ihre anmutigen Arme, ihre tropfenden Haare, ihre langen Beine verschwenderisch mit Gold, wenn sie sich hinunterbeugte, um ihre Sandalen auszuziehen. Wenn ich furchtsam wie ein kleiner Hund in ihre hilfsbereit ausgestreckten Arme hechelte, machte mich etwas an den glitzernden Reifen, die das Licht auffingen, wenn sie den Kopf lachend, die Wimpern voller Wassertropfen zurückwarf, etwas an ihrem absoluten Vertrauen in ihren eigenen Körper und in meinen plötzlich federleicht. Ich warf die Hülle des widerspenstigen Kindes ab und verwandelte mich in eine blutjunge Nixe. Die Kraft meiner Arme war die ihre; wenn ich auf dem Rücken liegend treiben und in die helle Sonne blinzeln konnte, dann deshalb, weil ihre Hände mir Auftrieb gaben. Ich hatte keine Angst mehr, und jedes Wort im Schwimmkurs fiel auf meine Stirn wie ein Segensspruch.

Dann, an einem jener letzten, späten Sommertage, als der Himmel kobaltblau über dem Stadtweiher schwebte, als die Fetzen eines abgestürzten Drachens wie Wimpel in einer Ulme knatterten, als die Hochstimmung von den Bäumen gewichen war und der Squanicook hinter dem Mühlendamm nur noch ein schmales Rinnsal bildete, kamen die Schüler früh, um die Ankunft der Buick Roadmasters zu beobachten, die sich Stoßstange an Stoßstange wie bei einer Beerdigung hinter den silbrigen Picknicktischen aufreihten. Unsere Eltern waren erschienen, um zu begutachten, was wir über Auftrieb, über Wasser und über das Untertauchen gelernt hatten. Und wir hatten uns auf dem knarzenden Holzsteg um Bonnie versammelt, schnatternd und zitternd wie eine Herde Gänse, noch flaumig vom Morgentau.

Aber ich dachte nicht an das Wasserballett, das sie mit uns einstudiert hatte. Ich dachte daran, daß ich den Anfängerkurs abschloß. Der Sommer war vorüber, und ich würde sie nie wiedersehen. Bald würde ich mich nicht mehr von einem Dutzend anderer kichernder, zappeliger kleiner Mädchen unterscheiden, die stolz zeigten, wo ihnen ein Zahn fehlte, und sie würde nicht wissen, daß ich haargenau so werden wollte wie sie. Bonnie blies in ihre rote Trillerpfeife, und wir stellten uns auf, während sich das Wasser auf dem weißen Steg in kleinen Pfützen sammelte.

«Wer möchte als erste springen?»

Ihre Stimme erschallte hell wie die Schulglocke. *Ich, ich!* antwortete meine Stimme wie ein stummer Klöppel, aber ich konnte mich nicht rühren. Niemand bewegte sich. Ich hatte Angst. Ich wußte, ich würde sie im Stich lassen, mein Körper würde vergessen, was er gelernt hatte und nur noch erschrokken herumpaddeln wie früher. Bonnie würde enttäuscht von mir sein, das Leuchten würde von ihrem Gesicht weichen, und sie würde eine andere fragen, deren Gliedmaßen nicht den Gehorsam verweigerten, jemanden, der sich als würdig erweisen und das Wasser wie ein Dolch durchschneiden würde. Noch immer rührte sich niemand. Das Wasser war so dunkel, so tief, ich konnte es nicht anschauen.

Aber wenn niemand sprang, würden die Eltern, die mit Sonnenbrillen ausgestattet in Liegestühlen lagen und sich

Luft zufächelten, sich aufrichten und ihr die Schuld geben. Man würde ihr nie verzeihen, daß sie uns das Schwimmen nicht ordentlich beigebracht hatte. Sie würden ihre Schönheit nicht bemerken, nicht erkennen, wie richtig es gewesen war, uns ihr anzuvertrauen. Ich ertrug es nicht, wie sie allein, still und hilflos dastand. Plötzlich war meine Liebe größer als meine Furcht, und ich sprang hinein. Das Wasser war schwarz und kalt, ein Tod im Winter, und mein Herz sank auf den Grund des Teiches. Ich war nicht stark genug. Ich würde ertrinken. Ich würde sie doch noch enttäuschen. Meine Augen waren offen, aber ich konnte Dunkelheit nicht von Dunkelheit unterscheiden. Es gab keine Sonne, kein Geräusch, nur das Klopfen einer Todestrommel in meinen Ohren, ein dumpfes Donnergrollen in meiner Lunge. Sie würde nie erfahren, wie sehr ich mich bemüht hatte.

Dann packte mich eine Hand wie die Hand Gottes und zog mich an den Haaren hoch, und ich saß auf dem Steg, würgte und schnappte nach Luft, die meine Lungen nicht aufnehmen wollten. Ich verstand nicht, warum ich weinte. Bonnie war mir wie der Delphin, der Arion zum Ufer trug, nachgesprungen, um mich zu retten, wo ich doch sie hatte retten wollen. Grelles Sonnenlicht summte in meinem Kopf, die Kinder schnatterten wie kleine Enten, die Eltern applaudierten, und Bonnie lächelte und sagte meinen Namen. Der Schwimmkurs war vorbei. Ich hatte bestanden.

Der Abschluß des Anfängerkurses bedeutete, daß uns Dinge zum erstenmal gemäß einem geheimnisvollen, vorgezeichneten Weg abverlangt wurden. Wir waren nicht länger diejenigen, die man verhätschelte und beschützte, wir gehörten zu etwas, das größer war als wir selbst. Was bisher am privaten Maßstab unserer Familie gemessen worden war, mit Bleistiftstrichen am Rahmen der Kellertür, wurde nun von unserem Rektor, den Lehrern und der uniformierten Schulkrankenschwester inspiziert. Wir sagten gemeinsam das Alphabet auf, wir stellten uns in Kitteln an, um uns gegen

Kinderlähmung impfen zu lassen, wir wetteiferten auf dem Asphalt um die Beherrschung der komplexen Regeln von Völkerball und «Die Fahne zeigen». Wir würden nie wieder so sein wie früher. Mit sechs lernten wir, unser Zuhause zu verlassen, zu einer Klasse zu gehören, Lektionen zu lernen, die wir von gleichaltrigen Kindern übernahmen, wir faßten uns an den Händen und bewegten uns geschlossen vorwärts. Wir saßen aufgereiht an den vom Krieg zernarbten Pulten, deren Deckel über dem immergleichen Kinderkram zuknallten – dicke, stumpfe Buntstifte in Primärfarben, wie Zigarren in merkwürdiges Papier gewickelt, gelbe Stifte, mit denen wir unsere Namen in enormen Buchstaben auf breitlinigem Papier übten, Lesebücher mit all den albernen Figuren, Tom, Dick und Jane und ihrem noch dümmeren Hund Flecki, Essensgeld, Taschentücher, Gummibänder, Radiergummi, die beim Draufbeißen quietschen, vielfach angebohrt von unseren zu oft gespitzten Bleistiften. In dieser Schule, an meinem Pult, hatten schon immer Kinder gesessen, deren gespenstische Gegenwart meine Konzentration störte. In früheren Jahren hätte irgendein dicklicher Junge mit Sommersprossen, der Sohn eines Feuerwehrmannes, meine Zöpfe in die Tinte getunkt, warum saß also gerade ich hier? Es gab kein Ich, nur ein Mädchen auf der Fensterseite, in der dritten Reihe, der der Geruch von Kreide wie Schwefel in der Nase brannte, wenn die Lehrerin in einer Wolke von Kreidestaub ihren Namen von der Tafel wischte.

In diesem ersten Jahr besuchten alle zwölf Jahrgänge gemeinsam die Schule. Wenn wir nach Größe und Gewicht auf den Treppenpodesten in der Aula standen, von den Erstkläßlern bis zu den schnurrbärtigen Söhnen der Farmer, Bestattungsunternehmer und Pfarrer, stellte ich mir vor, daß die Größten von oben Stufe für Stufe hinabstiegen wie Blätter, die an einen Kalender zurückfliegen, bis sie jung und verängstigt in knielangen Hosen auf der untersten Stufe standen, bevor ich überhaupt geboren war. Und dann wurde mein

Phantasiespiel noch komplexer, weil auch ihre älteren Brüder und Schwestern sich wieder in ihr jüngeres Ich zurückverwandeln mußten. Mädchen hörten auf, geräuschvoll die Tasten von Registrierkassen zu drücken, und zogen zur Schulabschlußfeier ihre Mohairpullover und Perlenketten an, die streng und damenhaft zurückgezurrten Haare verwandelten sich wieder in einen gebleichten und toupierten Aufbau mit seitlicher Schleife. Die Jungen tauschten ihre Schraubenschlüssel und ölverschmierten Overalls gegen Anzüge mit schmalen Krawatten und zwickenden Kragen, rasierten sich und entstiegen ohne Zigarette hinter dem Ohr Straßenkreuzern mit pastellfarbenen Flossen. Als ich sie allmählich durch viele körperliche Verwandlungen zurückgeführt hatte in baumwollene Unterhemden und Flanellunterröcke, die sie getragen hatten, als ihre Mütter noch neben dem Radio saßen und auf spitzen Stricknadeln khakifarbene Socken strickten und ihre Väter beim Wecksignal die Stiefel schnürten, entließ ich sie auch aus dem Schmerz ihrer ersten Liebe, ihres ersten Verrats, und ihre Gesichter wurden weicher, rosiger und einerseits weniger ängstlich, andererseits ängstlicher. Da wußte ich, der Kreislauf war endlos.

Ich war gerne eine der Jüngsten. Ich fühlte mich irgendwie sicherer. Die Nachteile des Älterseins zeigten sich, wenn die Luftschutzsirenen kreischten und wir geschlossen aufsprangen, uns verschreckt an der Tür aufstellten und unter ungeheurem Getöse ins Kellergeschoß stürmten. Die Größeren konnten sich nicht mehr mit uns unter die Cafeteria-Tische kauern. Sie mußten gekrümmt wie Frösche an der Wand sitzen. Ich machte mir Sorgen um sie, die Älteren, es erschien mir so traurig, ihr Opfer. Ihre Schultern waren zu breit geworden, deshalb mußten sie vor den numerierten Schließfächern, die sich wie eine unendliche Reihe von Särgen den Korridor entlangzogen, auf ihr Glück vertrauen. Immerhin waren sie bereits in ihre Körper hineingewachsen und trugen Petticoats und Abendkleider und Smoking. Wir würden so verbrennen, wie wir waren, im Schatten unserer erwachsenen Körper, und die Asche würde auf unsere Gesichter rieseln wie Schnee. Wir weinten, weil wir wußten, daß wir nichts hören würden; die Bomben machten kein Geräusch; wir würden verglühen und zu Asche werden wie die Leute in Pompeji, und niemand würde nach uns kommen. Wir waren die Allerletzten, und ich war noch dazu eine der Kleinsten. Ich würde immer sechs bleiben, zu klein, um die Wucht eines so gewaltsamen Todes zu ertragen. Von da an schien jedes winzige Zweipropellerflugzeug, das über die Spaulding Memorial School hinwegflog, den Tod in sich zu tragen. Jedes Flugzeug wurde zum Schatten eines Habichts über den Entenküken auf dem Asphalt, und in unseren Spielen warfen wir uns instinktiv und panikerfüllt aufeinander, als wäre das Schwirren von Flügeln unser aller Ende.

Ich verliebte mich in Roger St. Cyr, als wir eines Tages wegen eines Schneesturms früher aus der Schule entlassen wurden und Joe Luke, der Schweinemann, uns mit seinem schrottreifen 47er International den Hügel hoch mitnahm. Ich war in der ersten Klasse. Die Schneeflocken vor Mrs. Chases Fenster waren so dick wie Papieruntersetzer, und Danny Keefe, der vor mir saß, flüsterte mir zu, er habe die Zwölftkläßler ihre Mäntel anziehen sehen, als er aus dem Keller kam, was bedeutete, daß der Unterricht demnächst abgebrochen würde. Danny Keefe hatte einen Bürstenschnitt und schien so viel über die erste Klasse zu wissen, daß ich mich fragte, ob er sie schon einmal absolviert hatte. Er brachte mir bei, wie man den «Pledge of Allegiance» richtig aufsagte, wie ich mein Essen und Geschirr auf einem Tablett in den Speisesaal trug, ohne es fallen zu lassen, und daß ich vor allem niemals fragen sollte, ob ich Pipi machen dürfte; statt dessen müsse ich die Hand heben und sagen: *Ich muß in den Keller gehen.* Es war verwirrend. Es gab so viel über die Schule zu lernen, und nichts davon machte nur halb soviel Spaß, wie sich zu Hause in der Ecke hinter der Wohnzimmertür auf dem Sofa zusammenzurollen und in dem gelben Märchenbuch zu lesen. Doch heute schrillte die Feuersirene wie sonst jeden Morgen und Abend um sechs, die Schulbusse fuhren draußen vor, die Lautsprecher knackten, die Glocke läutete, und endlich sagte Mrs. Chase, wir dürften gehen.

Im Klassenzimmer brach Chaos aus, die Garderobenschränke flogen auf, Kreide fiel aus den Schachteln, als die Lamellentüren zur Seite klappten, und es begann eine hektische Balgerei um Mäntel, Stiefel und Mützen. Ich haßte das Geschubse und Gerenne am Ende des Unterrichts. Ich mochte es nicht, wenn mir jemand beim Anziehen half. Ich mochte es überhaupt nicht, wenn mich jemand anfaßte. Der Mann im Schuhgeschäft hatte einmal versucht, für ein Paar Spangenschuhe meine Schuhgröße zu messen, und ich hatte einen schrillen Schrei ausgestoßen. Granny gab mir eine schallende Ohrfeige, und der Mann hielt meinen Fuß in eisernem Griff, aber ich konnte nicht aufhören zu schreien. Deshalb blieb ich am Pult sitzen, als der Tumult an der Garderobe tobte, blinzelte zu den hohen Fenstern empor und versuchte, zwischen den Spinnenbeinen meiner Wimpern den Fall einer einzelnen Schneeflocke zu verfolgen. Sie sank zitternd und unberechenbar auf den Fenstersims und verschwand in derselben weißen Flanelldecke, die bereits die Büsche überzog. Ich wunderte mich, daß ihr Fall so langsam vor sich ging und so schnell endete. Jede Flocke sah aus wie ein Spitzendeckchen auf Grannys Sofa. Es war schwer, sich auf den Weg einer einzelnen Flocke zu konzentrieren. Wie kam es nur, daß so viele Dinge beim Fallen kein Geräusch verursachten?

Das Klassenzimmer war leer, als ich mir die Schneehosen über die Strumpfhosen, die Steghosen und den Pullover zog, meine Innenschuhe von der Heizung nahm, sie schnürte und meine roten Stiefel darüberzog. Ich wickelte mir den Schal, den meine Mutter gestrickt hatte, dreimal um den Hals, setzte die passende Bommelmütze auf und knöpfte die lustigen Frösche an meinem Lodenmantel zu, nachdem ich aus den Ärmeln die Fäustlinge geschüttelt hatte, die mit Clips daran befestigt waren. Als ich schließlich auf dem Hof stand, entdeckte ich erstaunt, daß der Bus Nummer 2 fort war. Bus Nummer 2 gehörte ebenso zu mir wie mein Name, mein Klassenzimmer und meine Fäustlinge, die aussahen wie Waschbärenzwillinge. Wenn Bus Nummer 2 weg war, wer war dann ich?

Jeden Morgen aß ich noch im Dunkeln eine große Schüssel Haferflocken mit braunem Zucker und Bananen, bevor ich meine Sachen packte und die Auffahrt hinunterging, um auf den Schulbus zu warten, der röhrend von Moores Haus um die Kurve rumpelte und mich, deren Atem wie ein weißer Schal in der Luft wehte, aufnahm. Ich hatte diese Morgenroutine gern – die Bustüren öffneten und schlossen sich quietschend wie die Handtasche einer alten Dame, dieselben Kinder stürmten die Stufen hinauf, um der Kälte zu entkommen, immer an denselben Briefkästen mit roten Fähnchen an rostigen Stangen. Roger St. Cyr und sein älterer Bruder Billy stiegen nach mir ein, an der Straße hinter Rossbachs Farm. Roger saß immer ganz hinten im Bus. Er war elf und der hübscheste Junge, den ich je gesehen hatte. Ich mußte so tun, als redete ich mit jemand anderem, damit ich ihn anschauen konnte, besonders seinen wunderschönen Haarscheitel. Wenn wir an Rogers Haus und an der Retina-Stiftung vorbei den Hügel hinuntergefahren waren und vier lärmende High-School-Jungen aufgesammelt hatten, holperte und rutschte der Bus über die vereisten Landstraßen, auf denen Schneepflug und Kiesstreuer kaum etwas ausgerichtet hatten, und fuhren dann an Rossbachs unterem Acker mit den weißen Birken vorbei, die sich an der Dudley Road über den gefrorenen Squanicook neigten. Wenn der Bus die gefährliche Kurve erreichte und an Penny Barretts Haus anhielt, erstarrte mir das Herz in der Brust. Penny Barrett war unglaublich hübsch. Sie hatte Glitzersteine an ihrer Brille. Ich sah sie einmal bei der Morgenversammlung in einem langen, blauen Kleid mit einer Samtschleife im Haar; sie stand vor der ganzen Schule und sang ein Lied, das ich vom Kirchenchor kannte. Sie war in Roger St. Cyrs Klasse und saß jeden Tag mit ihm im Schulbus, und jeden Tag wandte ich mich ab und tat so, als interessiere ich mich für den Aschehaufen auf der Müllkippe oder den Trailer, in dem der Zwerg lebte, der dort arbeitete. Aber die Landschaft und die Häuser verschwammen, in meinen Augen brannten heiße Tränen, und im Herzen hegte ich Mordgedanken.

Jetzt war der Bus Nummer 2 fort, und ich stand vom Schneegestöber geblendet bei den Schaukeln und dachte, wie glücklich ich jetzt sogar über den Anblick von Penny Barretts blondem Pferdeschwanz und ihrer langen, blauen Strickmütze wäre. Die anderen Kinder waren lachend und schwatzend zu ihren Bussen gerannt und längst auf dem Heimweg. Ich kannte nicht einmal den Weg zur Barker Hill Road. Ich blickte über den Schulhof zu Dr. Goldfarbs Haus und erkannte durch den Schnee die baufällige Haupttribüne, das Baseball-Feld und weiter hinten den schwachen Umriß eines kleinen grauen Gebäudes unter einer hohen Kiefer, in dem meine beste Freundin, Jody Hebb, wohnte. Dort waren auch die Bücherei, das Rathaus und der riesige, achteckige Churchville-Backsteinbau, dort war die Eastman Street und der Weg zur Müllhalde. Am Ende einer aus zwei Häusern bestehenden Sackgasse lebte Mrs. Bennett, aber mein Zuhause? Manchmal fiel es mir schwer, mich zu orientieren; wo eine Straße anfing und aufhörte, konnte ich mir vorstellen, aber ich merkte mir keine Anhaltspunkte dazwischen – kein Haus, keine Brücke, keine Farm, keine Kuhweide.

Es fing an zu hageln. Auf die Backsteine und die schiefergedeckten Dachgauben der Schule legte sich der Schnee wie Zuckerguß, das erinnerte mich an die Grabsteine aus dem Bürgerkrieg beim Friedhof am Leseraum von West Townsend. Jemand drehte die Lichter aus, ein Klassenzimmer nach dem anderen wurde dunkel, und ich stand allein in den tiefen Reifenspuren der Busse, nur weil ich zerstreut war und Tagträumen nachhing und mich in meiner eigenen Welt verloren hatte. Ich würde niemals mehr nach Hause finden, weil ich an Schnee gedacht hatte, statt mich auf den Bus Nummer 2 zu konzentrieren.

«Hallo, Kleine!» sagte eine Stimme neben mir, und ich schrak zusammen, dann seufzte ich vor Erleichterung, denn ich war nicht als einzige zurückgelassen worden – Roger St. Cyr stand vor mir. Noch Jahre später erinnerte ich mich daran, wie er an jenem Tag aussah, wie er den Schnee aus seinen Haaren schüttelte und lächelte, und seine Augen leuchteten hell wie Kieselsteine an der flachsten Stelle des Squanicook und dunkel wie der Grund des Damon-Weihers.

«Wir haben den Bus verpaßt», sagte er fröhlich, während er seine Jagdkappe mit dem Karofutter und den Ohrenschützern aufsetzte und unter dem Kinn zuknöpfte. Er schien völlig gelassen. «Ich denke, wir werden wohl nach Hause laufen müssen.»

Den Kopf von wirbelnden Schneeflocken umrahmt, kam er mir so groß vor wie ein Erwachsener. Er sah so gut aus, daß es mir die Sprache verschlug.

«Hmmm», sagte er unschlüssig und deutete auf die Straße, die in Richtung Müllkippe führte. «Wir wohnen an derselben Straße, weißt du. Wir könnten zu Mr. Quimbys Büro gehen ...» – Ich erbleichte. Ich war noch nie im Büro des Rektors gewesen – «und deine Mutter und deinen Vater anrufen. Welche Nummer habt ihr?»

Das war einer der Vorteile, wenn man elf war. Ich wäre nie auf die Idee gekommen, meine Eltern anzurufen. In diesem Augenblick hätte ich alles darum gegeben, elf zu sein und den ganzen Tag in Roger St. Cyrs Klasse zu sitzen, elf zu sein und ihn den ganzen Tag anschauen zu können, während niemand auf mich achtete.

Jemand schüttelte mich an der Schulter. «He, Kleine»,

lachte er und rubbelte mein Gesicht mit Schnee ein. «Ich rede mit dir. Wach auf. Sag mir mal eure Telefonnummer.»

Ich errötete bis zu den Haarwurzeln – wie konnte ich nur tagträumen, während er vor mir stand, mit einer Haut, so glatt wie eine Porzellantasse. Meine Telefonnummer? Ich war plötzlich unsicher. Wir hatten einen Gemeinschaftsanschluß. Ich konnte den Hörer abheben und *131-W4 bitte* sagen, wenn ich mit Dorrie Moore sprechen wollte, und Marcia Mountains Nummer war 11, wie Elfi, unsere rotgetigerte Katze. Mama sagte manchmal: *Mae, ich möchte kurz mit Mitzi sprechen. Weißt du, ob sie zu Hause ist?* Und die Dame in der knacksenden Leitung antwortete so laut, daß man es nebenan hören konnte: *Nein, Anne, sie und Bob sind heute in Nashua.* Dann antwortete Mama: *Gut, dann verbinde mich bitte mit June Clark.* Und Maes elektrische Antwort knackte durch die Küche: *Sie ist drüben bei Elsie Lowe, mit Pomona Atherton.* Was würde ich zu der Telefonistin sagen, die Mae hieß? Konnte ich den Hörer abnehmen und fragen: *Ist meine Mutter zu Hause?* Ich stellte mir vor, ich wäre Alice im Wunderland und Mae würde mir in dem gebieterischen Ton der Raupe erwidern: *Wer ist deine Mu-u-utter, kleines Mädchen, wer bist denn d-u-u-u?*

«Ich weiß meine Telefonnummer nicht», sagte ich schließlich und setzte mich hin, um mir den Schnee aus einem Stiefel zu kratzen, damit ich Roger St. Cyr nicht ansehen mußte. Wie war er bloß so groß geworden.

Er zuckte die Achseln. «Macht nichts, Kleine», sagte er, steckte meine Zöpfe unter die Ohrenklappen und verknotete meine rote Mütze unter dem Kinn. «Ich bringe dich nach Hause.» Er nahm meine behandschuhte Hand und sagte: «Also los. Gehen wir. Es sind nur fünf Meilen.»

Doch noch bevor wir den Schulhof hinter uns gelassen hatten, trat ich in einen Schneehaufen, den der Pflug zusammengeschoben hatte, und sank bis über die Knie ein. Er legte meine Arme um seinen Hals, sein Kragen rieb an meiner

Wange, und hob mich heraus und hielt mich fest, als wäre ich kostbar, als hätte er mich gern, und in meiner Brust begann etwas zu hämmern. Ich wußte, ich würde Roger St. Cyr heiraten und ihn mein ganzes Leben lang lieben.

Der Wind heulte uns um die Ohren. Er trug mich zur Straße und setzte mich ab, klopfte den Schnee von meinem Mantel und nahm wie selbstverständlich wieder meine Hand. Wir gingen eine Weile rückwärts gegen den Wind, weil der Schnee uns so heftig entgegenblies, und ich sah die Schule heller und heller werden, wie eine verblassende Fotografie. Ich mußte die Augen zusammenkneifen, um das Dach noch zu erkennen, dann verschwanden die Schornsteinspitzen, und dann sah ich gar nichts mehr – nur noch den Schnee vor meinen Augen und Roger, der meine eiskalte Hand hielt. Wir folgten den Pflugspuren, doch dann hatte der Schnee die Kratzer und Reifenspuren wieder zugeweht. Wir konnten vor lauter Schneebergen kaum noch die Straßenbegrenzungen erkennen. Wie lang waren fünf Meilen? Wir waren noch nicht einmal bei der kleinen Brücke. Ich fror und war durchweicht. Der Schnee im Gesicht trieb mir die Tränen in die Augen.

Dann hörten wir ein Rumpeln, das immer lauter wurde, es klang wie einer der großen Getreidelaster, die die Auffahrt zu unserer Farm hochfuhren und uns Tonnen von Hühnerfutter lieferten. Das Geräusch kam immer näher, aber der Schnee versperrte uns die Sicht. Plötzlich flackerten zwei Scheinwerfer auf, groß und golden wie Dinosaurieraugen, und ein enormer, rostiger Pickup holperte heran, dessen zwei winzige Scheibenwischer auf der Vorderseite quietschend zwei Fächer freilegten. Ein zahnloser alter Mann mit Jagdkappe und karierter Wolljacke stieß die Tür auf und rief: «Rein mit euch!»

Wir rannten um die Scheinwerfer herum, und ich las das Wort «International» auf dem Kühlergrill. Roger kämpfte mit der Beifahrertür, zog sie auf, stieg ein, zog mich über das kaputte Trittbrett auf den Sitz neben sich und knallte die Tür zu.

Meine Füße reichten nicht bis zum Boden. Ich konnte nicht über das Armaturenbrett gucken. Wohin fuhren wir überhaupt? Ich blickte zu Roger hoch, der mir zuzwinkerte und meine Hand drückte. Der Fahrer roch nach Pferdemist und Holzfeuer. Er trug ein Flanellhemd und lange, warme Unterwäsche, die am Nacken und an den Handgelenken schwarz war, und an seinen Hosenaufschlägen hingen Sägespäne. Ich hatte ihn noch nie gesehen. Ich bekam Angst.

«Ich kenn dich doch», raunzte der Mann Roger zahnlos grinsend an, während er knirschend den Gang wechselte und der Pickup ungnädig einen Satz tat.

«Du bist Frannie St. Cyr sein Junge, stimmts? Dieser Sturm is schon'n echter Stinker. Houjeh. Könnten Ärger kriegen den Berg hoch.»

Ich verstand ihn kaum. Er sagte «Schtuam» und «Äaga» und stieß die Tür auf, um Tabak in den Schneesturm zu spukken. Sein Gesicht war voller Bartstoppeln. Er sah aus wie der Schwarze Mann.

«Wo du wohnst, weiß ich auch», brummte er mich an. «Du bist Dick Green sein kleines Mädchen.»

Mir fiel der Kiefer herunter. Er kannte Daddy! Wie das? Mit seinem schweren, schwarzen Stiefel drückte er auf das Gaspedal, und der Wagen nahm ächzend Fahrt auf.

«Wern nich an der Dudley Road halten können. Da rutschen die Räder weg.»

An der unüberschaubaren Kreuzung überfuhren wir unter schneegebeugten Kiefern das Stoppschild und holperten so ungestüm durch die eisgefüllten Schlaglöcher, daß ich mit dem Kopf fast gegen das Autodach stieß. Die Hinterräder schlitterten über das Eis und schleuderten uns fast in eine Schneeverwehung, die bis über die Scheibe aufragte. Schnee wirbelte um uns her, bis ich nicht mehr wußte, ob wir bergauf oder bergab fuhren. Der Motor dröhnte, und die Reifen quietschten durch eine langgezogene Kurve. Die Bremsen kreischten, und wir wurden so heftig durchgeschüttelt wie im verhaßten Auto-Scooter im Lincoln-Park. Mit angehaltenem Atem erwartete ich den Aufprall, aber er kam nicht. Wir preschten an einem schrecklichen Schneemann vorbei; sein Bart, seine Jacke und die Laterne, die er vor der Retina-Stiftung hochhielt, waren mit einer weißen Schicht bedeckt, und ich erkannte Linwood Hatfield, den Mann, der die Farm der Stiftung leitete.

«Heute stochert keiner in Hasenaugen und Affenhirnen rum», sagte der Schwarze Mann und kicherte hinter vorgehaltener Hand wie ein Kindergartenkind.

War es das also, was sie in der Retina-Stiftung machten, fragte ich mich. Herumstochern? Mir drehte sich der Magen um, als wir unterhalb der Farm der St. Cyrs wie eine Achterbahn über die Querrillen bollerten.

Und dann erinnerte ich mich. In all diesen abgedunkelten Ställen saßen Kaninchen und Affen in Drahtverschlägen auf Sägemehl, zitternd vor Kälte und wegen der Operationen, die unter Betäubung an ihren Augen vorgenommen worden waren. Ich sah sie in endlosen Reihen in ihren verdreckten Käfigen hocken, wie im Zoo, nur daß ihre Köpfe verbunden waren und ihre Hinterbeine in panischem Schrecken auf den Boden klopften. Einer der widerwärtigen Hatfield-Jungen stieß mit einem Stock durch den Draht und lachte über all das Blut auf dem Boden und die Angst, die er auslösen konnte.

Wir erreichten Rogers Haus, und der Pickup bremste kaum ab, als Roger heraussprang und die Tür zuwarf. Ich sah ihn ins Weiße verschwinden, als wir die Straße hochdonnerten, und klammerte mich verzweifelt an den Türgriff, bis ich Rossbachs rote Scheune sah und wußte, daß jetzt gleich unser Briefkasten auftauchen würde. Wie konnte es noch Tag sein, wenn es schon so dunkel war? Meine Stimme klang belegt, als ich sprach.

«Wer bist du?» fragte ich den Schwarzen Mann.

«Joe Luke», erwiderte er, durch die offene Tür spuckend.

Der Schweinemann! Ich stieß die Beifahrertür auf und fiel aus dem Wagen in den weichen Schnee. Ich hörte ihn leise fluchen, während ich mir die Jacke abklopfte. Dann knallte er die Tür zu und rumpelte schlitternd und knirschend bergauf in Richtung Mason, bis sein heimtückisch funkelndes Rücklicht in der Dunkelheit verschwand. Und dann entdeckte ich, daß ich mir die Hosen bis hinunter zu den Stiefeln naßgepinkelt hatte.

Eine Zeitlang blieb ich unter der Ulme stehen. Ich hatte den Schweinemann noch nie gesehen, aber er kannte mich. Wie war das möglich? Ich zitterte. Ich war nie in seinem Haus gewesen, aber die Leute *sagten* – ich zerbrach mir den Kopf, um mich daran zu erinnern, was für schreckliche Dinge angeblich im Haus des Schweinemanns vor sich gingen, aber Genaues wußte ich nicht mehr. Er war so unheimlich. Welche Gerüchte auch umgingen, sie mußten wahr sein. Aber er hatte uns doch im Sturm nach Hause gefahren und mich an meiner Auffahrt abgesetzt, oder etwa nicht? Er hatte mich nicht ins Schweinehaus gebracht. Obwohl er wie ein böser Mann aussah, hatte er etwas Gutes getan. Dieses Rätsel beschäftigte mich, als ich durch den kniehohen Schnee die Auffahrt hochstapfte.

In all den Jahren, in denen ich Roger St. Cyr liebte, ließ meine Ergebenheit niemals wirklich nach, ebensowenig wie meine Überzeugung, daß ich ihn heiraten würde, wenn ich groß war. Einmal verliebte ich mich kurz und heftig von ferne in einen dunkelhaarigen irischen Priester, dessen melodiöser Akzent mich im Kindergottesdienst vor Leidenschaft erschauern ließ, aber er kehrte bald in den Kongo zurück, und ich überließ mich in alter Treue wieder meinen Tagträumen von Roger St. Cyr. In dem Sommer, als ich neun war, stand ich oft draußen unter der tropfenden Regenrinne und beobachtete die aufgetürmten Wolken jenseits des Tales und den quirligen Himmel, dessen Stirn sich zornig verfinsterte, die zuckenden Blitze, das stöhnende Luftmeer, das sich in blindem Schmerz aufbäumte und um sich schlug. Doch der Sturm zog weiter, und die Sonne trippelte durch die Wolken wie ein Mädchen in ihrem ersten Tanzkleid, die langen Blätter der Tigerlilie wurden hell und tropften vor Nässe, die Vögel wagten ein vorsichtiges Zwitschern. Die ganze Welt schien in Erregung versetzt, erfüllt von einer tiefen, unaussprechlichen Sehnsucht. Etwas versuchte sich zu enthüllen, etwas, das die Welt oder der Sturm oder ich nie richtig auszusprechen vermochten.

Roger und sein älterer Bruder Billy hatten jeder ein eigenes Pferd. Ich war entsetzlich neidisch. Ich wünschte mir schon seit Jahren ein Pferd, aber Daddy hatte immer nein gesagt. Wir hatten einen Esel, und das war gut genug: Rosy, die wie ein Fischweib keifte, weigerte sich zu galoppieren und hatte einmal den beschwipsten John Nolan kopfüber in einen Misthaufen geworfen. Der Stall der St. Cyrs war trocken und roch gut, vom Gebälk rieselte der Staub, und das einfallende Sommerlicht verlieh den Heuballen goldene und grüne Streifen. Billys Pferd war eine sanfte, rotbraune Stute mit Namen Buttons, die zerstreut wieherte, wenn wir in ihre Nähe kamen, und dann ungerührt ihr Futter weitermampfte, als seien wir lediglich eine höchst unwichtige Unterbrechung ihrer bedächtigen Mahlzeit. Ein so fügsames, wohlerzogenes Wesen interessierte mich nicht besonders. Viel mehr faszinierte mich Rogers Pferd Sugar. Es war ein honigfarbener Palomino mit einer weißen Blesse auf der Stirn und einer langen, blonden Mähne, die ich Roger bürsten half. Dabei stand ich auf einem Melkschemel und war einen halben Meter größer als sonst. Ich fühlte mich erwachsen und enorm wichtig, weil ich von oben auf Heumiete und Wasser und Tränke herabblicken konnte. Ich war mit einemmal so groß wie Roger, und Sugar peitschte mit dem Schwanz gegen meine Latzhosen, während er sein Futter kaute. Ich konnte mir vormachen, daß die fünf Jahre Abstand zwischen Roger und mir weg waren, daß er mich lieben konnte, als sei ich ein Mädchen seines Alters.

Wenn Sugar sich umdrehte und seinen riesigen Kopf über die Stalltür schob, sah ich wieder, wie klein ich war, und hielt ihm vorsichtig die Hand hin, damit er mir das Salz von der Handfläche lecken konnte, wie es Rosita mit samtiger Nase und erfreutem Wiehern gerne tat. Doch Sugar schüttelte den Kopf und murrte; die Muskeln an seinen Flanken zuckten, und er stampfte mit den Hufen, die mir so groß erschienen wie Kuchenteller. Ich hatte Angst, auf dem Schemel stehen zu bleiben, und Angst hinunterzuklettern.

«Er ist zu groß», rief ich und sah zu, wie er sich wehrte, als Roger ihn aufzäumte, doch statt mich aus der Box herauszuholen, wie ich es wollte, lachte Roger und setzte mich Sugar auf den Rücken.

«Nein!» schrie ich entsetzt, ließ den Striegel fallen und griff in die frischgekämmte Mähne. Dann saß Roger auch schon hinter mir, einen Arm um mich gelegt; wir trotteten ohne Sattel aus dem Stall, blinzelten in die Sonne, und das Pferd hob die Füße mit einer Grazie, als ritten wir in der Memorial-Day-Parade. Die braunen Hunde, die im Gras dösten, öffneten jeder ein Auge und schliefen gleich wieder ein. Wir klapperten am Steinwall entlang auf Rossbachs Acker zu. Auf der Straße, auf Sugars Hals und auf meinen Händen, die sich in die Mähne krallten, bildeten Licht und Schatten tanzende Muster. Ich fühlte mich wie im Himmel. Rogers Griff um meine Taille wurde fester, er gab dem Pferd die Sporen, und wir flogen an den Enten im Scheunenhof vorüber, vorbei an Ida Krülls Sauna, über den Steinwall und auf die Weide, wo die Kühe in Aufruhr gerieten und losrannten, bis wir zu dem verfallenen Schuppen bei Joe Arlens Haus kamen, neben dem im Frühling Weidesträucher blühten, die so groß wurden wie ich. Hier wohnte keiner mehr. Niemand erinnerte sich mehr an Joe Arlen, aber wir nannten das Haus immer noch nach ihm. Das goldene Pferd übersprang die Steinwälle mit müheloser Grazie, als wir an dem verlassenen Haus vorüberritten, und ich wußte, daß Roger und ich eines Tages zu diesem Haus zurückkehren würden, in dem jetzt Zeitungen über zerborstenen Fensterscheiben verfaulten, die Eingangstür schief in den Angeln hing und das Dach wie ein V nach innen gestürzt war. Ich würde ein langes, weißes Kleid tragen. Roger würde mich von Sugars Rücken heben und mich über die Schwelle tragen, und wir würden dort zusammen leben, bis wir alt waren, wir würden uns in den Armen halten, blind für die Krähen in den Beerensträuchern oder die Eisblumen, die an den Fensterscheiben emporkrochen.

Später in jenem Sommer ging meine Familie zu einem der Platzkonzerte, die jeden Donnerstagabend im Park von Townsend stattfanden. Obwohl es Juli war, hingen weihnachtliche Lichterketten in den Bäumen. Die alten Leute saßen auf Klappstühlen am schmiedeeisernen Gitter, das der Friedhofsumzäunung glich. Schulkinder rannten mit Ballons umher. Babys schrien in Kinderwagen, während sich ihre Mütter in schwingenden Sommerkleidern und Petticoats wie eben erblühte Pfingstrosen gebärdeten, mit ihren Glückskettchen klimperten und sich laut lachend unterhielten. Alle trugen ihre besten Kleider. Manche hatten die Autos Seite an Seite vor dem Park abgestellt und waren darin sitzen geblieben, so daß sie die Musikkapelle hören und nach jedem Marsch auf die Hupe drücken konnten. Es gab Popcorn und kandierte Äpfel, Zuckerwatte und Ponyreiten für die Kleinsten. Das gedrungene, graue Pony war hinterhältig und versuchte gelegentlich, uns zu beißen, aber ich glaubte den Grund zu kennen: Sie ließen es unentwegt auf diesem dummen, umzäunten Platz im Kreis herumgehen, wo es nie davonlaufen konnte. Da hätte ich auch Lust gehabt, jemanden zu beißen. Es wurde Kuchen und selbstgemachte Marmelade verkauft, damit der Chor sich neue Gewänder anschaffen konnte. Neugeborene Kätzchen wurden verschenkt, und bei der Tombola konnte man meistens ein Fahrrad oder ein Paar Rollschuhe gewinnen. An jenem Abend war der Hauptgewinn eine Puppe im Brautkleid.

Auf dem Tisch neben der Kapelle stand auf einer in Geschenkpapier gewickelten Schachtel die schönste Puppe, die ich je gesehen hatte. Ein Mann im weißen Hemd rollte die Ärmel hoch und zählte Geld in eine Zigarrenkiste. Die Leute gaben ihm einen Dollar für ein Kärtchen, das er von einer Rolle abriß, die so groß war wie der Reifen an meinem roten Spielzeugauto, und dann steckte er ein identisches Kärtchen in eine gläserne Keksdose. Ich konnte den Blick nicht von der Puppe wenden. Fingernägel kauend stand ich da und dachte an die Puppenbraut, die ich zu Hause hatte, aber sie sah nicht so echt aus wie diese hier. Meine Puppe hatte keinen rosaroten Brautstrauß. Sie hatte keinen Schleier, den man ihr über die Augen ziehen oder zum Kuß lüften konnte. Diese Brautpuppe hatte große blaue Augen und lange, lockige rote Haare. Sie trug Perlen um den Hals und das Handgelenk. Ihre Schuhe ähnelten den Rosen auf Hochzeitskuchen, die Mrs. Farrar aus Zuckerguß machen konnte, und ich wußte, ich würde sie gewinnen. Die Puppe gehörte mir. Ich gab dem Mann mein gesamtes Taschengeld und steckte den Bon selbst in die Keksdose.

Mr. Talcott, der Dirigent, der aussah, als sei er gerade von Bord der *Mayflower* gekommen, kündigte die Losziehung für die Puppe an – würden Sie sich bitte alle mit Ihren Nummernkärtchen am Basartisch einfinden? Als Father Mealey in die Keksdose griff, umklammerte ich mein Kärtchen. Ich wußte ja schon, daß ich gewinnen würde. Dann war alles still. Er rief eine Nummer, und aus dem Gemurmel und Geraschel ertönte eine Männerstimme: «Das bin ich!» Die Leute johlten und klatschten und machten Platz, damit der Mann zum Tisch vorgehen konnte. Ich sperrte den Mund auf, aber es kam kein Ton heraus. Father Mealey hatte einen Fehler gemacht. Er wollte eigentlich meine Nummer aufrufen. Ein Mann legte mir die Hand auf die Schulter und drängelte sich an mir vorbei. Es war Bruce Lashuas Vater, der in dem Friseurladen mit der rotweiß gestreiften Säule vor der Tür allen Leuten die Haare schnitt. Er griff nach meiner Puppe. Er hielt sie hoch, und die Leute pfiffen und trampelten. Der Friseur? Bruce Lashuas Vater? Was wollte der denn mit einer Brautpuppe anfangen? Er hatte doch fünf Jungen und kein einziges Mädchen! Wenn ich nur mit ihm reden könnte, würde er bestimmt einsehen, wie dumm es war, daß er die Puppe bekommen hatte, und sie mir schenken.

Aber Bruce Lashuas Vater sah mich überhaupt nicht. Er tauchte in die Menge ein und verschwand. Ich blieb allein bei der Tombola-Dose stehen und sah fassungslos zu, wie der Mann das weiße Papiertischtuch abnahm und den Tisch auf die Seite legte, um die Beine einzuklappen. Ich war wie erschlagen. Gott hatte meine Brautpuppe einem Friseur gegeben, der sie nicht im mindesten zu schätzen wußte und dessen fünf Söhne nicht einmal bemerken würden, daß ihr Kleid feinem Wiesenschaumkraut ähnelte oder daß ihr Schleier so zart war wie Spinnweben, an denen kristallene Tautropfen hingen.

Ich weinte den ganzen Heimweg im Auto, stürmte hoch in mein Zimmer und knallte die Tür hinter mir zu. Immer wieder trat ich gegen meinen Bettkasten. Es war einfach nicht gerecht! Meine alte Puppe lag mit verrutschtem Kopfputz, das Gesicht nach unten, auf der Decke. Ich haßte sie. Ich haßte Bruce Lashuas Vater. Laut weinend trat ich immer noch einmal gegen den Bettkasten. Roger St. Cyr würde mich nicht heiraten. Er würde Penny Barrett mit der wunderbaren Singstimme und der blauen Samtschleife heiraten. Er würde sie heiraten und in seinem Elternhaus an der Barker Hill Road wohnen, das weiß gestrichen war und rote Fensterläden hatte, und sie würden einen Stall voller Palomino-Fohlen und viele braunäugige, dunkelhaarige Kinder haben. Ich würde niemals einen rosaroten Brautstrauß tragen und in einem weißen Rüschenkleid mit Perlenknöpfen am Rücken und einem seidenen Petticoat oder mit Schuhen wie Rosen auf einem Hochzeitskuchen zum Altar schreiten. Sogar meine blöde, pfannkuchengesichtige Puppe durfte ein hübsches Hochzeitskleid tragen, nur ich nicht. Ich riß ihren Schleier in Fetzen. Er zerfiel mir in den Händen zu Spinnwebfäden. Ich zerrte am Saum ihres Kleides, und als es nicht nachgab, riß ich es mit den Zähnen entzwei. Dann hielt ich sie an den Füßen hoch und schlug ihren Kopf gegen die Heizung, immer und immer wieder, und schluchzte dabei: *Niemand wird mich heiraten, niemand, niemand, niemand.*

Ich hatte Angst. Unsere Schulkrankenschwester, Mrs. Amiro, hatte meine Mutter angerufen und berichtet, daß ich den Sehtest nicht bestanden hatte: Ich konnte den Apfel auf dem Tisch nicht finden. Ich versuchte ja, ihn zu sehen, ich wollte ihn mit schierer Willenskraft sehen, in meiner Phantasie war er schon fast vorhanden – eine Märchenfrucht auf weißem Teller, glänzend, verführerisch, von leuchtendem Rubinrot. Aber es war nutzlos. Ich sah den Apfel nicht. Ich fand nicht einmal den Tisch.

Meine Mutter brachte mich zum Augenarzt in der übernächsten Stadt. Ich hockte vornübergebeugt auf dem breiten Rücksitz des Chevy, betrachtete die Hände meiner Mutter am Lenkrad und warf ab und zu verstohlene Blicke auf all die Leute in der Stadt, die Bündel und Aktenmappen und Einkaufstaschen vom Victory-Supermarkt trugen. Was sahen sie, das ich nicht sah, und warum sah ich die Dinge anders? Manche von ihnen trugen Brillen. Vielleicht mußte ich nun auch eine blaue Katzenaugenbrille tragen, so wie Janie Briguglio, meine zweitbeste Freundin. Eine Brille wäre klasse.

Ein Mann im weißen Kittel führte mich in einen dunklen Raum. Er setzte mich auf einen hohen Stuhl, ganz wie Onkel

Howard, der Zahnarzt, und schaltete das Licht aus. Mein Mund war trocken. Der Mann hatte weiche, kühle Hände, als er mich am Kinn anfaßte, um mir mit seiner Taschenlampe erst in das eine, dann in das andere Auge zu leuchten. Er stülpte mir einen Helm über die Augenbrauen, bis er auf meinem Nasenrücken lag, und forderte mich auf, durch die Augenschlitze auf die gegenüberliegende Wand zu schauen.

Ich sah ein großes E, dann Reihen von Es, die wie bei einer Schichttorte in verschiedene Richtungen gekippt untereinander lagen. Bei jeder Zeile wurden die Buchstaben kleiner, bis sie wie Ameisen herumzukrabbeln schienen. Ich deutete mit dem Zeigefinger an, in welche Richtung sie wuselten, und fragte mich, ob das ein Trick war. Wenn andere Leute Sachen sahen, die ich nicht sah, sah ich vielleicht Dinge, die es gar nicht gab.

Etwas Schwarzes fiel über mein rechtes Auge, und plötzlich waren Ameisen, Papier, Licht und Arzt verschwunden. Ich sah nur noch graumelierte Schatten. *Es war Nacht. Hinter den Wolken schien ein verhangener Mond.* Er forderte mich wieder auf, mir die Es anzuschauen, aber ich sah sie nicht. Ich sah überhaupt nichts – weder das Schaubild noch die Wand, weder seine Hand vor meinem Gesicht noch die Finger, die er mir zum Zählen hinhielt. Ich faßte mich an die Wange, um mich zu vergewissern, daß ich wenigstens noch da war. Ich war da. Nur die Welt war fort.

Er ließ mich mit einem Eisenhelm über dem Gesicht allein, ich kam mir vor wie ein Falke mit einer Haube, meine Hände umklammerten die Armlehnen, mein linkes Auge blinzelte die Tränen fort. Auch meine eigene Hand, mit der ich mir vor der Nase hin- und herwedelte, war weg. Ich schluckte etwas Hartes, das mir in der Kehle saß. Ich hörte einen Petticoat rascheln, konnte aber den Kopf nicht drehen. Mein Kinn war mit einer Eisenklammer befestigt, und jede Bewegung war mir unmöglich. Ich hörte, wie der Petticoat meiner Mutter sch-sch machte, als sie sich mit dem Arzt in einer Stimmlage unterhielt, die sie immer benutzte, wenn sie nicht wollte, daß ich sie verstand. Ich schloß die Augen und spitzte die Ohren.

Ich hörte wirre Dinge, die ich nicht begriff, und nahm den Satz auseinander wie einen Keks mit Füllung. *Träges Auge. Gutes Auge. Schlechtes Auge.* Was meinte er damit? Mein linkes Auge war nicht träge. Es öffnete sich ebenso wißbegierig wie das rechte, es wollte alles sehen, was das andere sah. Ich spürte, wie sich beide gemeinsam hin- und herbewegten. Es wollte arbeiten, es bemühte sich zu arbeiten, es wollte nicht faul sein, es wollte auch nicht schlecht sein.

Die Stimmen kamen näher. *Augenklappe.* Der Eisenhelm wurde mir abgenommen. Ich blinzelte, meine Mutter runzelte die Stirn, ohne mich anzusehen, und der Arzt legte mir die Hand auf die Stirn. Die schimmernden Windräder der Welt drehten sich wieder im Gleichtakt. Doch einen Augenblick später hörte ich das Wort *blind.* Mein eingeschnürtes Herz setzte aus. Der Arzt riß ein Papier auf und zog ein eierförmiges Pflaster heraus, und die Welt verschwand wieder, als er mein gutes Auge zuklebte. Ich sah nur noch dunkle Formen, die im Licht schwammen. Angestrengt versuchte ich, durch das Pflaster zu schauen. Ich war praktisch schon blind. Plötzlich verstand ich. Ich würde mein Augenlicht ganz verlieren. Sie deckten das gute Auge zu, damit es nicht schwach und nutzlos wie das schlechte Auge wurde, aber allmählich würde ich blind werden, bis ich nur noch Formen und Schatten um mich her unterscheiden könnte.

Jeder Morgen danach war ein Willenskampf, bis alle Tage in einen zusammenflossen, und je verzweifelter ich kämpfte, desto tiefer schien ich in Treibsand zu geraten. Beim Schlafengehen tropfte mir meine Mutter Medizin in die Augen, damit sie sich besser erholten, während ich schlief. Sie senkte ein Glasröhrchen tief in eine braune Flasche und hielt es dann kurz über jedes Auge, bis ich es aufhalten konnte, ohne zu blinzeln. Dann spürte ich einen einzelnen Tropfen wie Wasser in einen Brunnen fallen. Sie ermahnte mich, die Augen bis zum Morgen geschlossen zu halten, aber damals mußten wir vor dem Dunkelwerden zu Bett gehen, und wenn meine Mutter mich alleingelassen hatte, tapste ich zum Fenster über den Fliederbüschen und der Regentonne, um den Ziegenmelker singen zu hören und zu sehen, wie das Tageslicht sich davonstahl, bis das Gras und der Garten und der Wagenschuppen zu einem einzigen Schatten verschmolzen. Und manchmal erschienen Sterne über Barker Hill, und der Mond stieg durch die spitzengesäumten Ulmenzweige, doch wie auch immer der Tag endete, ich bat Gott nicht, mir zu helfen. Weder Jammern noch Feilschen würden Gottes Willen ändern. Ich würde blind werden, ganz gleich, was ich Ihm jetzt versprach. Statt dessen gab ich mir ein Versprechen, das für den Rest meines Lebens gelten sollte: Ich würde nie vergessen, wie es aussah – das Licht, die Welt. Ich würde all das bis zu meiner letzten Stunde in Erinnerung behalten.

Wenn mein Vater, der das Aufstehen haßte, morgens am Fuß der engen Treppe stand und sein mürrisches «Raus aus den Federn» hochröhrte, flüsterte ich in meine zum Beten gefalteten Hände: *Bitte laß mich heute nicht blind sein.* Und für einen Augenblick war die Welt hell und licht, und ich bewegte mich in ihr und konnte sehen. Dann kam die Augenklappe, und meine Mutter und mein Vater wurden zu grauen Schatten in der Dunkelheit. Ich stolperte hinaus ins Licht wie ein Krokus, der sich blindlings der Aprilsonne entgegenreckt. Ich folgte den Gestalten meiner Geschwister die lange Auffahrt hinab, am verschwommenen Weiß der Böttcherei und den grünen Weidenfähnchen vorüber und wartete mit ihnen am Briefkasten auf den Schulbus, bis ein riesiger gelber Klecks aus Richtung Mason den Hügel herabrumpelte und meine tägliche Qual begann.

Fast jeden Tag stolperte ich auf den Busstufen. Dann hockte ich mich schnell auf meinen Platz, jemand lachte und flüsterte etwas. Bevor Mrs. Minehan oder Mrs. Ormsby auf dem Schulhof die Glocke läuteten und wir uns nach Alter und

Geschlecht geordnet versammelten, rannten gewöhnlich alle, in ihre Spiele vertieft, kreischend und quiekend herum, nur ich lehnte allein an der Schaukel und kniff die Augen zusammen, bis alles am Rand verschwamm. Statt des bunten Kindergewimmels sah ich in meiner Phantasie einen wunderschönen Orientteppich mit Fransen, so lang wie ein Ponyschweif, der mir zu Füßen lag. Ich stellte mir vor, wie ich auf seinen farbenfrohen Flor trat und mich im Schneidersitz auf rote, mit goldener Spitze gesäumte Samtkissen setzte. Ein Wunsch genügte, und der Teppich erhob sich weit über die Köpfe meiner erstaunten Klassenkameraden, über die Hände von Mrs. Chase und Miss Brooks, die mich anflehten, doch zurückzukommen, über das Dach der Spaulding School, über den glitzernden Lauf des Squanicook, wie ein Phoenix über die ganze Erde, aber doch nicht so hoch, daß ich die Schönheit unter mir aus den Augen verlor.

Ich sah die Kreide nicht, mit der ich auf die Tafel schrieb. Ich konnte die Zeilen in meinem Liederbuch nicht lesen. Wenn der Schultag und die lange, holprige Fahrt den Hügel hoch endlich ausgestanden waren, probierte ich, mich die Auffahrt mit geschlossenen Augen entlangzutasten, wobei ich – tack-tack-tack – mit einem Weidenstock alles abklopfte und mir vorstellte, ich sei Helen Keller.

Und dann war ich frei und rannte in die Wälder, nur weg von dem Haus, dem Streit, dem Chaos, in die tiefe Stille von Fichten, Birken und Moos. Dort, wo der Bach einer kühlen Quelle entsprang, bevor er in reißendem Lauf den Steinbruch und dann den Squanicook erreichte, riß ich wutentbrannt meine Augenklappe ab und blinzelte in die silbrigen Birken, die wie ein Netz den Himmel überzogen. Wild starrte ich alles an und sagte mir, die Hand an einen Baumstamm gelegt: «Dies ist Rinde. Vergiß das niemals.» Dann beugte ich mich über den Bach, schürfte eine Handvoll eiskalter Kieselsteine heraus und fauchte mich selbst an: «Das sind Steine. Präge sie dir ein.»

Hinter einem Brombeergestrüpp zwischen zwei verrosteten, längst vergessenen Autowracks gelangte ich an eine Steinmauer und ein Stück freies Land, das zu einer Nachbarfarm gehörte. Wie gebannt blieb ich einen Augenblick stehen und nahm die Schönheit des Nachmittags und die Veränderungen seit dem Vortag in mich auf. Jedes Schattenfleckchen auf dem Klee sah ich an und brannte es in mein Gedächtnis ein, jedes Stückchen Glimmer auf den Granitfelsen, die der Frost herabgedrückt hatte, den schwachen und manchmal tiefblauen Pinselstrich der felsigen Hügelkuppen hinter den Bäumen. Ich beobachtete, wie sich ein Chrysippusfalter auf einer Taglilie niederließ und berührte mit der Zunge meine Lippen, um mir seinen Flügelschlag zu merken. Wenn ich mir das Mosaik des Nachmittags eingeprägt hatte, zog ich mir die Augenklappe wie eine unbeholfene Blinde wieder über, so gut ich es konnte, und kehrte zum Abendessen nach Hause zurück.

Dort hockte ich über meinem blauweiß gerandeten Teller, berührte die alten, angeschlagenen Porzellanmuscheln mit den Fingern und legte den Kopf schief, damit mein linkes Auge näher am Essen war. Gerüche stiegen mir in die Nase, aber ich war fest entschlossen, das, was ich vorgesetzt bekam, wenn irgend möglich mit den Augen zu identifizieren. Eine Wolke von Weiß – Kartoffelbrei. Grün – Rosenkohl, Broccoli oder Spinat. Etwas Lehmfarbenes war entweder Brot oder Fleisch. Ich fuhr mit Messer und Gabel kreuz und quer über meinen Teller, tat, als könnte ich das Besteck bedienen, bis alles ineinanderlief.

Jeden Abend nach dem Geschirrspülen setzte ich mich mit Papier und Bleistift an den Küchentisch und übte mit geschlossenen Augen Buchstaben, damit ich auch später, wenn ich nicht mehr sehen konnte, meine Geschichten im Dunkeln würde aufschreiben können. Immer und immer wieder malte ich sie auf und tastete mit den Fingern nach den Kanten des Papiers, bis ich auch ohne zu sehen leserlich schreiben konnte.

Mehrere Monate später gingen meine Mutter und ich noch

einmal zu dem Augenarzt. Die Klappe über dem guten Auge, die dem schwachen eine Hilfe sein sollte, stellte sich als nutzlos heraus. Mein Sehvermögen würde sich nie ändern. Ich war der Blindheit entgangen, aber niemand sollte mich je von dem Verlangen heilen, alles ganz klar zu sehen. Und es für immer im Gedächtnis zu behalten.

Das Haar meiner Mutter leuchtete rot wie Kupfer, ihre münzgroßen Locken wippten, wenn sie lachte, und an Badeabenden, wenn der Dampf die Fenster beschlug und unsere Gesichter im Badezimmerspiegel auslöschte, wenn sie mit feuchten Locken und erhitzten Wangen auf einer grünen Matte neben der Badewanne kniete und aus einer Flasche, die wie eine teure Champagnermarke aussehen sollte, rosarote Perlen ins Wasser schüttete, war sie für mich wunderschön. Ich saß in der abgenutzten Wanne am Wasserhahn, weil ich die Älteste war, W und K auseinanderhalten konnte und mich bestimmt nicht verbrühen würde. Der Porzellanrand hatte einen tiefbraunen Flecken, so groß wie die Hand meiner Mutter und genau von der Form Südamerikas. Mein Bruder saß neben mir und spielte mit seinem faszinierenden, aufregenden Penis Verstecken, meine Schwester drückte sich ans andere Ende der Wanne. Wir warfen uns die glitschige Seife zu und wuschen uns gegenseitig mit einem Frotteewaschlappen den Rücken. Es war wie ein einfaches, feierliches Ritual, das man vor einer Ikone vollzieht – meine Mutter mit dem heiligen Handtuch über der Schulter war die Priesterin, die uns beaufsichtigte.

Es gab keine Dusche – ich hatte noch nie geduscht –, dafür hing an der Wand über unseren Köpfen ein großes, auf Gips gemaltes Bild von unserer Farm, wie sie ausgesehen hatte, als mein Vater und Flap nach dem Krieg hierhergezogen waren, bevor meine Mutter gekommen war und wir Kinder geboren wurden. Es war ein seltsames Bild. Eine lange Straße führte zu dem weißen Haus mit den grünen Fensterläden, Blackie, die alte Katze, lag neben der Böttcherei auf der Lauer, und mehrere Rhode Island Reds scharrten unter dem Ahornbaum im Sand, ihr Gefieder war teilweise mit lustigen rosaroten und gelben Punkten gesprenkelt. Daddy rannte in Arbeitshosen, Cowboystiefeln und T-Shirt mit einer dampfenden Tasse Kaffee und dem *Time Magazine* zum Klohäuschen, in dessen Tür ein Mond geschnitzt war. Im Vordergrund stand Flap, unverkennbar mit Schnurrbart, Tätowierungen und chinesischen Strichaugen im blendenden Sonnenlicht; er war genauso wie mein Vater angezogen und trug gerade zwei Eimer zu Honeysuckle und Rose, den beiden glücklichen, rosaschwarzen Schweinen. *Green Acres* stand in großen, grünen Buchstaben über den Wipfeln der Fichten.

Einen nach dem anderen zog uns meine Mutter aus dem schaumigen Wasser und stellte uns auf den Toilettendeckel, wickelte uns in ein Handtuch und rubbelte uns mit soviel Energie trocken, daß die Haut glühte. Dann puderte sie uns mit einer seidigen, weißen Quaste ein, und der Staub legte sich auf alles. Lachend stiegen wir in unsere Schlafanzüge, und ich schaffte es, die Knöpfe am Hosenboden allein zu schließen. Mit feuchtem, gekringeltem Haar schlichen wir auf Zehenspitzen ins Wohnzimmer, um unserem Vater, der über der Zeitung eingedöst war, gute Nacht zu sagen. An manchen Abenden spitzte er die Lippen wie ein Fisch und blies uns Küsse auf den Nacken, aber meistens murmelte er nur betrunken im Halbschlaf ein «Gute Nacht». Ich hob leise den schmiedeeisernen Riegel hoch und legte ihn hinter uns geräuschlos wieder vor, dann drehte ich mich um und stand am Fuß der dunklen, engen Treppe. Zu dritt rannten wir ins «Mädchenzimmer» hoch – in dem meine Schwester und ich schliefen – und verkrochen uns im Bett unter alten Wolldekken, bis Mama kam und uns vorlas.

Es war ein kalter Raum an der Nordseite des Hauses, mit zwei kleinen Fenstern und schräger Decke. Im Winter hörten wir die Eichhörnchen zwischen den Balken rascheln, sie kegelten unermüdlich und aufgeregt mit ihren Eicheln, ihre rattenartigen Krallen kratzten an den Wänden, und der Wind rüttelte an den gesprungenen Fensterscheiben. Unsere Ahornholz-Betten paßten nicht zusammen und auch die beiden Schreibtische nicht. Unser Schrank war eine Holzstange, die horizontal zwischen zwei Kiefernpfosten genagelt war. Eine alte Schiffslaterne mit einer verstaubten, trüben Birne hing mitten im Zimmer. Aber Mama hatte grünweiß geblümte Vorhänge mit Volants für die Fenster und dazu passende Tagesdecken genäht, und wir besaßen beide eine Spielzeugkiste aus Sperrholz voller schmuddeliger Plüschtiere – eine war gelb, die andere rosa angemalt –, die Daddy eines Sonnabends in der Werkstatt gezimmert hatte.

Das Zimmer meines Bruders lag auf der anderen Seite des Flurs; er hatte einen Teil seiner Spielzeugautos auf dem Schreibtisch aufgestellt, seine George-Washington-Decke lag ordentlich über dem Bett, und alle Schubladen des hohen Holzschrankes waren geschlossen, obwohl die meisten Griffe fehlten. In einer Ecke stand ein gelber, mit Blumen bemalter Schaukelstuhl neben dem Fenster zum Hof, von dem man den Birnbaum, den Apfelbaum, die Stämme von Schnee umhüllt wie der Christbaum zu Weihnachten mit weißem Papier, sehen konnte. Mein Bruder kuschelte sich immer zu uns ins Bett, so daß Mama uns allen gemeinsam vorlesen konnte.

Schließlich kam Mama, schloß die Tür, band ihre Schürze ab und legte die Arme um uns. Sie duftete nach Seife, Zigarettenrauch und Lavendelparfüm, und ich wußte, sie war die wundervollste Mutter auf der ganzen Welt. Jeder Abend war anders. Wir sangen, wir tanzten, wir sagten Gedichte auf, die sie uns beigebracht hatte. Sie kitzelte uns, bis wir vor Kichern nach Luft schnappten, wir spielten *Dreh dich, kleiner Kreisel* oder *Ringel, Rangel, Rosen* auf dem nackten Holzfußboden, und wenn wir sangen, erzählte sie uns vom Schwarzen Tod, von den rotgeränderten Beulen auf den Leichen der Pestopfer, auf die sich *Ringel, Rangel, Rosen* bezog: *Veilchen blau, Vergißmeinnicht* waren die Sträußchen, von denen die Leute glaubten, daß sie sie vor Ansteckung bewahrten, *alle Kinder setzen sich* bedeutete, keiner würde gerettet werden. Wenn wir alle hinfielen, wurden auch wir zu Opfern der Seuche, die im Mittelalter halb Europa dahingerafft hatte.

In den Geschichten meiner Mutter spielte die Vergangenheit eine große Rolle. Nichts existierte ohne Hintergrund, immer war eine Botschaft von Menschen enthalten, die vor uns gelebt hatten. Sie lehrte uns das Vaterunser in Altenglisch, und wenn wir in jener fremdartigen und gleichzeitig merkwürdig vertrauten Sprache *Faeder ure, thuthe art in heofonum* deklamierten, sah ich die Ritter an Artus' Tafelrunde im Binsenlicht die Köpfe fromm auf die funkelnden Kettenhemden senken, hörte die Pferde mit ihrem glänzenden Zaumzeug klirren und sah den Heiligen Geist in den Rittersaal schweben, wo er wie ein Spatz mit den Flügeln schlug und sich auf die Deckenbalken setzte, hoch über den Speeren, den Langbogen und den knienden Knappen, deren junge Lippen ein wenig vor dem Kampf zitterten, der im Morgengrauen beginnen würde.

Wir lernten auf deutsch bis fünfzig zu zählen, wir sangen «Sur le Pont d'Avignon» – klingende Worte, mit englischen vermischt, die die gleichen waren und doch nicht die gleichen, als geheimnisvolle, undurchschaubare Schätze lagen sie wie Bonbons in unserem Mund. Wir sahen Richard Löwenherz mit seinem Gefolge ins Heilige Land reiten, hinter ihm flatterten auf bunten Bannern die Wappen sämtlicher Herzogtümer. Wir sahen Hannibal mit schwer beladenen Elefanten prachtvoll die Alpen überqueren. Mama erzählte uns, wie Gott Seine Hand auf ein kleines Mädchen aus Domrémy gelegt hatte, wie das kleine Mädchen den Ruhm des Dauphin in Visionen erlebt hatte, die keiner ihr glauben wollte, wie sie Frankreich gerettet hatte und als Ketzerin auf dem Scheiterhaufen verbrannt worden war. Unser kaltes Schlafzimmer füllte sich mit dem Klappern von Hufen, dem Krachen von Schwertern gegen Schilder, dem bitteren Weinen der Witwen und Mütter, die die Toten davontrugen. Die Welt war ein älterer und schrecklicherer Ort, als ich mir vorgestellt hatte. Aber wenn wir uns unter den Decken zusammenkuschelten und Mama am Fußende des Bettes saß und das gelbe Märchenbuch aufschlug, glaubte ich, ich könne nie glücklicher sein als in diesem Moment.

Ich bestand darauf, dieselben Geschichten immer wieder zu hören, obwohl ich herzzerreißend weinte, wenn das tragische Ende kam. Ich wußte, ich hörte die Wahrheit – etwas, das gültiger war als mein Name, meine Existenz, die Tatsache, daß ich lebte. Die Märchen zeigten mir mein Leben und wie ich später leiden würde, damit sich meine Träume erfüllten. Die kleine Meerjungfrau würde ihren schönen Fischschwanz, ihre grünglitzernde Meereswelt und ihren überirdisch süßen Gesang aufgeben müssen, um den Prinzen zu heiraten, den sie liebte. Rapunzel, die von ihren Eltern der Hexe ausgeliefert worden war, würde einsam und allein in ihrem Turm wohnen, und wenn der Prinz kam, würden sie getrennt und verletzt werden, weil sie, jung und hilflos, gegen die feindlichen Mächte nicht ankamen. Das Mädchen mit den Schwefelhölzern würde immer in der Kälte Hungers sterben, weil ihre Großmutter tot war und niemand sonst sie liebte. Ihr letztes Streichholz, das in den Rinnstein fiel, brannte sich in mein Herz ein, mein Magen krampfte sich vor Mitleid zusammen, und ich stellte mir vor, wie ich im Schnee sterben würde, unter einem Fenster, hinter dem ein unvorstellbar prächtiges und unerreichbares Festmahl ausgerichtet wurde – aber nicht für mich. Ich wanderte sprachlos mit Elisa in den «Wilden Schwänen» durch Dorngestrüpp und Nesseln und flocht Hemden, um meine sieben Brüder zu retten, die in Schwäne verwandelt worden waren. Die Nesseln zerkratzten mir die Hände und ich blutete heftig, aber ich sagte kein einziges Wort. Als der Karren zum Feuer holperte, in dem ich als

Hexe verbrannt werden sollte, warf ich die Hemden auf die Schwingen meiner Brüder, an denen nur ein Ärmel fehlte, und sie wurden endlich erlöst. Nun sprach ich wieder, nach Jahren des Leidens und der Einsamkeit in den Wäldern, in denen mir niemand geholfen hatte.

Unsere Mutter las wie eine Schauspielerin, sie betonte in jeder Geschichte die Gefühlsausbrüche und flehentlichen Bitten um Gnade, die Konflikte und Niederlagen. Der Raum verdunkelte sich, wenn wir in den tiefen Wald eintraten. Die hellen Heuhaufen wurden zu Gold gesponnen, der Zwerg lachte schauerlich und geriet außer sich, als das Mädchen seinen Namen aussprach, Rumpelstilzchen. Wir hörten die freundliche, himmlische Stimme von Jesus: *Lazarus, komm heraus!* und sahen Maria und Martha ehrfurchtsvoll niederknien, als sich ihr toter Bruder in seinen Grabtüchern aufsetzte und steif in den Tag hinauswankte, und wir sahen, wie sie die Augen aufrissen, weil er ins Leben zurückgekehrt war. Wenn meine Mutter las, machte sich ihre Stimme die Worte zu eigen, und die Sprache flackerte und sprühte in unserem Zimmer wie Feuerwerk am vierten Juli. Sprache wurde ein heiliges Lebewesen; ihrer Stimme zu lauschen war wie die Gegenwart von Engeln zu spüren, die das Wort Gottes brachten. Alle Worte kamen von Ihm, Er lieh uns den Himmel für eine Weile, bis wir ganz zu Ihm nach Hause kommen konnten. Eines Tages, dachte ich, würde meine Mutter meine Bücher laut lesen und die grimmigen Konsonanten und schnurrenden, fließenden Vokale hören, und wenn sie die Farbe der Worte sah, die über die Seiten strich wie der Wind durch ein Feld von Regenbogengras, würde sie mich so lieben, wie ich sie jetzt liebte. Ich war den Menschen in meinen Geschichten noch nicht begegnet, aber ich wußte, sie warteten irgendwo am Wegrand auf mich; dort saßen sie geduldig in Mantel und Hut auf Steinmäuerchen, weil sie wußten, daß ich kam.

Wenn Mama zu Ende gelesen hatte, klappte sie das gelbe

Märchenbuch schwungvoll zu, packte uns unter die Bettdecke und küßte uns auf die Stirn, wobei sie eine Spur Lippenstift hinterließ, die uns wie ein Talisman sicher durch die Nacht geleitete. Die Glühbirne in der Schiffslaterne flackerte, wenn sie hinausging, die Tür leise hinter sich schloß und von außen das Licht löschte. Es war dunkel. Nirgendwo Sterne. Aber wenn ich die Augen schloß, sah ich tausend Funken glühen, ein Kaleidoskop aus atemberaubend bunten Mustern, die sich bei jeder Drehung veränderten. Beim Einschlafen träumte ich von einem Regal in der öffentlichen Bücherei, auf dem meine Bücher mit bunten Schutzumschlägen in einer Reihe standen, auf dem Rücken mein Name, und ich zählte sie, bis ich einschlief.

Dann wurde eines Tages mit einemmal alles anders. Wir liefen nach der Schule heim, und Mama saß nicht wartend am Küchenfenster. Die Hintertür war versperrt, deshalb mußte ich mich auf eine Kiste stellen, den Griff der Gefriertruhe im überdachten Verbindungsgang drehen und den schweren Deckel hochheben, um den Schlüssel unter dem gefrorenen Wildbret hervorzuholen. Ich zog im Vorraum Stiefel, Jacke und Mütze aus, half den Kleinen dabei, ihre Überschuhe im Schrank unter der grünen Plane zu verstauen, wo Mama im Winter Kiefernzapfen und Wacholderzweige aufbewahrte, und ging in die hellgelbe Küche. Das Feuer im Holzofen war ausgegangen. Ich stopfte einige zusammengeknüllte Seiten des *Boston Herald* hinein, legte Späne darauf, zündete ein Streichholz an, was eigentlich verboten war, und legte, als das Feuer entfacht war, kleine Ahornzweige obenauf. Wenige Wochen zuvor, als ich siebeneinhalb geworden war, hatte ich entdeckt, daß ich endlich auch ohne Stuhl bis zur Zugklappe reichte. Als die Flammen hochzüngelten, legten wir unsere nassen Fäustlinge auf den Ofen. Der Boden war nicht gefegt, das Geschirr stapelte sich im Spülbecken, und auf dem Küchentisch standen immer noch die Frühstückssachen. Ich spülte die Teller, meine Schwester sammelte das Besteck ein, und mein Bruder stellte Marmelade und Butter weg. Wo war Mama?

Ihre Küche quoll über von Grünem: Kakteen, Efeu, Philodendron, Judenbart, rosa- und dunkelrote Bundlippe und eine große, vielblättrige Sanseverie in einem mexikanischen Tongefäß, das in ockergelben, sienabraunen und hellbraunen Farbtönen bemalt war. An jenem Morgen hatte sie eine geblümte Schürze über einem hübschen, weiten Rock getragen. Die große, gläserne Keksdose in der Speisekammer war mit Ingwermännchen, Zuckerkringeln und Puffreis gefüllt, und das erinnerte mich an den Herbstbasar von Sankt Johannes, an dem sie immer hinter dem Bonbontisch mit der rotweiß gestreiften Tischdecke stand, vor sich Dutzende von Keksgläsern mit Fruchtdragees, Lutschern, Pfefferminzdrops, Weingummi, roten und weißen Zuckerstangen, Brausestäbchen, Karamelbonbons und kreisrunden Lakritzschnecken. Alle Kinder aus der Schule kamen angelaufen, weil der Bonbonverkauf uns zu Berühmtheiten machte. Wir standen auf Holzblöcken hinter dem Tisch und spielten mit dem Wechselgeld in der Zigarrenkiste. Es war aufregend. Beim Kirchenfest war meine Mutter jedermanns Liebling, und sie gehörte uns.

Ich wischte das grünweiß karierte Wachstuch mit einem sauer riechenden Schwamm ab, holte die Knete und die Ausstechformen hervor und legte sie auf die ausgebreitete Zeitung, dann setzte ich die Kleinen auf die Bank unter dem Fenster und tat, als sei alles in Ordnung. Die Post lag ungeöffnet am Platz meines Vaters. Ich ging in die Ecke unter dem Telefon, wo sich die Haussprechanlage befand – eine weiße Box mit einem Schalter, mit der man die Männer aus dem Hühnerstall hereinrufen konnte – und drückte den Knopf hinunter, rief nach Flap und Daddy, schob den Knopf hoch und lauschte. Kein Geräusch drang aus der Eierkammer, nur statisches Geknister. Sonst war immer jemand in der Eierkammer.

Mama, rief ich zaghaft ins Wohnzimmer hinüber. Alles war still: die Organdy-Vorhänge, die halbgeöffnete Zeitung über der zerrissenen Sessellehne. Ein Ohrring funkelte auf dem geflochtenen Teppich. Was tat er hier? Ich hob ihn auf und behielt ihn in der Hand. Mamas Marlboros und die Streichhölzer lagen neben dem gläsernen Aschenbecher auf dem Lampentischchen beim Schaukelstuhl, auf dem sie abends saß und strickte – aber ihr Strickzeug war weg. Sie hatte an zwei Strickwesten mit einfarbig blauem Rücken gearbeitet, deren Vorderseiten ein Muschelmuster in Grau, Rosa und Hellblau zeigten. Nur die Strickweste für meinen Vater war schon fertig. Manchmal hielt sie die Weste meines Bruders an meinen Rücken, um zu sehen, ob sie schon lang genug war, dann hüpften die bunten Wollknäuel zwischen meinen Füßen umher, und ihre schmalen Hände zogen die halbfertigen Teile unter meine Arme und über die Rippen. Bei einem unerwarteten Geräusch fuhr ich herum. Zwischen zwei Kerzenleuchtern aus Bronze und einem Messingrelief von zwei Männern in einer Taverne, die lachend die Köpfe zurückwarfen und sich gutgelaunt zuprosteten, stand auf dem Kaminsims eine kleine Seth-Thomas-Uhr, die über einem gußeisernen Adler leise vor sich hintickte. Warum tickte sie? Mein Vater haßte das Ticken, und wenn es noch so leise war. Es störte ihn, und das muntere Bimmeln zu jeder Viertelstunde konnte ihn zur Weißglut treiben, deshalb wurde die Uhr niemals aufgezogen, und das kleine Metallpendel hing reglos herab.

Mama, rief ich lauter und kämpfte mit dem Eisenriegel und der Flurtür, die das Jahr über aufquoll und schwer zu öffnen war. Der Flur war leer, die Eingangstür versperrt, und ein Stapel Wäsche wartete auf einem wackeligen Binsenstuhl auf jemanden, der sie hochtrug. Der Heizkörper war kalt. Ich klopfte an Mamas Tür, dann stieß ich sie vorsichtig auf. Strahlendes Sonnenlicht ergoß sich über ihr Schmuckkästchen, ihre Parfumflaschen und die Handcreme, über die Spitzendecke, die zu beiden Seiten der Frisierkommode gleichmäßig herunterhing. Vorsichtig legte ich den Ohrring auf das Deckchen. Die alte Singer war offen – Spulen mit Nähseide drängten sich zusammen wie meine Lehrerinnen in ihren pastellfarbenen Frühlingsmänteln auf dem Pausenhof – und daneben lagen mehrere Wollhemden, die geflickt werden mußten, und ein Ballen cremefarbenen Stoffes, auf dem Spalierrosen rankten. Auf der braunen Bettdecke mit den gelben Volants lagen wie hingeworfen ein paar Nachthemden, eines auf dem Kopfkissen, als hätte meine Mutter es gerade erst ausgezogen, daneben zusammengeknäuelte seidene Pyjamahosen neben Spitzenunterhöschen und ein pinkfarbener Morgenmantel mit Rüschen am Hals. Ein ärmelloses, kurzes Nachthemd war auf den Vorleger gerutscht, und jemand war daraufgetreten. Ich sah den Schuhabdruck. Wo war Mama?

Ich lief am Kamin, am Bücherregal und einem Stapel Frauenzeitschriften vorbei zur Eßzimmertür und machte sie auf. Der Riegel klapperte in meiner Hand, weil ich wußte, sie würde auch hier nicht sein. Thanksgiving war gerade vorbei. Die großen Eßteller mußten noch in den schmalen Schrank eingeräumt werden. Das Besteck lag ausgebreitet auf der spitzenbesetzten Tischdecke und wartete darauf, sich unter ein goldgerändertes Samttuch in den mit Samt ausgeschlagenen Besteckkasten aus Leder zu schmiegen. Niemand außer Mama wußte, wohin alles gehörte.

Ich öffnete die Tür neben der Holztruhe mit den Tischdekken und stand wieder in der Küche. Ich rief hinunter in den dunklen Keller. Die Besen und Mops hingen wie erstarrt. Horizontale Striche zogen sich über den gelben Türrahmen, auf dem Daddy unsere Größe markierte; neben Namen und Alter stand jeweils das genaue Datum. Mama mußte oben sein! Immer zwei Stufen auf einmal nehmend, rannte ich hoch und rief vom Treppenabsatz aus nach ihr, aber niemand antwortete mir. Zuerst suchte ich in Daddys Zimmer. Mama und Daddy hatten vor meiner Geburt im selben Zimmer geschlafen. Doch nachdem sie mich aus der Klinik nach Hause geholt und in dem alten Weidenkorb neben ihr Bett gestellt hatten, fühlte sich Daddy durch mein Schreien und Brabbeln so sehr gestört, daß mich Mama zu sich in ihr Zimmer unten holte. Jahrelang glaubte ich, Erwachsenwerden und Heiraten bedeutete, daß man ein eigenes Zimmer bekäme. Daddys Zimmer war immer dunkel, die Vorhänge blieben den ganzen Tag über zugezogen. Seine Kleider waren über die Lehnen der beiden Korbstühle geworfen, die saubere Unterwäsche auf der Kommode gestapelt. Er räumte seine Sachen nie weg. Er hatte sie lieber gleich in erreichbarer Nähe. In einem Wasserglas auf dem Nachttisch tanzten Sonnenstäubchen. Hinter der Tür stand eine Dew-More-Farms-Milchflasche, halbvoll mit Urin. Alles wirkte normal, nur sein Bett war nicht gemacht. Er würde mir die Hölle heiß machen, wenn er heimkam und es noch so vorfand – denn ich hatte es am Morgen, bevor ich zur Schule ging, vergessen. Ich zupfte an den alten Decken, zog die zerdrückten Laken über der Roßhaarmatratze glatt, schüttelte die Kissen auf und lehnte sie an die Bettpfosten mit den Holzkugeln. Dann zog ich die Tür fest zu. Frische Luft mochte Daddy auch nicht.

Der Dachboden! Vielleicht wollte Mama etwas vom Dachboden holen. Ich öffnete die Tür, aber das enge Treppenhaus war so dunkel, daß mein Herzschlag aussetzte. Ich tastete mich ein paar Stufen hoch und rief ihren Namen; Spinnweben hingen wie Girlanden über den Dachbalken, den Truhen, den kaputten Stühlen, den Bilderrahmen, den Schlittenglöckchen, dem Steinschloßgewehr aus den Unabhängigkeitskämpfen und den Munitionsschachteln. Ein hoher Metallständer mit einem ausgestopften Papagei, der mich aus einem toten, schwarzen Auge prüfend anstarrte, ragte über der Treppe vor mir auf. Der Papagei hatte fünfundsechzig Jahre lang gelebt, die letzten davon in Grannys Haus, bis sein unablässiges Gekreisch meinen betrunkenen Großvater so aufgebracht hatte, daß er einen Schuh gepackt und nach ihm geworfen hatte und der Vogel auf der Stelle tot von der Stange gefallen war.

Granny hatte ihn ausstopfen lassen. Da saß er nun und starrte mich an, als bewache er den Eingang zu einem Pharaonengrab.

Eine Tür im Zimmer meines Bruders führte zu Flaps Zimmer und zur Bodenkammer unter der Dachschräge. Ich klopfte an Flaps Tür und trat, als ich keine Antwort bekam, ein. Die kalte Luft traf mich wie ein Schwall Eiswasser. Der Raum war nicht beheizbar, deshalb hatte Flap nie ein warmes Zimmer. Den ganzen Winter über vergrub er sich in seinem dunkelgrünen Himmelbett wie ein Opossum oder ein freundliches, halbwüchsiges Bärenjunges, immer in langen Unterhosen und Flanellhemd und manchmal mit Socken an den Füßen. An der Wand lag auf zwei Böcken eine schiefe Sperrholzplatte, auf der er seine ganze Amateurfunker-Ausrüstung aufgebaut hatte – Aluminiumboxen mit Knöpfen, Hebeln, Schaltern, Rädchen und Verstärkern –, daneben eine Prince-Albert-Tabakdose voller Bleistiftstummel und ein gelber Schreibblock unter einer Schwanenhalslampe. Aus der tannengrünen Kommode quollen lange Unterhosen und Unterhemden mit V-Ausschnitt. In der Ecke neigte sich der Sperrholzschrank, in dem seine Winterhemden hingen, bedenklich zur Seite. Das Zimmer war dunkel. Die beiden niedrigen Fenster, mehr Luken als richtige Fenster, waren von außen mit Efeu und Trompetenbaumblüten zugewachsen, die sich am Dachgesims entlangrankten. Sie ließen sich nicht öffnen.

Die nächste Tür führte in die Bodenkammer, die unheimlich und still war und vollgestopft mit Dingen, die niemand mehr brauchte: alte Lampen, schmiedeeiserne Gartenmöbel, zerrissene Markisen, mottenzerfressene Kleider, Blumentöpfe, Kommoden mit herausgezogenen Schubladen, Dachfenster, kaputte Schaukelstühle, Treppengeländer aus einem anderen Haus, ein altes Spinnrad, ein Amboß, Pappkartons, die von Eichhörnchen angeknabbert waren, alte Pelzkragen, die sie herausgezogen und über den Boden geschleift hatten,

Kleider und Babysachen, in Konfetti verwandelt. Ein Wespennest besetzte den Fenstersims an der Rückwand. Mir schauderte. Mama war nicht da.

Als ich das Schloß wieder verriegelte, hörte ich ein Auto kommen und dann noch ein zweites. Ich rannte in das Zimmer meines Bruders und blickte raus auf die Einfahrt. Hinter Daddys grünem 51er Chevy fuhr der 56er Buick Roadmaster meiner Großeltern. Als sie am Haus vorbeirollten und rückwärts an der Wäscheleine hielten, schlug ich alle Türen hinter mir zu und raste die Treppe hinunter, durch die Küche, den Vorraum, die halboffene, rote horizontal geteilte Hintertür in den Hof hinaus. *Mama! Mama!* jubelte ich in vollem Lauf, bis ich den Schuppen umrundet hatte und wie angewurzelt stehenblieb. Die Türen des Buick waren weit offen, und meine Großeltern standen am Auto meines Vaters und unterhielten sich gedämpft mit ihm. Daddy hatte den Kopf auf das Steuerrad gelegt und schluchzte wie ein Kind.

Ich wußte nicht, was ich tun sollte. Ich hatte meinen Vater noch nie weinen sehen. Elfi, die rotgetigerte Katze, rieb sich an meinen Kniestrümpfen und schnurrte um Aufmerksamkeit. Ich nahm sie hoch, hielt sie an mein Gesicht und streichelte sie sanft, als eine Träne aus meinem Auge in ihr Ohr rollte. Mit einem Satz sprang sie mir aus den Armen, flitzte durch das Gras und über das Steinmäuerchen davon.

«Wo ist Mama?» fragte ich Granny. Sie wandte sich um, als hätte sie mich nie zuvor gesehen, packte mich an der Hand und zerrte mich zum Haus.

«Du sollst nicht ohne Jacke draußen sein. Ich mache uns Tee.»

Sie hängte Jacke, Schal und Handtäschchen an die Haken neben der Küchentür. Mein Bruder und meine Schwester blickten kaum von ihrer Knete auf. Granny konnte nichts mit ihnen anfangen – ich war das einzige Kind, das ihr etwas bedeutete –, und das betonte sie auch häufig laut und deutlich in ihrer Anwesenheit. Im Grunde verstand sie nie, warum sich meine Eltern überhaupt noch zwei Kinder zugelegt hatten. Es tat mir weh, daß sie sie nicht liebte, aber ich war erst siebeneinhalb, und alles war stärker und älter und mächtiger als ich. Ich stellte Tassen und Untertassen auf den Tisch, holte die Zuckerdose aus der Speisekammer und brachte das Milchkännchen. Der Teekessel klapperte am Wasserhahn, als Granny ihn füllte, und klapperte noch einmal, als sie ihn auf den Herd stellte. Dann, als sie Teeblätter in die alte, braune Teekanne löffelte, fragte ich leise, damit es die Kleinen nicht hörten: «Wo ist Mama?» Sie sah mich grimmig an und sagte: «Deine Mutter ist fortgegangen.»

Fortgegangen? Was sollte das heißen, fortgegangen? Wohin war sie gegangen? Wann kam sie zurück? Mein Großvater betrat die Küche, zog seine Jacke aus und half meinem Vater, seine abzulegen. Die Kleinen schauten von ihren Ausstechförmchen hoch, sagten aber kein Wort. Großvater nahm meinen Vater am Arm und führte ihn die Treppe hoch. Ich hörte, wie die Holzdielen in Daddys Schlafzimmer knarrten und die Bettfedern quietschten, als er sich hinlegte. War er krank? Mein Großvater kam wieder runter und setzte sich an den Platz meines Vaters am Tisch, dann goß er sich Tee in eine Untertasse und schlürfte ihn mit abgespreizten kleinen Fingern Schluck für Schluck. Mein Tee war heiß, bestand hauptsächlich aus Milch und Zucker und war fast zu süß zum Trinken. Was war mit Daddy los? Wo war Mama? Wir tranken schweigend unseren Tee.

Granny kochte gerade das Abendessen, als Flap in den Vorraum stürmte, seine Arbeitsstiefel an der Matte abstreifte und sie am Stiefelknecht unter dem Fenster von den Füßen zerrte. Er trug sie zum Lehnstuhl, auf den er sich ermattet fallen ließ, und stopfte Zeitung hinein, damit sie bis zum nächsten Morgen trockneten, dann stellte er sie neben den Herd. Er zog den Stuhl zum Tisch, holte einen roten Tabakbeutel hervor, stopfte seine Pfeife, indem er den duftenden Tabak mit einem Faßnagel zusammendrückte, und paffte schweigend. Mir war nach Schreien zumute, aber kein Laut drang aus meiner Kehle. Ich konnte kaum noch atmen. Irgend etwas stimmte hier ganz und gar nicht. Niemand redete. War Mama tot?

Ich half den Kleinen, ihre Knete und die Förmchen wegzupacken, und steckte die verklebte Zeitung in den Ofen. Ich nahm die Teller vom Regal, zählte Besteck ab – sollte ich für Daddy mitdecken? Granny kam mit einer Eisenpfanne voller Corned-Beef-Gulasch an den Tisch, nahm sich selbst, füllte Großvaters Teller und stellte die Pfanne dann vor Flap. Er bediente sich und gab uns drei Kindern das Essen auf der Bank unter dem Fenster, während Granny in die Speisekammer ging und ein pochiertes Ei für jeden von uns brachte und sie wie unheimliche, gelbe Augen auf den Fleischbrei fallen ließ. Das Eiweiß wabbelte, als sie das Ei von dem Schöpflöffel gleiten ließ. Mir drehte sich der Magen um. Bei pochierten Eiern wurde mir immer schlecht. Wie sollte ich nur diese Masse herunterwürgen, dieses anklagende gelbe Auge, das mir mit starrem Blick zuflüsterte: *Deine Mutter kommt nie zurück, und das ist allein deine Schuld.*

Wir gingen an diesem Abend früh zu Bett. Ich klopfte an Daddys offene Tür, um ihm gute Nacht zu sagen, und lugte hinein, aber er lag mit dem Gesicht zur Wand und antwortete nicht. Granny hatte uns lieblos zugedeckt und war hinuntergegangen, aber ich stand noch einmal auf und flüsterte zu meinem Bruder ins Zimmer: Steh auf, ich lese euch eine Geschichte vor. Er tapste über den Flur und kroch zu meiner Schwester und mir ins Bett. Ich öffnete das gelbe Märchenbuch und bemühte mich, wie eine Erwachsene zu lesen, als ich eine Geschichte begann, die ich selbst nicht kannte:

Brüderchen nahm sein Schwesterchen an der Hand und sprach: «Seit die Mutter tot ist, haben wir keine gute Stunde mehr: Die Stiefmutter schlägt uns alle Tage, und wenn wir zu ihr kommen, stößt sie uns mit den Füßen fort. Die harten

Brotkrusten, die übrigbleiben, sind unsere Speise, und dem Hündlein unter dem Tisch geht's besser, dem wirft sie noch manchmal einen guten Bissen zu. Daß Gott erbarm, wenn das unsere Mutter wüßte! Komm, wir wollen miteinander in die weite Welt gehen.»

Doch schon nach dem ersten Abschnitt weinten wir alle drei. Das gelbe Märchenbuch fiel zu Boden, und wir kauerten uns unter der Decke zusammen, als würde ein schwerer Sturm durch das Zimmer fegen, wir weinten um unsere verlorene Mutter, um das, was Totsein bedeuten mochte, weil wir zu jung waren, um zu verstehen, wir weinten um unseren kranken Vater, um uns selbst, die Verlassenen. Zusammengerollt und aneinandergekuschelt wie neugeborene Waschbären schliefen wir gemeinsam unter den zerschlissenen Armeedekken ein.

Daddy stand am nächsten Tag nicht auf. Mein Großvater fuhr mit dem Buick nach Boston zur Arbeit auf der Marinewerft. Beim Mittagessen neckten sich Granny und Flap vergnügt, bis sie ihm Erdnußbutter auf die Wange schmierte und sich beide vor Lachen bogen. Das ist alles, was ich von jenem Tag noch weiß. Als es Zeit war, ins Bett zu gehen, flüsterte ich Granny zu, daß ich noch aufbleiben und in Mamas Zimmer lesen wollte, wenn die Kleinen im Bett waren. Sie schlug mir selten etwas ab, und so schlich ich im Dunkeln in Mamas Zimmer, schaltete die schwarze Lampe ein und zog den schweren Ohrensessel mit dem goldenen Blattmuster näher an den Kamin. Die zarten Hummelfiguren auf dem Kaminsims waren staubige, erfrorene Kinder, die die Zeit mitten im Spiel unterbrochen hatte. Ich fühlte mich klein genug, mich mit meiner Puppe Maggie im Schoß zu ihnen zu setzen und mit leerem Blick in das Zimmer zu starren, so als liefe ich in Gedanken über deutsche Wiesen, pflückte in Lederhosen Edelweiß und ließe mir die heiße Sonne auf mein Kopftuch brennen.

Ich zog die gelbe Häkeldecke vom Bett, wobei ich darauf achtete, nichts sonst in Unordnung zu bringen, und wickelte mich in meinem flauschigen, roten Bademantel auf dem Sessel ein. Seufzend versuchte ich, warm zu werden. Der Sessel war einmal hübsch gewesen, aber unter den Schondeckchen auf den Armlehnen glänzte das Lilienmuster speckig. Ich schlug das Buch auf, das ich im Schoß hielt, und las meiner abwesenden Mutter laut vor:

«Weihnachten ohne Geschenke ist kein Weihnachten», brummte Jo, die auf dem Teppich lag.

«Es ist scheußlich, arm zu sein», stöhnte Meg und sah ihr altes Kleid an.

Ich las das ganze erste Kapitel von *Betty und ihre Schwestern*, wobei ich hin und wieder über die längsten Wörter stolperte und dann innehielt, um herauszufinden, wie man sie aussprach. Es war ein schweres Buch, ein Buch für Erwachsene, aber ich wollte meine Mutter hören lassen, wie gut ich schon ohne sie lesen konnte, sie sollte den wunderbaren Klang und Rhythmus der Worte durch den leeren Raum schwingen hören, ich wollte sie auf die Bettkante zaubern, wo sie lächelnd und summend an einer blauen Weste stricken würde. Die Worte, Klänge und Bilder sollten sie zurückholen, so wie alles zum Leben erweckt wurde, wenn sie uns vorlas, von Soldaten, Heiligen und Prinzessinnen, die aus Burgen gerettet wurden, von plätscherndem Wasser und dem Geruch von Rosen am Gartentor. Wenn ich mit starker, sicherer Stimme laut vorlas, würde sie vielleicht im Zimmer auftauchen. Ich versprach mir am Ende jeder Seite, daß ich bis zum Ende der nächsten nicht nachschauen würde, ob sie schon da war. Doch so viele magische Konsonanten und Vokale auch durch die Luft schwebten, die Zimmerecke blieb dunkel, und meine Mutter kam nicht. Als ich das Kapitel fertiggelesen hatte, legte ich den Kopf auf das offene Buch und weinte.

Am nächsten Morgen hatte Daddy beim Frühstück den Kopf in die Hände gestützt. Ich stand wortlos neben ihm, kratzte sachte mit dem Fingernagel über eine Rille auf der Lehne seines schmutziggrauen Lehnstuhls und sagte *Guten Morgen*. Er bewegte sich nicht. Er hatte seinen Kaffee nicht angerührt. Eine Zigarette mit endlos langer Aschenspitze verglühte im Aschenbecher. *Daddy*, sagte ich, und küßte ihn nach kurzem Zögern leicht auf die stoppelige Wange. Er schrak zusammen und legte die Hände auf den Tisch, dann starrte er mich aus blutunterlaufenen Augen an, als frage er sich, wer ich sei. Seine Augen weiteten sich, füllten sich mit Tränen, und dann drückte er mich an sich, wobei er mir die Arme so eng um Schultern und Hals legte, daß ich keine Luft mehr bekam. Schließlich stieß er mich weg, stand auf, drückte den Zigarettenstummel aus und lief die Treppe hoch. Ein paar Minuten später erschien er in seinem besten Anzug und dem Chesterfield-Mantel. Er polierte seine Schuhe am Ofen mit einem Lumpen, fischte in der Jacke nach seinen Schlüsseln, schloß die Küchentür hinter sich und war weg.

Ich ging ins Badezimmer und stellte mich auf den Schemel, um mir die Zähne zu putzen. Dabei achtete ich besonders darauf, daß meine neuen Vorderzähne blitzsauber wurden. Granny kam ohne anzuklopfen herein, ließ die Tür offen und hob ihre Röcke, um zu pinkeln.

«Jetzt du», sagte sie und wischte sich ab, «bevor ich spüle.»

Ich zog mir die Schlafanzughose hinunter und plätscherte leise in die Kloschüssel, äußerst widerwillig, weil sie dabeistand und mich beobachtete. Sie beobachtete mich ständig. Ich zog an der Kette und machte den Deckel zu. Sie griff sich einen Waschlappen, hielt ihn unter den Kaltwasserhahn und schrubbte mir unerbittlich über Gesicht und Ohren.

«Wohin fährt Daddy?» fragte ich, während mir das eisige Wasser den Rücken hinunterlief.

«Er fährt für eine Woche nach Boston», erwiderte sie mit dem Handtuch in der Hand. Dann fuhr sie mit dem Kamm durch meine wirren Locken. «Hör auf zu zappeln!» herrschte sie mich an, und ich stand starr wie eine Statue, während sie mir ganze Haarbüschel ausriß und wegwarf. «Geh jetzt und zieh dich an.»

Ich sprang vom Schemel und rannte nach oben, wühlte in panischer Hast Kleider aus meinen Schubladen, weil ich nicht wußte, was ihr gefallen würde, und Angst hatte, das Falsche anzuziehen. Ließ Daddy uns jetzt auch allein? Granny hatte schon sein Bett gemacht und ihre Sachen in sein Zimmer gebracht. Seine Stühle waren mit ihren Kleidern belegt, die Jalousien waren hochgezogen und das Fenster einen Spalt geöffnet. Würde sie jetzt meine Mutter sein?

Zum Mittagessen machte sie uns Zuckersirup-Sandwiches und schickte die Kleinen schlafen, sobald sie gegessen hatten. Dann drückte sie mir Küßchen auf den Nacken, umarmte mich und sagte: «Jetzt sind nur noch wir beide da.» Sie lächelte mich mit ihren weichen roten Lippen an. «Du mußt mir den großen Mitesser auf dem Rücken unbedingt sofort ausdrücken.»

Ich legte mein Sandwich hin und würgte, aber sie ging ins Badezimmer, holte Alkohol, Wattebäusche, Pinzette und eine große Nadel und legte alles auf den Tisch. Dann knöpfte sie ihr Hauskleid auf, ihre schweren Brüste hingen wie zwei Kantalupen in ihrem Mieder, und ich machte mich insgeheim über ihre Größe lustig, als ich das Kleid über die Rückenlehne des Stuhls hängte, der dem meines Vaters gegenüber stand und auf dem meine Mutter sonst saß. Der Stuhl meiner Mutter! Ich schluckte. Das hier war schlimmer als alles andere. Ich zog den Schemel heran und stellte mich hinter sie.

Granny hatte wunderbar glatte Haut, die das ganze Jahr über durch die Sonnenbräune eine Farbe wie Milchkaffee behielt. Doch mitten auf ihrem Rücken saß ein Mitesser, der ihrer Ansicht nach diese perfekte Haut verunzierte. Ich öffnete das Alkoholfläschchen, goß etwas in den Verschluß und legte die Nadel mit der Spitze hinein. Dann nahm ich einen Wattebausch, tränkte ihn mit Alkohol und betupfte widerwillig den Mitesser. Ich nahm die Nadel aus der Flüssigkeit und begann mit zittriger Hand, an dem schwarzen Punkt herumzustochern.

«Hab keine Angst, mir weh zu tun», sagte sie immer. «Grab nur ordentlich tief.» Und sie ließ sich bequem und entspannt in den Stuhl sinken, als säße sie in Margaret Purdys Salon und ließe sich eine Dauerwelle legen.

Ich holte so tief Atem, wie ich nur konnte. Wenn ich das hier durchstand, dachte ich, durfte ich wahrscheinlich wieder in Mamas Zimmer lesen. Wenn nicht, würde mich Granny vielleicht zur Strafe ins Bett schicken. Tränen trübten mir die Sicht, und ich mußte sie fortblinzeln, bevor ich mich ans Werk machen konnte. Während ich in ihrem Rücken stocherte, sah ich mir ihre Hände an: sie trug an jedem Ringfinger einen Diamanten. Die Nägel waren rot lackiert und hatten weiße Halbmonde am Nagelbett. Ihre Fingernägel waren vollkommen – um sie würde ich mich heute nicht auch noch kümmern müssen. Als die Nachmittagssonne langsam durch das Fenster über den Tisch, die Teetassen, die Zeitungen und Mamas Pflanzen auf dem Fensterbrett kroch, versuchte ich, an den Sommer zu denken, an die Zeit im Freien, erlöst von diesem Haus, bis der Mitesser endlich bezwungen war.

Als ich nach dem Abendessen das Geschirr abtrocknete, klingelte das Telefon, und ich erkannte an Grannys Gurren, daß sie mit meinem Vater sprach. Das Geschirrtuch kreiste unablässig auf demselben Teller. Sie redete, als ob ich nicht da wäre, und so stellte ich das Geschirr ganz leise in den Schrank, damit sie mich nicht hörte und wegschickte. Sie murmelte hm-hm und schnalzte mit der Zunge, und sie sagte fremde Worte – *Uterus, Hysterektomie* –, die ich nicht kannte, aber als sie das Wort *Krebs* aussprach, fiel mir eine Kaffeetasse aus der Hand und zerbrach auf dem Boden. Ich holte Handfeger und Schaufel aus der Kammer, fegte die Scherben zusammen und schüttete sie in den Mülleimer. Über Krebs wußte ich Bescheid. Es war eine Krankheit, an der man sterben konnte. Mama würde sterben. Ich band die Schürze ab, hängte sie an den Nagel in der Speisekammer und verkündete mit lauter Stimme, als hätte ich nichts Ungewöhnliches gehört: «Ich gehe jetzt in Mamas Zimmer und lese.» Granny entließ mich mit einem Nicken.

Ich kletterte in den goldenen Sessel, bis zum Hals in die Bettdecke gewickelt, und umklammerte *Betty und ihre Schwestern* mit schweißnassen Händen. Ich wollte weinen, aber ich hatte die Zähne so fest zusammengebissen, daß ich nicht eine Träne hervordrücken konnte. Ich würde sie nie wiedersehen. Sie starb. Sie war tot. Sie kam nie mehr zurück. Ich versuchte mir vorzustellen, wie das wäre, aber der Gedanke war zu groß. Ich schlug das Buch auf und las stumm. Es hatte keinen Sinn, ihr vorzulesen.

Abend für Abend las ich wütend und unersättlich in Mamas Zimmer, in die gelbe Decke gewickelt, auf dem goldenen Ohrensessel, und vergaß dabei Mama und Daddy und Granny und den Krebs. Ich las wie besessen, denn ich wollte wie Jo sein: eigensinnig, wild, launisch, entschlossen, phantasievoll, frech, mutig und verwegen; ich wollte wie Betty sein: beliebt, zartbesaitet, gutherzig und sanft. Ich liebte die Geschichte, weil sie immer weiterging und jede Seite eine neue Überraschung bot. Die Personen waren keine Puppen oder Comicfiguren, sondern echte Menschen mit Träumen, Gefühlen und Traurigkeit. Bald kam ich an die Stelle, an der Betty starb und die Familie sich, überwältigt von der Liebe zu ihr, weinend an ihrem Bett versammelte, und ich wußte, ohne Bettys strahlende Gegenwart würde ihr Leben von nun an düster sein. Ich beweinte sie, beweinte Betty, die zu gut für diese Welt war, beweinte die Musik, die man in ihrem Haus nun nicht mehr hören würde. Ich weinte mich in den Schlaf und wünschte mir verzweifelt, daß auch ich sterben möge, damit sich meine Familie um mich scharte, um mich trauerte und mich unendlich liebte. Wenn nur ich statt Mama sterben könnte, wie sehr sie mich dann lieben würden!

Als ich aufwachte, war es wohl schon sehr spät. Am Fenster hing ein Neumondsplitter wie Weihnachtsschmuck in der Ulme, und ich war ganz steif, weil ich so lange in derselben Haltung verharrt hatte. Ich bewegte die Knie, und *Betty und ihre Schwestern* glitt zu Boden, doch als ich das Buch aufhob, setzte mein Herzschlag aus. Am Tisch vor dem Kamin saß eine Frau und schrieb. Ich roch die schwarze Tinte in ihrem geriffelten Tintenfaß, hörte, wie sie einen Tropfen von der Federspitze abstreifte und wie dann die Feder auf dem Papier kratzte. Sie hielt sich ein Spitzentaschentuch an die Nase und schniefte leise. Sie hatte ein schönes Profil. Ihr glänzendes, dickes Haar war über den Ohren zu Schnecken gedreht. Die dunklen Wimpern bewegten sich beim Schreiben auf und nieder. Sie trug ein braunweiß kariertes Kleid mit Dreiviertelärmeln und Spitzenbesatz am Oberteil und um die Schultern einen zerschlissenen braunen Schal. Zuweilen hielt sie inne, um sich mit dem Taschentuch die Nase abzutupfen, dann tauchte sie die Feder wieder ins Tintenfaß. Sie schrieb und schrieb. Meine Hand, die noch auf der letzten Buchseite lag, wurde feucht. Ich blickte auf die Wörter unter meinen Fingern und hinüber zu der schreibenden Frau, und plötzlich wußte ich, es war Louisa May Alcott. Sie schrieb gerade *Betty und ihre Schwestern* und weinte um Betty, wie ich es getan hatte. Betty starb, weil sie es so wollte. Ich las den Abschnitt noch einmal, und die Tinte schien gerade erst zu trocknen. Wie war das möglich? Louisa May Alcott war tot. *Betty und ihre Schwestern* war vor hundert Jahren entstanden. Wie konnte sie es jetzt gerade erst schreiben?

Plötzlich verstand ich, wie man ewig leben konnte. Menschen starben, Menschen mußten sterben, aber wenn man ein Buch schrieb, blieb dieses Buch geschrieben, und jedesmal, wenn ein neuer Leser das Buch aufschlug, wurden die Menschen darin und auch diejenige, die es geschrieben hatte, wiedergeboren. Louisa May Alcott war lebendig, weil ich ihre Worte las, und mit jeder Seite wurden sie neu geschrieben. Ich war überwältigt. In ihrer spinnwebfeinen Handschrift schrieb sie immer weiter, die Tinte war noch feucht und die Geschichte neu. Ich sah ihr zu, wie sie die Nase betupfte und die Schultern dehnte, weil sie so lange stillgesessen hatte. Dann drehte sie sich um und schaute fragend in meine Richtung, als säße sie in ihrem Zimmer in Concord und ich sei der Geist darin. Sie lächelte geistesabwesend und machte sich wieder an die Arbeit. Als ich das nächste Mal aufwachte, war sie verschwunden.

In dieser Nacht konnte ich nicht mehr einschlafen. Ich dachte ständig daran, daß ich ein Buch, nein, viele Bücher schreiben müßte. Ich sah sie vor mir auf dem Regal in der Bücherei und wußte, daß ich, weil es sie gab, nie sterben würde. Es war berauschend – ein Geheimnis, das nur ich allein kannte.

Wochen vergingen. Meine Geschwister und ich gingen zur Schule, machten Schneeballschlachten, halfen Flap beim Tiere füttern. Wir saßen in versteinertem Schweigen beim Abendessen und aßen Dinge, die wir nicht ausstehen konnten. Niemand erwähnte Mama oder Daddy oder den Krebs. Weihnachten rückte näher. Flap hatte einen Baum gefällt und ihn durch den Schnee auf die Veranda geschleift, wo er bis zum Weihnachtsabend, an dem wir ihn gewöhnlich schmückten, liegenblieb. Die Kleinen waren schon ganz aufgeregt, aber ich wußte nicht, was ich ihnen sagen wollte. Mir war alles gleich.

Am Tag vor Weihnachten kamen wir aus der Schule, als es gerade zu schneien begann. Auf dem langen Weg vom Briefkasten zum Haus versuchten wir, die großen Flocken mit der Zunge zu fangen. Ich achtete nur auf die Flocken, die mir ins Gesicht fielen, bis ich meine kleine Schwester quietschen hörte und beide Kinder wie tolpatschige junge Hunde auf das Haus zustürmten. Ich schaute durch das Küchenfenster und blieb wie angewurzelt stehen. Mama saß auf ihrem Stuhl, als sei sie nie fortgewesen. Ich traute meinen Augen nicht. Dann ließ ich meine Schultasche in den Schnee fallen und rannte hinein.

Die Kleinen krochen wie durstige Lämmchen fast in sie hinein. Mein Vater stand lächelnd am Spülbecken. Ich blickte von einem zum anderen, von meinem fremden Vater zu der Frau, die auf Mamas Stuhl saß. Sie war sehr blaß, geisterhaft weiß. Tiefe Furchen zogen sich über ihre Stirn und von den Mundwinkeln herab. Jesus hatte zu ihr gesagt *Komm heraus*, dachte ich, und sie hatte sich mühsam im Krankenhausbett aufgesetzt, die Beine über die Bettkante geschoben, um in ihre Hausschuhe zu schlüpfen, und mein Vater hatte ihr in den Morgenmantel geholfen, weil es ihr schwer fiel, sich zu bewegen, nachdem sie schon so lange tot gewesen war. Sie hielt meinen Bruder und meine Schwester im Arm, auf jeder Seite ein Kind, und streckte mir die bleichen Hände entgegen. Sie war so weiß. Sie sagte kein Wort. Ihre weißen Hände griffen nach mir. Ich sah ihr in die Augen, und sie kamen mir vor wie zwei erloschene Kerzen.

«Nein!» schrie ich und schlug mit dem Kopf gegen den Tisch, bis die Teetassen klirrten. «Nein, nein, ich will nicht!» Ich rannte hoch und verkroch mich in Schneehosen und Schneestiefeln im Bett, die Decke bis über den Mantelkragen hochgezogen. Das war nicht meine Mutter. Etwas Junges und Schönes war aus ihrem Gesicht verschwunden. Die Mutter, die ich liebte, war für immer fort und würde nie mehr zurückkommen. An jenem Abend half ich nicht, den Baum zu schmücken.

Am nächsten Morgen lag unter den lamettabehängten Zweigen, zwischen Seidenkugeln und glänzenden Zinntrompeten, das Geschenk, von dem ich ein Leben lang geträumt hatte, etwas viel Wundervolleres als eine Puppe oder ein Puzzle oder ein Spielzeug. Mama hatte einen alten Freund bei Liggett's angerufen, wo sie vor langer Zeit gearbeitet hatte, und das Geschenk von ihrem Krankenbett in der Klinik aus für mich bestellt.

Es war das, was ich mir mehr als alles andere wünschte: eine Schreibmaschine – eine schwere, schwarze, riesengroße 1936 Royal, um die ein feuerrotes Band geschlungen war. Auf einem Schildchen stand: *Für Melissa, die Schriftstellerin werden möchte. In Liebe, Mama.*

Es hatte den ganzen Tag geschneit. Der Schneesturm hinderte uns daran, in die Schule zu gehen, nicht einmal mit dem Schlitten konnten wir hinaus. Nach dem Abendessen schneite es immer noch stark, aber der Wind hatte sich gelegt. In Nächten wie dieser fiel die Temperatur manchmal bis auf minus fünfundzwanzig Grad, und der Schnee driftete unter das Küchenfenster, bis er fast die Fensterscheiben bedeckte, aber als ich an jenem Abend am Spülbecken das Geschirr in das Spülwasser stapelte, zeigte das Thermometer nur wenige Grade unter Null. Das Schneetreiben hielt an, während meine Geschwister und ich nach dem Essen, das aus Bohnen, Würstchen und Roggenbrot bestanden hatte, drinnen saßen. Der Wind heulte durch den Anbau und rüttelte am Gebälk. Flap war unterwegs zum Eisfischen am Winnepesaukee-See, und Mama hatte sich wieder einmal in ihrem Zimmer hingelegt.

Daddy stieß den Stuhl vom Tisch, zog zwei Wollhemden, Socken, seine schwersten Stiefel und die Mütze mit den Ohrenklappen und dem Kinnverschluß an und ging hinaus, um den alten Lastwagen mit dem angeschweißten Schneepflug zu starten. Die Auffahrt wurde immer freigeräumt, damit die Lastwagen mit dem Hühnerfutter den Hügel hochkamen und Tonnen von gelbem Futtermais über die Rutsche in den Silo poltern konnten. Bald darauf hörten wir den alten Motor stotternd anspringen, und dann schob sich der Lastwagen prustend gegen den Schnee, wie ein alter Mann, der sich energisch die Arme reibt, damit die Hände vor Kälte nicht taub werden. Wir hörten, wie der Pflug vom Kükenstall kommend den Hügel herunterröhrte und wie der Schnee mit hartem Kratzen vorwärtsgeschoben wurde; wenn mein Vater rückwärts auf eine Schneewehe fuhr, knirschten die Gänge. Immer von neuem wurde der Schnee zusammengepflügt und zu einem Wall aufgetürmt, der so hoch war wie das Dach des Wagenschuppens, immer weiter rückwärts über Eis und Steine. In zahllosen Drehungen und Wendungen schob mein Vater den Schnee von der Auffahrt hinunter, weg vom Haus, weg von uns. Der Motor hustete und spuckte, wenn er vom Vorwärtsgang in den Rückwärtsgang schaltete oder umgekehrt.

Dann rumpelte der Lastwagen zur Straße hinunter, die beiden kleinen Lichter richteten im Schneesturm kaum etwas aus, und die Scheibenwischer rasten wie wild hin und her, um in kleinen Fächern das Eis abzukratzen. Mein Vater hing aus dem Führerhaus und winkte uns im Vorbeifahren zu. Durch meine Hände, die ich zu einem Guckloch an das beschlagene Fenster gelegt hatte, erkannte ich auf dem vorbeisausenden Lastwagen kaum die gemalten Buchstaben Forge Village. Wir hörten den Pflug würgend, kauend, mahlend am Briefkasten vorbeiknattern, das scharfe Kratzen und Schrappen, wenn er an der Schneewehe wendete, den leeren Ölkanister, der auf der Ladefläche gegen die rostige Karosserie knallte, wenn er bei jedem Wenden hin- und herrutschte. Der Lastwagen drehte um und prustete noch einmal die Auffahrt hoch, als kämpfe sich der Motor durch schiere Willenskraft den Berg hoch, um meinem Vater zu helfen. Die großen, schmutzverkrusteten Reifen schlitterten auf dem Eis, vorbei an der Böttcherei, an den Ahornbäumen und weiter im Dunkeln bis zur Hintertür, wo der Motor im Leerlauf tuckerte und die Kolben klopften, als wolle etwas hinein oder heraus.

Als ich wieder hinausschaute, um zu sehen, wie stark es

noch schneite, stand mein Vater mit dem Gesicht zum Fenster auf der Veranda, und ich tat vor Schreck einen Satz, denn ich hatte ihn nicht die Treppen hochkommen hören. Sein Gesicht schwebte körperlos wie eine Geistererscheinung aus dem Schnee auf mich zu. Schnee lag auf seiner Mütze, seinen Wimpern und seinem Schnurrbart. Sein Atem bildete Wölkchen, und vor meinen Augen entstanden in seinem Bart kleine Eisklumpen. Mein Vater schien zu Eis erstarrt – er bewegte sich nicht und sprach nicht, sondern starrte nur über unsere Köpfe hinweg in den Raum, als läge ihm etwas auf der Zunge, an das er sich nicht recht erinnern konnte oder das er zu vergessen suchte. Ich saß entgeistert auf der Bank, während er stumm an mir vorbei in die warme, helle Küche blickte.

Plötzlich erschien sein großer Handschuh und klopfte an die Fensterscheibe, und alles war wieder gut – es war das Signal, daß wir alle hinauskommen und auf dem selbstgebauten Schneepflug mitfahren durften. Hastig rutschten wir von der Bank und zogen unsere Schneesachen an, aufgeregt, weil ein Schneesturm tobte, aufgeregt, weil es dunkel war und wir mit ihm im Schnee sein durften. Nacheinander hob er uns auf die Ladefläche, knallte die hintere Ladeklappe hoch und befestigte sie mit einer Kette. Dann sprang er ins Führerhaus, die Gangschaltung knirschte, und der Wagen warf sich mit uns an Bord ruckartig in die Nacht; wir kamen uns vor wie Gefangene, Flüchtlinge, Tagelöhner, Diebe. Wir waren in diesem Moment so gern bei unserem Vater, der im Führerhaus sitzend den Schnee zusammenscharrte, den Pflug wendete und den Schnee von der Straße und dem Haus wegschob, während wir kreischend auf der bockenden Ladefläche saßen, denn es war so kalt, so bitter kalt, und so dunkel, so spannend. Mein Vater ist der mutigste Mann auf der ganzen Welt, dachte ich. Unter den schneebeladenen Kiefernästen schien die Nacht am dunkelsten. Der Motor ratterte, die Gänge knirschten, als Daddy den Lastwagen anhielt und wir von der klappernden Ladefläche in die tiefste Schneeverwehung sprangen, die wir entdecken konnten. Er fischte uns lachend wieder heraus. Jetzt waren wir alle Schneemänner.

Am Tag nach einem Schneesturm, wenn der Schnee so weiß und rein war, daß es blendete, und der Himmel kobaltblau und alle Zweige von Glanz überzuckert, packte uns mein Vater warm ein, zog seine schwarzweiß karierte Holzfällerjacke und die alte Armeemütze mit den wollenen Ohrenschützern an und holte den großen Schlitten aus dem Schuppen, um uns die tollste Fahrt unseres Lebens zu bieten. Begeistert trabten wir hinter ihm den Berg hoch, am Kükenstall, am Geräteschuppen und an der Eierkammer vorbei bis zu der Steinmauer hinter dem Klohäuschen. Von dort kletterten wir über Erdklumpen und Furchen hinweg einen viel steileren und engeren Pfad empor, der auf einer Seite von dem Steinwall und auf der anderen von den tiefgebeugten Kiefern begrenzt war. Wir kamen nur langsam voran, und es war so kalt, daß mir die Zähne weh taten. Oben gab es einen alten Brunnen, der Weg wurde ebener, und mein Vater stellte den Schlitten hügelabwärts in den Schnee und setzte sich hinten drauf. Mein tollkühner Bruder hockte sich grinsend wie ein Affe nach vorne, meine Schwester krabbelte hinter ihn und legte die Arme fest um seine Jacke. Ich schmiegte mich an meinen Vater, mit Tränen in den Augen, teils von der Kälte, teils vor Angst, und hielt mich an den Lenkgurten fest. Die Farm lag wie ein Puppenhaus unter uns, um uns herum leuchtete alles, und der Tag sah aus wie eine Weihnachtspostkarte – Schnee auf den Dächern, Rauchwölkchen im tiefblauen Himmel, die Luft so kalt, daß der Rauch vollkommen gerade hochstieg, zart und unbeweglich wie eine Feder. Es war ein Augenblick reinster Freude. Wir bliesen die kalten Wangen mit unserem warmen Atem auf und fürchteten uns, weil wir wußten, daß uns etwas ganz Aufregendes erwartete. In diesen Minuten liebte ich meinen Vater heiß und innig.

Der Schlitten zeigte so steil nach unten, als wollten wir zum Mittelpunkt der Erde vordringen. Wir stießen uns ab und flogen los – unter den Kiefern hindurch, von denen der Schnee auf unsere Gesichter rieselte, am Klohäuschen, an der Eierkammer und am Kükenstall vorbei, wir schrien, mein Vater lachte laut, dann lehnten wir uns alle nach links, um am Ahornbaum und am Holzschuppen vorbeizukurven, danach sausten wir in einer Rechtskurve kreischend an unserem Haus vorbei, hopsten über Buckel und Gräben, ließen uns begeistert in die Luft schleudern, und weiter an der Böttcherei vorbei bis zum Briefkasten, auf die Straße und in eine hohe Schneewehe hinein, wo wir alle lachend und quietschend wie Ferkel vom Schlitten purzelten, mit Schnee in den Haaren und Stiefeln und auf unseren karierten Wolljacken. *Noch mal, Daddy, noch mal*, riefen wir, zerrten den halbbegrabenen Schlitten aus dem Schneeberg und zogen ihn bergauf zur nächsten Fahrt. Bergauf, bergab – es hätte ewig so weitergehen können.

Nach so einem Abend mit Daddy auf dem Schneepflug schickte er uns dann ins Haus, und wir trampelten in den Vorraum, zogen Schneeanzüge und Mützen aus, stopften Zeitung in unsere durchnäßten Stiefel und stellten sie an den Ofen. Dann rannten wir mit nassen Haaren hoch und schlüpften schnell in unsere Flanell-Schlafanzüge, während der Lastwagen den Hügel hinaufröhrte und neben dem Hühnerstall parkte. Die Kleinen gingen ins Bett, und ich kam wieder hinunter, um am Tisch noch zu lesen, bis mein Vater mit der Arbeit fertig war. Als Daddy hereinkam, stampfte er mit den Stiefeln im Vorraum kräftig auf und schüttelte seine Jacke aus. Von seinem Kopf fiel eine Scheibe Eis, als er die Jagdkappe abnahm. Von seinem Schnurrbart tropfte Eiswasser. Er goß sich einen Whiskey ein und setzte sich auf seinen Lehnstuhl.

«An welche Zahl denke ich?» fragte er herausfordernd. «Schnell.»

Ich sank auf meinem Stuhl in mich zusammen. Ich haßte dieses Spiel. Mein Vater bestand darauf, daß wir unsere Gedanken lesen konnten, daß wir uns näherstanden als andere, und jeden Abend mußten wir telepathische Übungen machen. Manchmal dachte er an eine Zahl, und ich versuchte angestrengt, sie zu erraten, und manchmal mußte ich die Augen schließen und ihm eine Zahl zwischen eins und zehn über den Tisch senden. Aber heute war mein Kopf leer. Ich schloß die Augen und versuchte, eine Zahl aus der Luft zu greifen. Ich zählte stumm und hoffte, eine Zahl würde aufleuchten, die Farbe wechseln, wärmer aussehen als die anderen und die richtige sein. Er konnte es nicht leiden, wenn ich einen Fehler machte.

Ich holte tief Luft und flüsterte: «Vier.»

«Richtig!» sagte er und schlug triumphierend auf den Tisch. «Noch mal.»

Mit geschlossenen Augen hörte ich den Schnee gegen das Küchenfenster spucken, den Ofen knacken und daneben Elfi, die rotgetigerte Katze, im Sessel schnurren. Ich hörte meinen Vater heftig atmen, roch den Whiskey in seinem Glas. Zahl. Zahl. An welche Zahl dachte er? Wenn ich glaubte, ich wüßte die richtige nicht, mußte ich raten. Ich riet nicht gerne, denn ich riet oft daneben. Welche Zahl schickte er mir jetzt? Sieben? Nein. Acht? Nein. Neun. Neun?

«Ich glaube neun», flüsterte ich.

«Wieder richtig, Kleines», sagte er und holte die Whiskeyflasche an den Tisch. Das Spiel gefiel ihm so gut, daß sich seine Augen allmählich röteten. «Schick du mir jetzt eine.»

Ich schluckte. Das war schwerer. *Zwei* sagte ich mir im stillen, *es ist die Zwei.* Ich saß da, ohne mich zu rühren, starrte meinem Vater ins Gesicht und bohrte die Zahl zwei in sein Gehirn, die Zahl zwei, zwei Augen, zwei Ohren, zwei Hände, zwei, zwei, zwei. Ich schrieb die Zahl im Kopf, als wären meine Gedanken ein Stift, schickte ihm die Ziffer, konzentrierte mich auf den Klang des Wortes, buchstabierte sie mir vor, z-w-e-i, z-w-e-i, schickte ihm die Zahl zwei mit all meiner Willenskraft über das grünweiß karierte Wachstuch.

Er starrte mich auch an und runzelte verärgert die Stirn.

Warum bedeutete ihm dies nur soviel? Was bewies er denn damit? Daß ich ihn am meisten liebte, ihn besser verstand als alle anderen? Es war ein dummes, gefährliches Spiel. Ich liebte meinen Vater so sehr, aber es würde ihm nie genügen. Ich mußte mich noch mehr anstrengen, und so dachte ich wieder zwei, zwei, und betete, daß er mich hören möge.

Er trank sein Glas leer und goß sich fröhlich einen neuen Whiskey ein.

«Ich hab's», sagte er mit halbgeschlossenen Lidern. «Du schickst mir die Zahl drei.»

Sollte ich ihm zustimmen und sagen: *Ja, Daddy, ich schicke dir die Zahl drei*? Das wäre natürlich eine Lüge, aber es würde ihn beschwichtigen. Ich zögerte. Oh, hätte er nur zwei gesagt.

«Nein, Daddy, es war zwei», murmelte ich zaghaft.

«Verdammt, du gibst dir keine Mühe», knurrte er. «Streng dich mehr an. Jetzt noch mal.»

Ich neigte den Kopf und wollte meine ganze Seele in dieses Spiel legen. *Sieben, sieben, die magische Zahl sieben*, dachte ich so deutlich, als hätte ich es laut ausgesprochen. *Konzentriere dich, Daddy. Ich weiß, du kannst es. Es ist sieben. Es ist sieben. Sieben, sieben, sieben.*

Ich blickte in seine blutunterlaufenen Augen, wollte ihm helfen, daß er mich hören konnte. *Sieben. Sieben. Sieben.*

Er trank seinen Whiskey, die Augen keine Sekunde von meinem Gesicht gewandt. Er hustete und legte die Hände flach auf den Tisch. An Abenden wie diesem war sein Blick unstet, seine Augen brannten wie zwei Kohlen tief im Ofen. Auf seiner Oberlippe glänzte Schweiß. Er starrte mich an, und ich betete, daß Gott ihm die richtige Zahl eingeben möge. *Sieben, sieben, sieben,* wiederholte ich verzweifelt. *Daddy, es ist sieben. Bitte, sag es. Sag es und laß es damit gut sein.*

«Eins», schmetterte er triumphierend. «Eins ist richtig, nicht?» Er wartete nicht auf meine Antwort. «Wir haben etwas ganz Besonderes, du und ich, weißt du das? Verdammt noch mal, das ist unglaublich! Wir können gegenseitig unsere

Gedanken lesen, kapierst du das? Es ist einfach verflucht unglaublich.»

Ich zögerte. Wie konnte ich ihm sagen, daß er falsch geraten hatte? Es wäre mein Fehler, weil ich mich nicht genügend angestrengt hatte, er würde es mir übelnehmen. Es wäre so viel leichter, ihn in dem Glauben zu lassen, daß er richtig geraten hatte. Aber das konnte ich nicht. Das wäre doch eine Lüge.

«Daddy», sagte ich, so sanft ich konnte, während er seinen Whiskey austrank und sein Glas wieder füllte. «Es war nicht eins. Es war sieben.»

Plötzlich schlug er direkt vor meinem Gesicht mit der Faust auf den Tisch. Speichel hing ihm am Mundwinkel, als er mich wie ein Riese aus Grimms Märchen anbrüllte: «Ich sagte, es war eins! Es war doch eins, he, du verlogenes kleines Biest?»

Seine Pupillen waren sehr dunkel. Ich sah das zarte Netz der Blutgefäße im Weiß seiner Augen. Er redete mit einer komischen Stimme, die ich nicht mochte – hart, eiskalt, schneidend –, und ich bekam Angst. Er war nicht mein Vater. Ich wußte nicht, wer er war.

«Daddy», sagte ich mit zitternden Händen, «ich mag es nicht, wenn du so eine komische Stimme hast.»

Er packte mich an meinem Schlafanzughemd und zog mich vom Stuhl.

«Was heißt hier komische Stimme?» brüllte er. «Komische Stimme? An meiner Stimme ist nichts komisch. Vergiß nicht, Kleine, das hier ist mein Haus. Hier kann ich reden, wie ich will.»

Er schubste mich gegen die Hintertür, und meine Ellenbogen prallten gegen den Riegel. Die Tür sprang auf, und ich fiel in den Vorraum.

«Steh auf», schrie er, und ich rappelte mich auf. Die Ledersohlen meiner Hüttenschuhe rutschten über die kalten Kacheln.

«Das hier ist mein Haus, vergiß das bloß nicht. Was ich sage, gilt, und wenn es dir nicht paßt, kannst du ja gehen. Es war eins, stimmt's, du verlogenes Miststück! Eins war richtig!» Er stieß mich gegen die Außentür, packte mich an den Schultern und schüttelte mich so heftig, daß mein Kopf gegen die Tür trommelte. «Das ist mein Haus. Wenn dir das nicht paßt, kannst du jederzeit verschwinden.» Er knallte meinen Kopf so fest gegen die Tür, daß ich in den offenen Schrank fiel und auf den Stiefeln landete, die am Boden lagen. Die Mäntel fielen auf mich, und Sterne tanzten mir vor den Augen. Mir blieb der Atem weg, und als ich zu weinen begann, zog er mich am Schlafanzug heraus, öffnete die Außentür, schrie «Raus!» und stieß mich auf den gepflasterten Verbindungsweg. An der offenen Hintertür schlug ich mir noch einmal den Kopf an. Mir war schwindelig, ich versuchte aufzustehen, aber es gelang mir nicht. Er knallte mir die Tür vor der Nase zu, ich hörte den Riegel zuschnappen.

Er würde mich gleich wieder hineinlassen, dachte ich. Wenn ich nur still war und keinen Ton von mir gab, würde er das Flurlicht anknipsen, die Tür aufmachen und mich reinlassen. Ich wartete und lauschte, mein Atem ging kurz und stoßweise. Nichts war zu hören. Ich stand auf und spitzte die Ohren. Dann rief ich: «Daddy?» Keine Antwort. «Daddy!» rief ich lauter und klopfte mit der Handfläche gegen die Tür. «Daddy? Daddy?» Schließlich hämmerte ich mit beiden Fäusten dagegen, schluchzte laut und schlug mit aller Kraft gegen die Tür. «Bitte, laß mich rein.» Aber er kam nicht.

Ich rannte auf den freigeschippten Fußweg. Jetzt schneite es weniger. Das Küchenlicht war noch an, und ich sah, wie mein Vater durch das Wohnzimmer wankte und die Treppe hochging. Mit meinen lederbesohlten Hüttenschuhen sprang ich in eine Schneewehe, in der ich bis über die Knie versank, und kämpfte mich, ständig rufend, zur vorderen Veranda. Dort schlug ich gegen das Fenster, der Schnee fiel mir auf Haar und Schultern, und mein Atem bauschte sich zu Wolken. Ich klopfte und klopfte mit bloßen Fingern, aber mein Vater kam nicht. Ich hämmerte und hämmerte und hämmerte, bis ich fast die Scheibe einschlug. Warum hörte er mich denn nicht? Warum ließ er mich nicht rein? Ich schrie: «Daddy, Daddy!» Der Schnee lag wie eine Decke auf meinem Kopf und meinen Schultern, und immer noch rührte sich nichts im Haus. Ich stand auf der verschneiten Veranda und blickte in das warme Küchenlicht.

Es war schrecklich kalt. Ich hatte weder Jacke noch Mütze. Ich war durchnäßt bis auf die Unterhosen. In meinen eigenen, tiefen Fußstapfen stolperte ich auf die Veranda zurück. Es schneite sachte, aber die Luft war ganz ruhig. Ich mußte nachdenken. Ich mußte aufhören zu zittern und nachdenken. Das Auto! Ich konnte im Auto schlafen! Ich schleppte mich um den Holzschuppen, und das goldene Lichtdreieck aus dem Küchenfenster verschwand. Der 51er Chevy war nur ein Schatten in der Finsternis. Ich kroch auf den Rücksitz und zog die Tür vorsichtig zu, damit ich die Scharniere nicht ausleierte. Ich verschränkte die Arme und legte sie auf die Lehne des Vordersitzes, wie ich es immer tat, wenn wir irgendwohin fuhren. Ich mußte nachdenken. Ich mußte unbedingt aufhören zu zittern und nachdenken.

«Ich wünschte, ich könnte Auto fahren», sagte ich laut und wischte mir die Tränen vom Gesicht. «Ich wünschte, ich wäre älter und könnte Auto fahren – ich würde von hier wegfahren, jetzt gleich, heute Nacht, und nie mehr zurückkommen. Ich würde nach Süden fahren, nach Florida, wo es warm ist und Palmen wachsen und der Sand heiß ist und das Meer so groß und blau wie der Himmel. Ich würde nie mehr zurückkommen, nicht mal, wenn du alt und krank oder tot wärst!» Ich trommelte mit den Fäusten auf die Lehne. «Ich komme nie mehr zurück, ich komme nie mehr zurück, nie, nie, nie!»

Ich legte den Kopf auf die Arme und schluchzte, weil ich so viel vermissen würde – den Frühling und die Wiese mit den kniehohen Narzissen und Märzenbechern, die Ahornknospen und die sauberen Bettlaken auf der Wäscheleine, und das Wasser, das in Rinnsalen, dann in Strömen plätschernd vom Hügel die Auffahrt hinabrauschte, den Lehm, der sich wie Sandschlangen in der Sonne räkelte, und die milde Luft, die so zart über das helle Gras strich wie der Atem eines Neugeborenen über seine Steppdecke.

Der Schnee fiel auf die Fenster des 51er Chevy, deckte die Vorderscheibe, die Seitenscheiben und die ovale Heckscheibe zu. Es war still, totenstill, und ich zitterte. Irgendwo draußen polterte etwas leise. Was war das? Man wollte mich bestimmt umbringen? Etwas kam aus der Dunkelheit auf mich zu und wollte meinen Tod. Ich lauschte angespannt. Nein, es waren keine Schritte. Es kam aus dem Wagenschuppen, ein ungebärdiges, gedämpftes Rumpeln. Flaps Jagdhunde! Die Coonhound-Welpen, die erst halb erwachsen, aber schon so groß wie ich waren. Sie schlugen mit den Schwänzen gegen die Hüttenwand. Die Hunde! Ich würde mich zu ihnen in die Hütte neben dem Wagenschuppen legen. Ich würde bei den Hunden schlafen.

Vorsichtig glitt ich aus dem Auto in den Schnee. Es war so dunkel, daß ich nichts erkannte. Ich pfiff, und einer der Hunde jaulte vor Freude. Ich rief und rief immer wieder, während ich vorwärtstapste und auf ihr bestätigendes Jaulen und Schwanzwedeln hörte. Der Weg kam mir in der Dunkelheit endlos vor. Schließlich kletterte ich zur Tür hoch und tastete nach dem Riegel. Die Tür aus Drahtgeflecht ließ sich nach außen öffnen. Ich stieg über die Schwelle, und beide Hunde sprangen freudig an mir hoch und leckten mir das Gesicht. Ich zog die Tür wieder zu. Die Hütte war so niedrig, daß ich nicht aufrecht stehen konnte. Ich hockte mich hin und legte die Arme um ihre gefleckten Körper. Sie zappelten und leckten an mir, und ab und zu kratzten sie mich vor Aufregung versehentlich. Durch die Sägespäne ertastete ich die Getreidesäcke, auf denen sie schliefen und die sie zu einem Nest zusammengescharrt hatten. Ich kroch unter mehrere Schichten von 100-Pfund-Futtersäcken und rollte mich zu einem kleinen Ball zusammen; die Hunde gähnten, streckten und kratzten sich und legten sich schließlich auf mich und schliefen ein.

Es war still, abgesehen von meinem Atem und dem der Welpen, und der Wind wehte langsam aus dem Tal hoch über Barker Hill. Ich hörte ihn durch die Dachbalken des Wagenschuppens heulen. Er zupfte fragend an der Teerpappe auf dem Dach und an den Pappschindeln draußen. Ich versuchte mir vorzustellen, wie der Schnee aus dem Tal heranbrauste und so lange fiel, bis die Hundehütte, der Wagenschuppen und die Stalldächer zugedeckt waren, wie der Schnee die ganze Nacht hindurch fiel, bis er die Tür versperrte. Allmählich hörte ich auf zu zittern, und als ich mich in die Sägespäne sinken ließ, erinnerte ich mich an eine Geschichte, die ich vor längerer Zeit gehört hatte.

Es war einmal ein kleiner Junge, der in seinem Klassenzimmer in der Highland School saß und die meiste Zeit Miss Cochran, seine wunderschöne junge Lehrerin, anhimmelte. Eines Tages hatten die Schüler einen kurzen Aufsatz schreiben müssen. Die Lehrerin sammelte die Blätter ein, korrigierte sie mit ihrem kleinen Rotstift und stellte sich zauberhaft lächelnd vor die Tafel.

«Zuerst einmal», sagte sie in all ihrer atemberaubenden Schönheit, «werden wir Richard Green hören.» Und der kleine Junge, der mein Vater einmal war, wurde rot, räusperte sich, richtete sich auf und schlich in seiner Weste, seinen hellbraunen Knickerbockern und grüngemusterten Kniestrümpfen den langen Gang nach vorne. Sein Herz klopfte zum Zerspringen, und er versuchte, würdevoll zu lächeln, als er auf die vielen Reihen der anderen Schüler blickte. Sie gab ihm sein Blatt, und es zitterte in seiner Hand. Er zögerte. Da sagte Miss Cochran überdeutlich: «Kinder, dies ist ein Beispiel dafür, wie ihr niemals schreiben dürft.» Und sie gab ihm mit einer

Geste zu verstehen, daß er nun seinen Aufsatz laut der Klasse vorlesen sollte.

Sein Gesicht wurde lang, und er blickte sie ungläubig an. Er stammelte. Seine Knickerbocker kniffen in den Kniekehlen, seine Hände zitterten, und langsam las er die Worte, die ihn verraten hatten: «Ich wurde von einem Schneesturm befallen.»

Ich dachte an diese Demütigung vor seiner geliebten Miss Cochran und der gesamten Klasse, daran, wie er vorher auf der Veranda gestanden hatte, wie er aus dem Nichts aufgetaucht war, ein körperloses Gesicht, gefrorenen Schnee auf der Mütze, daran, wie er in die Küche geschaut hatte, wo Elfi, die rotgetigerte Katze, zusammengerollt auf dem Stuhl neben dem Ofen lag, wo es warm und hell war, und wie er uns überhaupt nicht wahrgenommen hatte. Ich dachte daran, wie er im Schneetreiben stand und wie er von etwas befallen schien, aber ob es der Schnee war, der ihn so verstört hatte, konnte ich nicht sagen.

Jetzt lag mein Vater mit dem Gesicht zur Wand im Bett und war nicht mehr mein Vater, sondern ein kleiner Junge, so alt wie ich, und als ich dort unter den Futtersäcken im Sägemehl lag, nahm ich ihn in die Arme und hielt ihn fest umschlungen. Wir kuschelten uns wie zwei kleine Waschbären aneinander und weinten uns, während der Schnee auf die Hundehütte fiel, gemeinsam in den Schlaf, in einem Raum, der nicht größer war als ein Grab. Wenn sie uns am Morgen finden würden, träumte ich, wären wir für immer eingeschlafen, und die Coonhound-Welpen würden majestätisch vor der Hütte wachen wie zwei Löwen vor einer Pyramide.

Der Dachboden über dem Wagenschuppen war ein märchenhafter Ort, an dem hundert Jahre lang nichts angerührt worden war. Ich saß dort vollkommen unbeweglich, und Worte wie «Dunkel» und «Dunst» legten sich mir wie Asche auf

Haare und Schultern. Hier roch ich den Tod, unwandelbar und durchdrungen von Leder, Sägemehl und Heu. Unter der stockfleckigen, von Larven befallenen Armeedecke, neben den gebogenen Kufen eines längst vergessenen Schlittens rollte sich ein Seil wie eine kopflose Schlange zusammen. Ich lehnte mich gegen eine alte Kommode und sah, daß dort, wo die Dachbalken an den Fensterrahmen stießen, Generationen von Spinnen ein so breites und dichtes Netz gewebt hatten, daß es mich, so glaubte ich, wie eine Hängematte tragen würde.

Vom Dachboden aus erblickte ich den Firstbalken des Nebengebäudes und das Dach der Böttcherei, auf dem das kupferne Pferd, das als Wetterfahne diente, wie bei einer Dressurprüfung herumtollte. Die Außenwelt erblühte, Blatt um Blatt, Schwinge um Schwinge zum Leben, zum Frühling. Drinnen. Draußen. Die Schönheit, das Licht, die milde durchscheinende Luft, der Duft, das Vogelgezwitscher – nichts davon drang je in das Haus meiner Eltern. Das Haus war dunkel und wie verkohlt, als hinge der Rauch von tausend Holzofenfeuern über ihren Köpfen. Es war, als versuche man, durch Sackleinen zu atmen. Meine Mutter und mein Vater küßten sich nie, hielten sich nie an den Händen und umarmten sich nie. Sie schienen kaum zur selben Familie zu gehören – Menschen, die in demselben Haus lebten, ohne etwas gemeinsam zu haben. Soweit ich sehen konnte, war eine Ehe keine Beziehung zwischen zwei Erwachsenen; sie sprachen selten miteinander. Es waren immer so viele andere Leute da – meine Geschwister, Flap, Granny und Boppa, die Eltern meines Vaters, die jeden Sonnabend auf die Farm kamen, Granny, um die Möbel umzustellen, Boppa, um sich unter seinen Buick zu legen und den Nachmittag an ihm herumzuwerkeln. Ich stellte mir vor, daß die Ehe ein Arrangement war, das Leute gegen ihren Willen dazu zwang zusammenzuleben. Das Haus war so undurchdringlich wie ein trübes Aquarium, versiegelt in der Tiefe des Ozeans, wo die Donnerstimme meines Vaters aus den Strömungen dröhnte wie Poseidon und wir in stummer Erwiderung wie Seegras erzitterten. Es existierten keine Membranen, keine Gewebe zwischen uns; wir waren unzertrennliche, ineinander übergehende Wesen. Der Zorn meines Vaters drang durch meine Poren, der Stachel seines Dreispitzes fuhr in mein Herz und nagelte mich erbarmungslos fest. Zwischen den Wracks und Kreuzmasten von Wut, Verachtung und Verzweiflung bemühte ich mich, ruhig zu liegen und ihren Kummer über mich hinwegströmen zu lassen, während ich die bittere Tinktur des Versagens in mich aufsog wie ein Schwamm.

Und doch sah ich von meinem Hochsitz im Wagenschuppen durch ein Stückchen Scheibe, das ich mit meinem Atem sauber gewischt hatte, die Sonne auf den Ahornwipfeln, den Wind in den Rüschenröcken der Forsythien, die Schwalben im unermüdlichen Anflug auf ihre Nester, aus den Resten des Herbstes gewebt, die der Winter bis zu diesem Tag aufbewahrt hatte. Draußen gab es Kreisläufe und Jahreszeiten und Sterne. Draußen gab es Farbe und Bewegung und zarte, neue Blätter.

Drinnen. Draußen. Ich drückte meine Hand gegen das Glas, doch ich konnte beides einfach nicht in Einklang bringen – zwei so unterschiedliche Welten forderten meine ganze Loyalität, meinen Beistand und meine Liebe. Draußen waren Leben und Tod. Drinnen lebte nichts und starb nichts. Es war eine Art zeitloser Verneinung, ein von Wasser umschlossenes Fegefeuer, weder Leben noch Tod. Und in dieses O – der stumme, offene Mund eines Kindes, der wie zum Empfang des Sakraments nach oben gereckt ist – flossen die Verzweiflung, Verwirrung und Furcht meiner Familie ein. Ich verstand zu spät, daß es ihre eigene entsetzliche Furcht war, die wie eine Oblate auf meiner Zunge lag – Furcht vor dem Leben, vor dem Tod. Mein Mund konnte nicht singen, weil er immer und immer wieder diesen Kelch aus Feuer schlucken mußte.

Draußen war das Leben ausgewogen: Leben war Leben, weil wir starben, Tod war Tod, weil wir lebten. Drinnen floß alles ineinander und war schwerelos. Die Welten existierten nebeneinander, berührten sich jedoch nie, außer in mir. Ich rannte wie eine strahlende Botin zwischen den Territorien hin und her, mit dem brennenden Wunsch, die beiden alten Reiche zu versöhnen, Zeichen der Vergebung, des Entgegenkommens, des Willkommens von einem zum anderen zu tragen. Aber es gelang mir ebensowenig, Licht in die aufgewühlte Dunkelheit zu bringen, wie die Last des Lebens meiner Eltern in die Sonne zu tragen. Wählte ich die eine Welt, verriet ich damit die andere.

Und so holte ich an einem wunderschönen Frühlingstag, nicht lange nach meinem achten Geburtstag, das schwere Seil vom Dachboden des Wagenschuppens und zog es wie einen Schlitten durch das lange Gras bis zum Fuß des Apfelbaumes, den ich am meisten liebte. Ich kletterte, so hoch ich mich traute, in die Äste und setzte mich mit dem Seil als Begleiter hin; meine Beine baumelten zum Rhythmus eines Liedchens, das ich auf dem Spielplatz oder beim Picknick immer vor mich hinsummte. Ich hatte keine Angst. Ich war ganz ruhig. Ich saß zwischen den Blüten wie eine Statue in einem japanischen Garten, halb Kind, halb Kapuzineräffchen, und war dankbar, daß mir endlich eine Lösung eingefallen war. Ich würde beide Welten aufgeben, statt gezwungenermaßen zwischen ihnen zu wählen. Das letzte, an das ich mich erinnern würde, wäre der berauschende, starke Duft der Apfelblüten, und dann kämen endlich Ruhe und Frieden und das Ende von allem.

Seit Wochen hatten Flap und ich auf der Schwelle des Geräteschuppens auf zwei umgedrehten Nagelkisten gehockt, während die schwarze Stallkatze einen Getreidesack im Gras umherzerrte und die Laken in der frischen Märzluft wie Segel knatterten. Er hatte mir beigebracht, wie man Knoten knüpft. Stunde um Stunde, Tag für Tag zeigte mir Flap die verschlungenen Geheimnisse der Schnüre, die in seinen Zauberhänden zu einer Affenfaust, einem Türkischen Bund, einem Augknoten wurden; die Gardinenschnur, die ein Eigenleben führte, wand sich zu einem Handschellenknoten, einem Kronenknoten, einer Rosette, einer Hahnenpfote. Er führte meine Finger herein und heraus, herauf und herunter, durch jeden Knoten, und wiederholte die Schritte geduldig immer wieder, bis ich die Seilenden nehmen und sie ganz alleine knüpfen konnte. Auf ein längliches Stück Sperrholz, das neben der Weltkarte an der Schuppenwand hing, nagelte er die fertigen Knoten und beschriftete sie mit kaum lesbaren, krakeligen Buchstaben: Verkürzungsstek, Matrosenmatte, Josefinenknoten.

Flap war früher als Matrose zur See gefahren, und in seiner kleinen, dunklen Dachkammer redete er mit Hilfe seines Funkgeräts in einer Geheimsprache mit Farmern in Mexiko und Lehrern auf Neufundland, und der melodiöse Morsecode durchmaß den Horizont von Stern zu Stern und erfüllte den Nachthimmel mit Stimmen, mit Bedeutung. Auf der Weltkarte im Geräteschuppen hatte er seine Seereisen eingezeichnet; jeder exotische Hafen war mit einer Reißzwecke markiert – Halifax, Lissabon, Dakar, Maputo, Daressalam, Djakarta, Manila, Guam. Mit dem Zeigefinger verfolgte er die Routen, wobei er seine Geschichten von Kontinent zu Kontinent spann und imaginäre Knoten um jeden Hafen zeichnete, bis die ganze Welt festgezurrt und sicher an ihrem Platz vertäut lag. Wenn ich seinen Finger über die Breitengrade fahren sah, dachte ich mir die Längengrade als Linie von seiner Fingerspitze bis zum Unterarm, auf dem ein tätowierter Anker sich mit den Gezeiten hob und senkte. Ein amerikanischer Seeadler hockte mit ausgebreiteten Schwingen drohend auf Flaps Schulter. Beim Benennen der Häfen zuckten seine feinen Stoppelfedern. Auf der linken Schulter prangte ein Indianerhäuptling, der mich an den Büffelnickel erinnerte; er trug einen prachtvollen Kopfschmuck und hatte ein Profil wie eine Felsformation – ungeheuer stolz, ein Kinn wie aus Granit, eine Nase wie eine Klippe. Unter ihm auf dem linken Arm stolzierte ein Kampfhahn mit Kehllappen und Kamm, eine

Kralle erhoben und teilweise unter dem Flügel versteckt. Ich sah, wie die Nadel des begabten Tätowierers auf der pergamentenen Haut des Armes eine Art Wandteppich aus kleinen Tintenknötchen gewebt hatte. Die Knoten, die ich mit Gardinenschnur knüpfte, hatten dieselben verschlungenen Wege zurückgelegt – die Welt, seine Tätowierungen, meine Knoten.

Die Schlinge war der einfachste Knoten von allen, aber für ein Abschleppseil brauchte man mehr Kraft als für eine Gardinenschnur. Ich saß auf dem Ast des Apfelbaums und knüpfte eine Schlinge, die ich mir über den Kopf auf die Schultern zog. Wie eine Kette um ein Handgelenk lag das Seil um meinen Hals. Ich schlang das Ende mehrfach um den Ast, bis es mir fest schien. Wie eine Herde Lämmer hüpften die Wolken über die Luzernen in die Bäume am Rand der Wiese. Ein Rotkehlchen rief fragend nach seinem Gefährten. Die Sonne ließ das Gras aufleuchten und wieder dunkel werden. Eine Stallkatze duckte sich in die Wolfsmilch und belauerte eine Maus, die an einer Krume nagte. Eine Woge von Traurigkeit überschwemmte mich. Es war so schön hier. Es tat so weh. Ich faltete einen Augenblick lang die Hände, dann machte ich die Augen zu, stieß mich vom Ast ab und fiel.

Das Seil packte mich am Hals wie eine grausame Männerhand. Es ließ nicht locker und schüttelte mich wütend. Ich baumelte am Ast über einem verschwommenen grünen Teich mit weißen Kleeflecken und konnte nicht atmen. Und dann stürzte ich hinunter, denn das Seilende wickelte sich vom Ast ab, und die Schlinge und ich und das Seil landeten zusammen mit einem Plumps im Gras. Blütenblätter rieselten auf mich herab und bedeckten mich mit einer lieblich duftenden Decke aus Schnee. Durch ein Netz von Zweigen und Blüten sah ich die Wolken weiterziehen, und nach einer Weile rollte ich das Seil auf, brachte es auf den Dachboden zurück und ging ins Haus. Niemand hatte bemerkt, daß ich weg gewesen war.

Vergangene Nacht träumte ich von ihr, von dem Mädchen, das in den Armen eines Apfelbaumes sterben wollte. Ich stand, so groß, wie ich jetzt bin, knietief in den Luzernen zwischen den Torpfosten, wo zwei Ulmen, die längst dem Baumsterben zum Opfer gefallen sind, hoch aufragten. Unter dem Baldachin aus ovalen Blättern sah ich die Farm so, wie ich sie am meisten liebte, im Sommer, wenn die Trompetenblüten wie eine Welle an der Hausecke über der Schiffsglocke wogten, mit der die Männer immer zum Abendessen gerufen wurden. Kolibris schossen durch die Luft und schnellten wie Nähnadeln in die orangen Blüten. Der Wagenschuppen hatte schwarze Dachbalken als Epauletten und frische, weiße Fensterbänke, die wie die Manschetten eines Kutschers aussahen. Die Jagdhundwelpen balgten sich in ihrem Zwinger. Der Pferch wirkte neu, parallele Reihen von Schößlingen waren zu Zaunpfosten zusammengebunden, und die Eselin Rosita rannte umher, wackelte mit den Ohren, schlug mit den Hufen aus und beklagte wiehernd den Verlust ihres Sohnes Pedro. Die Sonne spiegelte sich im Frühbeetkasten für die Gurken neben der größten Scheune, und Flap saß pfeiferauchend in seinem Overall auf der kleinen Veranda – seine Tätowierungen wirkten aus der Ferne wie blaue Flecken – und wartete geduldig wie der Apostel Andreas beim Netzeflicken.

Das Kind, das ich mit acht war, starrte mich von der Haustür aus an. Die Böttcherei schien frisch gestrichen, der bronzene Türklopfer in Form eines Widderkopfes glänzte noch. Die Apfelbäume neigten sich unter der Last der Früchte, und aus dem verwilderten alten Kräutergarten roch es nach Pfefferminze und Dill. Die Ziehstange hing über dem Brunnen. Das Gras neben dem Garten stand hoch und biegsam, eine Wiese voller Duft, Schläfrigkeit und Bienen. Das Kind kam, eine Hand zum Schutz gegen die Sonne über die Augen gelegt, auf mich zu.

«Wer bist du?» fragte es unfreundlich.

Ich antwortete nicht gleich, und als ich sprach, tönte meine Stimme wie tief unter dem Wasser hervor.

«Ich bin die Frau, die du einmal sein wirst», sagte ich.

«Nein, bist du nicht. Geh weg und laß uns zufrieden.»

Uns? Wen meinte sie damit? Sie stand ganz allein in ihren Latzhosen und dem Flanellhemd vor mir. Vermutlich hatte sie Unkraut gejätet. Ihr Haar ringelte sich feucht, an ihren Hosenbeinen klebte Erde, weil sie auf dem Boden gekniet hatte. Dann wußte ich, was sie meinte: die Familie in dem Haus mit den geschlossenen Fensterläden wandte sich immer noch von der Welt, von ihr und von mir ab.

Der Wind frischte auf. Blätter trudelten zur Erde wie Herbstschnee und rauschten gleich darauf schwungvoll die Einfahrt hoch, als würde sie jemand ungestüm zusammenharken; die nackten, schwarzen Novemberzweige vewandelten sich in Kohle und abgebrannte Dochte. Plötzlich waren Wagenschuppen, Hundezwinger, Pferch und Eselstall verschwunden, anstelle der Brombeeren wuchs langes Gras. Die große Scheune, die wir als Hühnerstall benutzt hatten, war eingestürzt, und Teerpappe flatterte durch das Gras wie eine aufgescheuchte Hühnerschar. Vom Hausdach lösten sich Schindeln, ein Fensterladen kreischte in den Angeln. Das Kind war vor Schreck erstarrt.

Ich versuchte, den Wind zu überschreien: «Es ist alles weg, siehst du das nicht? Da ist niemand mehr zu Hause.»

Das Pferd, das am Dachfirst galoppierte, war grün und hatte eine gebrochene Fessel. Es schien Norden und Süden nicht mehr unterscheiden zu können und irrte blindlings im Kreis herum, als liefe es in panischer Angst vor dem Rauch davon.

«Komm her!» rief ich meinem jüngeren Ich zu.

Tränen stiegen ihr in die Augen, und die Äste des Trompetenbaums rissen sich aus ihrer Halterung an der Dachtraufe los.

«Geh weg», rief sie weinend. «Geh weg, geh weg!»

Der Lärm war ohrenbetäubend. Glas zerbarst in einigen Fenstern, der Dachfirst splitterte entzwei und stürzte wie der Mast eines sinkenden Schiffes mit Getöse zu Boden.

«Komm her», schrie ich lauter, mit schmerzhaft verkrampfter Brust, als spräche ich zu meinem eigenen Kind. «Ich erinnere mich an ein Mädchen, noch jünger als du, nicht mal drei, das sich eines Nachts barfuß im weißen Nachthemd aus dem Haus schlich und mit ausgestreckten Armen über das nasse Gras auf den Mond und den Abendstern zulief. Diese Schönheit war dein Ziel. Damals hattest du noch keinen Namen dafür. Weißt du noch? Es war die Poesie, die du geliebt hast. Komm mit mir. Ich zeige sie dir.»

Sie sah mich an, ihr Kinn voller Zweifel nach vorne gereckt. Sie hob ihren Eimer auf, und die zerborstene Tür am Verbindungsgang fiel krachend hinter ihr ins Schloß.

Gespenster gab es nicht in unserem Haus, soviel stand fest, aber es stöhnte, rumpelte und ächzte den ganzen Winter über wie ein großer, weißer Bär, der sich im Schlaf herumwälzte. Durch den Frost dehnten sich die verzapften Balken der Dachkammer oben im ursprünglichen Farmgebäude, das aus der Zeit der Unabhängigkeitskriege stammte. Die enge, steile Dachtreppe knarrte wie unter zaghaften Schritten, und die Tür zur Speisekammer sprang aus dem Schloß und schwang so häufig auf, daß wir ein viertes Kind als Sündenbock erfanden – einen sommersprossigen, rothaarigen, unsichtbaren Jungen namens Harry, der für alle Untaten verantwortlich war, die wir nicht zu gestehen wagten. Sein Lieblingsstreich, den wir insgeheim bewunderten, bestand darin, sich nach dem Abendessen in die Speisekammer zu schleichen und sich etwas zu holen. Wir wußten, daß er nichts lieber mochte als Süßigkeiten, weil es bei uns auch so war, und wenn ich am Tisch meine Hausaufgaben machte und die Tür leise aufschwang, stellte ich mir Harrys Geisterfinger auf der Suche nach Keksen vor, und in meiner Vorstellung waren die Regale vollgestopft mit Löffelbiskuits, Brownies, Sirupplätzchen, Schokonüssen, Pralinendosen voller Marshmallows und Konfekt, Fruchtschnitten und Ingwerkeksen, Mandelmakronen und Schokoladenriegeln. Während mein Bleistift brav über das Heft kratzte, hörte ich Harrys Kauorgie und stopfte mich in Gedanken bis zum Rand mit seinen unsichtbaren Herrlichkeiten voll.

In unserem Haus spukte es nicht, aber wenn ich sonnabends die Wäsche in einem alten Weidenkorb, meiner ersten Wiege, nach draußen trug und mit Holzklammern im Mund an der Wäscheleine stand, beladen mit Handtüchern und Kopfkissenbezügen, spürte ich die Gegenwart von sechs Generationen meiner Familie, die vor uns in diesem Haus gewohnt hatten. Vielleicht lag es an der Art, wie die Märzluft so nüchtern in den Laken knatterte oder sich die Laken als Antwort bauschten, oder vielleicht auch daran, daß die Wäsche wie Segel knallte und das Sonnenlicht wie Duftkissen aufnahm. All das wirkte zusammen und ließ mich empfinden, *daß es auch früher schon oft so gewesen war, daß schon immer eine Frau an der Wäscheleine gestanden hatte, die die Bettwäsche für ihre Babys und die Hosen und Arbeitshemden für ihren Vater, ihren Mann und ihre Brüder aufgehängt hatte.* Wenn ich Geschirrtücher, Schürzen und Socken festklammerte, erwärmte mich mehr als nur die körperliche Arbeit. Selbst die Sonne liebte den Platz, an dem ich stand. Ich nahm an einem alten Ritual teil, das heilig war, weil es an einem Ort stattfand, an dem eine Frau friedlich, in Gedanken versunken, gearbeitet hatte, an dem sie sich entspannen und sich zu träumen erlauben konnte. Es war schön dort in der Sonne, selbst an Tagen, an denen die Laken an der Leine festfroren. Ich empfand eine schmerzhafte Nähe zu meiner Mutter, zu Granny und der Mutter des Mannes meiner Ururgroßmutter. Um mich her standen ein Dutzend Gespenster in langen, windgeblähten Röcken. Das Wispern des Grases und die

Schwere des Weidenkorbs schienen die hektische Geschäftigkeit und die bösen Auseinandersetzungen ihres Lebens in sich zu tragen, tragische Ereignisse wie Sommerkrankheiten, Untreue und Wahnsinn, und eine Zukunft, in der sie sich langsam zu Tode schufteten. Sie hatten aus Lauge und Asche Seife hergestellt. Auf ihren Waschbrettern schrubbten sie die Dreckschicht der Verzweiflung, den Schmutz der Gemeinheit heraus. Ihr Leben war viel schwieriger gewesen als meines. Ich wollte, wie sie, Wäsche waschen, ohne zu klagen, aber es war sehr schwer.

Graues Spülwasser lief in den schmalen Abfluß. Die Wringmaschine quietschte, wenn ich sie anstellte. Ich nahm die Overalls an den Bündchen und ließ sie durch die beiden Rollen laufen, dann wrang ich sie noch einmal aus, bis der Korb voll, aber nicht zu schwer war. Einmal paßte ich nicht auf und meine Finger gerieten in die Maschine; sie kreischte, als hätte ich ihr weh getan. Ich stellte sie auf rückwärts und befreite meine Hand, die wie von Frost befallen aussah. Diese weißen Hemden sind grau, dachte ich. Sie werden nie mehr sauber. Noch fünf Ladungen zu waschen. Das wird den ganzen Sonnabend dauern, und sie werden immer noch nicht sauber sein.

Ich war zehn und zuckte nicht mehr zusammen, wenn mein Vater mich eine dreckige kleine Schlampe nannte. Ich hängte die Hosen an den Aufschlägen und die Hemden an den Schultern auf. Ein warmes Laken flatterte mir um die Arme, als wolle es mich umfangen. Sie standen neben mir, meine Frauen. Die Ahornblätter raschelten wie Petticoats. Um vier Uhr wird es regnen, dachte ich, als ich über die ausgetretenen Stufen eine weitere Ladung Hosen holen ging.

Der Keller war dunkel, hatte fast überall Lehmboden und zwei winzige Sprossenfenster, die unter dem Spalier auf der Veranda etwas Licht einließen. Die Waschmaschine stand am Fuß der Treppe wie ein weißer, dickbäuchiger Ofen, in dem das Rührwerk mit dem Geräusch einer wiederkäuenden Kuh eine graue Suppe hin- und herschwenkte. Mit dem harten Brunnenwasser konnte man keine gute Seifenlauge machen. Mineralien färbten das Porzellan der Toilette, der Badewanne und des Spülbeckens sepiabraun, es waren Flecken, die kein Putzmittel und kein Schrubben mehr beseitigen konnten. Ich saß auf der untersten Stufe und starrte Generationen von Einmachgläsern an, die auf den Regalen standen – die Birnen, Pfirsiche und Pflaumen zahlloser Sommer, die niemand gegessen hatte, Tomaten, die man gekocht hatte, bis alles Sonnenlicht aus ihnen verdampft war, hundert Jahre alte Marmeladen und Gelees, einst süße, saftige Früchte, die nun für immer in den blinden Behältern einer ungeschriebenen Familiengeschichte einzementiert waren: *Diese Bohnen wurden in dem Jahr eingemacht, als Pearlie vom Böttchereidach fiel; diese roten Rüben in dem Jahr, als die Kastanie den tauben Onkel Charles erschlug, der nicht gehört hatte, wie seine Brüder «Vorsicht, Holz!» schrien – der Mann starb, aber der Ochse dicht neben ihm kam davon.* Die alten Gläser standen neben den Wachsbohnen und dem Maiseintopf, den wir vor drei Jahren abgefüllt hatten: *Ich hatte gerade den letzten Mangold geerntet und die Ranken von den Bohnenstangen gezupft und wollte auf dem Rückweg zum Haus eine saftige Birne vom Boden aufheben und sie Rosita geben, da stach mich die Wespe, die an der Unterseite krabbelte, mit geradezu teuflischer Wut in die Hand. Sie haßte mich und wollte, daß ich starb.* Der hypnotische Rhythmus der Waschmaschine lullte mich fast in den Schlaf. Ich atmete tief ein und roch den schwarzen Lehm auf den Kartoffeln, die wir im Herbst ausgegraben hatten, die süßlichen Gärstoffe der Baldwins und Macs, die eigentlich den Winter über halten sollten, aber jetzt schon faulten, der widerwärtige Gestank gegorener Trauben aus einer alten Flasche selbstgemachten Weins, die explodiert war. Ich saß auf der untersten Stufe, das Kinn in die Hände gestützt, und stellte mir ein anderes Leben vor, in dem Kinder Kinder sein konnten und sich nicht ihren Lebensunterhalt verdienen mußten. Während sich die mit Hühnerdreck verschmierten Arbeitshemden und Hosen in der Trommel herumtrudelten, sah ich einer langen, schwarzgold gefleckten Schlange zu, die durch die Grundsteine neben der Schutzwand glitt, und träumte von einem anderen Haus.

Ich träumte von Nanaquaket auf einer schildförmigen Landenge am Sakonnet-Fluß in Tiverton, Rhode Island, wo Felsen den Strand säumten wie Perlen ein Wappen und der grüne Samt der Wiesen von den Klippen flutete, wenn die späte Hitze über dem Wasser verdampfte. An Sommerabenden sah ich in meiner Phantasie die Ulmenkolonnade, das Bootshaus, das Theater, den Pavillon, den Stall, die glänzendweiße Scheune, das Giebelhaus auf der kleinen Landzunge und die von der Sonne versilberten Stufen des Strandhauses, die bis in den Fluß führten. Nanaquaket wurde mein Manderley, mein Tara, mein Thornfield Hall, und wenn die Nordostwinde im Winter die Küste beutelten und sich Schneestürme mit Nebel abwechselten, sah ich den Landsitz und die Moore von *Wuthering Heights* vor mir. Dort wurde ich in meinen Träumen zur Ehefrau und Witwe. In Nanaquaket kämpfte ich um meine Seele.

Das weiße Schindelhaus mit dem Türmchen, dem runden Zimmer und der Veranda, das auf drei Seiten über Wiesen zum Fluß blickte, kam mir vor wie vom Ozean umspült. Es war in den achtziger Jahren des 19. Jahrhunderts von der Church-Humphrey-Chase-Familie als Sommerhaus erbaut worden und wies die Kombination von Erhabenheit und Schlichtheit auf, die das Yankeeherz so liebt. Doch es war nicht im mindesten so protzig wie das Vanderbilt-Haus in Newport, fünfzehn Meilen entfernt: Nanaquaket war in Übereinstimmung mit den strengen Werten einer bescheidenen, protestantischen Mittelschicht entstanden, Kaufleuten und Fabrikbesitzern, die es sich leisten konnten, im nahen Stonebridge Inn zu logieren. Felder mit Luzernen und Büschel-Salzschwaden erstreckten sich meilenweit. Und *rosa rugosa*, die zähe Wildrose, wuchs am Atlantik, wo der Duft am süßesten war und der Sakonnet um eine Steilküste mäanderte.

Ich war mit meiner Mutter, meiner Schwester und meinem Bruder unterwegs, als ich Nanaquaket zum erstenmal sah. Wir wollten meine Tante besuchen. Nachdem wir von der Hauptstraße abgebogen waren, überquerten wir eine schmale Steinbrücke und fuhren durch ein imposantes Säulenpaar in die Einfahrt. Am Ende einer Doppelreihe von Weißulmen, die ein Schattendach bildeten, stand das Haupthaus, von Licht übergossen, und wirkte aus der Ferne so groß und weitläufig wie ein Schloß. Wir fuhren an blühenden Blumenbeeten vorbei, an einem überwölbten Torweg mit Spalierrosen, dem Pavillon zwischen kräftigen japanischen Buchen mit runzligen, elefantengrauen Zweigen und auberginefarbenen Blättern. An dem zweistöckigen Theaterbau mit Kuppel und Veranda bogen wir wieder ab. Am Flußufer plätscherte das Wasser gegen das steinerne Fundament des Bootshauses. Wir parkten unter einem Schutzdach, und ich entstieg dem alten Chevy, als wäre er ein Kutschwagen oder ein eleganter Vierspänner. Als ich über den Rasen in Richtung Stall und weiter zum Flußufer blickte, wußte ich, daß es in Nanaquaket spukte.

Das Haus selbst wirkte keineswegs finster. Es stand in Sonne getaucht, die Wäsche knatterte auf der Leine hinter der Garage, und dennoch hatte ich das deutliche Gefühl, daß einst ein ganz anderes Leben darin geführt worden war. Ich stellte mir ein Geisterorchester vor, das im Pavillon spielte, leise Hornklänge und Violinen, vom menschlichen Ohr kaum wahrzunehmen; Windböen trugen den Geruch von Speisen und Blumen, Geräusche von lebhaften Gartenfesten und Segelpartien und das Lachen von Mädchen in langen weißen Kleidern heran, die auf dem Rasen Tennis spielten. Ich schloß die Augen, dachte an den Beginn aller Zauberei und flüsterte: *Ich wünsche mir*, aber mit einem Fuß noch auf dem Trittbrett des Chevy fragte ich mich, was ich mir denn wünschen sollte. Sofort wußte ich es: *Ich wünsche mir, daß wir reich wären.* Mein Tagtraum im Schatten des Schutzdaches zeigte mir, wie sich mein Leben verändern würde: *Ich bin neun Jahre und bleibe es noch lange. Mein Name ist Nelly, die Kurzform von Eleanor. Den Namen kann ich nicht leiden, aber er wird gut passen, wenn ich erwachsen bin. Ich habe lange, feuerrote Locken, einen Matrosenanzug mit einer weißen Matrosenbluse, einen Strohhut mit blauen Bändern, die mir den Rücken hinunterhängen, einen Reifen, eine Puppe aus Biskuitporzellan, einen roten Wallach namens Rothschild's Biscuit und einen Golden Retriever, der Jenny Lind heißt. All meine Kleider werden von einer französischen Schneiderin genäht. Ich trage keine abgelegten Kleider. Ich mache keine Hausarbeit – dafür haben wir Bedienstete. Ich habe meiner älteren Schwester und ihren Freunden den ganzen Sommer über vom Pavillon aus zugesehen, und sie nennen mich ihr Maskottchen. Jetzt steht Cathleen in ihrem Brautkleid auf dem Rasen und wird fotografiert, und ich liebe sie mehr denn je. Sie ist immer lieb zu mir. Letzte Nacht weinte sie in unserem weißen Himmelbett und sagte, als sie mir mein spitzenbesetztes Nachthemd zuknöpfte, daß sie mich ganz schrecklich, schrecklich vermissen würde. Dann gab sie mir lauter zarte Küßchen. In diesem Haus ist mir nie kalt, es gibt genügend zu essen, und meine Schuhe sind mir nie zu klein. Meine Schwester liebt mich. In einem Arm hält sie einen Strauß Rosen, mit dem anderen hat sie sich bei ihrem Mann Bertie eingehakt, der ein bißchen wie der Prince of Wales aussieht. Neben ihnen stehen ihre Freunde Wesley, Reggie, Brett und die Mädchen, die sich in ihren Kleidern wie Blüten entfalten – Hattie, Gwendolyn und Grace. Meinem Bruder Dickie, Kadett in West Point, der sich gerade zum Handkuß niederbeugt, steht seine Uniform ausnehmend gut. Er quält keine Katzen. Er ärgert mich nie. Er hebt mich in die Luft und lacht. Mein Vater, der einen Schnauzer hat, kommt herüber und drückt mir die Hand, damit ich weiß, welcher Trost ich ihm im Alter sein werde. Die Sonne kitzelt meine Augen, und ich bin glücklicher, als ich es je im Leben war. Ich bin ihr über alles geliebtes Kind. Ein leiser, dunkler Glockenton erklingt irgendwo in der Nähe, und ich höre die Stimme meiner Mutter:*

«Hör auf zu träumen und komm sofort die Treppe hoch!» schimpfte meine Mutter von der Veranda aus. Sie hatte schon geklingelt und wartete, daß jemand an die Tür kam.

So reich werden wir nie sein – dachte ich mit einem Seufzen – unter dem Schutzdach, immer noch einen Fuß auf dem Trittbrett des Chevy. Ich rannte die Stufen hoch, um mir meinen Pony kämmen und den Kragen ungeduldig zurechtzupfen zu lassen, als innen auf dem Parkbettboden Absätze klapperten. Mein Bruder und meine Schwester standen brav in ihren Ostermänteln neben mir. Die Tür zu Nanaquaket öffnete sich langsam. Ein junges Mädchen in einem schwarzen Kleid mit weißen Bündchen lächelte uns zu.

«Bitte treten Sie ein», sagte sie leise und wich zur Seite, um uns vorbeizulassen. Der Raum war dunkel und gleichzeitig lichtdurchflutet. Eine glänzende, kunstvoll geschnitzte Holztäfelung reichte bis zur Höhe der Brüstung. Eine blankgewachste Treppe mit einem schimmernden Geländer führte nach oben. An beiden Seiten des Raumes befanden sich Erkerfenster, über dem Kamin aus Marmor hing ein ovaler Spiegel, und dort, wo im Winter das Feuer brannte, stand ein Korb mit blauen Hortensien. Wir drei Kinder setzten uns vorsichtig auf das braune Samtsofa. Seine Lehnen waren geschwungen wie Schneckenhäuser. Meine Mutter lief unruhig auf und ab, weil sie gerne geraucht hätte. Draußen vor dem Fenster stand ein Dutzend altmodischer, tannengrüner Schaukelstühle mit Blick zum Fluß. An einer Ecke der Veranda befand sich ein fünfeckiger Raum, eine Art verglastes Turmzimmer mit einem großen Mahagonitisch. Für den Nachmittagstee bestens geeignet, dachte ich. *Ich statte Mrs. Humphrey und Miss Chase einen Besuch ab. Ich trage ein mal-*

venfarbenes Kleid aus Moiréseide und einen breitrandigen Hut mit einer Straußenfeder. Es ist warm, deshalb ziehe ich meine Handschuhe aus und falte sie sorgfältig in meinem Schoß. Eine leichte Brise weht. Ein Strauß gelber Rosen in einer Kristallvase erfüllt das Turmzimmer mit dem feinen Duft des Sommers. Mrs. Humphrey spricht über ihre Kinder. Ich nicke höflich. Ihre Jungen sind Raufbolde und ihre Mädchen kein bißchen hübsch, aber ich bemerke lächelnd, wie stolz sie auf sie sein muß. Ich warte auf das Teetablett. Ich hoffe, sie haben Scones und Brombeermarmelade. Ich habe eine Schwäche für Brombeermarmelade.

Jemand räusperte sich. Es war meine Mutter, die mich finster anblickte. Schnell sagte ich zu ihr: «Stell dir vor, wie es gewesen wäre, früher hier zu leben!»

Sie schnaubte. «Du wärst jedenfalls ein Dienstmädchen gewesen und keine feine Dame. Setz dich hin und sei still.»

Ich trommelte mit den Fingern auf den Sofaschoner. Tap, tap, tap, tap. Ich kniete mich auf die dicken, braunen Kissen und lugte über das Sofa ins Eßzimmer. Vitrinenschränke standen in jeder Ecke, dazwischen gab es noch mehr Wandtäfelung, zwei weitere Erkerfenster und dahinter eine wohlgefüllte Speisekammer. Es war an der Zeit, meinen zweiten Wunsch zu wagen. Dann wäre ich also ein Dienstmädchen gewesen, ja? *Ich würde in einem schwarzen Kleid mit einer frischgestärkten weißen Schürze und einem Rüschenhäubchen ins Zimmer treten und ein Silbertablett mit dem zweitbesten Teeservice hereintragen. Ich würde es in dem verglasten Zimmer auf dem Mahagonitisch absetzen und aus der Art, wie Mrs. Humphrey, meine Dienstherrin, mit den Teelöffeln klapperte, würde ich erkennen, daß unsere Besucherin, meine Mutter, nicht sehr bedeutend ist und ich nicht mehr als höflich zu ihr sein muß. Ich gieße den Tee ein, knickse flüchtig und kehre mit dem Tablett in die Küche zurück.*

Ich habe mich vom Küchenmädchen zur rechten Hand der Haushälterin hochgearbeitet. Ich habe ein freundschaftliches

Verhältnis zu der Köchin, dem Kutscher, dem neuen Küchenmädchen und dem Diener. Sie nennen mich jetzt Pendleton. Miss Turnbull, die Haushälterin, kümmert sich um alles, aber es gehört jetzt zu meinen Aufgaben, die Tischwäsche zu stärken und zu plätten, bis sie ganz steif ist, das Silber zu polieren und die Vorratskammer mit Mehl, Zucker, Butter, Eiern und Kräutern aufzufüllen, damit immer genug Essen im Haus ist. Ich bin ihr unentbehrlich geworden. Ich weiß, was in jedes Fach in jedem Schrank des Hauses gehört. Ich bin von schönen Gegenständen umgeben. Die Handtücher sind blütenweiß, ohne gestopfte oder fadenscheinige Stellen. Mit der Köchin gehe ich mittwochs auf den Fischmarkt. Jeden zweiten Donnerstag habe ich frei. Am Nachmittag, zwei Stunden vor dem Dinner, schlendere ich in den Garten und fülle einen Korb mit Rosen, Rittersporn, Lilien und Hibiskus. Ich kümmere mich um den Gemüsegarten am Ende der Veranda, wo die Wiesen zum Ufer hin abfallen. An meinem Gemüse gibt es weder Würmer noch Milben noch Spuren von Nagetierzähnen. Die Küche ist blitzblank. Mein Gemüse ist frisch und knackig. Meine Schürze ist rein. Ich habe mein eigenes Zimmer unter dem Dach, und man läßt mich in Ruhe, wenn ich nicht arbeite. Die Familie behandelt mich respektvoll. Mrs. Humphrey zeigt mir Damast-Stoffmuster für neue Vorhänge im Eßzimmer. Ich wähle den hübschesten aus, den mit den hellblauen Schwertlilien. Eines Tages werde ich Miss Turnbulls Platz einnehmen. Ich werde diese Familie nie verlassen.

Das junge Mädchen mit dem schwarzen Kleid und den weißen Manschetten kam ins Zimmer und murmelte meiner Mutter etwas zu. Meine Mutter sagte: «Danke, Schwester.» Das junge Mädchen nickte und verschwand.

Schwester? Mir blieb vor Staunen der Mund offenstehen. Dann war sie eine Nonne? Aber sie war doch hübsch! Sie hatte lange, von einer Haarspange gebändigte Locken. Wie konnte sie eine Nonne sein? Nonnen hatten Warzen, auf denen Haare sprossen. Nonnen trugen lange, schwarze Gewänder mit steifen, weißen Brustkragen und geriffelten Schleiern wie Scheuklappen über dem halben Gesicht. Sie waren alterslos. Sie trugen keinen Lippenstift und zeigten die Zähne nicht, wenn sie lächelten. Sie gingen überall paarweise hin und steckten die Hände in die Ärmel wie Mönche. Ich war mir nie sicher, ob sie Männer oder Frauen waren, und eine Zeitlang dachte ich, sie seien überhaupt ein drittes Geschlecht. Ich reckte den Hals, um aus dem Fenster in den Hof zu blicken. Die junge Frau nahm Wäsche ab und enthüllte die Geheimnisse der Wäscheleine: schlichte Laken hingen an schlichten Holzklammern, an den verborgenen, inneren Leinen hingen Handtücher und Waschlappen, und noch weiter innen, wo sie kein unbefugtes Auge erblickte, waren die baumwollenen Unterhemden und knielangen Unterhosen der Nonnen aufgehängt. Ich legte den Kopf in die Hände. Zehn zu sein war furchtbar. Man wußte überhaupt nichts.

Eine große Gestalt in Schwarz betrat den Raum und glitt schweigend zu meiner Mutter hinüber. Sie küßten sich. Es war meine Tante, ihre Schwester Peggy. Im Kloster hieß sie Mutter Ann Thomas. Sie war die Provinzialin des Ordens. Ich wußte nicht, wie ich sie nennen oder wohin ich sie küssen sollte, deshalb gab ich ihr feierlich die Hand und setzte mich wieder aufs Sofa. Wir hatten sie nicht sehr häufig gesehen, weil die Schwestern nicht reisen durften, sie durften auch keine Briefe schreiben und konnten nur einmal im Jahr Besucher empfangen. Sie konnte nicht zu uns kommen, aber manchmal fuhr sie nach Rom zum Papst. Es war alles sehr geheimnisvoll.

Sie war dem Holy-Union-Schwesternorden, einem Lehrorden, schon 1940, mit siebzehn, beigetreten. Das Mutterhaus bestand aus drei Villen, die nebeneinander in Fall River auf einem Hügel namens Rock Street lagen. Die Schwestern hatten Nanaquaket 1924 erworben und es in eine Grundschule für Mädchen umgewandelt, die sich für das Klosterleben interessierten. Sie hatten den runden Salon zu einer viereckigen

Kapelle mit Kirchenbänken ausgebaut. Der Stall war zum Schlafsaal umfunktioniert worden. Die Küche hatte man zum Fluß hin erweitert, einen Teil der Veranda dazugenommen und so ein Refektorium geschaffen, in dem Schülerinnen und Lehrerinnen gemeinsam essen konnten. Die oberen Schlafzimmer waren jetzt winzige Klassenzimmer. Auf dem Spitzdach der Wagenzufahrt erhob sich ein Kreuz, und unter den Buchen im Garten stand eine Statue der Heiligen Jungfrau. Die ehemalige Remise war jetzt die Sommerresidenz des Bischofs.

Meine Tante hatte ein sehr freundliches Gesicht. Sie bot meinem Bruder und meiner Schwester ein Glas Ginger Ale an, das sie Tonic nannte. Ich bekam Tee wie die Erwachsenen, sie goß ihn aus einer Teekanne in Porzellantäßchen, auf die Paradiesvögel geprägt waren, und die standen auf Untertassen, die so zart waren, daß man durch sie hindurchsehen konnte. Ich setzte mich sehr aufrecht hin und nahm mir Milch und fünf Zuckerstücke. Das kam mir zwar sehr viel vor, aber es schien genug für alle dazusein. Über den blaugefiederten Rand meiner Teetasse hinweg beobachtete ich Peggy. Sie hatte lange, weiße Hände. Ihren Ringfinger schmückte ein Silberring. Ein schwarzer Rosenkranz baumelte an ihrem Gürtel. Sie hatte ein glattes Gesicht und trug eine runde Nikkelbrille, und sie sprach mit meiner Mutter so sanftmütig wie eine Heilige. Sie war sehr schön.

Dann ist das hier wirklich ein Kloster, dachte ich. Auf der Anrichte standen elfenbeinfarbene Kerzen und schwere, schwarze Meßbücher mit rotem Kopfschnitt und farbigen Bändern als Lesezeichen. Das Mobiliar war altmodisch und roch nach Limonenöl. Die einzigen Dienerinnen hier waren Dienerinnen Gottes. Eine Jesusfigur krümmte sich über meinem Kopf, und ich überließ mich meinem dritten und letzten Wunsch: *Heute ist mein letzter Tag in der Welt als ich selbst. Ich trage meine besten Kleider. Meine Angehörigen sind in Tränen aufgelöst, weil sie wissen, daß ich nach dieser Tasse Tee nie mehr die gleiche sein werde. Ich werde beim Hochamt in einem langen, weißen Kleid Gott heiraten. Der Bischof wird mich willkommen heißen und mir wie bei der Kommunion die Hand auf den Scheitel legen. Er wird sagen, ich sei erwählt worden. Ich habe die Absolution bekommen, bin die Braut Gottes und muß nun freudig auf all meine weltlichen Besitztümer und alle Überreste irdischen Lebens verzichten. Ich bin sehr fromm. Ich schreite durch die Absperrung in die Privatgemächer hinter dem Altar. Meine langen Locken fallen zu Boden. Ich werde ein schwarzes Gewand mit weißen Bündchen anziehen und erst einen weißen und dann später einen schwarzen Schleier tragen, und es wird der glücklichste Tag meines Lebens sein. Ich werde meine Jahre friedlich in Nanaquaket zubringen, in der Gesellschaft der anderen Schwestern, die mir meine Fehler vergeben und mich mit unendlicher Liebe und Geduld leiten. Es wird keinen Streit, keine Schimpftiraden und keine Strafen mehr geben. Der Verzicht auf Luxus wird leicht sein, weil wir es freiwillig tun. Wir werden einfache Speisen zu uns nehmen und keinen Hunger leiden. Wir werden in einfachen Betten schlafen, und sie werden bequem sein, weil wir in einem gottgefälligen Hause schlafen. Wir werden auf der Veranda in den tannengrünen Schaukelstühlen sitzen und für den Rest unseres Lebens den vorüberströmenden Fluß betrachten. Bitte, bete ich still mit geschlossenen Augen, laß mich gut sein. Ich möchte alles verlassen, gleich jetzt, heute. Es wird mir so leicht fallen wie noch nie etwas im Leben. Und ich werde so geliebt werden. Mutter Ann Thomas erhebt sich von ihrem Stuhl. Sie kommt mit ausgestreckten Händen auf mich zu, und ich laufe in ihre Arme. Ja, ich will für immer bei den Nonnen bleiben.* Peggy küßte erst mich, dann meine Geschwister rasch auf die Wange und umarmte meine Mutter. Wir verließen Nanaquaket, stiegen die Treppe hinunter zu dem alten Chevy, der unter dem Schutzdach wartete. Der Himmel hatte sich bewölkt, und der Fluß war stahlfarben.

Später in diesem Sommer kam ich beim Brombeerpflücken

mit Giftsumach in Berührung. Die Wirkung zeigte sich zunächst als zwei Ringe dunkelroter Pünktchen an meinen Knöcheln. Als ich am fünften Tag aufwachte, sahen meine Finger und Zehen wie aufgequollene, verfaulende Würstchen aus, und ich konnte die Schuhe nicht anziehen. Am sechsten Tag war mein Körper voller eitriger, brennender Geschwüre. Am siebten Tag war das Gift in meinen Ohren, im Mund und unter den zugeschwollenen Augenlidern. Ich lag in meiner Unterwäsche auf dem Bett und hoffte, ich würde vor dem Abend noch sterben. Niemand kam und sah nach, ob ich noch lebte. Unsere Familie hielt nichts von Ärzten. Meine Eltern trotteten wie Schlafwandler durch den Tag, und ich kam in ihrem Traum nicht vor. Die Treppenstufen seufzten altersschwach und müde, aber nicht unter Schritten, und der Organdy-Stoff am Fenster schüttelte seine Röcke aus und sah weg. Fliegen schwirrten über meinem aufgedunsenen Körper, surrten über dem Bett. Fliegen schwatzten auf meinem Kopfkissen, und eine von ihnen, die voll Entdeckerdrang über mein Bein trippelte, so wie ein Vogel im Gras ein halbverwestes Stück Aas untersucht, flog angeekelt zum Fenster, um sich ihre samtigen Hände zu waschen. *Es riecht hier nach Verwesung. Es riecht nach Eiter. Und das bin ich.*

Ich konnte nicht schlafen, weil mein Körper in Flammen stand. Nach einer Weile war das Fieber so hoch, daß ich glaubte, die heilige Theresa löse sich aus ihrem Porträt an der Wand und spräche zu mir. *Geh nach Nanaquaket*, sagte die Heilige. «Ja», dachte ich im Traum, «ich muß mich selbst von dieser Plage befreien, sonst sterbe ich.» Und wie Moses, der zu Pharaos Zeiten im Binsenkörbchen ausgesetzt wurde, sah ich mich selbst im Weidenkorb wie auf einem Floß unter kühlen Bäumen den Squanicook hinabgleiten. Das Wasser war klar bis auf den Grund. Vögel zwitscherten mir zu. Ich kehrte heim nach Nanaquaket.

Ich paddelte an den Farmen, der Bücherei und der Mühle vorbei, bis ich Townsend ganz hinter mir gelassen hatte. Mein

Vater und meine Mutter standen am Flußufer. Mein Vater schäumte vor Wut. Er wußte, ich würde bei den Nonnen bleiben und nie zurückkommen.

Du glaubst wohl, du wirst da Gott finden, was? Du wirst Gott nicht in einem Hühnerstall finden, brüllte er mich an, ohne die Lippen zu bewegen.

Nein, sagte ich. *Ich werde Gott wie einen Berg in ihren Herzen finden. Er wird mich zu seiner Nachfolge berufen, und ich werde reinen Herzens sein.*

Meine Mutter strickte und sah nicht hoch, als ich vorbeitrieb.

Du bist jetzt entstellt, sagte sie. *Sie werden dich nicht wollen.*

Doch, doch, schrie ich lautlos. *Sie kümmern sich um die Kranken, die Armen und die Waisen. Sogar Aussätzige werden geliebt. Ihre weißen Hände werden meinen Körper in kühlem Wasser baden und ihn in Leinenlaken wickeln, die nach Sommer und Sonne riechen. Sie werden mich in ihre Familie aufnehmen, und ich werde rein genug sein für Gott.*

Der Squanicook war in den Sakonnet gemündet. Die sanfte Strömung hatte mich viele Meilen weit getragen. Nanaquaket war genauso weiß und wunderschön, wie ich es in Erinnerung hatte. Der Fluß rauschte um mich her. Die Nonnen standen beieinander auf der Veranda des Bischofshauses und hatten die Hände in den Ärmeln verborgen.

Schwestern, grüßte ich sie freudig von den Stufen des Strandhauses. *Hier bin ich.*

Aber sie schwiegen. Keine half mir, mein Boot zu vertäuen. *Schwestern,* rief ich. *Ich habe mein altes Leben für immer hinter mir gelassen. Ich bin gekommen, um Gott zu finden.*

Die Nonnen waren wie aus Marmor gehauen. Ihre Brustkragen und Schleier waren fast durchschimmernd weiß. Sie beobachteten, wie ich auf meinem Floß am Landesteg vorbeitrieb und sagten klar und deutlich ohne Worte: *Für dich ist kein Platz in Nanaquaket.*

Bitte, flehte ich sie an. *Schickt mich nicht fort. Ich will bei euch leben.*

Das ist nicht Gottes Wille.

Und was ist Sein Wille? Es kam keine Antwort, und ich trieb vom Ufer ab, Nanaquaket auf der Anhöhe wurde immer kleiner und verschwand schließlich ganz. Plötzlich erschöpft, legte ich mich in meinen Weidenkorb und starrte hoch in den leeren, gottverlassenen Himmel. Es begann zu regnen, und es regnete eine Ewigkeit.

Wir standen in unseren Sonntagskleidern stocksteif auf dem Steinwall unter den regenschwarzen Ulmen und schickten unsere Schreie über den Schneezaun und Rossbachs Acker hinweg zum Stall der St. Cyrs und weiter zum weißen Turm der Methodistenkirche im Tal, bis wir das Echo unserer Stimmen über dem Squanicook hörten und jeder unserer Schreie wie ein flacher Stein vom Eisenbahnviadukt in Richtung Süden bis nach Groton, Littleton und Boston hüpfte. Wir schrien, bis unsere Schreie hohl und schwach zurückhallten, und einen flüchtigen Augenblick lang klang es so, als riefen andere Kinder uns etwas zu, uns, meinem Bruder, meiner Schwester und mir.

Es war Thanksgiving, und wir weinten. Wir waren außer uns vor Glück. Besucher kamen, wir würden nicht allein sein.

Unsere Farm lag auf der höchsten Erhebung von Barker Hill, am Ende einer langen, gefurchten Auffahrt, die von einem teilweise asphaltierten Kiesweg abzweigte. Wenn der Wald, wie zu dieser Jahreszeit, ruhig und blattlos war, hörte man ein Auto schon aus vier Meilen Entfernung, an der Kreuzung der Dudley Road. An Ben Newtons Haus mußte man herunterschalten und dann noch mal an der Retina-Stiftung, und dann keuchte der Wagen die letzte Steigung und die letzte Kurve vor unserem Steinwall mit den stützenden Ulmen hoch. Jemand hatte an einen der Bäume ein grob geschnitztes, verbogenes Holzschild genagelt, auf dem «Green Acres» stand. Wenn jemand tollkühn genug war, unseren Hügel, Barker Hill, bis ganz oben zu erklimmen – vor allem im Winter –, dann wollte er vermutlich zu uns, denn gleich hinter uns im Norden, nur einen Steinwurf entfernt, lagen New Hampshire, viele Hektar Staatswald und in der Nähe des Steinbruchs ein paar Grundmauern von Häusern, die seit hundert Jahren nicht mehr bewohnt waren. Manchmal fuhren Autos bis zu unserem Briefkasten und drehten wieder um – das waren Fremde, die durch Zufall auf unsere Auffahrt geraten waren. Die Enttäuschung, wenn sie wendeten und wegfuhren, durchfuhr uns wie ein Stich – wir waren so allein.

Von meinem Schlafzimmerfenster aus konnte ich die Straße beobachten, die grau wie ein Fluß unter den Ulmen lag, und manchmal, wenn die Kiefern rauschten und ich im Schatten vorüberziehender Wolken erschauerte, kam es mir vor, als sei unsere Farm an einer schrecklichen Grenze festgenagelt, als schäbiger, mürrischer Außenposten der Zivilisation vor der Wildnis, eine Zwischenstation auf dem Weg zu etwas Unvermeidbarem, das jenseits des verfallenen Pflocks lag, der die Grenze zwischen New Hampshire und Massachusetts markierte.

Wir lebten am Rand, an der Kante zu etwas Unergründlichem. Es gab eine unbefestigte Straße, die in den Wald führte. Diese Straße und die Birken verliehen wie Verschwörer noch dem zartesten, wohlwollendsten Licht eine paradoxe Qualität. Die Straße verlor sich an der Grenze in Sand und Kies und mochte vielleicht einmal eine Hauptstraße gewesen sein, aber das war lange her. Im Wald gab es Ochsenpfade, Holzfällerwege, Spuren, die zum Steinbruch führten, und alte Vorratskeller, in denen nur ein einsamer hochgewachsener Fliederbusch oder die blauweißen Scherben eines Suppentellers, die man unter den Farnwedeln am Brunnen ausgraben konnte, die Schwelle zu einer Sommerküche markierten. Es gab sogar eine kleine Lichtung, auf der die Witterung die Namen auf vier Grabsteinen gelöscht hatte, die langsam in die Erde sanken. Wenn in Mondnächten die graue Straße deutlich erkennbar war und bis auf das Scharren der Nachttiere alle Geräusche verstummten, wurde die Straße nach Norden ein Weg in die Vergangenheit.

Doch eigentlich konnte sie nur ein Weg in die Zukunft sein, denn unsere Scheune war schon eingestürzt, das Dach der Böttcherei bog sich nach innen wie der Rücken einer alten Mähre, und jedes Jahr krochen Sumach und Dornbüsche näher ans Haus heran. Es war nur eine Frage der Zeit, bis auch wir in die Vergangenheit absinken würden, und dann bliebe keine Erinnerung mehr an uns. Aber an welchem Punkt hatten wir das Land der Lebenden verlassen und das Land der Toten betreten? Vielleicht hatten wir das Land der Toten auch gar nicht betreten, sondern es hatte von uns Besitz ergriffen wie die Natur von der Scheune.

Der Gedanke an Grenzen tröstete mich ungemein. Es gab Steinwälle, an denen man jede Parzelle Land, jede Stadtgrenze und die Länge und Breite eines jeden Staates messen konnte. An Steinwällen entlangzugehen, war, wie Eisenbahnschienen zu folgen: man wußte vielleicht nicht, wohin man ging, aber man wußte, irgendwo würde man ankommen. Die Wälle waren fachmännisch gebaut. Sie bildeten eine solide, verläßliche Grenze, aus der ich mit einem Gefühl der Erleichterung schloß, daß alles schon aufgeteilt war. Die beiden Seiten des Steinwalls konnten unter Umständen ganz verschiedene Seiten meines Wesens zum Vorschein bringen. Ich konnte von einem Granitfelsen in Massachusetts springen und in New Hampshire in einen Laubhaufen fallen. Ich konnte von einem Stein in New Hampshire springen und in Massachusetts im Schnee landen. Aber die Staaten waren nicht gleich, wie konnte ich also in ihnen die gleiche Person sein? Welches Ich war das richtige? Ein ebenso verwirrendes Spiel war es, auf dem Steinwall – der tatsächlichen Grenze – zu balancieren, wie eine Turnerin auf dem Schwebebalken, Zehe an Ferse, ausgestreckte Arme, Augen nach vorne. Zweifellos konnte ich nicht in zwei Staaten gleichzeitig sein – in welchem war ich dann also wirklich?

In der nördlichsten Ecke unseres Landes trafen zwei Steinwälle im rechten Winkel aufeinander, und der Staatswald von New Hampshire fiel in zwei Richtungen nach unten ab. Dort war eine Eisenscheibe in den Boden getrieben worden, auf der man bei einer Landvermessung in den dreißiger Jahren die Höhe über dem Meeresspiegel vermerkt hatte. Wenn ich darauf stand, wußte ich, daß ich mich im Umkreis von Meilen auf dem höchsten Punkt befand. Es war gleichzeitig der nördlichste Punkt von Zentral-Massachusetts. Doch die Tatsache, daß nur wenige Schritte entfernt New Hampshire lag, quälte mich maßlos. Es war aufregend, daß unsere Farm so nördlich lag wie nur möglich. Wir waren der Norden, dachte ich, der wahre Norden – wenn ich jedoch einen großen Schritt machte, stand ich auf dem südlichsten Punkt von New Hampshire. Welche Art von Norden waren wir denn dann? Norden war angeblich ganz oben, weiter ging es nicht. Norden war der oberste Punkt auf der Weltkarte in Mrs. Gionets Klassenzimmer, die Spitze der Tafel in Mr. Quimpys Zimmer, der Polarstern war ganz oben im Norden. Süden war unten, darunter, unter etwas, der Unterrock meiner Lehrerin blitzte immer «südwärts» hervor. Süden war beim Spielen unser Wort für die Hölle.

Meine Geschwister und ich gingen sonntags mit meinem Vater häufig spazieren – vorbei am Kükenstall und dem verrottenden Käfig aus Drahtgeflecht, der zwischen zwei junge Bäume genagelt war, den Überresten unseres Baumhauses, das einen Sommer lang von Nubbin, einem Waschbären, bewohnt worden war, den ausgetretenen Pfad hoch, der an den rostigen Wracks dreier Buicks vorbeiführte. Aus den Kühlergrills wucherte Sumach, durch die Motorhauben zwängte sich Efeu, und die Windschutzscheiben waren völlig durchlöchert, weil ein Fremder aus Spaß auf sie geschossen hatte. Wir nahmen uns jedesmal vor, unser ganzes Land abzulaufen, aber das schafften wir nie. Wir blieben immer im dichten Unterholz stekken, durch das wir uns mühsam einen Weg bahnten, und sahen uns von Berglorbeer umzingelt, der sich um sich selbst rankte und von oben auf meinen Vater herabschaute wie ein Grüppchen Frauen – Beeren hingen wie Perlen um ihre Hälse und Handgelenke, umschlangen ihre Taillen wie geknotete Schärpen. Manchmal wucherte der Lorbeer so dicht, daß selbst der Kleinste von uns nicht hindurchkriechen konnte, und dann kehrten wir auf demselben Weg wieder zurück. Unser Besitz war ein mythischer Begriff geworden. Wir erklärten uns und allen anderen stolz, daß wir vierzig Acres besaßen, dabei waren es im Grunde achtunddreißig. Eine Art Vermessenheit lag in diesen beiden Acres, ein Widerspruch gegen die dokumentierten Tatsachen, denn wenn wir die Felder und Wälder zu Fuß abschreiten würden, von einem Ende zum anderen, ergäbe das vierzig Acres, davon waren wir überzeugt. Eine Vierzig-Acres-Farm war gewichtiger und beachtenswerter als eine Farm mit achtunddreißig Acres.

Dennoch war die Vorstellung von Grenzen auch beunruhigend zwiespältig. Es gefiel mir zu wissen, daß das, was uns gehörte, umgrenzt und von dem, was denen gehörte, getrennt werden konnte, aber auf unserer weißen Hühnerfarm am Ende einer langen Holperstraße, auf einem fast vergessenen Hügel in einem Ort namens Townsend fühlten wir uns auch abgesondert, so wie Irrenanstalten, Gefängnisse und Krankenhäuser früher hoch über den Städten erbaut wurden, die sie erdulden mußten. Infektionen und Gestank wurden in sicherer Entfernung über den Dächern vom Wind davongetragen; die Schreie und Qualen der Insassen und Verrückten wurden vom Rascheln der Blätter und dem Rumpeln der Wagen verschluckt. Wir wohnten allein und abseits, weil wir anders waren als jene, die unter uns lebten. Wir waren irgendwie verseucht und für andere gefährlich. Eine unentdeckte, ansteckende Krankheit hatte uns befallen, und obwohl wir in die Schule, in die Kirche, in MacNabbs Drugstore und in Fred Tenneys Kurzwarengeschäft gehen durften, war das immer nur ein kurzer Besuch, nie ein längerer Aufenthalt. Umgekehrt wurden wir nur von den tapfersten, unerschrockensten Reisenden aufgesucht, die man lediglich von Berufs wegen kannte, so als hätte es ihnen schaden können, mit uns befreundet zu sein. Sie blieben stets namenlos – der Briefträger, der Milchmann, der Bäcker.

Der Briefträger fuhr in einem sandfarbenen Kombi mit heruntergekurbeltem Fenster den Berg hoch und schleifte seinen knatternden Auspuff hinter sich her. Welche Hunde wir auch hatten – Retriever, Setter, Schäferhunde –, sie stürmten aus der Eierkammer, in der sie gerne dösten, am Kükenstall, dem verbeulten 41er Cadillac im Holzschuppen und an den Rhododendronbüschen und den Geranien, an der Böttcherei vorbei zur Straße, zum Briefkasten an der Ulme. Mit wildem Gebell und fröhlichem Schwanzwedeln markierte der erste der Hunde sein Territorium am Torpfosten, und der nächste schloß sich gleich an. Ich rannte aufgeregt hinter ihnen her, weil ich die Zeitungen und Zeitschriften selbst entgegennehmen wollte.

Der Briefträger sah immer gleich aus, winters wie sommers, jahrein, jahraus. Ein paar kupferrote Haarsträhnen waren über seine breite, sommersprossige Stirnglatze gekämmt. Eine Chesterfield, die fast nur noch aus Asche bestand, hing ihm im Mundwinkel. Er war ein rothaariger, barscher Botschafter aus der Stadt, der am Lenkrad hockte und in das Gras am Straßenrand spuckte, aber dennoch Schätze aus der weiten Welt aus seinem Ledersack zog: Grußkarten, Wahlaufrufe, politische Neuigkeiten, den Niedergang lokaler Dynastien, Unfälle, Geburten, Selbstmorde, Sportergebnisse, die Anzahl der Traktoren im Ort, wie viele Hunde geimpft worden waren, wieviel Geld der Ehepaar-Club bei seinem Bridgeabend für den Stipendien-Fonds aufgebracht hatte, wie viele Ulmen laut Forstwart von Schwammspinnern befallen und demnach todgeweiht waren. Es war beruhigend, jede Woche die Townsend Times zu lesen; wenigstens woanders, außerhalb unserer Reichweite, pulsierte das Leben. Der Briefträger brachte uns – wenn auch nur auf den Seiten von *Good Housekeeping, Ladies Home Journal* und *Reader's Digest* – die glücklichen Familien in schönen Häusern; Kinder, die Abenteuer erlebten und Spielkameraden hatten; fleißige, nüchterne Väter; Frauen in freundlichen, modischen Kleidern. Es machte mir nichts aus, daß der Briefträger auf mein «Guten Morgen» nur knurrte; er sah mir immerhin direkt in die Augen. Das Knirschen seiner Autoreifen auf dem Kies und das Stottern des Motors, das sich wieder entfernte, kamen mir in meiner Begeisterung vor wie stürmischer Applaus. Wenn ich, die Hände voller Werbezettel, Zeitungen und Rechnungen, zum Haus hochging, spürte ich einen kurzen Moment lang, daß ich der menschlichen Rasse angehörte.

Meine Liebe zu Roger St. Cyr würde natürlich nie vergehen, aber der Milchmann war mein erster Vorgeschmack auf den Flirt der Erwachsenen. Er kam immer sonnabends, und wenn ich seinen weißen Dew-More-Farms-Lastwagen in den Hof rumpeln hörte, ließ ich mein Bügelbrett stehen und klapperte errötend in meinen Clogs auf die Terrasse hinaus. Der Milchmann war ein großer, dunkelhaariger Mann mit kantigem Gesicht und Pomade im Haar und sah aus wie ein Filmstar aus den vierziger Jahren. Ich war elf, hatte einen Pferdeschwanz und gerade *Stolz und Vorurteil, Sturmhöhe* und *Vom Winde verweht* gelesen. Es war unmöglich, sich seine breiten Schultern in einen Samtrock gezwängt vorzustellen. Auch eine höfliche Verbeugung, bei der er den Filzhut lüftete, hätte nicht gepaßt. So erträumte ich ihn mir schließlich als ungehobelten, aber charmanten Handwerksburschen, der das Küchenmädchen umgarnt, welches ihm mit einem wissenden Lächeln Beleidigungen an den Kopf wirft, während sie in die Spülküche stolziert und ihre Haare wie ein Wasserfall unter dem Häubchen hervorquellen. Schüchtern hob ich den Flaschenbehälter mit den scheppernden Eineinhalb-Liter-Flaschen hoch, auf denen oben die Sahne schwamm, und wenn meine Knöchel die Hände des Milchmanns streiften, sah ich ihm mutig in die Augen, bis er mich mit heißem Atem anhauchte: «Sag mir die drei kleinen Worte!» Ich wurde jedesmal rot, konnte aber nie antworten. Einmal, als er sich nach vorne beugte, um mir die leeren Flaschen der vergangenen Woche abzunehmen, legte er eine Hand auf meine Brust, die noch unter meinem Unterhemd schlummerte, und ich machte einen Satz wie eine angesengte Katze, so daß eine Packung Frischkäse auf den Pflastersteinen aufplatzte. In der Küche wurde ich für meine Tolpatschigkeit bestraft, aber am nächsten Sonnabend erwiderte ich ihm, als er säuselnd die drei kleinen Worte verlangte, so unverschämt ich konnte, fast triumphierend: «Heute – keine – Sahne!» Danach kehrte ich an mein Bügelbrett zurück und fühlte mich wie neugeboren, weil ich mich in Liebesdingen wie eine Erwachsene geschlagen hatte, indem ich mit einer gewitzten Antwort pariert hatte. Sicher, ich hatte eine ganze Woche gebraucht, um sie mir auszudenken, aber Übung war schließlich alles, selbst beim Flirten.

Bügeln war die einzige Hausarbeit, die ich mochte. Man brauchte dabei nichts zu heben, sich nicht zu bücken, nicht im Dreck zu knien oder Hühnermist wegzuschaufeln. Wenn ich aus einer Plastikflasche Leitungswasser von der Brusttasche bis zur Hüfte, von den Schultern bis zu den Bündchen sprengte, taufte ich liebevoll jedes Hemd; ich faltete es einmal zusammen, dann noch einmal und rollte es schließlich zu einem Ball, und ich summte sogar beim Arbeiten, bis der Tisch mit feuchten Teiglaiben bedeckt schien. Ich bügelte am liebsten im Haus, wo es warm war und man mich besonders gut sah. Solange ich mit den Hemdbügeln hantierte, war ich in Sicherheit. Für ein Baumwollhemd brauchte ich, wenn ich die Sache in die Länge zog, zwanzig Minuten, und so konnte ein Korb Hemden den ganzen Nachmittag in Anspruch nehmen.

Wenn die heiße Spitze des Bügeleisens über den Kragen meiner Peter-Pan-Bluse fuhr, dachte ich mit einer merkwürdigen Art von Grillenzirpen im Bauch an den Milchmann. *Milch. Milchweiß.* Gestärkt. Frisch. Unverdorben. Die gesegnete Bluse eines gutkatholischen Mädchens. *Milch. Milchweiß.* Die Farbe meiner sündenfreien Seele, keine schwarzen Flecken auf meiner reinen, weißen Weste. *Milchweiße Zähne, sein Lächeln, wenn er auf dem Trittbrett stand.* Ich wünschte, ich hätte sein Handgelenk berühren können. *Milchweiß, seine Uniform, die Mütze und der Wagen.* Seine Wiesen waren übersät von weißem Klee, seine Kühe schwarzweiß. Seine Kühe waren sauber. Ihre langbewimperten Augen blickten freundlich, ihre Fesseln waren weiß. Seine Ställe waren weiß und hatten grünen Zierbalken, weiße Milch sprudelte in Zinneimer. *Milchweiß. Milchweiß. Das Land, wo Milch und Honig fließt.* Irgendwo gab es einen Ort ohne Winter, an dem Kinder erwünscht waren, an dem Honig aus den Herzen der Taglilien quoll und der weiße Saft der Wolfsmilch wunderbar süß schmeckte. Irgendwo gab es einen Schneeschauer aus Manna, ein sanftes, weißes Rieseln, einen Regen von Oblaten, in dem die Schutzengel der Ruhe residierten und nur die Sorge krank wurde und starb. *Die Milch der frommen Denkungsart.* Männer und Frauen, keine Engel. Ein Ort, an dem die Wilden besänftigt, die Vertriebenen aufgenommen und ich von jemandem sicher und fest in den Armen gehalten wurde. Dort würde ich den Kopf auf ein milchweißes Kissen legen und die weißen Kerzen der Milchstraße zählen.

Der Bäcker kam donnerstags in einem alten Roadster mit Holzarmaturen, der sich hustend und keuchend die Auffahrt hochquälte. Er bremste abrupt, und der Motor stotterte, wenn er ihn abstellte. Er klemmte einen abgesägten Besenstiel unter die Heckklappe und beugte sich über die Schätze in seinem Laderaum. Dort duftete es wie aus einer warmen Küche, als läge alles zu einem Festessen bereit: Brot, Bagel, Maismuffins, Getreidemuffins, Napfkuchen, Krapfen, gefüllte Pies, Makronen und Zuckerbrot mit Walnüssen, so groß wie Zehncentstücke. Er war klein, ein Bein war verkrüppelt, und an einem Stiefel hatte er einen erhöhten Absatz. Er holte die Brotlaibe heraus, als seien sie Bücher von großem Wert, und stapelte sie mir in die Arme; wenn ich ins Haus rannte, um sie meiner Mutter zu geben, rief ich über die Schulter: *Merci, Monsieur*. Daraufhin schloß er den Kofferraum und ging mit einem in braunes Papier eingewickelten belegten Brot über den Rasen, setzte sich auf den alten hölzernen Gartenstuhl unter den beiden großen Ulmen, zog ein Taschentuch aus der Hosentasche, breitete es über seinen Schoß und begann zu essen. Mit beiden Händen trug ich aus der Küche einen großen Krug Brunnenwasser zu ihm hinüber und stellte ihn auf die flache Armlehne.

Au revoir, sagte ich dann mit einem leichten Beugen der Knie, das er, so hoffte ich, für einen Knicks halten würde, und hastete gleich wieder zurück zum Verbindungsgang, von wo aus ich ihn im Schatten der Fliegentür beobachten konnte. Die Hunde legten sich dem Bäcker zu Füßen. Die Gänse liefen herbei und schnatterten in ihrem eigenen Dialekt. Er aß bedächtig, als sei jeder Krümel eine besondere Delikatesse und als müsse er die Vollkommenheit jeden Bissens würdigen; er hielt nur inne, um für jedes der Tiere ein Stück Kruste abzubrechen. Er kaute langsam und tupfte sich mit einem Taschentuch die Enden seines bleistiftdünnen Schnurrbarts ab; mit den Gedanken schien er meilenweit entfernt.

Ich wußte, er sprach Französisch und sehr wenig Englisch. Wie schrecklich, in einem Land zu leben, in dem kaum jemand deine Sprache spricht, dachte ich, wie schrecklich, niemals eine Silbe der Sprache zu hören, die du liebst. Ich sagte «Danke» und «Auf Wiedersehen» auf französisch, damit er sich heimischer fühlte. Wenn man mich von allem, was ich kannte, trennen würde und an einen Ort schicken, wo ich kein einziges Wort Englisch hörte, würde ich vor Einsamkeit sterben.

Weil wir uns nicht unterhalten konnten, war die einzige Übersetzerin, die ich hatte, meine Phantasie: der Bäcker war der verbrannte Erzherzog von Pommern, der im Krieg sein angestammtes Land verloren hatte. Er war als Kavallerieoffizier in der Herzegowina verwundet worden und besaß einen Säbel, so lang wie sein Bein. Er war Witwer. Seine Kinder waren erwachsen. Während ich ihn durch die Kreuzschraffierung der Fliegentür beobachtete, faltete der verbannte Erzherzog das braune Papier zusammen, wischte sich die Hände sorgfältig am Taschentuch ab und holte ein ledergebundenes Buch heraus, um ein Weilchen im Schatten zu lesen. Was las er da? War es Französisch? Latein? Griechisch? Vielleicht war es die Bibel in seiner Muttersprache. Ich hatte einmal eine finnische Bibel in den Ruinen eines abgebrannten Hauses gefunden. Das Leder war an den Kanten zerkratzt, und manche Seiten wiesen noch die sternenförmigen Spuren glimmender Asche auf, die sich mit den letzten Rauchschwaden darauf niedergelassen hatte. Das Buch lag aufgeschlagen unter dem skelettartigen Küchentisch. Das brachte mich zum Weinen – Menschen hatten ihre Heimat und vielleicht ihr Leben verloren. Ihre teuersten Besitztümer waren jetzt dem Regen ausgesetzt, und die machtvollen, unbekannten Worte würden mich überdauern.

Ich sah sonst nie einen Mann mitten am Tag lesen, meinen Großvater nicht, meinen Vater oder Bruder auch nicht. Nur meine Mutter las, in ihr Zimmer zurückgezogen, und auch erst, wenn sie die Hausarbeiten erledigt hatte. Ich las nachts mit einer Taschenlampe unter der Bettdecke. Wenn mein Vater mich tagsüber beim Lesen erwischte, riß er mir wütend das Buch aus der Hand und verfluchte mein Naturell: «Wenn es nach dir ginge, würdest du den ganzen Tag auf dem Rücken im Bett liegen, lesen und Bonbons essen!» Das stimmte. Ich wollte nicht nur alle Bücher auf der Welt lesen, ich wollte sie auch schreiben. Wenn ich den Bäcker am hellichten Tag lesen sah, als sei das ein normaler Bestandteil seines Lebens, erfüllte mich die unbändige, wenn auch flüchtige Hoffnung, daß auch ich eines Tages soviel lesen konnte, wie ich wollte. *Und der Erzherzog wird mich zur Teestunde in seine Bibliothek geleiten, mich bitten, neben ihm auf dem roten Brokatsofa Platz zu nehmen und mich ein Buch auswählen lassen. Er wird mir von Alexander, von Cäsar und Cleopatra erzählen. Wir werden den ganzen Nachmittag Shakespeare lesen, ich bin Titania, die Feenkönigin, oder die schöne Julia. Er wird sich die Spitzen seines weißen Schnurrbarts und eine Träne vom Auge tupfen, und er wird mich nicht für faul, egoistisch, dumm oder verwöhnt halten. Und dann werde ich Bücher schreiben.* Meine Familie durfte meine neue Loyalität nie entdecken, dachte ich. Der Erzherzog würde mich heimlich adoptieren, und ich wäre nun die einzige Erbin des Bäckers. Weil ich entschlüsselt hatte, daß Brot der Grundstoff des Lebens war, und daß in dem englischen Wort *bread* das Wort *read*, lesen, enthalten war, war es mir dadurch erlaubt, Bücher zu schreiben, denn das Wort selbst besagte: Geh hin und lies. Ich wußte, daß Brot auf französisch *pain* hieß und dasselbe Wort in meiner Sprache Schmerz bedeutete, und irgendwie erkannte ich, daß ein Pendel hin- und herschwang zwischen einem Leben von Brot und Wasser und einem Leben von Brot und Wein.

Es war Thanksgiving, und wir weinten. Wir waren außer uns vor Glück. Besucher kamen, wir würden nicht allein sein.

Manchmal, wenn unerwarteter Besuch kam, blieb mir gerade noch Zeit genug, um aus dem dunklen Eßzimmerfenster zu spähen, wer es war, bevor ich mich oben versteckte. Ich weigerte mich, irgend jemandem «Guten Tag» zu sagen. Ich ertrug es nicht, mit Fremden in einem Raum zu sein. Manchmal war es mir schon zuviel, gesehen zu werden, selbst von Leuten, die ich seit langem kannte. Der Rest der Familie sollte immer ausrichten, ich sei weg oder tot. Mich beschlich das unheimliche Gefühl, daß ich keine Haut hatte und daß Menschen, die von draußen in unser Haus kamen und einen Blick auf mich warfen, sofort erkannten, was mit unserer Familie nicht stimmte. Ich stellte mir ihre entsetzten Ausrufe vor – ich hatte keine Haut, mein brauner Herzknorpel schlug heftig, eine Krankheit lauerte in mir, die Spuren der Erniedrigung, das Narbengewebe der Verzweiflung. Zeigte ich mich nicht, blieb meiner Familie die Schande erspart. Wenn also jemand kam, legte ich mich im Zimmer meines Bruders über der Küche, in dem man auf dem Fußboden ein von Spinnweben überzogenes Eisengitter öffnen konnte, flach auf den Bauch, und die körperlosen Stimmen stiegen mit dem Geruch von Bier und Zigaretten und Kaffee und dampfenden Wollsocken zu mir herauf. Ich hörte Gespräche und Diskussionen, aber ich war außerhalb des Schußfeldes. Wenn jemand gelegentlich nach mir fragte, war ich dankbar, daß sie sich überhaupt an mich erinnerten, und errötete bis an die Haarwurzeln, aber ich war auch froh, daß ich nicht bei ihnen saß und irgendeine alberne Antwort stammeln mußte.

Thanksgiving jedoch bescherte uns eine andere Art von Besuchern, Menschen, die ich gern hatte und von deren Besuch ich ein ganzes Jahr lang zehrte. Granny und Boppa kamen natürlich als erste. Howard und Bunny – der Bruder von Tante Maggies totem Ehemann und seine Frau – erschienen gewöhnlich auch. Howard war gleichzeitig unser Zahnarzt; seine Hände zitterten bei der Arbeit heftig und er hatte noch nie etwas von Novocain vernommen, aber seine Stimme war sanft, und sein Gesicht roch wundervoll nach Rasierseife und Tabak. Seine Frau Bunny war die reizloseste Frau, die ich je gesehen hatte. Sie war so groß wie ich und genauso breit wie hoch. Eine furchterregende Augenbraue zog sich wie eine Narbe quer über ihre Stirn. Ihr Gesicht erinnerte mich an einen Pilz, aber ich liebte sie, weil sie die einzig wahrhaft glückliche Person unter den Anwesenden zu sein schien. Die

Taufpaten meines Bruders, Rommie und John Nolan und ihre Kinder Joycie und Bruce kamen manchmal dazu. Rommie verbreitete Glamour – sie war meist in eine elegante Rot-Schwarz-Kombination gekleidet und schwebte in einer Wolke Intimate herein, dazu trug sie ein faszinierendes Skarabäus-Armband mit passender Kette und Ohrringen. John kitzelte und neckte uns unbarmherzig und lachte mit Vorliebe laut und hemmungslos über seine eigenen Scherze. Joycie und Bruce waren ungefähr so alt wie ich, aber sie galten als etwas Besonderes und wurden beneidet, weil sie adopiert worden waren. Auch Marge Sower und ihre unverheiratete Schwester Kate feierten Thanksgiving oft mit uns. Sie lebten als Töpferinnen direkt hinter der Grenze zu New Hampshire und hatten keine Verwandten. Manchmal kamen ein oder zwei von Mamas weißhaarigen, verwitweten Onkeln aus Fall River hoch – der rotwangige, lustige Onkel Mike, der wie ein Weihnachtstroll aussah, und der griesgrämige, starrsinnige Onkel Frank, der sein Ohrläppchen ins Ohr stopfen konnte und es wie durch Zauber wieder hervorschnellen ließ, wenn wir klatschten. Hin und wieder brachte ein Gast einen Cousin oder Nachbarn oder eine unverheiratete Tante mit, die ich noch nicht kannte. Aber ich wollte keine Angst haben, denn es war Thanksgiving.

Die ganze Woche bastelten wir in der Schule aus Zeichenpapier Pilgerväter und Füllhörner, aus denen Kürbisse, Äpfel und Trauben quollen, bis zuletzt alles nach Klebstoff schmeckte. Wir brachten bronzefarbene Papierschnallen nach Hause, die mit Gummibändern über unseren Schultern befestigt waren, und Truthähne, deren komplizierte Schwanzfedern sich wie ein indianischer Kopfschmuck spreizten. Die Federn leuchteten in den Herbstfarben, als hätten wir sie aus den goldenen und roten Blättern ausgeschnitten, die den ganzen Herbst über von den Bäumen gefallen waren, bis sie jemand im Schulhof zusammengerecht und in Mrs. O'Donnells Bastelfach gesteckt hatte. Zu Hause hängten wir unsere Dekorationen mit Klebeband in der Küche am Kaminsims auf. In ganz Amerika hängten Kinder ihre Thanksgiving-Karten auf, und wir auch.

Jedes Jahr unterteilte ich Thanksgiving wie ein Theaterstück in drei großartige Akte: das Tischdecken und die freudige Erwartung der ersten Autos; das Abendessen, so komplex und aufwühlend wie eine heilige Messe; das Geschirrspülen vor dem Abschied der Gäste. An Thanksgiving öffneten wir die Türen zum Speisezimmer, damit sich die Wärme des Küchenofens ausbreiten konnte. Wir benutzten das Zimmer nur an Thanksgiving und zu Weihnachten, den Rest des Jahres war es abgeschlossen, weil man es nicht heizen konnte. In einer flachen Holzschale arrangierte ich auf der Tischplatte all die Dinge, die ich für die Dekoration der Tafel gesammelt hatte: zwei kleine Flaschenkürbisse, einen grünen Ölkürbis, drei große Kiefernzapfen, Walnüsse, Haselnüsse, Bittersüß-Zweige und Bitterholzstengel, die ich in der Nähe des alten Chevy hinter dem Kükenstall gefunden hatte. In die Messing-Kerzenhalter stellte ich zwei Kerzen, die die Farbe von Bienenwachs hatten. Ich zählte nach, wie viele Gäste wir erwarteten, und legte noch ein Gedeck zusätzlich auf, falls jemand in letzter Minute hereinschneite. Ich legte Platzdeckchen und Servietten vor jeden Lehnstuhl und vor die Holzbank unter dem Fenster, auf der die Kinder saßen und die irgendein Verwandter aus dem Warteraum einer Postkutschenstation gestohlen hatte. Neben jedem Teller lagen eine große Gabel, eine Dessertgabel, ein Messer und zwei Löffel. Über jeder Messerspitze stand ein Wasser- oder Weinglas. An Thanksgiving und Weihnachten tranken meine Geschwister und ich aus den handgearbeiteten Tonbechern, auf die Marge und Kate, die Töpferinnen, die Granny nach den Stummfilm-Stars die Gish-Schwestern nannte, unsere Namen gemalt hatten.

In der Küche stellten wir noch mehr Tonteller für grüne und schwarze Oliven, Mixed Pickles, rohe Karotten und Selleriestangen mit Frischkäse zurecht. Es gab Toffees, Datteln, die mit Erdnußbutter gefüllt und mit Puderzucker bestäubt waren, Feigen, Mandarinen, Trauben und rote Äpfel, Walnüsse in der Schale, und einen Revolutionssoldaten als Nußknacker. Ich staubte die blattförmige Kristallplatte für die Cranberrysauce ab. Das Vorlegebesteck breitete sich fächerartig am Platz meiner Mutter aus, dann füllte ich die Salzfäßchen, zu denen kleine Löffelchen aus Ebenholz gehörten. Ich zerteilte Butter in Klümpchen und stempelte jedes mit einem Holzklötzchen, auf dem sich ein einzelner Stern neben einer Mondsichel erhob. Ich faltete Karteikarten zusammen, schnitt mit der Zickzackschere Muster in den Rand und schrieb auf jede in meiner kunstvollsten und schönsten Handschrift einen Namen, bevor ich sie an den üblichen Platz stellte. Licht überflutete die Schneefelder und drang durch die Organdy-Vorhänge und die ursprünglich violetten Glasfenster in den Raum, das Sonnenlicht brach sich an den Schneeverwehungen und schien durch das Gold und Blau der alten Whiskeyflaschen und Flakons, die zur Zierde auf dem Fensterbrett standen. Jedes Jahr kam mir das Eßzimmer noch schöner vor. Unser Haus wurde einen Tag lang zum Palast, und jeder darin wurde als Ehrengast behandelt.

Wenn der berauschende Anblick kam, rannte ich mit meinen Geschwistern und allen Hunden hinaus auf den Hof. Wir liefen mit tränenüberströmten Gesichtern auf jedes Auto zu und rissen die Türen auf. Wir weinten vor Erleichterung, vor Glück, weil es kein gewöhnlicher Tag war, die Gegenwart von Menschen machte uns so fröhlich. Wenn auch nur für kurze Zeit, so war doch unsere Familie anders als sonst, und wir würden vor allem nicht allein sein. An Thanksgiving wurden wir beköstigt und umsorgt, und wenn wir uns zum Segen versammelten, glaubten wir tatsächlich, daß wir gerettet würden. Die schwarze Tür öffnete sich, die klare, kalte Luft strömte herein, und alle Fenster beschlugen vor Glück. Ehemänner halfen ihren Frauen aus dem Mantel – Männer mit

Brillen und Hosenträgern an ihren großen, grauen Hosen –, Frauen, die trillernd lachten, Parfumduft um sich verbreiteten, deren Petticoats raschelten und deren Gesichter von Rouge und Lippenstift leuchteten, umarmten und küßten uns und hinterließen knallrote Kußmündchen auf unseren Wangen. Wir schleppten Berge von Mänteln zum Flurschrank, vor dem ich mich auf einen Hocker stellte, damit ich sie einen nach dem anderen, so wie sie mir gereicht wurden, aufhängen konnte; manche waren allerdings zu schwer, um sie bis zur Stange hochzuheben. Ich vergrub mein Gesicht in Pelzkragen und Schals und zog den Geruch von Toilettenseife, Zigarren, D'jer-Kiss-Talkumpuder und Halo-Shampoo in mich ein. Ich hörte Eiswürfel in den Kübel fallen, Gläser klirren und meinen Vater seine berühmten Old-Fashioneds mixen. Das süße Aroma von Orangen und Angostura-Bitter durchzog die Küche und wob einen unsichtbaren Kranz um den schmorenden Truthahn, die Brötchen, die Pastete und das Geplauder und wehte uns schließlich ins Speisezimmer. Mein Vater balancierte den Truthahn herein und begann, ihn zu zerteilen. Jeder Gast trug eine Schüssel. Meine Mutter zündete die Kerzen an, die Anhänger an ihrem Glücksarmband klimperten über den Flammen. Alle redeten gleichzeitig, während sie ihre Plätze aufsuchten.

Die Schüsseln wurden nach links um den Tisch weitergereicht, und bald waren alle Gäste mit Truthahn, Füllung, Kartoffelpüree, Soße, Cranberries und Brötchen versorgt. Auf jeden Teller häufte ich so andächtig Erbsen und kleine Zwiebeln, als teilte ich Smaragde und Perlen aus. Dann kam ein stiller Augenblick, wenn alle Teller gefüllt waren, man sich räusperte und wir bei flackernden Kerzen die Köpfe zum Tischgebet senkten. Mein Bruder stand auf und sprach den Segen: *Segne uns, o Herr, und diese Deine Gaben, die wir durch Deine Güte erhalten, und wir danken Dir, daß wir uns heute hier versammeln durften.* Meine Augen brannten, und eine Träne rollte mir die Wange hinab. *Und laß uns alle näch-*

stes Jahr wieder zusammenkommen. Der Segen schnitt so tief wie die Messerklinge in den Truthahn, bis auf den Knochen. *Bitte, Gott* – ich verkrampfte die Hände ineinander –, *wir sind heute eine Familie wie andere Familien. Bitte laß uns immer so bleiben.* Einstimmig stießen wir ein inbrünstiges Amen aus und griffen nach den Gabeln. Gegenüber am Tisch sprach mein Großvater freundlich mit Flap, meine beiden Großmütter schwatzten wie zwei alte Freundinnen, und am Kopf- und Fußende des Tisches erhoben mein Vater und meine Mutter die Gläser und tranken; Zufriedenheit und Harmonie breiteten sich aus und verbanden sich mit der stummen Freude am Essen. Wir drei Kinder aßen still und mit den besten Tischmanieren. Wir sonnten uns in der Wärme ihres Gelächters, wir zankten nicht mehr, und die Erwachsenen in ihren Festtagskleidern tauschten Geschichten wie Baseballkarten. Wer waren diese Leute, die sich hier offenbar so zu Hause fühlten, die Frauen mit dem goldenen Lächeln, die Männer mit den gewachsten Schnurrbärten, den Kragenknöpfen und Krawatten? Sie wirkten wie Gestalten aus einer Fata Morgana, sie schimmerten im Kerzenlicht wie zart winkende Palmen. Wenn ich plötzlich in die Hände klatschte, dachte ich, würden sie vielleicht verschwinden oder mir wie Alices Kartenspiel ins Gesicht segeln. Aber das Essen verlief ohne Unterbrechung. Man reichte sich zuvorkommend die Schüsseln, manche nahmen sich nach, andere lehnten ab. Ich war so glücklich, daß mein Herz wie rasend klopfte.

Als mir meine Mutter zunickte, schob ich meinen Stuhl zurück und begann, den Tisch abzuräumen, indem ich alle Teller, das Besteck und die Schüsseln in der Küche auf der Arbeitsplatte stapelte. Ich ging in die Speisekammer, reckte mich bis zum Nagel hoch, an dem die Schürze hing, und band sie mir um den Hals wie ein Arzt vor der Operation. Meine Geschwister und ich pendelten mit dem Geschirr zwischen Speisezimmer und Spülbecken hin und her, während mein Vater seine funkelnden Liköre in kleine Kelche goß. Meine Mutter schnitt den Apfelkuchen, die Mince-Pie und die Kürbis-Pie an und goß aus einer großen, silbernen Kanne Kaffee in die besten Tassen, die auf passenden Untertassen auf der hölzernen Wäschetruhe standen, welche wir als Anrichte benutzten. Meine Schwester kroch meiner Mutter auf den Schoß, mein Bruder krabbelte auf den leeren Stuhl neben Tante Rommie mit ihren wunderschönen, scharlachroten Fingernägeln, und ich schluckte, wenn niemand aufpaßte, hustend ein bißchen Likör, der wie Lakritze schmeckte. Alle lachten und redeten immer lauter, und ich kratzte in der Küche die Reste von den Tellern; Fleisch, Haut und Fett bekamen die Hunde, nur durften keine Knochen dabei sein. Ich füllte eine Schüssel mit Gemüseschalen, Kürbiskernen, Apfelschalen und Essensresten für Rosita und schob Kaffeesatz, Knochen und Eierschalen, die auf dem Komposthaufen im Scheunenkeller landeten, in eine Kaffeedose. Dann ließ ich heißes Wasser ins Becken einlaufen und machte mich ans Geschirrspülen. Ich wollte, daß das Essen immer weiterging, dieser Tag sollte nie enden. Ich ließ klares Wasser über Teller und Besteck rinnen und hörte dem Witz eines Erwachsenen zu, den ich nicht verstand, und wenn das Gelächter anstieg, fühlte ich mich betrogen, weil ich gleichzeitig zu jung und zu alt war. Ich wollte wissen, warum es so lustig war, ich wollte, daß sie es mir erklärten, aber ich wußte, daß der Tag kommen würde, an dem ich den Witz verstand, und dann wäre das alles hier weit weg. Ich wollte, daß der Tag schon da wäre, und ich wollte, daß er niemals käme.

Bald darauf wurden die Stühle scharrend zurückgeschoben. Ich hörte, wie der Flurschrank geöffnet wurde und wie Mäntel ausgeschüttelt und angezogen wurden. Ich trocknete mir die Hände am Geschirrhandtuch ab und wurde von Abschiedsküssen überschüttet. Aber der Abschied war mehr, als ich ertragen konnte. Ich zog Stiefel, Jacke, Schal und Handschuhe an und folgte den Gästen nach draußen. Es war schon dämmrig, wir sahen unseren Atem, und die weißen Felder schliefen schon. Wir standen an den Autos, winkten und weinten, weil der wunderbare Tag fast vorüber war und wir ihnen beim Aufbruch zusehen mußten. Wir rannten los und kletterten auf den Steinwall, um die Reifen auf dem gefrorenen Asphalt am Briefkasten knirschen zu hören. Wir standen stocksteif in unseren Sonntagskleidern am Steinwall unter den regenschwarzen Ulmen und riefen den Besuchern unser Lebewohl hinterher, ein Lebewohl den entschwindenden Rücklichtern, ein lautes Lebewohl über den Schneezaun und Rossbachs Acker bis zum Stall der St. Cyrs, zum weißen Turm der Methodistenkirche im Tal, bis wir das Echo unserer Stimmen über dem Squanicook hörten, Lebewohl, bis unsere Rufe hohl und schwach zu uns zurückkehrten und es einen flüchtigen Augenblick lang so schien, als würden andere Kinder uns etwas zurufen. Ein paar Flocken salzten die Luft, der Himmel wurde grau wie Wolfram, und wir legten uns in den Schnee und machten Engelflügel. Ich dachte an Squanto, den Pawtuxet-Indianer, der den Pilgervätern beibrachte, wie man den besten Mais anbaute. Er legte drei silberne Heringe auf jedes umgegrabene Hügelbeet, damit der Samen, der über sie geworfen worden war, besser gedieh, und die kleinen Fische blieben sternförmig, Nase an Nase, den ganzen Winter unter dem Schnee liegen. Als ich im Schnee lag und mit den Armen wedelte, dachte ich: *Wie lange, lange wir wieder warten müssen.*

«Von Hemdsärmeln zu Hemdsärmeln in drei Generationen, es ist doch immer dasselbe», sagte meine Mutter voller Überzeugung, als sie mir das Sieb reichte. «Die Buschbohnen müßten jetzt reif sein. Bring mir ein Dutzend Maiskolben und ein paar Tomaten, und eine Gurke, wenn es welche gibt.»

Mama hatte die Hemdsärmel-Bemerkung schon öfter gemacht. Ich nehme an, sie meinte damit, daß der alte Mr. Green, Boppas Vater, nur mit dem, was er am Leibe trug, aus Irland eingewandert war und ein Vermögen gemacht hatte, das seine sieben Kinder verschwendet und durchgebracht und über das sie sich zerstritten hatten, und jetzt mußte mein Vater, in der dritten Generation, wieder als Farmer mit den Händen arbeiten, weil kein Geld mehr da war.

Mama rollte mit einem kleinen Schlüssel den silbernen Deckel von der Fleischdose, und ein wabbeliger, rosaroter, weiß marmorierter Klumpen kam zum Vorschein. Sie schüttete ihn aus der Büchse, kratzte das Gelee mit unserem einzigen scharfen Messer ab, einem dünnen Schälmesser mit schwarzem Holzgriff, das einer der Hunde weggeschleppt und unter der Veranda angenagt hatte. Ich starrte auf das Fleisch, und sie zerteilte es. Es würde für uns alle acht reichen, wenn sie es in kleine Stückchen schnitt und mit Zwiebeln und Paprika anbriet. Es war ekelhaft, wie man es auch ansah. Mich würden keine zehn Pferde dazu bringen, auch nur einen Bissen davon anzurühren.

«Was stehst du hier rum? Los, los, dein Vater wird jeden Moment dasein.» Das Sonntagsessen mußte immer Punkt ein Uhr auf dem Tisch stehen, sonst war die Hölle los.

Die Fliegentür knallte hinter mir zu, und ich rannte, mich unter der Wäscheleine hindurchduckend, in den Garten. Gott sei Dank hatten wir richtiges Essen im Garten, dachte ich, riß die gelben Bohnen ab und warf sie ins Sieb. Die meisten waren noch so jung, daß ich die Fäden nicht abziehen mußte. Als ich mich hinhockte und die Bremsen verscheuchte, die um meinen Kopf surrten, fühlte sich die Erde unter meinen nackten Füßen heiß und trocken an. Rote Bete und Blattspinat waren meine Lieblingsgemüse, gefolgt von Mangold und Rosenkohl. Nein, eigentlich waren Erbsen am leckersten, aber die gab es nicht mehr. Nein, entschied ich schließlich, während ich zwischen den Stengeln saß, um die Maiskolben zu entblättern, am allerbesten waren doch die Kentucky Wonders – süße, grüne, rohe, saftige Stangenbohnen, die sich um die Ranken wanden wie Efeu um die Sumachschößlinge, die Flap vor Wochen in die matschige Frühlingserde gepflanzt hatte. Jeden Sommer aß ich so viele Kentucky Wonders, wie ich selber wog, während ich andere Dinge erntete. Ich zermalmte eine und zupfte die Silberfäden vom Mais, kaute sie andächtig wie eine Zigarre. Die goldenen Maisfäden waren weich und fingen das Licht auf – das Haar einer Feenprinzessin, das ich einmal über Nacht auf dem Fenstersims im überdachten Durchgang liegengelassen hatte, um mir daraus eine glänzende Perücke für meine Puppe zu nähen. Aber am nächsten Tag lag es, noch naß vom Tau, braun und verschrumpelt vor mir, und ich warf es weinend weg, weil es nur noch Abfall war. Es machte mich wütend, daß alles immer verrotten mußte.

Ich stemmte das volle Sieb auf die Hüfte und setzte den Maiseimer unter dem Birnbaum ab. Die sirupsüße Spätsommerluft war erfüllt von Bienen. Rosita stand unter dem Apfelbaum und wedelte mit dem Schwanz die Fliegen fort. Ich drehte mit der Zehe eine der dicken, reifen Birnen um, damit ich sah, ob an der saftigen Unterseite eine Wespe bei ihrer ekstatischen Mahlzeit nur darauf wartete, mich zu stechen, und brachte sie ihr. Sie wieherte müde und mitleiderregend. Die ergrauenden Samtlippen nahmen die Birne dankbar entgegen, und ich wischte ihr die Fliegen aus den Augen, während sie kaute. Auf der Auffahrt sah ich Großvater, Vater und meinen Bruder um die offenen Motorhauben von Buick und Chevy stehen, wo sie das taten, was sie jeden Sonnabend taten – streiten, brüllen, fluchen und, wenn möglich, reparieren, was an den Autos gerade nicht funktionierte.

Richard Winthrop Green, mein Großvater, wurde Dick genannt. Richard Winthrop Green, Jr., mein Vater, wurde Richie genannt. Richard Winthrop Green III., mein Bruder, hieß Rick. Für uns war das nicht verwirrend, nur für Fremde, die uns gelegentlich auf der Farm anriefen und mit Erstaunen entdeckten, daß es mehr als einen Richard Green gab, woraufhin sie manchmal nicht mehr wußten, welchen Richard sie sprechen wollten und warum sie überhaupt angerufen hatten.

Uns kam es völlig einleuchtend vor, daß es drei von ihnen gab. Bei der Arbeit waren sie unzertrennlich, wie Kettensträflinge; jeder war mit dem anderen so eng verbunden, daß die plötzliche Bewegung des einen dem anderen an der Kette Schmerzen bereitete. Sie verbrachten jeden Sonnabend bei den Autos, warfen Werkzeuge beiseite, wenn sie sie nicht mehr brauchten, stopften ölbefleckte Lappen in ihre Arbeitshosen und diskutierten zu dritt das anstehende Problem wie schmierige Chirurgen, die gerade Mandeln herausschneiden wollen. Mein Großvater, der Vorarbeiter der Truppe, war der größte; er hatte weiße Haare, eine Brille und trug ein kariertes, an den Ellenbogen zerrissenes Flanellhemd und Khakihosen mit Löchern an den Knien. Er war nie im Unrecht. Mein Vater, der nie im Recht war, trug dieselbe schäbige Uniform, obwohl er kleiner und schmaler war, dunklere Haare hatte, ständig Zigarillos rauchte und nervös von der Stimme meines Großvaters weg und wieder auf sie zutigerte. Mein Bruder, ein flachsblonder Lockenkopf, stand ohne Hemd, in Baumwollshorts und Turnschuhen daneben und kratzte sich schweigend, hörte ihren Diagnosen und Wortwechseln zu und schien das Problem auf seine eigene Weise zu durchdenken.

Heute war es nicht anders. Boppa stieß ein paar saftige Flüche aus und zeigte in das Innere des Motors. Daddy blaffte Boppa an, schleuderte einen Schraubenschlüssel hin, trat zornig gegen den Kühlergrill, drehte seinem Vater den Rücken zu und knuffte meinen Bruder aufs Ohr, nur weil er gerade dastand. Mein Bruder verzog sich still auf die alte Holztreppe, die zur Dachkammer über dem Holzschuppen führte, und setzte sich in den Schatten des Trompetenbaums, bis sich der Sturm gelegt hatte. Nach einer weiteren Latte Verwünschungen verschwand mein Vater türenknallend im Haus, machte eine Bierflasche auf und wurde den Rest des Tages nicht mehr gesehen.

Aber ich wußte aus Erfahrung, daß Boppa und Ricky an

den Autos weiterwerkelten und alles reparieren würden, was keuchte, knirschte oder krachte. Boppa war sehr geduldig mit meinem Bruder, so wie er es mit seinem eigenen Sohn nicht sein konnte. Er erklärte die Dinge wie ein Ingenieur, ließ Ricky vieles selbst ausprobieren, und auch wenn der Junge etwas ungeschickt oder verkehrt machte, kritisierte er ihn nie und erhob auch nie seine Stimme. Er erklärte einfach alles noch einmal von vorne und zeigte ihm mit seinen eigenen großen, weißen Händen, wie man das Problem in den Griff bekam. Dann streckte mein Großvater liebevoll die Hand aus und verwuschelte dem Jungen die blonden Haare.

Boppa war auch sehr lieb zu meiner Schwester. Er nahm sie in den Arm, nannte sie Katie, was niemand sonst tat, und versuchte auf seine ungeschliffene und poltrige Art, Grannys starrsinnigen, irrationalen Haß auf meine Schwester gutzumachen. Auch Granny, meine Mutter, meine Schwester und ich waren zusammengeschweißt, aber es gab keine Atempausen von der versteckten Wut zwischen uns. Granny erschien auf der Farm, erdrückte mich fast mit ihren Küssen und Umarmungen, steckte mir zwei verbotene Necco-Waffeln und zwei Päckchen Kaugummi zu und rauschte dann an meiner Schwester vorbei ins Haus, als sei diese einer von den Hunden, die hoffnungsvoll schwanzwedelnd an der Tür warteten. Ich glaubte, daß Granny und meine Mutter sich nicht leiden konnten, daß sie vielleicht um meinen Vater kämpften, aber das nicht laut herausschreien durften. Deshalb nahm Granny mich in Besitz, und Mama nahm Kathy in Besitz, und sie spielten uns gegeneinander aus. Wenn wir später ins Bett gingen, attackierte mich meine Schwester wie eine Wilde, und ich wehrte mich genauso wütend – mit Kratzen, Treten, Beißen, Schreien und Haareziehen, bis wir von unserem Vater getrennt und verprügelt wurden und all unsere Stärke und Maßlosigkeit erschöpft war. *Es ist doch nicht meine Schuld, daß ich Grannys Liebling bin,* verteidigte ich mich stumm im Bett. *Ich habe sie nicht darum gebeten.* Aber ich fühlte mich schuldig, schuldig, schuldig. Grannys Gemeinheit konnte ich niemals wiedergutmachen. Am Ende rollte sich meine Schwester auf ihre Seite, und mir kam es so vor, als kehre sie mir für den Rest des Lebens den Rücken zu. Ich stellte mir in Gedanken einen breiten Graben vor, Granny und ich auf der einen Seite, meine Mutter und Kathy auf der anderen, und die Erwachsenen warfen uns weißgliedrige Wesen über die Schlucht wie streunende Katzen, die kratzend, sich festkrallend und beißend ums Überleben kämpften. Wir wirbelten durch die Luft, wobei wir uns gegenseitig halb hielten und halb zerfetzten, nur um von dem fallenden, zerrissenen Körper der anderen freizukommen. Ich dankte Gott dem Allmächtigen, daß Schlafenszeit war. Im Schlaf konnte ich so tun, als sei ich kein Paria. Ich konnte vergessen, daß Mama und Kathy mich für Grannys Grausamkeit verantwortlich machten. Ich konnte so tun, als würde ich meine Schwester nicht dafür hassen, daß sie mich haßte.

Das Abendessen war fertig. Boppa setzte sich immer an Daddys Platz am Kopfende, Granny saß an Mamas Platz, wir drei Kinder auf der Bank unter dem Fenster und ihnen gegenüber Daddy, Mama und Flap auf Stühlen, die aus dem Speisezimmer geholt worden waren. Wir reichten das Essen schweigend herum. Vergebens hielt ich nach dem kleinsten Stück Dosenfleisch Ausschau – sie lagen unter einer dicken Schicht Zwiebeln und Paprika und waren alle gleich groß. Aber das machte nichts, denn ich schob es meinem Bruder auf den Teller, wenn niemand hinsah. Wir durften beim Essen nichts trinken. Daddy glaubte, wir würden als erstes unsere Milch «runterkippen» und dann nichts mehr essen. Die Mahlzeiten klebten ohne Flüssigkeit wie Sägemehl am Gaumen, aber so lautete nun einmal die Regel. Die Milch wurde uns in kleinen Geleegläsern abgemessen, wenn wir nach dem Essen am Spülbecken standen.

Es gab bei Tisch nur zwei Gesprächsthemen. Niemand redete über Bücher, weil nur Mama und ich lasen. Niemand redete über Politik, weil sich keiner darum scherte. Niemand redete über Religion, weil wir ohnehin nur an die Greens glaubten und der Rest der verfluchten Welt nur existierte, um uns zu bemogeln. Die einzigen beiden wichtigen Themen waren Geld und Autos. Ich knirschte vor Widerwillen laut mit den Zähnen, weil ich es leid war, von Vergasern, Dichtungsringen, Universalgelenken und Luftklappen zu hören. Ich knallte meinen Maiskolben auf den Teller und mußte selbst lachen, weil ich ihn von einem Ende zum anderen, Reihe um Reihe, abgenagt und am Ende einer Reihe immer stumm «geklingelt» hatte wie eine Schreibmaschine. Ich würde trotz allem Schriftstellerin werden, wenn ich hier je lebendig herauskam.

Granny fing immer vom Geld an – wieviel auf dem Markt heutzutage alles kostete, wie sie jemanden bei einem alten Möbelstück heruntergehandelt hatte, wie sie dreißig Cents hier und anderthalb Dollar dort gespart hatte, und wie famos es war, Brot und Donuts vom Vortag zu kaufen. Die Greens investierten nie Geld und gaben es möglichst nicht aus, sie hamsterten jeden Penny. Sie hockten auf dem Geld, weil es ihnen viel mehr Vergnügen bereitete zu sehen, wie die Pennies sich zu Dollars vermehrten, als etwas zu kaufen, was sie brauchten. Deshalb leisteten sie lieber Verzicht, anstatt auch nur zehn Cent auszugeben, behalfen sich bei Reparaturen mit Klebeband und Draht, anstatt in eine Eisenhandlung zu gehen und ein neues Teil zu kaufen. Alles war häßlich – verschraubt, zurechtgehämmert, zusammengestoppelt –, wurde aber als Meisterleistung der Erfindungsgabe betrachtet, weil die Reparatur keinen Pfennig gekostet hatte. Granny hortete mit Vorliebe Nahrungsmittel. Es verschaffte ihr mehr Befriedigung, fünfzehn Dosen Tomatensuppe und Corned Beef im Vorratsschrank stehen zu sehen, als auch nur eine davon zu essen. Die Dosen blähten sich auf und platzten manchmal, weil sie sie zu lange aufgehoben hatte. Ich hatte von der Weltwirtschaftskrise gehört und wußte auch, daß die Leute immer noch Angst davor hatten, aber wozu sollte es gut sein, etwas so lange aufzubewahren, bis es verdarb?

Es gab noch ein weiteres Thema bei Tisch, doch das wurde ohne Worte diskutiert – eine komplexe Unterhaltung, bestehend aus hochmütigem Naserümpfen, bösen Blicken und einer Hierarchie der Grobheiten. Das erinnerte mich an das Gezänk der Hühner am Eingang des Hühnerstalls – eine Henne hackte auf die Schwanzfedern der anderen ein, dann drehte sich die Angegriffene zur nächsten um und griff diese an, und so weiter. Ihre Gemeinheiten folgten einem starren System, das ich nie durchschaute, und es gab immer eine unglückliche, erschöpfte Henne am unteren Ende der Rangordnung, die vom Rest der Schar blutig gehackt und halb zerrissen würde, weil sie schwächer, kleiner oder verkrüppelt war. Es ging um das Trinken, obwohl dieses Wort nie ausgesprochen wurde.

Granny rührte Alkohol nicht an, deshalb betrachtete sie sich als über jeden Vorwurf erhaben, was dies und alles andere betraf. Boppa hatte getrunken, war grob und gewalttätig geworden, und hatte es erst aufgegeben, als die Ärzte ihm sagten, das nächste Glas würde ihn umbringen. Mama trank heimlich nachts in ihrem Zimmer, überzeugt, daß niemand davon wußte, übte jedoch in ihrer Rolle der stillen Dulderin wortlos Kritik an Daddy, der jeden Tag nach der Arbeit für alle sichtbar trank und in betrunkenem Zustand gefährlich und furchterregend wurde. Gleichzeitig zog Daddy unablässig über Flap her, der in die Stadt trampte, sich in aller Öffentlichkeit vollaufen ließ, von seinen Saufkumpanen regelmäßig beklaut wurde und morgens, immer noch betrunken, nach Hause wankte und den Rest des Tages seinen Rausch ausschlief.

Granny weigerte sich zu glauben, daß mein Vater trank, für sie war er sensibel und nervös und mußte mit Samthandschuhen angefaßt werden. Mama hielt ihr Geheimnis für gut gewahrt und wäre entsetzt gewesen, wenn sie gewußt hätte, daß mein Vater mich, seit ich laufen konnte, sonnabends gegen Mittag, wenn er auch noch nicht sicher auf den Beinen stand, regelmäßig anraunzte, falls meine Mutter noch nicht aufgetaucht war: «Verflucht noch mal, geh hoch und schau nach, ob sie noch atmet.» Mit Herzklopfen bis zum Hals hob ich leise den Riegel hoch, stieß auf der Schwelle ein kurzes, panikerfülltes Gebet zum Himmel und ging in ihr Zimmer, während mir vor Angst, sie könne wirklich tot sein, das Blut in den Adern gerann. Ich stellte mich lauschend neben ihren zusammengekrümmten Körper und betete zu Gott, daß sie atmete. Nach Minuten des Wartens, in denen ich nicht an ihren Tod zu glauben wagte, brach ich in Tränen aus. Schließlich öffnete sie ihren Rosenknospenmund und gab eine lange Latte vulgärer Schnarchtöne von sich. Und so ließen Verdrängung und Heuchelei den Mythos fortbestehen, Flap sei der einzige Trinker in der Familie. Er machte sich zum Narren, verlor sein ganzes Geld, trank in Kneipen und mußte sogar einmal ins Gefängnis. Er war ein Schandfleck. Die übrigen waren rein wie frischgefallener Schnee. Ich liebte Flap. Sie hatten alle Unrecht, in allem.

Boppas Stuhl scharrte, und alle wußten, das Essen war vorüber.

Ich hatte seit dreißig Jahren weder an Albert Ferry noch an die Feldmaus noch an den Brunnen auf der Farm gedacht, bis ich sie eines nachts im Traum alle wiedersah. Der Brunnen sah noch so aus, wie ich ihn in Erinnerung hatte, vergessen unter den Kiefern auf der Hügelkuppe zwischen dem Ochsenpfad und einer Lücke in der Mauer, in der einst ein Gatter zwei Weideflächen miteinander verband. Mein Ururgroßvater und seine Brüder hatten vor hundert Jahren die Mauer errichtet, den Brunnen ausgehoben und den Weg mit Ochsen freigeräumt. Nach dem Ende des Zweiten Weltkriegs war der Brunnen versiegt und seither von Brombeeren und hohem

Gras überwuchert. Wenn mein Vater mich und meine Geschwister mitnahm in den Wald, kamen wir auf dem Weg zu den Wiesenblumen daran vorbei – im Frühling wuchsen hohe samtige Weidenkätzchen, schwarzäugige Susanne, Wiesenschaumkraut, Margariten und im Herbst dunkelrote Astern –, und wir pflückten einen Blumenstrauß für meine Mutter, die Blumen liebte, uns aber nie begleitete. Mit überquellenden Armen gingen wir denselben gewundenen Pfad, auf dem nachmittags Sonne und Schatten ein grüngoldenes Muster bildeten, das mich an das marmorierte Papier in alten Büchern erinnerte, zurück, bis wir das Weißblech und die rote Dachpappe des Kükenstalls wiedersahen und wußten, daß wir bald zu Hause waren.

Ein alter Mann namens Albert Ferry, mit einem weißen Bart, der ihm bis zur Gürtelschnalle hinunterhing, veranlaßte mich als erster dazu, über Brunnen nachzudenken. Albert lebte in einem unverputzten Farmhaus auf der anderen Seite von Bayberry Hill. In seinem Zimmer, in dem er stapelweise Zeitungen aufbewahrte, brannte den ganzen Sommer ein Feuer, und er hatte seit fünfzig Jahren weder Wasser an sich herangelassen noch das Fenster geöffnet. Granny und ich besuchten ihn, als ich klein war, immerhin so häufig, daß ich mich an ein verrottetes Stückchen von einem Masttopp erinnere, das zwischen dem unbehandelten Fensterbrett und dem Fensterrahmen klemmte, durch den man auf eine Zuckerahornpflanzung blickte. Zuerst konnte ich noch nicht lesen, aber ich probierte es trotzdem und hoffte, daß sich die Buchstaben eines Tages wunderbarerweise zu Wörtern fügen würden, die ich verstand. Es dauerte Jahre, bis ich triumphierend *Ashby, Massachusetts, 12. April 1904* entziffern konnte. Jedesmal, wenn wir wiederkamen, sah ich entzückt, daß immer noch dasselbe daraufstand, so als sei Albert Väterchen Zeit persönlich und als schiene dasselbe Sonnenlicht in alle Ewigkeit auf sein Fensterbrett.

An schläfrigen Nachmittagen streckte ich mich auf dem

Boden neben Alberts ergrautem Hund aus, der nicht bellen konnte, aber dafür während unseres ganzen Besuchs schnarchte. Ich lag stundenlang, die Zunge zwischen den Lippen, auf den Ellenbogen gestützt, malte ein Bild von Albert in seiner rußgeschwärzten, langen Unterwäsche mit Hosenträgern und hörte ihm zu, wie er Granny von dem alten Fessenden erzählte und der Fessenden-Mühle, den Stewart-Schwestern, Bessie und Sadie, der Gastfreundschaft der Finns und wie die Stadt vor die Hunde ging – Dinge, die alle vor meiner Geburt geschehen waren. Ich hörte aufmerksam zu, weil alles so interessant war. Ich zeichnete dunkle Striche in Alberts Wangen. Er hatte ein Gesicht wie ein Berg, wie aus Granit gehauen, aber sein Bart war weich und glänzte wie Mädchenhaar. Ich zeichnete Karos in sein Flanellhemd und dachte an Pferdegespanne mit leuchtenden Geschirren, die vor Kutschen tänzelten oder Wagenladungen Futter durch die von Ulmen gesäumte Main Street zogen, wo Frauen mit langen Kleidern und breiten, federgeschmückten Hüten die Stufen zur Kirche hinaufschritten. Gerade hatte ich herausgefunden, wie ich den Bleistift halten mußte, um den Rauch zu malen, der Alberts Kopf luftig umkränzte, und konzentrierte mich jetzt auf seine Stiefelspitze, als ich merkte, daß Granny mich seit einiger Zeit rief. Schuldbewußt hob ich den Kopf. Granny griff nach ihrer Reisetasche und ihrer blütenweichen Strickjacke und sagte, es sei Zeit zu gehen.

Albert sprach mich selten direkt an und wenn, dann nie mit Namen – nicht einmal Alberts Hund hatte einen Namen – aber gelegentlich nannte er mich *mein Mädchen*. An jenem Tag winkte er mich zu sich auf die Sessellehne, und ich mußte mich hinunterbeugen, damit er mir etwas ins Ohr flüstern konnte. Ich roch den Tabak und seine den ganzen Winter über eingesperrten Körperausdünstungen und rückte so nahe, daß ich die weißen Haarbüschel sehen konnte, die ihm aus den Ohren wuchsen, und mir seine weiche Bartspitze über die Wange strich. Seine Stimme war tief und kehlig.

«Du weißt doch, wo du Feen finden kannst, nicht?» flüsterte er, und mir fiel vor Staunen der Unterkiefer herunter. Erschrocken schüttelte ich den Kopf.

«Sie sind da, wo es kühl und feucht ist, besonders in der Nähe von alten Brunnen.» Er zwinkerte mir zu, und ich wußte, daß er die Wahrheit sagte. Als wir vom Hof fuhren, blickte ich durch das ovale Rückfenster des Chevy zu Albert zurück. Er saß auf der Granitstufe und kraulte den Hund am Ohr, und der graue Hund gähnte, als wolle er sagen: *All dieses Gerede über Feen ist doch hundsgewöhnlich, wenn du mich fragst.* Ich erinnere mich nicht, ob Albert je wieder ein Wort mit mir sprach.

Am nächsten Sonntag nahm mein Vater meine Geschwister und mich zu einem Spaziergang auf den Hügel mit. Ich trödelte und ließ die anderen vorgehen und tat so, als inspizierte ich die Pilze am Stamm einer Ulme, die im Winter umgestürzt war. Woran sollte ich die Feenspuren nur erkennen? Es war kühl und schattig bei der Steinmauer, als ich mich auf die alten Bretter setzte, mit denen der Brunnen zugedeckt war. Blätter waren darauf gefallen. Der Wind erhob sich zu einer Trommelsinfonie und ließ Kiefernnadeln auf mich rieseln. Der Tag war sehr sonnig; die Stimmen meines Vaters und meiner Geschwister wurden hinter der Wegbiegung immer leiser. Ich saß ganz still da und wartete auf die Feen.

Dann lugte ich durch die Spalten der alten Bretter – nichts als Dunkelheit und ein kühler, frischer Geruch. Ich schob sie auseinander, sie rutschten leicht zur Seite, bis ich den ganzen Kopf zwischen ihnen hindurchstecken und nach unten schauen konnte. Hellgrünes Moos, weicher als Samt, wuchs auf den Randsteinen. Meine Augen folgten der Rundung der schwarzen Felsbrocken, die mir wie eine Wendeltreppe erschienen, bei der ich auf meine Schritte achten mußte, damit ich nicht ausrutschte und hinunterfiel. Am Grund, dort, wo es am dunkelsten war, schimmerte etwas – also mußte doch Wasser im Brunnen sein. Ich sah meinen Schatten, der mich vor dem Hintergrund rasch vorüberziehender Wolken anstarrte. Ich lehnte mich weiter vor und hörte etwas silbrig klirren, Metall auf Stein, und bemerkte unter meiner linken Hand das Ende einer rostigen Kette, die mit einer Art Haspel am Brunnenrand befestigt war. Ich nahm ein Kettenglied in die Hand und hörte als Echo ein Klimpern und Plätschern von weither. Etwas hing an der Kette, etwas ziemlich Schweres. Ich zog Hand über Hand, und das Gewicht kam ans Licht. Es war ein Eimer, ein Blecheimer mit Wasser darin. Als ich ihn auf Armeslänge herangeholt hatte, sah ich, daß eine aufgedunsene Feldmaus auf der Oberfläche des grünlichen Wassers trieb. Ich wußte, daß Feldmäuse immer die kleinsten Feenkutschen zogen. Die Maus tat mir leid, und ich wollte gerade in den Eimer greifen, um sie herauszuholen und in der trockenen Erde zu begraben, als mir der Eimer aus der Hand flog und ich an den Schultern gepackt, geboxt und heftig geschüttelt wurde.

Über mir stand zornentbrannt mein Vater. Sein Kopf schien in den Kiefernästen zu schweben. Aus dem Augenwinkel sah ich seine Hand in Zeitlupe wie eine Sense auf mich zukommen. Ich zuckte zusammen, als die Wucht seines Zorns sich auf meinem Gesicht entlud, und dann rollte ich mich wie ein Komma im Gras zusammen.

«Ich will dich nie wieder», schnaubte er, «in der Nähe dieses Brunnens», er trat mir in den Rücken, «erwischen, kapiert?» und trat noch zweimal zu.

Ich gab keinen Laut von mir. Weinen machte ihn nur noch wütender.

«Du kannst reinfallen und ertrinken, und kein Mensch würde es merken», fuhr er mich an. Er packte mich ruppig am Arm und zerrte mich auf die Beine, wobei er mich die ganze Zeit schüttelte. «Bleibt von dem verdammten Brunnen weg, ihr alle drei!» sagte er, sich zu meinen Geschwistern umdrehend, die mit Armen voller Goldrute, die Augen weit aufgerissen, hinter ihm auf dem Weg standen.

Ich schluckte und stellte mich aufrecht hin, dann räusperte ich mich und versuchte, ihn mit den Worten eines anderen Erwachsenen zu besänftigen.

«Aber Albert sagt, da gibt es …», begann ich. Mein Vater ohrfeigte mich gleich wieder.

«Dieser gottverdammte alte Narr ist verrückt», brüllte er, und die Kleinen ließen ihre Blumen fallen und rannten davon. «Komm jetzt. Wir gehen nach Hause.»

Als wir in vernichtendem Schweigen am Kükenstall vorbeigingen, dachte ich an den Brunnen. Der Brunnen war ein gefährlicher Ort. Ich hätte hineinfallen und ertrinken können, und niemand hätte mich je gefunden. Der Brunnen war verzaubert, aber es gab keinen Zauber. Eine Feldmaus war ertrunken, und Feldmäuse zogen immer die Feenkutschen. Aber es mußte doch Feen geben, dachte ich. Mein Vater erwähnte den Brunnen nie wieder.

Ich hatte nicht mehr an Albert oder die Feldmaus oder den Brunnen gedacht, bis ich sie alle eines Nachts im Traum wiedersah. Es war Sommer, die Grillen palaverten wie im Rausch, und ich ging barfuß in einem langen Rock den gewundenen Pfad entlang und dachte an die warme Wonne, als ich mich dem Gatter zwischen den Steinmauern und dem Brunnen näherte. Eine Feldmaus flitzte durch das Gras. Ein Mann trat hinter hüfthohen Blaubeersträuchern hervor: es war Albert Ferry in Flanellhemd und Overall, die Bündchen seiner langen Unterhosen schauten über den Stiefeln hervor. Er schien mich zu erwarten. Er winkte mich näher zu sich und gab mir mit seiner kehligen Stimme eine Art sanften Befehl: «Schau in den Brunnen, mein Mädchen.»

Ich mußte die Bretter beiseite schieben, damit ich sehen konnte. Diesmal roch ich keine Feuchtigkeit, keine Spur von Schimmel oder vermodernden Blättern. Der Brunnen war warm und trocken. Ich zog die Bretter weg, und vom Grund her leuchtete ein weißes Licht empor, in dem sich jede erdenkliche Farbschattierung in einem Kaleidoskop sammelte, gebrochen, gespiegelt, vielgestaltig, dicht unter der Wasseroberfläche hervorschimmernd, und die Brunnenwände bestanden nicht aus schwarzem Stein, sondern aus unendlich fein geschliffenen Diamanten mit zahllosen Facetten. Unter meiner rechten Hand lag ein goldenes Seil mit eingeflochtenen Silberfäden. Ich zog Hand über Hand an dem Seil und fühlte kaum Widerstand. Das Gewicht am Ende des Seils ließ sich leicht hinaufziehen, und in meinen Armen hielt ich – einen Kristalleimer voller Rubine.

Alberts Stimme hallte wie klares Wasser in einem unterirdischen Gewölbe. «Was siehst du hier, mein Mädchen?»

Ich griff in den Eimer, und die Juwelen rieselten mir durch die Finger wie Sand. «Rubine, so groß wie Kirschen», sagte ich, «rund wie samtbezogene Christbaumkugeln, rot wie eine Wassermelone im August, Rot, die Farbe von ...»

Albert wartete, bis ich weitersprach.

«Rot, die Farbe von ... Blut.»

Plötzlich sah ich die Farm vor mir und mich selbst mit zwei Jahren am Ende der Veranda auf meinem Wippstuhl in der Sonne sitzen. Um mich herum blühten Geranien – in Weidenkörben, in Steintöpfen –, und meine Mutter, die ein erdbeerfarbenes Sommerkleid trug, drückte die Erde um die Pflanzen fest, die sie in den Blumenkasten an der Hintertür eingepflanzt hatte. Sie zupfte einen Kranz verwelkter Blüten aus der Erde und warf ihn auf die Backsteine. Es war Memorial Day. Wir wollten zur Parade gehen und zuschauen, wie die Soldaten in West Townsend über die alte Steinbrücke marschierten und ihre Gewehrsalven abfeuerten. Einer von ihnen würde am Squanicook Trompete spielen. Ein Mann und eine Frau in einem weißen Ruderboot ließen immer Blüten ins Wasser fallen. Dann würden wir auf einige Gräber Geranien setzen.

Ich blinzelte durch die roten Ahornblätter in die Sonne und hörte meinen Vater kommen, seine Stimme klang zornig und dunkel. Er stolperte gereizt auf meine Mutter zu, aber sie antwortete ihm ruhig und pflanzte weiter Geranien ein. Er schrie sie noch einmal an und schlug sie. Sie wimmerte – es klang wie das Miauen einer Katze – und fiel auf den Boden, und aus ihrer Nase sprudelte ein Kleeblatt aus Blut bis auf meine weißen Babyschuhe. Ich schrie erschrocken auf und zeigte auf die toten, rubinroten Geranienblüten, die zu seinen Füßen das Licht auffingen wie Blut.

Ich sah Albert an, und er nickte. Ich goß die Rubine aus dem Eimer wie ein flüssiges Feuer auf die Erde. Durch eine Rinne leckten Flammenzungen in das Unterholz und rasten bergab auf die Farm zu. Und dann begannen die kleinen Feuer zu flackern, und die Flammen erloschen zur Glut, die roten Kohlen erkalteten zu glimmerdurchsetzten Steinen, Steinen mit einem Herzen aus Quarz.

Albert nickte wieder. Ich senkte den Kristalleimer ein zweites Mal in den Brunnen und zog ihn, gefüllt mit Saphiren, wieder herauf – aprilhelles Lapislazuliblau, Krickentenblau und Türkis, Saphire von der Farbe der Wolken, der Farbe des Rauchs, der Lilien, des Sternenlichts, des madonnenblauen Rittersporns, der Kornblumen und der violettblauen Glyzinien, die früher von der Veranda hingen.

Ich erinnere mich an einen weißen Buchstaben, der in ein blaues Klötzchen geschnitzt war und an das Fragment eines Kinderreims: *B wie Blau, B wie Buch, Bridget kommt heut zu Besuch.* Ich war zweieinhalb und trug meinen marineblauen Kittel mit weißen Rüschen, ich saß in meinem Laufstall im Wohnzimmer und lugte zwischen den Gitterstäben hindurch. Ich spielte mit Klötzchen und sang ein Kinderlied. Die Sonne schien auf mein Kleid. Weiße Vorhänge bauschten sich am Fenster. Die Bäume im Freien waren golden. Mein Vater kam ins Zimmer und ließ sich schwerfällig auf einen Stuhl fallen. Ich wollte mit ihm Guck-Guck spielen, aber er hustete und keuchte und wollte nicht. Eine Biene hatte ihn gestochen. Sein Keuchen wurde lauter, und er begann zu weinen. Ich ließ mein Klötzchen fallen. Sein Gesicht wurde blau. Es schwoll an, und sogar seine Zunge wurde blau. Und der blaue Mann glitt langsam vom Stuhl zu Boden.

Das Zimmer füllte sich mit Lärm. Männer riefen seinen Namen, Männer hoben ihn vom Boden auf und trugen den blauen Mann in die Küche. Sie legten ihn auf den Tisch. Er bewegte sich nicht. Meine Mutter hielt meinen kleinen Bruder im Arm. Sie hatte einen Schweinebraten in den Ofen geschoben. Es war Sonntag, und in der Küche standen aufgeregte Feuerwehrleute. Der blaue Mann reagierte nicht. Einer seiner Füße war nackt. Er war von einer Biene gestochen worden. Er starb. Sie legten ihm eine Maske auf das Gesicht und versuchten, ihn zum Atmen zu bringen. Er wollte einfach nicht atmen. Er atmete nicht. Dann fing er an zu atmen.

Ich stand oben in der Tür zum Zimmer meines Vaters. Er lag auf der Seite, mit dem Gesicht zur Wand. Die Rollos waren heruntergezogen, das Fenster geschlossen. Das graublaue Dämmerlicht umhüllte den Raum wie mit einem Leichentuch. Tränen rollten über seine Wangen, aber er gab keinen Ton von sich. Er wußte nicht, daß ich da war. In seinem Wasserglas tanzten Staubkörnchen. Er stand nicht auf. Er antwortete nicht, als ich ihn beim Namen rief.

Ich holte tief Luft, und die Saphire stürzten aus dem Eimer wie ein blauer Wasserfall aus großer Höhe in eine tiefe Schlucht. Sie stießen krachend aneinander wie Felsen in einem Strudelbecken, und jedem einzelnen Stückchen Blau wuchsen die Schwingen einer indigoblauen Ammer, und sie alle flatterten zwitschernd in die Bäume.

Albert und ich nickten uns zu, und ich zog einen Eimer voller gelber Diamanten aus dem Brunnen – gelb von löwenfarbenem Licht, Blüten wie Schwefelmedaillons auf einer grünen Wiese, die honiggelbe Luft der Spätsommernachmittage, blaß wie Wasserlilien, das helle Gold der Butterblumen, der Narzissen, der Sonnenblumen. Die Diamanten rannen durch meine Hände wie Mais, wie Sand, wie die Blüten einer Forsythie.

Ich erinnere mich an eine gelbe Schürze, golden wie die Sonne. Ich war so klein, daß ich noch unter dem Küchentisch hindurchlaufen konnte, ohne mit dem Kopf anzustoßen, und lugte lachend unter dem grünweiß karierten Wachstuch zu meiner Mutter hoch. Sie trug an beiden Händen gesteppte Topflappen wie Fäustlinge und bückte sich, um eine ganz wunderbare Leckerei aus dem Bauch des gußeisernen Herds zu holen. Vom aromatischen Dampf beschlugen die Fenster der buttergelben Küche und erfüllten den Raum mit dem Duft von Zimt, Piment und Nelken – mein erster Bratapfel. Er roch so gut. Ich saß am Tisch, und auf meinem Teller lag ein verschrumpelter Klumpen, ein runzliges, klebriges Etwas. Der Dampf stieg mir in die Nase, und mir entfuhr ein Schrei der Enttäuschung. Wo war Schneewittchens Apfel, so wundervoll rot, so süß und kalt und knackig im Inneren? Wo war mein schöner Apfel geblieben?

Ich jammerte und wütete und rührte ihn nicht an. Ich haßte ihn. Er war häßlich. Er war bis zur Unkenntlichkeit entstellt. Ich saß schluchzend am Fenster und umklammerte Safran, meinen gelben Stoffhund. Der Himmel war dunkel, es schneite, und die Flocken wurden golden, wenn sie ins Licht trudelten. Ich schluchzte, weil Daddy von einer Biene gestochen worden war. Er lag auf dem Bett und stand nicht auf. Jemand hatte mich Honigmäulchen genannt, weil mein Name Biene bedeutete. Bienen machten Honig, aber sie stachen. Und jetzt war Winter, und Daddy kam nicht zurück. Er war nach Florida gefahren, und ich war schuld. Auf den Fensterscheiben wuchsen Eisblumen, die sich wie Farnkraut verzweigten und im Schein der kleinen Weihnachtskerze, die ihm im Schnee den Weg nach Hause weisen sollte, gelblich schimmerten.

Der Traumschnee schmolz. Ich hielt den Eimer mit den Diamanten hoch in die Luft und schleuderte sie in hohem Bogen über meinen Kopf. Die diamantenen Flocken stiegen still wie Schnee empor, wirbelten an den Baumgipfeln vorbei immer höher, bis in den Himmel, und eine jede fand als Kerzenflamme ihren Platz in den Sternbildern und legte sich wie ein Blütenkranz um die Sterne, die mir immer den Weg weisen würden.

Ich ließ den Eimer fallen und zog ihn voller Amethyste wieder hoch – purpur, violett und malvenfarben: Lavendel, Flieder, Azaleen, die dunkleren Schattierungen von Gloxinien und Petunien, manche so prall wie Trauben, so dunkel wie Pflaumen. Eine war von einem hellen Magentarot, einer Farbe, die ich schon immer mochte. Diese Farbe hatte auch Mamas bestes Ensemble – Rock und Pullover –, das sie oft zu Parties anzog, dazu ihr klimperndes Glücksarmband und an einer Seite ihrer purpurnen Brust eine Silberbrosche in Form eines Pferdekopfes, mit einer Mähne wie ein Helm. *Purpur, purpur, purpur*, so blubberte der Kaffee in der Maschine, während sie sich anzog, *purpur, purpur*, wie die Wölkchen in ihrem Sternzeichen-Opal. Sie sprühte Parfum auf ihre Kehle, etwas auch auf meine, und puderte mir lachend die Nase. Sie war immer glücklich, wenn sie ausging. Ich sah sie gerne so glücklich, aber gleichzeitig wünschte ich, sie bliebe. Ich sah uns beide im Spiegel. Ich trug ihren Opal wie ein Kreuz an der Kette, ich duftete nach Bond Street, und einen Augenblick lang glaubte ich wirklich, daß ich auch hübsch wäre.

Es war nach dem Abendessen. Mama war ausgegangen und hatte uns allein gelassen. Daddy schnarchte in seinem Stuhl vor dem Fernseher, und ich malte am Küchentisch ein Bild aus. Ich konnte noch nicht zwischen den Linien bleiben, aber ich kannte alle Farbstifte. Ich hatte meine Lieblingsfarben für diesen Tag herausgesucht, und sie gehörten alle zur Familie Purpur. Es kam mir merkwürdig vor, daß purpurne Stifte manchmal dem Rot so ähnlich waren und manchmal dem Blau. Manche Purpurtöne waren dunkel, andere so hell, daß man sie mit Grau verwechseln konnte. Ich zeichnete ein purpurnes Pferd mit purpurnen Zügeln und einem hellrosa Sattel. Ich hatte so viel auf Purpur geschaut, daß mir meine

Augen einen Streich spielten und ich glaubte, sogar das Licht, das über die Wiesen in die Küche strömte, sei purpurn. Es wurde dämmrig. Ich sah einen Stern durch das Fenster und hörte jemanden in der Ferne weinen. Ich horchte. Das leise Wimmern hörte nicht auf. Ich lauschte noch angespannter, dann öffnete ich die Küchentür und schloß sie sorgfältig wieder hinter mir. Ich trat ins Freie. Das Gras war etwas feucht. Das Weinen wurde lauter, als ich am Trompetenbaum vorbeiging, und noch lauter, als ich auf die Scheune zurannte. Es war meine Schwester, die *Mama, Mama* rief. Ich sah sie nicht, ich hörte sie nur. Ich rief ihren Namen und sie meinen. Ich rannte auf eine dunkle Form im Gras zu – den Kaninchenstall, der wegen der Füchse in der Nähe des Scheunenkellers auf zwei Ölfässern stand. Meine Schwester hatte die Tür geöffnet und war hineingekrochen, um bei unseren Kaninchen zu sein. Der Stall war umgekippt, und nun war die Tür unten, und ich konnte sie nicht befreien. Der Käfig war zu schwer, um ihn anzuheben. Die Kaninchen hatten ein weiches, samtiges Fell, aber meine Schwester fürchtete sich, weil sie an ihren Haaren zogen. Die Kaninchen hockten alle auf ihr und knabberten an ihrem Gesicht, und ich konnte den Stall keinen Zentimeter vom Platz rücken. Ich kam nicht an die Tür heran, und meine Schwester weinte immer lauter.

Ich rannte zum Haus zurück und keuchte das magische Wort *Purpur, Purpur*, damit Daddy mir half, aber als ich hineinlief, schnarchte er noch lauter als vorher und wollte einfach nicht aufwachen. Ich berührte ihn leicht am Arm, aber er wachte nicht auf. Ich klopfte stärker, und aus seiner Kehle drang ein merkwürdiges Geräusch, das wie Purpur klang, aber er wachte trotzdem nicht auf. Ich trat dichter an ihn heran und wollte ihn gerade am Schnurrbart ziehen, da entdeckte ich, daß meine Füße naß waren. Ich hatte seine Bierdose umgestoßen, und jetzt würden alle böse auf mich sein. Jetzt weinte ich auch, aber er hörte mich nicht; er schnarchte und wedelte mich fort, als sei ich eine Fliege. Meine Schwester saß im Hasenstall, ich konnte ihn nicht von der Stelle rücken, weil er zu schwer war, und Daddy half mir nicht. Ich konnte ihn nicht aufwecken und weinte deshalb immer weiter. Ich war hilflos, bis meine Mutter nach Hause kam, um sie zu retten. Es war dunkel, und ich konnte nichts tun, außer weinend am Tisch zu sitzen und Kreise zu malen, Kreise, immer mehr Kreise, und unablässig das magische Wort Purpur zu wiederholen. *Purpur, Purpur, Purpur.*

Nun hatte ich Zeit genug. Ich nahm den Eimer mit den Amethysten und drehte mich wie eine Eistänzerin auf dem Absatz, immer schneller, bis alle Amethyste aus dem Eimer schwirrten. Das Purpur entfaltete sich zu einem Seidentuch und deckte das Gras zu wie eine weiche Gaze, wie die sanfte Dämmerung. Das Purpur kehrte sich still von innen nach außen, jeder Amethyst wählte seinen Platz und erblühte auf der Wiese üppig wie Klee.

Nun zog ich einen Eimer voller Topase aus dem Brunnen – Topase wie Mandarinen zu Weihnachten, blaß wie die Kapuzinerkresse in meinem ersten Garten, den ich mit vier Jahren bekam, wie die Köpfchen der Ringelblumen, die mein Vater jedes Jahr an der Hintertür pflanzte, wie Orangenblütenhonig und die Blüten des Trompetenbaumes, die sich an der Hausecke wie eine Welle über der Schiffsglocke ergossen, mit der die Männer zum Essen gerufen wurden.

Ich erinnere mich, daß ich bei einem schrecklichen Sommersturm, in dem sich die Bäume unter einem Wind von der Stärke eines Orkans duckten und die Regentropfen wie Pfeile gegen die Fenster peitschten, im Wohnzimmer unter der Tür stand. Ein wilder Blitz wölbte sich über der Wiese, über dem halb abgeernteten Heu, und Rossbachs Traktor blieb wegen des Hagels mitten in einer Furche stehen. Eine blitzende Lanze durchzuckte den Himmel, die Himmel öffneten sich und spalteten die Erde, ein heller Funke brachte das Telefon in der Küchenecke zum Klingeln, ein messerscharfer Blitz fuhr an meinem Gesicht vorbei ins Spülbecken. Ich sah ihn, und ein Feuerball so groß wie eine Grapefruit flog durch das Wohnzimmerfenster herein und stürzte auf eine Steckdose zu, wo er wie ein Kamikaze-Komet in Flammen aufging. Feuerzungen liefen über die Hasenohren des alten Zenith, sprangen auf die Vorhänge über, und mein Vater schlug mit seiner alten Armeejacke auf die Flammen ein, als wolle er einen Waldbrand löschen. Seine Jacke klatschte und klatschte und klatschte gegen die Wand, bis das Feuer aus war.

An einem anderen Tag später im Jahr saßen wir drei Kinder am Küchentisch, vor uns drei verschieden große Kürbisse auf ausgebreitetem Zeitungspapier, und zeichneten mit dicken Filzstiften Gesichter für unsere Laternen darauf. Mein Vater schnitzte die Löcher in die Schalen. Meine Aufgabe war es, auf einem Schemel am Spülbecken zu stehen und mit einem großen Holzlöffel Fleisch und Kerne aus den Kürbissen zu schaben. Daddy folgte genau den Linien, die wir markiert hatten, und schnitt dreieckige Nasen, schreckliche Augen und grinsende, boshafte Münder aus. Es war nicht wie im Schnee, wo man mit Besen und Schürze eine Schneefrau bauen konnte. Alle Kürbislaternen sahen wie Männer aus, wie die Mörder und Monster aus meinen Träumen. Ich stand am Spülbecken, wusch Unmengen von Kernen, zog Fäden und festes Fruchtfleisch ab, häufelte die sauberen, weißen Kerne auf ein Backblech, trocknete sie mit einem Geschirrtuch ab und salzte sie, bevor wir sie zum Rösten in den Ofen schoben.

Mein Bruder trug ein kürbisgelbes Hemd. Er wollte die Laterne auf dem Kopf tragen und das Kürbisgespenst sein, aber mein Vater sagte nein. Mein Bruder alberte herum, balancierte den Kürbis auf dem Kopf und erschreckte meine Schwester. Mein Vater rief ihn zur Ordnung. Mein Bruder nahm sich den Kürbis meiner Schwester, den kleinsten, und setzte ihn sich wie einen Helm auf den Kopf. Mein Vater langte über den Tisch, um ihm eine Ohrfeige zu geben, aber mein Bruder duckte sich weg, und plötzlich sauste er aus der

Tür, und mein Vater verfolgte ihn mit dem riesigen Tranchiermesser in der Hand. Ich hörte meinen Bruder schreien, meinen Vater fluchen, und wir sahen sie wie Gestalten aus einem Comic-Strip an den Küchenfenstern vorbeilaufen, meinen Vater mit dem Tranchiermesser in der ausgestreckten Hand, meinen Bruder rennend, was die Beine hergaben, aber nicht schnell genug. Meine Schwester und ich stürzten aus dem Haus; mein Bruder raste mit zerrissenem Hemd an uns vorbei, einen seiner Turnschuhe hatte er verloren, und er schluchzte; hinter ihm röhrte mein Vater wie ein bösartiger Elefant mit einem silbernen Stoßzahn. Meine Schwester und ich standen weinend an der Tür, als die beiden nach einer Runde ums Haus wieder an uns vorbeihetzten; mein Vater kam immer näher, mein Bruder sah mit seinem Bürstenschnitt und seinen geflickten Shorts so winzig aus. Mein Vater warf das Tranchiermesser in die Büsche und ging mit bloßen Händen auf meinen Bruder los. Ich wollte das blinkende Messer aufheben und meinen Vater umbringen, aber ich konnte mich nicht bewegen. Ich war wie gelähmt, als mein Vater meinen Bruder an der Böttcherei zu fassen bekam und hemmungslos auf ihn eindrosch, und meine Schwester und ich uns in der Auffahrt weinend aneinanderklammerten und sich die Küche mit Rauch füllte, weil die Kürbiskerne verkohlten.

Es geschah vor langer Zeit und wird nicht mehr geschehen. Ich verstreute die Topase aus dem Eimer wie Kürbiskerne, wie Bernsteinperlen von einer zerrissenen Kette, und die Edelsteine fielen wie Futterkörner zu Boden und brachen auf wie Getreide, bekamen Schwingen und erhoben sich aus ihren Puppen wie Chrysippusfalter in einem goldenen Wirbelsturm.

Noch einmal holte ich den Kristalleimer herauf, und diesmal war er voller Smaragde – groß wie Markerbsen. Sie hatten die Farbe von Efeu, die Form von Schildkrötenpanzern, das Grün von Weiden, Malachit, Jade, das Frühlingsgrün der

Farnwedel, ein smaragdener Sommerregen, der tiefgrüne Schatten des Juni. Alles auf der Welt kam mir grün vor – das Gras, die Bäume, das unbekannte Schicksal meines Familiennamens. Was bedeutete es, eine Green zu sein? Wir saßen jahrelang um den Eßtisch vor einem grünweiß karierten Wachstuch, zankend, zitternd, begeistert den oft erzählten Absonderlichkeiten unserer Vorfahren lauschend, aber die meiste Zeit lief unser Essen wie ein Schachspiel ab. Mein Vater kritisierte. Meine Mutter antwortete. Es wurde laut. Sie verstummte. Mutter Natur war grün, wunderbar reich und entfaltete sich. Im Haus bedeutete Grün Neid, Fäulnis, Verfall. Im Sommer gab es Grünes im Überfluß: grüne Bohnen, Mangold, Rosenkohl, Spinat, Kentucky Wonders, hellgrüne Paprika, so groß wie ein Baseball, und grüne Fleischtomaten. Ich saß am Tisch neben meinem Vater, während er mit unbewegtem Gesicht kaute, und wartete ängstlich ab, was wohl als nächstes passieren würde. An den meisten Abenden waren wir ständig auf der Hut, weil sich seine Stimmung blitzartig verdüstern konnte. Aber an warmen Tagen schien es leichter, ihn zu verstehen und ihm zu vergeben. Ich sah auf die Zangenmale an seiner Stirn und stellte mir voll Mitleid vor, wie er zur Welt gekommen war. Etwas Grausames hatte ihn ins Leben gezerrt, er war noch zu klein und unvorbereitet gewesen, er war am Tag seiner Geburt verletzt worden, und deshalb war er so grausam zu uns. Wenn mein Bruder am anderen Tischende frech zu ihm war und er mich ohrfeigte, nur weil ich ihm am nächsten saß, weigerte ich mich zu weinen. Er hatte mich nicht wirklich so hart treffen wollen, dachte ich. Es war der Schmerz, der ihn dazu veranlaßte.

Im Winter schloß sich das Haus um uns. Gemüse gab es nicht mehr, unser Brot war oft schimmelig, mein Vater trank mehr. Die Auseinandersetzungen wurden bitterer, und in jedem Streit ging es um die Greens gegen den Rest der Welt. Jeder Satz begann mit den gottverdammten versoffenen Iren oder den gottverdammten Niggern, und die Worte waren so häßlich, daß ich sie nicht ertrug, aber ich zwang mich zuzuhören und sie zu wiederholen – *Scheißjuden, Itaker, Spaghettifresser* – damit ich irgendwann im Leben für soviel Haß sühnen konnte. So häßlich konnte es nicht sein, dort draußen in der Welt, fern von uns.

Nach dem Abendessen purzelte die Familie vom Tisch wie Schachfiguren, die jemand in einem Wutanfall umwirft. Meine Mutter floh zum Lesen in ihr Zimmer, meine Geschwister versteckten sich hinter verschlossenen Türen, Flap funkte mit seinem Kurzwellensender unter dem Dach, mein Vater schlief betrunken vor dem Fernseher ein, und ich machte, tagein, tagaus, am Küchentisch meine Hausaufgaben und lief wie eine Rote-Kreuz-Schwester mit Teetassen und Büchern statt Verbänden von Zimmer zu Zimmer, obwohl die Familie hoffnungslos zerfallen war. Ich gab meinem Vater einen Gutenachtkuß, sagte ihm, daß ich ihn liebte, schlug sein Bett auf, stellte seine Heizdecke an und weinte mich lautlos in den Schlaf.

Alberts Gesicht war sehr freundlich. Er lächelte. Gemeinsam sahen wir zu, wie die Smaragde aus meinem Eimer die Wiese hinabrollten und sich überall da, wo sie liegenblieben – an einer Mauer, einem Stein, einem Fluß –, öffneten und ein Apfelbaum aus ihnen sproß. Es gab keinen Neid mehr. Ich hatte alles neu erschaffen. Albert wandte sich zum Gehen, aber er blickte noch einmal zu mir zurück, und einen Augenblick lang war er mein Vater, alt geworden seit seinem Tod, mit einem langen, weißen Bart, der weich war und glänzend wie Mädchenhaar.

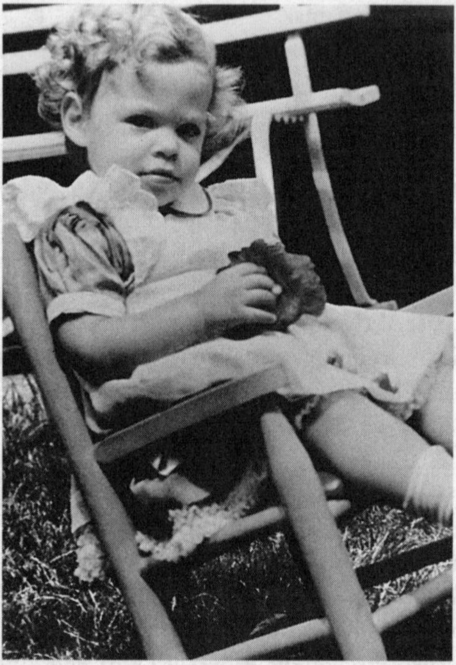

Spiegel

Im Grunde genommen war ich Grannys Kind. Die Mutter meines Vaters nahm mich mit zu sich, wann immer sie wollte, weg von der Schule, der Farm, weg von meinem Bruder und meiner Schwester, selbst von meinen Eltern, und nach einer Woche, nach einem Monat oder zweien schickte sie mich wieder zurück. Zum erstenmal holte Granny mich zu diesen scheinbar willkürlichen Besuchen, als ich sechs Monate alt war. Ich wuchs auf und wußte nicht, wohin ich gehörte.

Wenn es wieder einmal Zeit für einen Besuch bei Granny war, packte meine Mutter in kalter Wut meinen braunkarierten Koffer mit den von Mäusen zernagten Riemen und murmelte zornig etwas vor sich hin, während ich kleinlaut meinen Ballettkoffer aus rotem Vinyl vollstopfte und dachte, daß sie froh sei, mich loszuwerden, und ich etwas Schlimmes getan haben mußte, weil ich fortgeschickt wurde. Wo eigentlich ein paillettenbesetztes Ballettkleid hingehörte, verstaute ich meine Ausschneidepuppen und Malbücher; Buntstifte, Wachsstifte, Schere, Lineal und Klebstoff steckten dort, wo die Ballettschuhe gewöhnlich ihren Platz hatten; und falls ich nie wieder zurückkehren sollte, steckte ich auch meinen weißen, zerbrechlichen Rosenkranz ein, ein Geschenk meiner Tante und vom Papst gesegnet. Meinen Lodenmantel bis zum Hals zugeknöpft und eine Kaninchenfellmütze auf dem Kopf kletterte ich meinem Vater auf den Schoß und bettelte, daß er mich dableiben ließ. Doch er sah mich aus traurigen, dunklen Augen an und schwieg, und so erklärte er alles genauso, als hätte er gesagt: *Du rettest mir das Leben. Du mußt gehen. Ich weiß, wie schwer das ist, aber ich werde dich immer am meisten lieben, weil du es für mich tust.*

Mein Bruder und meine Schwester sahen von der Tür mit brennenden Augen schweigend zu. Ich würde sie nie richtig kennen. Als Grannys Liebling war ich von ihnen getrennt, so als hätte sie mir die Hände abgeschnitten. Immer, wenn ich aus Winthrop zurückkam und freudig auf sie zulief, standen sie mißtrauisch mit offenen Mündern da, als wäre ich eine Fremde, und gingen dann wieder ohne ein Wort an ihr Spiel. Einmal hat eines meiner Geschwister einen halben Backstein aufgehoben und ihn auf mich geworfen; er traf mich knapp über dem Auge. Sie waren kleine wilde Tiere und hatten ihre eigene Sprache.

Lange dachte ich, mein Leben sei ein Märchen. Manchmal träumte ich, ich sei das Mädchen mit den Schwefelhölzern, das zitternd und verstoßen in der Kälte stand und durch ein Fenster auf eine goldene Festtafel in einem Haus starrte und nie hinzugebeten würde – Kerzen flackerten in hohen silbernen Kerzenständen auf schneeweißen Damastdecken, Braten und Yorkshire Pudding, Kartoffelkroketten, geschmorte Zwiebeln, Kirschsoufflé, dazu Wein in Kristallkelchen, waren aufgetragen. Ich zündete meine Schwefelhölzer der Reihe nach an, um mich zu wärmen und die köstlichen Speisen, die auf den Goldrandtellern dampften, anzusehen, aber als das letzte Streichholz erloschen war, sah ich, wie Granny mich aus dem Dunkel herbeiwinkte, und ich folgte ihr. Auf der Scheibe blieb ein undeutlicher Handabdruck zurück, mein Körper steckte erstarrt in einer Schneewehe, in der nackten Hand hielt ich die leere Streichholzschachtel.

Manchmal war ich die kleine Meerjungfrau, die bei ihrer Großmutter auf dem Grund eines türkisblauen Sees lebte. Mein Gesang war so bezaubernd, daß die Austern ihre Herzen öffneten und mir ihre leuchtenden Perlen gaben, und die hellen Seeanemonen blühten und tanzten und verströmten ihren Duft auf den glänzenden smaragdfarbenen Pailletten meines Fischschwanzes. Als ich gegen Abend auf den Felsen an der Küste saß und meine goldenen, seegrünen Haare bürstete, summte ich ein so zärtliches Schlummerlied, daß sich rosafarbene und violette Wölkchen träge am Horizont einfanden, bis ich sie in den Schlaf gesungen hatte. Der Mond glitt an den Himmel wie die schönste Perle von allen, und ich hieß ihn willkommen, als er meinen silbernen Schal aus Seealgen ins Licht tauchte. Die Lieder, die ich sang, stammten aus längst vergangenen Zeiten, daß auch die ältesten Sterne hervorkamen, um zuzuhören. Doch das war ein Traum im Traum, der nie wahr werden würde, denn in der Tiefe meines Herzens wußte ich, daß ich Rapunzel war.

Ich stellte mir vor, daß meine Mutter, als sie mich unter ihrem Herzen trug, Gelüste nach Rapunzel hatte, das jenseits der Steinmauer hinter der alten Böttcherei am Rand des Obstgartens wuchs, und daß mein sanftmütiger Vater mit seiner freundlichen Stimme sich ihrem Willen fügte, unter die alten Weißulmen bei dem alten Kräutergarten hinaustrat und sich seinen Weg durch den Efeu und die Heckenrosen bahnte, die sich an der Mauer entlangrankten. Er sprang hinunter auf die Wiese, wo die Rapunzelwurzeln wild wuchsen, und bückte sich, um die süßen, frischen Blätter zu pflücken, die so grün und so vollkommen waren wie die ersten Sprößlinge des Frühlings.

Als er zurück über die Mauern klettern wollte, erschien in einer Feuerwolke eine Hexe und sprach: «Du hast gegen meinen Willen geheiratet. Ich habe dir die Farm als Hochzeitsgeschenk gegeben, und jetzt pflückst du ohne meine Erlaubnis auf meiner Wiese Rapunzeln.»

«Aber meine Frau verlangt danach», stammelte mein Vater und hob die Hand zum Schutz vor ihrem hellen Schein.

«Diese Handvoll Rapunzel wird dich teuer zu stehen kommen», lächelte die Hexe und rieb ihre blutroten Nägel funkensprühend gegeneinander wie Feuersteine. «Du wirst mir dein Erstgeborenes geben.»

«Ja, Mama», erwiderte er dumpf. Und da wußte ich es: die Hexe war Granny. Das war ihre Wiese gewesen, ihre weiße Farm. Sie hat meinem Vater nie verziehen, daß er geheiratet und sie verlassen hat, und weil er ihr damals nicht gehorcht hatte, mußte er ihr jetzt gehorchen. Sie würde mich von der Farm holen und in ihrem großen schwarzen Schloß einsperren, bis mein langes, goldenes Haar mir bis zu den Knien reichte.

In meinem Kopf stimmten alle Teile genau, und die Schichten des Märchens legten sich über mein Leben wie Folien auf einem Tageslicht-Projektor. Granny war allmächtig, geheimnisvoll, voller Zorn und Feuer. Sie hatte die unheimliche Fähigkeit, sich das vom Leben zu nehmen, was sie haben wollte, und von der Stunde an, da ich zur Welt kam, wollte sie mich. Im Gegensatz zu meiner Mutter hatte sie an der Glasscheibe gestanden und an meinen Brutkasten gepocht, und später erzählte sie mir, daß ich sie angesehen habe, als wollte ich sagen: *Ja, Granny, ich werde leben, ich werde für dich leben.*

Zu Hause saß mein Vater wie ein schöner, verzauberter Prinz in seinem schwarzen Ledersessel, zu seiner Rechten meine Mutter, meine Großmutter zu seiner Linken – zwischen der Frau, die er geheiratet hatte, und der Frau, die ihn geboren hatte –, und jede umschmeichelte ihn und umgarnte ihn, forderte seine Liebe, seine Hingabe, seine ungeteilte Treue. Wie ein Schlafwandler, der sich in den Traum eines anderen verirrt hatte, schien er ihre Rufe zu hören; den Schlaf abzuschütteln, war ihm zu bedrohlich, denn er könnte ja aufwachen, und schließlich fügte er sich den Wünschen seiner Mutter: Er gab mich fort.

Wenn also Granny, Boppa und ich in dem großen Buick davonfuhren, winkte ich wie verrückt an der Heckscheibe und sah, wie meine Mutter sich die Finger an der Schürze abwischte, als sagte sie sich von mir los, und wie mein hemdsärmeliger Vater wie im Schlaf den Arm zum Abschied bewegte. Nur die Hunde gaben uns auf der Einfahrt fröhliches Geleit. Den Hügel hinunter, an der Retina-Stiftung vorbei, um vier Ecken, über die kleine weiße Brücke des rauschenden Squanicook, und wenn wir dann aus Townsend herausfuhren, wurde ich zu einem anderen Kind. Die blonden Locken, die meine Mutter zornig in einem Pferdeschwanz gebändigt hatte, befreiten sich. Während die Meilen vorbeisausten, wurde ich hübscher und klüger und ließ die häßlichen Worte, mit denen ich zu Hause bedacht wurde, hinter mir – *verwöhnt, niederträchtig, faul, selbstsüchtig, schlampig.* Mit jeder Kurve wurde ich mehr zum hochgeschätzten Besitz meiner Großeltern: schön, intelligent, kostbar, geliebt. Ich war so hübsch wie all die Porzellanpuppen mit echtem Haar, die Granny in dem Schrank mit der Puppensammlung aufbewahrte, wo sie, die Augen geschlossen, unter Mottenkugeln und Seidenpapier in Schuhkartons lagen.

Wir brausten an Zuckermaisfeldern mit den eingestürzten und vom Frost zerdrückten Garben vorbei, an Trauerweiden, die Eiszapfen im Haar trugen und sich wie Hofdamen verhüllt hatten, an Postämtern mit Pfosten für die Pferde davor, an Häusern mit geschlossenen Fensterläden und Schornsteinen vorbei, aus denen Rauch aufstieg und sich über silbriggrauen Scheunen kringelte, vorbei an Pferden, die sich, das Fell vom Frost weiß bereift, an den Schneezaun schmiegten. Die Straße nach Boston wand sich durch Hügel und Wiesen, wo glitzernde Tümpel wie Spiegel in die Felder eingebettet lagen. Weiße Türme zeigten zwischen immergrünen Bäumen himmelwärts. Im Buick war es warm, und unter meiner Hudson-Bay-Decke wurde ich langsam schläfrig. Dann erreichten wir die Kuppe des Belmont Hill, unter uns konnte ich die hellerleuchteten Häuser und Straßen der Stadt sehen, funkelnd wie eine Weihnachtskrippe, und dann sagte Granny:

«Sieh mal, Melissa, da vor uns liegt Boston!» Plötzlich packte mich die Angst, daß sie mich dort aussetzen würden, und ich schrie: «Aber ich will nicht nach Boston! Ich will nach Winthrop.» Und meine Großeltern lachten, als hätte ich etwas unglaublich Komisches gesagt.

Bei Einbruch der Abenddämmerung, als die Sonne wie eine zarte Pfingstrose über der Stadt stand, erreichten wir das schwarze Haus in Winthrop, und kaum war ich ausgestiegen, da roch ich schon den aromatischen, salzigen Geruch des Meeres, das sich zwei Straßenzüge entfernt an der Kaimauer brach. Wenn ich angestrengt an den Laternen, die auf Steinsockeln vor dem Cliff House standen, vorbeiblickte, sah ich den Gischtrand der Wellen, gleich dem Saum meines Nachthemdes, sah Möwen, die unaufhörlich über dem Wasser kreisten, und ein freudig erregtes Zittern durchfuhr mich. Ich war am Meer, am schönen, furchterregenden Meer, und meine Wangen röteten sich vor Glück. Die Pforte öffnete sich, die Lichter wurden angezündet, und wir trugen unsere Bündel durch den warmen Flur über einen Läufer mit rosafarbenen und schwarzen Blumen auf grünem Grund ins Haus.

Granny setzte den Wasserkessel auf, noch bevor sie den Mantel ausgezogen hatte. Mein Großvater verstaute die Lebensmittel in dem klobigen, brummenden Kühlschrank, und dann standen wir zu dritt vor dem begehbaren Garderobenschrank, in dem es nach Mottenkugeln und Kiefernnadeln roch und die Wolldecken zu weichen Nestern gestapelt waren, und hängten unsere Mäntel auf. In der rotweißen Küche stellte ich mich auf einen Trittschemel und löffelte die Teeblätter in die schwere silberne Teekanne, dann goß Granny das kochende Wasser darüber. Ich deckte den Tisch mit dem bunten Fiesta-Geschirr, und wir aßen Sandwiches mit Leberwurst, Mortadella oder Käse, oder Toast mit Honig und tranken schweigsam unseren Tee. Ich mußte immer lächeln, wenn mein Großvater seinen Tee in die Untertasse kippte, darüberblies, um ihn abzukühlen, dann die Untertasse hochnahm, wobei er seine beiden kleinen Finger zierlich abspreizte, sie zu seinem silbrigen Schnauzer führte und geräuschvoll den Tee schlürfte. Danach wusch Granny das Geschirr, und ich hatte meine blaue Schürze mit dem rotschwarzen Zackenlitzenbesatz um und trocknete ab. Ich setzte mich bei meinem Großvater in seinem alten Ledersessel auf den Schoß und sah mit ihm *Mitch Miller*. Umschmeichelt von süßlichem Pfeifengeruch, meine Wange an seine Hosenträger geschmiegt, spürte ich die Nähe zu meinem Großvater, und das war das höchste Glück, das ich kannte. Viel zu schnell kündigte Granny an, es sei Zeit, ins Bett zu gehen.

Mein Großvater hatte seine Ruhestatt in einem riesigen Himmelbett aus Mahagoniholz im vorderen Teil des Hauses, wo er laut und zufrieden schnarchte. Sein Zimmer hatte eine hellbraun karierte Tapete, und neben seinem Bett stand ein Radio, das die ganze Nacht vor statischer Elektrizität knisterte. Grannys großes Zimmer mit der hohen Decke, am entgegengesetzten Ende des Flurs gelegen, hatte die Farbe von regennassen Ziegelsteinen. Unter dem wandgroßen Spiegel, um den ein Volant und seitliche Vorhänge aus gelbem Chintz drapiert waren, stand ein altmodisches Bett mit Eisengestell zwischen zwei Wandleuchtern aus Messing, die wie Weinreben geformt waren und rote gerüschte Seidenschirme hatten. Aufgemalte Rosen blätterten vom Kopf- und Fußteil, und die spröde Pferdehaarmatratze knisterte, wenn ich mich darauf kniete. Ich hatte beim Fenster mein eigenes Feldbett, doch Granny bestand darauf, daß ich mit ihr in dem großen Bett schlief. Es war so hoch, daß ich Hilfe brauchte, um auf die schneeweißen Laken zu gelangen. Ich legte mich auf die Seite, um aus dem Fenster sehen zu können. Granny legte sich neben mich und schlang ihre Arme um mich, als müsse sie mich daran hindern zu fliehen. Wenn das weiche rosige Licht ausging, hob sie mein Nachthemd hoch und kratzte mir den Rücken, fuhr mit ihren scharchlachroten Nägeln sachte über meine Schultern, die Schulterblätter und die Wirbelsäule und kratzte die Verspannungen des Tages weg, löschte Trauer, Schuldgefühle und Heimweh sanft aus. Sie roch nach Tagescreme und Puder und Halo-Shampoo. Sie drückte kleine Küsse auf meinen Nacken und sagte, sie suche nach Zucker. Sie atmete sanft in mein Ohr, und ihre kissenweichen Brüste drängten sich an meinen Rücken, eine Hand hielt mich an ihren Körper gepreßt, die andere war zwischen meinen Beinen, und ihr harter Daumen bohrte sich tief in den dunklen Mund meines Körpers. Ich rührte mich nicht. Ich schrie nicht auf. Mein Herz zerfiel kraftlos wie ein Blatt, und ich starrte aus dem Fenster zu den Sternen.

Ich hatte einmal beobachtet, wie ein Mann einen runden Kanaldeckel auf dem Gehweg hochstemmte und auf einer Metalleiter von unten heraufkletterte. So ähnlich verließ ich jetzt meinen Körper und schritt auf den Himmel zu, fort von ihrem Geruch, ihrem heißen Atem, ihrer beklemmenden Umarmung, fort aus ihren Armen und ihrem Bett, wo ich keine Luft bekam. Ich war weit weg auf der nachtblauen und weißen Milchstraße, mein Nachthemd weich und leicht wie eine Wolke.

Später, wenn sie eingeschlafen war, kroch ich in mein eigenes Bett und rollte mich unter der Decke zusammen wie eine Raupe, die jemand mit einem Stock angestoßen hatte. Dort dachte ich an die Farm, an Elfi, meine rotgetigerte Katze, mein eigenes dunkles Bett, an meine Geschwister, die für mich für immer verloren waren. Ich weinte, denn ich dachte daran, wie meine Schwester, als wir beide ganz klein waren, auf dem alten Korbstuhl auf der Veranda auf meinem Schoß gesessen hatte. Es war Sommer, wir trugen Spielanzüge aus Madrasbaumwolle. Meine Mutter hatte uns gerade gebadet, und im Haar meiner Schwester konnte ich Maiglöckchenduft und Sonnenlicht riechen. Ich war so glücklich, als sie sich an meine Schulter schmiegte, einen pummeligen Arm liebevoll um meinen Hals gelegt, doch als sich eine Wolke vor die Sonne schob, entwand sie sich mir, schlüpfte von meinem

Schoß und tapste mit unbeholfenen Schritten in den Schatten, und irgendwie wußte ich, daß sie für immer fortgegangen war. An einem anderen Abend, als Eisblumen das Fenster über der Bank, auf der wir zum Abendessen saßen, bedeckten, sang mein blondgelockter Bruder unter dem Küchentisch ein Lied. Er war zu schüchtern, vor uns zu singen, aber seine zarte Altstimme klang an meinen Beinen hoch:

In Dublin's fair city
Where the girls are so pretty
There I first met my sweet Molly Malone.
She pushed her wheelbarrow
Through streets broad and narrow
Singing, cockles and mussels, alive, alive-o.

Geräuschlos weinte ich in meine Kissen. Mein Bruder und meine Schwester waren für mich verloren. Ich schlief ein und träumte von den Menschen, die gelebt und geliebt hatten und gestorben waren, damit ich geboren werden und nachts allein in Grannys Zimmer liegen konnte, das die Farbe von regennassen Ziegelsteinen hatte, zwei Straßenzüge vom Meer entfernt.

Am nächsten Morgen erwachte ich und war wie eine Mumie in die klammen Bettücher gewickelt. Blaßgelbes Licht schien durch das Fenster, und noch halb im Schlaf stellte ich mir das Geräusch von Wellen auf Sand vor, von tausend weißen Bullen, die durch Mauern von Wasser rasten und an den Klippen zerschmetterten. Ich war umgeben von Grannys Sachen – fünf großen Spiegeln, einem Foto vom Genfer See, zwei Bronzemasken, die sie 1936 von sich und von meinem Vater gemacht hatte, ein Kohleporträt von sich selbst im Profil in einem Goldblattrahmen. Auf dem Nachttisch stand das traurige Foto ihrer ersten und einzigen großen Liebe, Winslow Gates, der Junge, der ihrem Herzen am nächsten war, den sie, so sagte sie immer, statt meines Großvaters hätte heiraten sollen.

Der größte Spiegel, der mit der gelben Chintzumrandung, hing über dem Bett und vermittelte mir den Eindruck, ich sei im Theater. Ich streckte mein Bein und legte es auf das Kopfende des Bettes, als sei es eine Ballettstange, und vollführte in meinem Nachthemd Pirouetten und Arabesken, streckte die Zehen und posierte wie Gisele im Rampenlicht. Eines Tages werde ich eine Primaballerina sein, dachte ich, und ein Kostüm aus silbernen Schwanenfedern tragen, ich werde grazil mit den Flügeln schlagen und vorgeben, meinen langen, schwanengleichen Hals nach oben zu beugen, so wie sich eine Pfingstrose zur Sonne hin öffnet, und ihn dann im Sterben überaus anmutig sinken lassen.

Über dem mit Rosen bemalten Sekretär hing ein ovaler Spiegel, so groß wie eine Anrichteplatte, und dort posierte ich vor seinem silbernen Gesicht wie die Madonna, Grannys blauen Seidenmorgenmantel über mein Haar drapiert, das Kinn gesenkt, die Augen weit und kummervoll geöffnet, und hielt Maggie, meine Negerpuppe, als wäre sie mein eigenes totes Kind. Ich rang mir zwei Tränen ab, die ich einen Augenblick mit den Wimpern zurückhielt, bevor sie fielen, eine jede wie ein Diamant auf meiner Wange.

Auf der Wäschetruhe, die mit Blumen, Weinreben und Ranken bemalt war, standen ein kristallenes Gefäß voller Sicherheitsnadeln, eine schneeweiße Puderquaste in einem Kristallglas, die nur ganz schwach nach Puder roch, ein elfenbeinerner Duftkissenhalter, dessen Schnitzwerk Cherubim und Lilien darstellte, und ein Schmuckkästchen aus Sterlingsilber mit einem Deckel, auf dem Saphire und Rubine eingelegt waren, und vier zierlichen Füßchen, die in Vogel-Greif-Klauen endeten. Wenn ich den funkelnden Deckel hob und in das mit Samt ausgeschlagene Innere blickte, hielt ich jedesmal den Atem an: drei mit einem Monogramm versehene silberne Siegelringe, vier goldene Eheringe, ein breiter silberner Ring mit einer Reihe von winzigen, sternförmigen Diamanten, ein glitzernder Silberring mit einem blauen Stein in einer gezackten Fassung, der dieselbe Farbe hatte wie meine Augen, und drei Ringe mit münzgroßen, leuchtenden Diamanten. Ich probierte sie alle an, einen nach dem anderen, auf jedem Finger und dem Daumen, und hoffte, daß eines Tages einer von ihnen wunderbarerweise passen würde und ich ihn mit auf die Farm nehmen und ihn unter meinem Kissen aufbewahren könnte.

Über der Wäschetruhe hingen zwei bronzene Gesichter übereinander – Grannys schrägschraffiertes Gesicht mit der hohen Stirn, den eingesunkenen Lidern über geschlossenen Augen, dem kantigen Kiefer, dem breiten Mund und der Stelle zwischen Nase und Oberlippe, die wie der Daumenabdruck eines Engels aussah. *Eine Totenmaske*, hatte sie gesagt. Ich schauderte. Unter ihrer Maske hing die, die sie von meinem Vater gemacht hatte, als er erst sechzehn Jahre alt war. Sie sahen sich so ähnlich, daß sie Zwillinge hätten sein können, obgleich die Wimpern meines Vaters länger waren, und sein Gesicht ebenmäßiger. Sie erzählte mir, daß er sich an den Küchentisch setzen mußte und sie ihm seine sprießenden Barthaare mit der Pinzette auszupfte, damit seine Haut so glatt wie ihre aussah. Ein Schauer lief mir über den Rücken, wenn ich daran dachte.

Ich schlüpfte in meine Häschen-Hausschuhe und tapste in die Küche zum Frühstück. Mein Großvater war schon bei der Arbeit im Boston Naval Shipyard, also waren Granny und ich bis zum Abendessen allein und würden dasselbe wie fast jeden Tag auch tun. Sie stellte mir eine Schüssel mit gedünsteten Backpflaumen hin und sagte: «Ich hatte immer Verstopfung, mein Leben lang. Ich mußte etwas einnehmen. Nichts hat geholfen – ich hatte immer Verstopfung. Ich will nicht, daß du so leiden mußt wie ich.» Sie sprach ständig von ihrer Verdauung. Ich sah sie an in dem Bemühen, sie zu verstehen; es gelang mir, fünf verschrumpelte, warme Backpflaumen hinunterzuwürgen. Danach gab sie mir, gewissermaßen als Belohnung, eine Schale mit Pfirsichen, kleingeschnitten und mit Puderzucker bestäubt, und eine kleine Gabel mit zwei Zinken und einem Elfenbeingriff. Dann bekam ich Tee, sehr schwach und süß, in meiner eigenen Porzellantasse.

Jeden Morgen preßte sie mir frischen Orangensaft, in den sie einen Teelöffel Natrium gab, damit ich ihn trinken konnte, ohne daß der Mundpilz mir Schmerzen verursachte. Der Saft schäumte, wurde weiß und sah aus wie Sorbet. Mundpilz hatte mich, seit ich denken konnte, geplagt. Jeden Tag behandelte Granny ihn mit Alaun, was einen pochenden Schmerz in meinem Mund verursachte und mir die Tränen in die Augen trieb, wenn das Alaun jede einzelne entzündete Stelle stach und ausbrannte und der Schmerz durch mein Herz jagte. Einmal, als die Stellen so groß wie Centstücke waren, ging sie mit mir zum Arzt, der eine riesige Nadel immer wieder tief in die Geschwüre stach, aber es war Granny, die weinte und die Hände rang. Ich machte keinen Mucks.

Nachdem ich meinen Saft ausgetrunken hatte, lächelte Granny ihr geheimnisvolles Lächeln und kam mit einer Keksschachtel auf mich zu. Triumphierend brachte sie ein scharfgebackenes Pekannußbrötchen zum Vorschein, das mit klebrigem Sirup überzogen war und leicht angebrannt roch, und legte es mir mit einer ausladenden Geste auf den Teller, als sei es ein heiliges Objekt. Mein Magen krampfte sich zusammen, denn das Brötchen war so süß und klebrig und schwer herunterzubekommen, doch sie strich mir übers Haar und sagte mit ebenso süßlicher Stimme: «Du liebst Pekannußbrötchen, stimmt's? Wir beide mögen sie über alles.» Es hatte keinen Sinn zu sagen: *Granny, ich verabscheue sie*. Sie würde nur mit lieblicher Stimme sagen: «Iß das – wenn du mich liebst», und ich würde das süße Brötchen zum Mund führen, in die klebrige Masse beißen und die öligen Pekannüsse herunterschlukken, um ihr zu beweisen, daß meine Liebe echt war. Dann nahm sie mich bei der Hand, öffnete den Schrank beim Spülbecken, holte eine große Flasche Fletcher's Castoria, das Abführmittel für Kinder, heraus und gab mir zwei gehäufte Eßlöffel voll zu schlucken. Ich würgte es hinunter, zusammen mit einer weiteren Portion ihrer Liebe.

Wenn das Frühstücksritual beendet war, nahm sie mich mit ins Schlafzimmer, setzte mich in die aufgetürmten Kissen unter dem Spiegel mit den gelben Chintzvorhängen und suchte in ihrem Schrank nach dem Fotoapparat. Sie schmückte mich mit Ohrringen und mehreren Perlenketten. Sie tupfte korallenroten Lippenstift auf meine Lippen und legte Rouge auf meine Wangen. Ich mußte mit geöffneten Beinen posieren, so daß das Nachthemd lose über meine Oberschenkel fiel, der pummelige Ellenbogen mit den Grübchen gut sichtbar und meine Finger aufreizend ans Kinn gelegt. Sie machte viele, viele Bilder. Sie forderte mich auf, mein Kinn in die Luft zu recken und herablassend wie Gloria Swanson zu schauen. Dann befahl sie mir, das Kinn zu senken und mit großen Augen in die Kamera zu blicken. Sie forderte mich auf, mit den Wimpern zu klimpern und zu flirten und so zu tun, als hätte ich ein Geheimnis. Das Blitzlicht tat mir in den Augen weh. Dann legte sie die Kamera beiseite, nahm mir den Schmuck ab, zog mir das Nachthemd aus und führte mich in die Küche, um mir einen Einlauf zu machen. Ich war sechs Jahre alt.

In der Küche gab es ein großes Doppelspülbecken und eine geriffelte Porzellanplatte, die man über das tiefere linke Becken legen konnte. Ich mußte mich auf den Trittschemel stellen, mein Höschen ausziehen und mich mit dem Bauch auf das kalte Porzellan legen, das sich wie Eis anfühlte. Ich wollte nicht hören, wie sie das Wasser laufen ließ, bis es die richtige Temperatur hatte, ich wollte den Einlaufbeutel und den langen roten Schlauch, der wie eine Giftschlange aussah, nicht sehen. Ich versenkte meinen Blick in die samtenen Blätter des Usambara-Veilchens und versuchte, die Blüten zu zählen – blau, rosa, lila –, doch wenn ich spürte, daß der Schlauch in meinen Körper eindrang, ging ich weiter weg, in das Grün und Silber der Birke draußen, und beobachtete die Blätter, die sich wie ein glänzender Bachlauf im Winde kräuselten, und als das Wasser durch meinen Darm zu strömen begann, suchte ich die Sonne jenseits der Äste, wo es warm und hell war, wo es immer warm und hell war.

Es gefiel mir, daß Grannys Haus so nah am Meer war. Manchmal gingen wir zum Strand, ihr eiserner Griff um meine Hand wie der eines Gottes, an den wankenden Hekkenrosen und dem raschelnden Strandhafer vorbei. Wir standen und sahen auf das Meer hinaus. Es hatte immer eine andere Farbe – ein undurchdringliches Grün, ein tiefes Nachtblau, das Stahlgrau eines Kriegsschiffes oder die Farbe von glattem Rauchglas am Strand. Die Wellen waren immer in Bewegung, das Meer schien seinen eigenen Willen zu haben und rauschte sanft heran wie der Saum meines Kleides, oder es krachte gegen die Felswand, als ob es alles in seinem Weg zerschmettern wollte.

Doch wir gingen nur selten hinaus. Die meiste Zeit blieben wir im Haus, bei herabgelassenen Jalousien, zugezogenen Vorhängen, verschlossener und verriegelter Haustür, bis wir in Bernstein zu schwimmen schienen. Ich verbrachte die Tage damit, auf Briefpapier, das vom Boston Naval Shipyard stibitzt war, jede Menge Bilder mit meinen Buntstiften zu malen. Wenn ich das strenge, schwarze Logo las, mußte ich an Reihen von Matrosen in kurzen blauen Jacken mit Messingknöpfen und weißen Matrosenmützen denken. Ich sah Admirale, deren goldene Quasten auf den Schultern bei dem zackigen Salut leicht erzitterten. Meistens stellte ich mir aber einen Ort vor, an dem Schiffe zur Welt kamen, ich dachte ihn mir als einen Wald von Planken, Flaschenzügen und Kränen, wo ein halbfertiger Schoner auf einem Gerüst über Wasser lag und Männer hämmerten und sich Dinge zuriefen. Ich wollte in den Docks sein, im Geruch von Sägespänen und Meerwasser, umgeben vom Lärm der Arbeit.

Grannys Haus war für Kinderspiele ungeeignet. Ich trug

meine Puppe Maggie mit mir herum, bis ihre Arme abfielen, ihre sonnenblumengelbe Mütze ganz fadenscheinig geworden war und eines ihrer Augen sich nicht mehr schließen ließ. Ich verbrachte Stunden vor dem Knopfkasten, schilderte ihr die prachtvollen Ballkleider, von denen die einzelnen Knöpfe stammten, und erfand Geschichten darüber, wie sie von Soldatenröcken und Piratenwesten abgeschnitten worden waren. Doch das schönste Spiel bestand darin, im Wohnzimmer vor Grannys Sekretär aus Kirschbaumholz zu sitzen und den Inhalt der zierlichen, puppenstubengroßen Schubladen zu erforschen. In einer der Schubladen lagen Hunderte von Briefmarken, die von alten Briefen abgelöst worden waren. Hier ruhten all die Länder der Erde Seite an Seite, zerrissen wie die Überbleibsel von Verträgen und Erlassen, hier wollten alle Königreiche und Städte und Fürsten und Zaren, so stellte ich mir vor, ihren Frieden finden. In einer anderen Schublade waren Tüten mit ausländischem Geld, ganz zerknittert, weil es in den Taschen von Fremden in anderen Zeiten herumgetragen worden war. Wie waren diese Scheine, deren Ränder die Farbe von Flieder, von Seerosen oder von den Flügeln der Kolibris hatten, in Grannys Schreibtisch gelangt? Wer waren die Männer mit den weißen Walroßschnauzern? Wo standen diese Häuser, groß wie Paläste, die hinter den Männern Stein für Stein aufgemalt waren?

Doch die Schublade, zu der ich mit bangem Verlangen kam, war voll mit winzigen Umschlägen und Päckchen aus Seidenpapier – manche waren mit brüchigem Band umwickelt, manche mit ausgefranstem Häkelgarn und Spitze, als stelle jedes einzelne ein Jahr des Jahrhunderts dar, älter als mein Vater, älter als Granny, vielleicht sogar älter als Jesus. In einem befand sich eine Haarlocke, die von der Mutter meiner Großmutter stammte; ihr Bild stand in einem Goldblattrahmen vor mir auf der Schreibtischunterlage. Ich wußte, daß sie Alice geheißen hatte und zwei Wochen, nachdem das Bild gemacht worden war, mit neunundzwanzig Jahren an der

Schwindsucht gestorben war. Sie hatte ein trauriges Gesicht mit feinen Zügen. Die Brosche an ihrem Hals war aus Gold. Die Locke aus dunklem Haar in meiner Hand hatte man ihr abgeschnitten, als sie in ihrem Leichengewand aufgebahrt lag. Das Haar, das sich flach zusammenringelte, weil es so lange in Lavendel gepreßt worden war, war das einzige, was wir von ihr noch hatten, was beschreiben konnte, wie sie gewesen war. Ich wußte nichts, spürte nur ein tiefes Erstaunen, daß Haar länger überdauerte als das Leben; wußte nur, daß ich damals, als diese Locke abgeschnitten wurde, noch nicht geboren war – auch mein Vater nicht. Selbst Granny war damals ein kleines Mädchen mit Zöpfen gewesen.

Auf dem nächsten Umschlag stand der Name meines Vaters. Heraus purzelten zwei Milchzähne, die ersten beiden, die er als kleiner Junge in diesem Haus verloren hatte, wie zwei uralte Knochensplitter, die in einer Grabstätte auftauchten und ganz vergilbt waren, weil sie so lange nicht der Luft ausgesetzt gewesen waren. Ich befühlte meine eigenen Zähne mit der Zunge. Sie saßen ganz fest. Eines Tages, das wußte ich, würden sie herausfallen, und ich fürchtete mich davor.

Es gab eine Reihe von Umschlägen mit meinem Namen darauf, einer nach dem anderen. In dem kleinsten war eine bernsteinfarbene Strähne von meinem Haar, als es zum erstenmal geschnitten wurde. In dem nächsten lag ein Haarbüschel in einem dunkleren Ton, der Farbe von Löwenzahn, das mir abgeschnitten wurde, als ich ein Jahr alt war. Die nächste Strähne, mit zwei Jahren geschnitten, war wieder anders – Haar wie ein Heiligenschein, als wäre es soeben gebürstet worden. Mit acht, neun oder zehn sollte mein Haar noch dunkler werden. Ich sah das Bild von Alice an, ihr trauriges Gesicht, und dachte an ihr langes braunes Haar. Würde meins auch diese Farbe annehmen? Würde es so bleiben, wenn ich tot war?

Eines Tages in dem Jahr, als ich sieben wurde, rief Granny mich in die Küche. Sie hatte eine Kittelschürze an und stand schwitzend über das Spülbecken gebeugt. Ihre Hände waren ganz verschmiert von einer Paste, die mich an Dampfnudeln erinnerte.

«Komm her», sagte sie. «Ich will von deinem Gesicht eine Maske machen.»

Ich blieb abrupt stehen und ließ Maggie auf den schwarzweißen Linoleumboden fallen.

«Kletter hoch und leg dich hierhin», sagte Granny und zog einen Stuhl vom Tisch herbei. Ich kletterte hoch. Sie hatte Zeitungspapier ausgebreitet und ein Laken über die Stuhllehne gehängt. Warum wollte sie eine Maske von meinem Gesicht machen, wo sie mich doch die ganze Zeit sah?

Sie zog mir den Pullover aus, band ein rotes Tuch um mein Haar und hieß mich auf den Zeitungen ausstrecken. Sie legte meine Arme seitlich an meinen Körper. Ich fühlte das gerippte Unterhemd auf meiner Haut, als sie das Laken bis zum Kinn über mich zog und unter den Schulterblättern feststopfte.

«Gut so», sagte sie. «Jetzt nicht bewegen.»

Sie öffnete ein Glas mit Vaseline und verteilte Creme auf meine Stirn, Nase, Wangen und Lippen, und als sie zu meinen Augen kam, sagte sie: «Ich mache jetzt eine Maske von deinem Gesicht, damit ich weiß, wie du ausgesehen hast, wenn du tot bist. Jetzt mach die Augen zu.»

Meine Augenlider schlossen sich wie der Deckel einer Dose. Wenn ich tot war? Würde ich schon bald sterben? Ich spürte, wie sich eine Träne aus dem Augenwinkel stahl, aber ich rief sie verzweifelt zurück. Ich durfte mich nicht rühren. Sie würde sehr böse werden, wenn ich mich bewegte.

Durch die Strohhalme, die sie in meine Nase steckte, konnte ich Tapetenkleister riechen. Auf meiner Haut fühlte sich der Gips kalt an. Er legte sich so dunkel, so schwer auf mein Gesicht. Ich zitterte. Ich schimpfte mit meinem Körper und befahl ihm stillzuliegen. Wie eine resolute ältere Schwester sagte ich mir: *Granny macht eine Maske von deinem Ge-*

sicht. Damit sie weiß, wie du ausgesehen hast, wenn du tot bist. Merkst du, wie kalt es ist? Du kannst deine Füße nicht bewegen, weil sie kalt sind. Du darfst dich nicht bewegen. Du stirbst jetzt.

Und mein Körper gehorchte mir. Unter dem Laken wurden meine Arme und Beine steif. Mein Herz in seinem Käfig hörte auf, wie ein Vogel umherzuflattern, legte die Flügel über den Kopf und schlief ein. Auf meinem Gesicht wurde der Gips hart. Es war zu spät. Dies war der Tod, und während die Maske fest wurde, hörte ich das Ticken der Uhr auf dem Kaminsims. Mein Körper wurde zu Marmor, mein Haar über den Flügeln war weiß, und bald danach schlief ich ein.

An Wintertagen rollte der Nebel in Winthrop wie vom Wind getragene Rauchschwaden vom Meer hinein, waberte durch die Häuser und Bäume, milderte die Konturen der salzgeschwärzten Schieferdächer und verschluckte die kahlen Ahornwipfel, bis die ganze Welt aussah, als sei sie in Watte gehüllt. Auf den Rasenflächen lag Schnee, und die Hecken trugen eine Schneehaube wie aus Musselin. Die Straßen waren still. Nur das tiefe, traurige Heulen des Nebelhorns durchdrang die graue Stille, ein Geist, der nach seinem vor langer Zeit verschollenen Gefährten rief, der mit seinem Schiff auf dem Kiesstrand von Yirrell Beach gestrandet war.

In der Küche war es ruhig, nur das sanfte Plop-plop der Eier in der Pfanne war zu hören. Ich stand in meiner Unterwäsche und einem weißen Flanellrock mit Tupfern wie Blutstropfen auf dem Trittschemel. Granny hatte den Mund voller Stecknadeln und steckte an dem gekräuselten Stoff den Saum ab. Mit den Stecknadeln im Mund konnte sie nicht sprechen. Ich beobachtete, wie die Nebelschwaden durch die Ritzen im Lattenzaun zogen, über die Telefonkabel hinweg, die von Straßenecke zu Straßenecke so straff wie das Seil eines Seiltänzers gespannt waren. Der Nebel huschte leicht wie Tabakqualm über die Wiese und verfing sich am Rand der Wiese in den Ästen eines Forsythienbusches im Winterschlaf. Vor den Fenstern wurde es weiß, und schon bald konnte ich weder Doigs Haus noch das von Aunt Emeline, noch den alten fächerförmigen Ahorn vor Murphys Veranda, dessen Wurzeln, den kraftvollen Krallen einer riesigen, aus dem Meer herbeikriechenden Amphibie gleich, den Gehweg über sich uneben und holprig machten.

Das Haus war in einen Verband von Nebel eingewickelt. Granny stand auf, ihr bläuliches Haar vom Deckenlicht erhellt. Ihre Hände auf meinen Schultern fühlten sich an wie die Klauen eines Adlers, ich war eine Feldmaus, in ihrem Griff gefangen. Ihr Gesicht war aus Granit, ein Berg, vor dem rotweißen Himmel der Küche freigemeißelt, ihre eisblauen Augen waren groß und tief wie zwei Schluchten, in denen Gletscherwasser toste, ihr Mund tiefrot wie ein Waldbrand. Sie war das Firmament.

«Zieh dich an», sagte sie, ihre Stimme ein silbernes Flugzeug, das die Schallmauer durchbrach.

Eilig zog ich mir meine Kleider über. Granny setzte sich an die Nähmaschine, die Zähne griffen in die Zahnräder, als sie auf das Pedal trat, die Nadel durchstach in Windeseile die weiße Haut des Rockes und machte eine schnelle Narbe, und dann fing sie an zu erzählen.

Granny redete die ganze Zeit. Von dem Moment, da ich morgens die Augen öffnete, bis ich sie abends erschöpft wieder schloß, floß ihre Stimme über unsere Mahlzeiten, unsere Besorgungsgänge, unsere Hausarbeiten und den Nachmittagstee. Es war ein endloser Vortrag über ihr Leben, angefangen mit ihrer Geburt in einer Postkutschenstation in New Ipswich, New Hampshire, und schloß alle Personen und Ereignisse ein, die ihre unglückliche und verzweifelte Kindheit geprägt hatten – John Kimball, ihren sadistischen Vater, den tragischen Tod von Alice, der noch jungen, schwindsüchtigen Mutter; den fortwährenden Einfluß von Anna Watkins Reed, ihrer eingewanderten englischen Großmutter, die Gram genannt wurde. Ich liebte die Geschichten aus der alten Zeit, als Damen weiße Batistspitzenkleider trugen, die bis zu den glänzendschwarzen, mit einem Stiefelknöpfer zu schließenden Stiefeln reichten, und in klapprigen Ponywagen, die Sonnenschirme aufgespannt, ausfuhren, bevor es Buicks gab; als sie abends die Fensterläden schlossen und Petroleumlampen anzündeten, weil es keinen Strom gab; als sie Wasser vom Brunnen holten und die Eimer zu Bessie und Maud, den beiden Guernsey-Kühen, brachten; als sie auf dem alten Holzofen in einer gußeisernen Pfanne Maiskuchen buken. Ich konnte die Männer sehen, die jeden Winter spitze Stöcke in die Ahornbäume jagten und Eimer aufhängten und dann den aufgefangenen Saft in der silbriggrauen Zuckerküche aufkochten, um Ahornsirup daraus zu machen, den die Kinder auf Schnee aßen. Ich lachte jedesmal vergnügt, wenn Granny und ihre Schwester Madeline einem zänkischen weißen Hahn, der den Hof regierte, einen Teelöffel Whiskey gaben, und stellte mir vor, wie er, seiner Würde beraubt, auf einen Flügel fiel, sich aufrichtete und wild schüttelte und dann prompt auf den anderen fiel. Ich wußte, wie Kühe kalbten, ohne es je gesehen zu haben. Ich kannte den Ruf der weißen Eule in der Luke über dem Heuboden, die Bull Bartlett geschossen hatte, nur so zum Spaß. Ich zitterte mit Granny und Madeline, die als kleine Mädchen aneinandergeschmiegt im Bett saßen und hörten, wie ihr Vater in einem Wutausbruch die hübschen Gegenstände ihrer Mutter vom Küchenbuffet herunterfegte und zerbrach, wie er ihren Handspiegel mit dem silbernen Griff nahm, der zu Bürste und Kamm gehörte, und ihre Mutter damit verprügelte, wie er immer wieder auf sie eindrosch und seine Lippen sich in dem Spiegelbild kräuselten. Es war schon so lange her, aber aus Grannys Mund klang es ganz wahrhaftig.

Eigentlich wurde ich nicht müde zuzuhören, nur machte es mich müde, so genau zuzuhören. Wenn ich ganz aufmerksam war, dann schien es, als würde etwas Schreckliches für sie abgewendet, als würde eine tiefe Wunde nicht zugefügt. Vielleicht könnte ich sie warnen, diesmal vor dem Gürtel ihres Vaters auf der Hut zu sein oder nicht vom Heck seines Schiffes, der *Madge-Ellen*, in die trüben Wasser des Lake Champlain zu fallen. Oder vielleicht würde die schöne Alice nicht sterben, das Pferd sich nicht aufbäumen, der Baum nicht fallen, der Blitz nicht einschlagen und die Scheune nicht abbrennen. Manchmal hörte ich so genau hin, daß es weh tat, dann entzog ich mich ihrem unablässigen Redeschwall, doch auch dann schien ihre Stimme von den Bergen und Tälern von New Hampshire widerzuhallen, wie ferner, sanfter Maschinengewehrdonner. Ich fühlte mich wie die Stelle auf der Stufe vor dem Haus, wo das ständige Tropfen von den Balken den Stein ausgehöhlt hatte, so daß die eindeutige Form eines Daumenabdrucks entstanden war.

Wie war es, als du klein warst? war die Frage, die ich jedem in der Familie stellte, aber nur Granny schien fähig, bereit oder willens, die Geschichten zu erzählen, die ich unbedingt hören wollte. Mein Vater konnte mit mir nicht über seine Kindheit sprechen. Es schien, als hätte er sein ganzes Leben vergessen, außer den letzten fünf Minuten, oder vielleicht schien es ihm sinnlos, sich an das zu erinnern, was vor soundso vielen Jahren geschehen war. Flap erzählte manchmal, wenn er besoffen war, dumme und unverständliche Geschichten, und tanzte dazu mit einer Schüssel voll Popcorn auf dem Kopf herum. Mein Großvater sprach sowieso kaum; er brummelte leise, kaute an seiner Pfeife und drehte die Spielübertragung lauter. Wenn ich meine Mutter fragte, setzte sie immer ihr Schauspieler-Lächeln auf, in ihre Augen trat ein entrückter Glanz, und sie sagte immer dasselbe, als hätte sie ihre Zeilen auswendig gelernt und müsse immer dieselben Wörter benutzen, um sie nicht zu vergessen. Sie war klug, sie war schön, ihre goldenen Locken waren viel hübscher als meine, und nie hatten die Nonnen der Sacred Heart Academy eine brillantere Schülerin gehabt. Sie kam mit vier Jahren in die Schule und übersprang eine Klasse. Doch als meine Lehrer mich ein Jahr überspringen lassen wollten, weigerte sich meine Mutter lächelnd, das zuzulassen, denn ich war ja schließlich nicht so klug wie sie. In der Mittelstufe schrieb sie, als sie bei einer Prüfung noch Zeit hatte, ein kleines lateinisches Sonett. Und wenn ich ganz aufgeregt nach Hause eilte, weil ich ein neues Buch entdeckt hatte und hoffte, mit ihr darüber sprechen zu können, sah sie mich über den Rand der Zeitung an und sagte naserümpfend: «Ach, das liest du jetzt erst? Ich habe das schon mit sechs gelesen, und seine anderen Bücher auch.» Es war hoffnungslos. Ich würde nie an sie heranreichen. Meine Mutter war allwissend auf die Welt gekommen.

Granny hingegen erzählte wunderbare, verrückte Geschichten – manche traurig, manche zum Schreien komisch, manche kaum zu glauben, nur das Funkeln in ihren Augen zeigte, daß sie wahr waren. Sie hatte ihre eigene Sprache, voller Flüche und Sprüche, mit denen sie Menschen belegte, die sie verabscheute. «Verdammter Katzenarsch!» brüllte sie, wenn ihr etwas hinfiel. «Sag ihm, er kann sein rechtes Auge in ein Rattenloch stecken!» fluchte sie über einen Handwerker, der sie ihrer Meinung nach übers Ohr gehauen hatte. Und wenn der Mann dann an die Tür kam, um sich sein Geld zu holen, fuhr sie ihn an: «Sie können mich mal auf meine beiden fetten Arschbacken küssen!» und schlug ihm die Tür vor der Nase zu. Manchmal, wenn sie in ihrem atemlosen Monolog zu einer besonders dramatischen Szene kam, unterbrach sie sich, um sich frische Luft zuzufächeln, und sagte: «Jessesmaria, ich dachte, ich müßte Hämorrhoiden scheißen!» Mit den Nachbarn lag sie dauernd in Fehde, und eines Tages verkündete sie beim Frühstück: «Ich hätte Lust, der Frau die Augen mit einem Löffel herauszukratzen, sie in Pfeffer und Knoblauch zu braten und ihrem Cockerspaniel vorzusetzen!» Sie hatte kaum Schulbildung. Bis zur fünften Klasse war sie nur unregelmäßig zur Schule gegangen, und schon jetzt las ich besser als sie. Doch sie war ebenso neugierig, was Sprache anging, wie ich. Wenn sie das richtige Wort nicht wußte, erfand sie eins. Eine großartige Idee war ein «Gehirnsturm». Sie sagte nie: «Das will ich doch hoffen», sondern immer: «Na, ich hoffe doch, ein Schwein zu küssen!» Wenn sie in ihrem Sonntagsstaat ausging, sagte sie: «Jetzt bin ich sicher ganz aufgezwickelt wie Mrs. Astors Pferd.» Sie leierte nichts auswendig herunter, wie wir es in der Schule taten. Aus irgendwelchen feurig fließenden Tiefen in ihr stiegen die Wörter empor, verworren, seltsam, komisch und ganz die ihren. Wer, außer Granny, sagte schon Dinge wie: «Ich könnte einen Pferdeapfel mit Schlagsahne essen», wenn sie ihr Kotelett verspeiste? Sie war anders als alle anderen Menschen auf der Welt, und die Menschen in ihren Geschichten waren für mich wahrhaftiger als die Menschen in meinem Leben.

Granny erzählte mir die Geschichten ihrer Kindheit so oft, daß ich mir alles so gut vorstellen konnte, als wäre ich selbst dabeigewesen, als hätte ich selbst in der sich ständig verändernden, unveränderlichen Landschaft gelebt, hätte das helle Klingeln der Glocke an dem Schlitten hinter dem großen Braunen gehört, der unter dem Adventmond zwischen Birken dahertrottete, hätte das Rascheln von hüfthohen Blaubeerbüschen an einem trocken-heißen Augusttag selbst vernommen, als die Beeren mit einem Plop in die Milchkannen fielen, hätte das Zittern des Eibisch-Strauches selbst gesehen, der im Schatten der gelben Postkutschen-Station mit den grünen Fensterläden und dem großen Platz davor stand, wo die Reisenden drei Dollar pro Woche für Unterkunft und Verpflegung bezahlten. Ich sah das dunkle Zimmer im zweiten Stock im hinteren Teil des Hauses, in dem Granny als kleines Mädchen schlief, und beobachtete sie, als sie barfuß durch den im Dunkel liegenden Ballsaal schlich und ihr das Herz bis zum Halse schlug, an den hohen weißen Fenstern vorbei, an die ein Ast immer wie ein Finger pochte. Ich sah die Spinnweben, die die unbenutzten Wandleuchter eingewoben hatten, den Stuck an der Decke, der sich girlandenförmig von der Mitte zu den Zimmerecken ausbreitete, die gespenstischen Wandgemälde von Häusern und Scheunen und leuchtenden Bäumen, von dem umherziehenden Künstler Rufus Porter als Gegenleistung für seine Verpflegung gemalt. Ich hörte das Knarren des Gebälks, während Granny auf dem blauweißen Nachttopf saß, das Nachthemd über die Knie gezogen, so kalt war es im Zimmer; sah, wie die Flamme der Kerze in dem Messingständer auf dem Nachttisch flackerte und zitterte, wenn der Wind von den Bergen herunterfegte und an den Fensterläden rüttelte. Ein Pensionsgast im Haus ihrer Eltern war besoffen in den Brunnen gefallen und ertrunken, und nachts hörte Granny, wie er in dem unbewohnten Zimmer neben ihrem auf und ab ging. Der Geist polterte in Stiefeln die Treppe vom Dachboden herunter und klopfte hart an die Tür des Wohnzimmers, aber wenn Grannys Großvater mit dem langen weißen Bart aus seinem Sessel neben dem Kaminfeuer aufstand und die Tür öffnete, war niemand da. Doch wehte ein eisiger Zugwind durch das Zimmer, so daß die Kerzen flackerten.

Granny hatte einen Karton mit alten Fotos, verblichene und brüchige Bilder, die unter ihren Händen zu zerkrümeln drohten. Wir sahen sie uns so oft an, daß ich jedesmal, wenn ich den Karton aus dem Schrank hervorholte und ihn in die Küche trug, das Gefühl hatte, ich würde meine eigene Kindheit in den Armen tragen. Wenn Granny mir Tante Edith, Onkel Ned, Bull Bartlett, Ford Reed und Pearlie, den Bruder ihres Vaters, zeigte, hatte ich das Gefühl, daß ich sie kannte – nicht nur ihre Namen, sondern daß ich sie tatsächlich erkannte, sie als die erkannte, die sie auch waren, als hätte ich, und nicht Granny, ihre Stimmen gehört, sie beim Essen beobachtet und miterlebt, wie sie älter wurden.

An dem Tag, als Granny mir den Flanellrock nähte, saßen wir auch vor dem Fotokarton, und der Nebel umschlang das

Haus wie eine Mutter ihr Kind. Ich sah auf Alice in ihrer gestreiften Hemdbluse und dem langen, dunklen Rock mit den aufgesetzten Taschen, die mit einem Croquetschläger in der Hand vor der Scheune stand, und die Croquettore verschwanden in einer Reihe im Schatten. Ich sah John Kimball hinten auf einem Heuwagen sitzen, mit Bowlerhut und Walroßschnauzer, ein gescheckter Hund hechelnd zu seinen Füßen, ein Gewehr an die Speichen des Rades gelehnt. Ich betrachtete Gram genau, die in ihrem schwarzen Taftkleid hinter einem Schaukelstuhl stand, funkelnde Gagatperlen an ihrem großen Busen, eine Hand auf die Stuhllehne gestützt, auf dem sie mit schwarzglitzernden Augen ihren Mann festzunageln schien. Der Großvater, Ford Reed, trug Arbeitshosen und Hosenträger, sein Haar und sein Bart waren sehr weiß und hell unter der geschwungenen Markise.

Ich fühlte mich wie ein Spion. Der Fotoapparat hatte sie mitten in einem Lächeln festgehalten, mitten am Tage, mitten in ihrem Leben. Sie blickten um ihrer selbst willen und für andere in die Linse. Hätten sie sich vorstellen können, daß ein kleines Mädchen wie ich die Einzelheiten ihres Privatlebens so viele Jahre danach begierig und fieberhaft in sich aufsaugen würde? Ich wußte, wie es für sie geendet hatte. Aber ich wollte es nicht wissen, weil sie es damals auch nicht wußten. Es machte die Bilder so traurig. Ich fühlte mich wie ein geschrumpfter, gefallener Gott, der nichts schaffen und nichts verändern konnte, der aber ihr Schicksal mit grausamer Genauigkeit vorhersagen konnte. Ich hätte auf jeden einzelnen von ihnen zeigen und sagen können: *Du wirst mit neunundzwanzig Jahren an Schwindsucht sterben. Du wirst einen Mann heiraten, den du nicht liebst, und keine Kinder bekommen. Du wirst dich um den Verstand trinken. Du wirst bis hoch in die neunzig leben – und keine deiner beiden Töchter wird dir verzeihen – du wirst allein sterben.* Das Schwere, das ihnen noch zustoßen sollte, war bereits geschehen. Ich wußte, was kommen würde, und wie bei einem Zugunglück, das man nicht verhindern konnte, wollte ich mir die Augen zuhalten, damit ich den Rauch und das Feuer nicht sehen mußte.

Ich sah zu Granny auf und dachte, daß wir selbst zu einem Bild wurden in ihrer rotweißen Küche, die Nähmaschine offen auf dem Tisch, dazu ein halbgesäumter Flanellrock mit blutroten Tupfern und Nebel vor den Fenstern. Mein ganzes Leben lang würde ich mich an dieses Bild erinnern, und eines Tages würde man es in einem Karton finden. Ein Mädchen ungefähr in meinem Alter würde dann vielleicht das Bild in die Hand nehmen und denken, daß sie wußte, wie es für uns geendet hatte. Und sie würde es meinem Gesicht ansehen, daß ich das nicht wußte.

Als ich so neben Granny saß und das Foto von einem Picknick betrachtete, das ich schon tausendmal gesehen hatte, geschah etwas Merkwürdiges. Grannys Stimme wurde schwächer – wie der Blasebalg einer unendlichen, unhörbaren Konzertina kehrte die Zeit in sich selbst zurück, nahm die Stille von dem Foto auf und schien anzuhalten. Ich stand bei den Picknickgästen neben der Steinmauer des Obstgartens, wo sie unschuldig ruhten. Der Blasebalg der Zeit dehnte sich aus, die Konzertina atmete den Klang der Geschichten, die ich gehört hatte. Der Sommer ging zur Neige, meine Lungen taten weh, und ich sah, daß Alice, die Hand zum Schutz gegen die Sonne erhoben, sich gleich aufrichten würde; sie würde sich den Rock abklopfen und den Picknickkorb in die Küche zurücktragen. Leise, um ihre Kinder nicht zu wecken, würde sie nach oben gehen, die Knöpfe an ihrer Hemdbluse öffnen, ihr Korsett aufschnüren und sich im Unterkleid auf das Bett legen, den Handrücken auf der Stirn.

Die Falten der Konzertina öffneten und schlossen sich wieder, und ich sah, wie Stunden zuvor die Picknickgäste mit ihren Strohhüten den Obstgarten betraten, der Bogen einer Fiedel strich vor und zurück. Es wurde lautlos gesungen, Fangen gespielt, und dann war da nur noch der buschige, besprenkelte Schwanz des Hundes, der durch das hüfthohe

Wiesenschaumkraut tollte. Die Menschen lagen regungslos auf den Wolldecken, die Brote waren halb gegessen, die Sonne stand am höchsten Punkt. Gram, Grandpa, Alice, John Kimball, Pearlie, Bull Bartlett, Tante Edith und Ned – sie würden diesen Tag und die Tage, die folgten, vergessen; sie würden durch ihr Leben rasen, in die Arme des Todes. Sie würden nie wieder so unschuldig sein, aber in diesem einen Ton der Lebenskonzertina war etwas von ihnen erhalten – rein, unberührt, unbeschwert – und würde nie vergehen. Im Atem des Universums würde immer ein Sommertag anbrechen, heiß und hell. Die Picknickkörbe würden gefüllt sein, eine Wolldecke würde aus dem Wagen gezogen werden. Mein eigen Fleisch und Blut würde auf einem gewundenen Pfad durch eine Weide zu dem Obstgarten auf der Hügelkuppe gelangen und in Hemdsärmeln zufrieden im Schatten liegen, und es würde immer ein Tag sein, an dem es keine Wolken gab, keine Tränen, ein Tag des vollkommenen Friedens auf einer Sommerwiese.

Mein Großvater spielte für sein Leben gern Karten. Stundenlang legte er auf dem Küchentisch neue Patiencen und benutzte dazu ein abgegriffenes blaues Kartenspiel mit Eselsohren, das er um keinen Preis aufgeben wollte. Jedes Jahr zu Weihnachten bekam er von einem Familienmitglied ein neues Spiel geschenkt, aber er öffnete nicht einmal das Päckchen. «Ich mache meine alten gerade ein bißchen griffig», sagte er dann mit einem Zwinkern. Wenn Granny mich für einen Nachmittag freigab, überredete er mich zu einer Partie Rommé. Boppa ließ mich die Punktezahlen aufschreiben, damit ich meine schwachen Rechenkünste etwas aufpolierte, aber eigentlich wollte er mir nur beibringen, wie man mogelt.

Als Boppa mir Rommé beibrachte, war ich erst sieben. Er mogelte, was das Zeug hielt, und gewann jedes Spiel, bis ich ihm auf die Schliche kam. Er wollte, daß ich lernte, ihn zu überlisten, schneller und gerissener zu sein als er. Ich hatte gerade erst meine Katechismusstunden hinter mir. Ich glaubte, daß mogeln eine Sünde war und man nur gewinnen konnte, wenn man tugendhaft, gütig und liebevoll war. Ich wollte auf faire, aufrichtige Weise gewinnen, wegen Jesus und weil ich klug genug war.

Doch ich verstand ziemlich schnell, daß man über das Kartenspielen unterschiedlicher Auffassung sein konnte. Mein Großvater war der Ansicht, daß allein das Gewinnen wichtig war. Er versuchte mir beizubringen, die Karten zu zählen, alle gespielten und aufgenommenen Karten im Kopf zu behalten und mir zu merken, wie viele Karos gelegt worden und wie viele Trümpfe schon weg waren, und jederzeit einen Überblick darüber zu behalten, was die Mitspieler noch auf der Hand hatten. Vielleicht klang es für mich zu sehr nach Rechnen, aber beim Kartenzählen verlor ich alle Lust am Spiel. Ich konnte mir anscheinend gar nichts merken, was mir nicht das geringste ausgemacht hätte, aber Boppa machte es sehr viel aus. Es war schließlich ein Spiel. Doch von dem verdeckten Stapel Karten aufzunehmen, schien ein Gleichnis auf das Leben zu sein: es war gefährlich, aufregend, geheimnisvoll, und man mußte blitzschnell denken.

Nach einer Weile gewann ich jedesmal gegen ihn. Am Anfang war es beunruhigend, und ich hielt nach Anzeichen Ausschau, daß er es mir leichtmachte. Aber ich gewann rechtmäßig. Er saß da, rieb sich die Augen hinter den Brillengläsern, hustete tief in der Brust vom Pfeiferauchen und ließ mich immer öfter austeilen, weil seine Gelenke von Arthritis steif waren. Ich fühlte mich schuldbeladen. Hier saß ein Mann, der so unbedingt gewinnen mußte, daß er bei einem siebenjährigen Kind auf Teufel komm raus zu mogeln bereit war. Im Laufe der Zeit hatte ich begriffen, daß er Karten von unten nahm, und war entsetzt. Er war ein alter Mann. Beim Kartenspiel zu gewinnen hatte ihm immer ein großes Vergnügen bereitet. Und jetzt konnte er nicht einmal mehr mich schlagen. Das machte mich so traurig, daß ich absichtlich verlor – zwischendurch, damit er nichts merkte. Mir fehlte der Siegerinstinkt. Ich wollte allerdings auch keinen.

Mein Großvater war überdies ein verbissener und ausdauernder Bridgespieler. Vielleicht hatte er beim Poker unten im Yachtclub gemogelt, aber wenn er und Granny mit Freunden Bridge spielten, hielt er sich genauestens an die Regeln. Granny schrie er ständig an – sie konnte es ihm nie recht machen: sie reizte nicht hoch genug, sie überreizte sich, sie zählte die Trümpfe nicht mit – aber Granny lachte einfach nur. Sie sagte, man müsse eine Elefantenhaut haben, um mit ihm zu spielen, und nur meine Mutter, die auch eine ausgezeichnete Bridgespielerin sei, wäre gewieft genug, um mit ihm mitzuhalten.

Granny ging zu einem Bridgeclub, einer Gruppe von Damen, mit denen sie einmal in der Woche spielte, und manchmal nahm sie mich mit, führte mich vor wie ein zahmes Äffchen und schickte mich dann in eine Ecke, wo ich mich für den Rest des Nachmittags allein beschäftigen sollte. Eines Tages konnte Granny gar nicht schnell genug zu ihrem Bridgenachmittag kommen. Sie zwängte sich in ihren Hüfthalter, befestigte ihre Strümpfe und zog sich die schwarzweißen Pumps an. Sie streifte einen Unterrock mit Spitzenrand über ihr Mieder, puderte sich die Achselhöhlen und den Rücken und besprühte Hals und Handgelenke mit Parfum aus dem Zerstäuber. Sie öffnete ihre Puderdose und fuhr sich mit der beigefarbenen Quaste über Nase und Wangen. Sie bürstete sich die hellblauen Locken, zog ein Popelinekleid mit einem blauweißen Blumenmuster und einem raschelnden, gekräuselten Rock an, steckte Zigaretten, zwei Taschentücher, Brieftasche und Lippenstift in ihre weiße Handtasche, wühlte in den Schubladen nach ihren weißen Baumwollhandschuhen und nahm den blauen Samthut mit dem marineblauen Band. Dann wandte sie sich mir zu, um mich anzuziehen.

«Sie sollen dich alle ansehen», sagte sie.

Ihre Augen hatten einen ungeduldigen und verärgerten Ausdruck, als hätte sie außer Bridge noch etwas anderes im Kopf.

«Sie sollen dich alle ansehen», sagte sie wieder, zog meine weißen Söckchen hoch und schlug den Spitzenrand um. «Sie sollen dich alle ansehen», wiederholte sie, machte die Schnallen an meinen roten Sandalen zu, schob meine Arme in die Ärmel meines roten Samtkleides, zerrte es über den steifen Petticoat, zupfte die Passe der Organdy-Schürze zurecht und knöpfte die kleinen Perlenknöpfe im Rücken zu.

«Du bist mein Schatz, mein ein und alles, und ich will sie alle eifersüchtig machen.» Sie bürstete mir die Haare, band eine weiße Schleife in eine Locke über dem Ohr und zwickte meine Wangen, bis sie wie rote Äpfel aussahen.

«Jetzt beiß dir auf die Lippen», sagte sie, «bis sie rot wie Kirschen sind.» Ich biß fest zu und hielt mir den Magen, der sich nach dem Einlauf vom Morgen immer noch krampfhaft zusammenzog.

Wir fuhren in dem alten Buick durch die ruhigen, schattigen Straßen von Winthrop, an den Veranden vorbei, auf denen Korbmöbel und Geranien in Töpfen standen, durch die kurzen Straßen seitlich des Boulevards, die Namen hatten wie Trident, Sea Foam, Wave Way und Crystal Cove. Die Sonne und das Meer hatten den Häusern ein silbriges Aussehen gegeben, der Wind blies die Blätter der Heckenrosen durch die Gärten. Es war still wie ein Grab. Wir hielten an einem Haus, das sich für mich von den anderen nicht unterschied, und gingen die Stufen hinauf durch eine Tür mit Fenstern aus Buntglas oder Bleifassung. Im Wintergarten oder im Eßzimmer saßen Damen mit blauem Haar wie Grannys in bunt gemusterten Kleidern und mit Blumenhüten und entledigten sich ihrer Mäntel und weißen Handschuhe. Im Vorraum war es kühl, in großen Töpfen standen Farne, durch die das Licht fedrig auf den leuchtenden Dielenboden fiel. Ich stand still, in der Hand Malbuch und Buntstifte, und hoffte, daß niemand mich bemerken würde und keiner mir durch das Haar fahren oder mich küssen wollte. Ich wollte in den geblümten Sofas oder dem hochgepolsterten Sessel verschwinden, aber Granny mußte mich immer vorführen.

An diesem Tag stellte sie mich auf die Klavierbank – im Raum wurde es still – und sagte zu ihren Freundinnen: «Jetzt seht euch dieses Kind an. Habt ihr je etwas so Schönes gesehen? Diese blonden Locken, diese großen blauen Augen – habt ihr je ein so schönes Kind gesehen? Und sie gehört mir, stimmt's, mein Zuckerpüppchen? Allein mir! Ist sie nicht zum Reinbeißen? Sie sieht mir ähnlich, oder? Das sagen alle. Seht sie euch nur an!»

Ein Rascheln war zu hören, als die Damen sich umdrehten und mich anstarrten, ein Gurren füllte den Raum, als säßen Dutzende von Tauben auf einem Balken, und ich sah all die Augen auf mich gerichtet, als wäre ich eine Puppe, ein exotisches Tier, eine rare und außergewöhnliche Antiquität. Sie sahen mich zwar an, nahmen mich aber nicht wirklich wahr. Unter ihrem prüfenden Blick füllten sich meine Augen mit Tränen, und ich haßte sie, weil sie mich anstarrten, weil sie wußten, daß das nicht richtig war, und nicht widersprachen. Ich war häßlich und pummelig und dumm, und ich wußte, daß die Damen Granny insgeheim auslachten. Wasser von dem Einlauf rann in mein Höschen, und ich preßte die Beine zusammen und hoffte, daß es bald vorüber sein würde.

Jemand führte mich zu einem kleinen Tisch und brachte mir ein Glas Ginger Ale mit einer Maraschino-Kirsche darin. Ich legte mir mein Malbuch und meine Buntstifte zurecht, ohne aufzusehen. Die Damen lachten, mischten die Karten, klirrten mit Eiswürfeln und aßen Pralinen aus einer Kristallschale. Sie tranken Cocktails, die Rusty Nails, Old Fashioneds und Rob Roys hießen. Ich hörte ihre Stimmen, aber *Trumpf*, *Fehlfarbe*, *Strohmann*, *Doppel* und *Rekontra* waren Worte aus einer fremden Sprache. Das Lachen wurde lauter, einige fingen an zu kreischen, dann zu streiten, und ich mußte an Pfauen und Papageien und buntgefiederte tropische Vögel mit fremdartigen Rufen denken, und ihre Nasen verwandelten sich vor meinen Augen in rote Schnäbel, ihre glutroten Nägel in Krallen, und ich wagte es nicht, ihnen in die gläsernen Augen zu schauen, weil sie denken könnten, ich sei ein geeigneter Fraß für sie. Das Gemisch aus Parfumgeruch und Zigarettenrauch ballte sich über dem Bridgetisch zu einer Wolke zusammen, während sie merkwürdig schrill gackerten und plapperten. Ich legte den Kopf auf den Arm und malte mein Bild von einem Mädchen auf einer Schaukel bunt an. Ihr Haar war gelb, ihr Kleid und die Schuhe rot. Dann nahm ich den schwarzen Stift und krakelte über das dumme Bild, ich malte alles schwarz, bis ihre Füße, ihr samtenes Kleid, ihr Gesicht und ihr gelbes Haar ganz verschwunden waren.

Als wir nach Hause kamen, ging ich ins Badezimmer, um mir die Schürze und das Kleid auszuziehen. Ich stand in Unterhemd und Höschen vor dem Spiegel und fing an zu weinen. Ich holte die Nagelschere hervor, schnitt jede Locke nah am Kopf ab und warf sie in die Toilette. Ich schnitt so lange am Pony herum, bis er ganz zipfelig war. Ich zerschnitt den Saum meines Unterhemdes. Ich saß auf dem Rand der Badewanne mit den Klauenfüßen und stach mit der Spitze der Schere in meine Oberschenkel, bis sie aussahen, als hätte ein mächtiger, tropischer Vogel sie zerhackt.

Granny brach in Tränen aus, als sie meine Haare sah. Ich hatte die zerrissenen Sachen versteckt und Hosen angezogen, so daß sie meine blutenden Oberschenkel nicht sah.

Fassunglos befühlte sie die zerrupften Enden meiner Locken und war untröstlich. «Wie konntest du mir das antun?» klagte sie, danach sprach sie zwei Wochen lang überhaupt nicht mit mir.

Es war viel besser, wenn Boppa und Granny zusammen bei Freunden Bridge spielten. Dann waren es nur vier Erwachsene und ich, statt einer riesigen Schar Frauen, die mit ihren Glückskettchen klimperten und mir Angst einjagten. Manchmal gingen wir zu Fuß den Hügel hinunter zu dem gelben Haus mit der Nummer 56 in der Floyd Street, um mit Cap Bergman, einem pensionierten Fährkapitän, und seiner Freundin Abbie Anderson, die in der Wohnung nebenan wohnte, Bridge zu spielen. Sie waren in demselben Alter wie meine Großeltern, also um die siebzig.

Cap hieß eigentlich Joseph, aber er wurde Cap genannt, seit er die Fähre zwischen Winthrop und Rowe's Wharf in Boston betrieben hatte, für die man einen Penny bezahlen mußte. Ich kannte niemanden, der immer so tadellos gekleidet war wie Cap. Seine Schuhe glänzten, seine Fingernägel waren sauber und rund wie Halbmonde. In all den Jahren, die wir sie besuchten, habe ich nie ein Staubkörnchen, ein Fädchen oder ein herabgefallenes Haar auf seinem Jackett gesehen. Die Bügelfalte in seinen Hosen war so scharf, daß man damit Kuchen hätte schneiden können. Er war lustig, machte fortwährend Witze mit seinem starken Akzent – ich wußte nicht, ob es ein schwedischer, dänischer oder norwegischer war – und trieb seine Scherze mit Abbie, bis sie kicherte und wie ein Schulmädchen errötete.

Über Abbie wußte ich nicht allzu viel, außer daß sie Caps Freundin war und daß sie nicht verheiratet waren, obwohl sie in nebeneinander liegenden Wohnungen lebten und sich innigst liebten. Sie sah nett aus und war rundlich, und auch sie war immer sorgfältig gekleidet, hatte blendendweiße Kragen und Manschetten, die Nähte der Strümpfe saßen immer gerade, das Haar war sorgfältig onduliert und frisiert. Sie trug Chanel No. 5 und fand alles, was Cap sagte, zum Schreien komisch. Beim Bridge war sie fast so gut wie mein Großvater, obwohl sie immer nervös und unsicher wirkte. Vermutlich war das ihr Geheimnis.

Auch Granny machte sich für diese Besuche sorgfältig zurecht: sie legte Parfum auf, trug ihren Hüfthalter, zog sich Handschuhe und ihren Mantel an, setzte einen Hut auf, um Freunde, die nur drei Straßenzüge entfernt wohnten, zu besuchen. Sie und Cap mochten sich, und sie betrachtete Abbie als eine ihrer besten Freundinnen. Mein Großvater trug immer dasselbe karierte Hemd mit den durchgescheuerten Ellenbogen, an dem er die Ärmel aufrollte, ein paar schmierige Arbeitshosen und, wenn er ein bißchen förmlicher auftreten wollte, einen alten Golfpullover. Granny schimpfte und zeterte und versuchte, ihn zu überreden, die schönen Sachen, die in seinem Schrank hingen, zu tragen, oder wenigstens die Sachen zu flicken, die er tragen wollte, doch er war halsstarrig und beachtete sie gar nicht.

«Ma, Ma, keiner kümmert sich darum, wie ich aussehe. Es ist nicht wichtig», sagte er. Also erschien er in Cap Bergmans Haus im Aufzug eines Automechanikers, obwohl er seit fünfunddreißig Jahren nicht mehr in der Highland Garage arbeitete. Er hatte sich nicht angepaßt, und ich war stolz auf ihn.

Boppa rauchte Chesterfield, Abbie rauchte Camel, Granny rauchte Pall Mall und Cap rauchte Pfeife, deren süßlich-herber Duft mich schläfrig machte. Ich lag auf dem höckrigen, geblümten Sofa im Schatten des Lampenlichts und sah zu, wie der Rauch in Spiralen zum Kronleuchter aufstieg, während sie lachten und sich Geschichten aus einer Zeit erzählten, als ich noch nicht auf der Welt war.

Ich erfuhr, daß mein Großvater am selben Tag Geburtstag hatte wie Harry Houdini und der Kaiser Caracalla, und daß an diesem Tag im Jahre 1918 Amerika den Krieg erklärte. Ich erfuhr, daß Granny Richie die erste Betty-Boop-Uhr kaufte, die in den dreißiger Jahren hergestellt wurde, und daß sie damals zwei Dollar und fünfundneunzig Cent kostete. Granny erzählte von einem schrecklichen Tag im Dezember, an dem es regnete, als würde die Erde untergehen, und König Edward für die Frau, die er liebte, auf den Thron verzichtete – und Granny hatte im abgedunkelten Wohnzimmer gesessen, Radio gehört und während der ganzen Sendung geweint, und auch den ganzen Nachmittag nicht mehr damit aufgehört. Cap kam im Krieg immer an Fleischbezugsscheine heran, weil er soviele Leute kannte. Glenn Miller war erst vierzig Jahre alt, als sein Flugzeug 1944 abstürzte. M-I-C-K-E-Y M-O-U-S-E war das Codewort bei der Landung der Alliierten am D-Day. Ernie Kovacks war ein Genie und nur Imogen Coca war komischer als Uncle Miltie. Bei Cap aß ich zum erstenmal einen getoasteten Sesambagel mit Lachs und Frischkäse und dachte, ich sei im Himmel. Ich aß Kaviar auf hauchdünnen Crackern, was mich zum Niesen brachte, und trank Bananenlikör oder Crème de Menthe aus einem winzigen Glas. Ich aß zum erstenmal Sardinen und mochte sie, obwohl Granny sie widerlich fand. Danach nahm Boppa, wenn er mittags nur für uns zwei das Essen bereitete, zwei große runde Crown-Pilot-Cracker, bestrich sie mit dunklem Senf und Meerrettich, belegte sie mit Cheddar, Tomate und Gurke, und krönte das ganze mit Sardinen – dann aßen wir unsere Cracker mit Hochgenuß, die um so köstlicher mundeten, als wir wußten, wie Granny sich schütteln würde.

Normalerweise nahm ich ein Buch mit, wenn wir zu Cap gingen, aber ich schaffte es nie, darin zu lesen. Sein Haus war einfach zu interessant, vor allem der mit Mahagoni und Messing ausgestattete Wintergarten. Man betrat ihn durch eine niedrige Tür, als wäre man auf einem Schiff, und auf jedem Fensterbrett standen Schiffe in Flaschen – kleine, dicke Flaschen, hellblau und hellgrün, mit breiter Öffnung und geriffelter Oberfläche, und in allen steckten wunderbar gebaute Schiffe mit vom Wind prall gefüllten Segeln, die im sturmumtosten Meer schwankten oder am Sandstrand lagen. An den Wänden hingen Seekarten, ein Teleskop aus Kirschholz und Messing, ein riesiges schwarzes Fernrohr und ein Steuer aus Messing, das aussah, als stamme es von der *Titanic*; auf dem Kaminsims standen Segelschiffe und eiserne Kerzenhalter in der Form von Ankern. Ich setzte mich an Caps langen Arbeitstisch – die Hände im Schoß, damit ich nicht in Versuchung geriete, seine schönen Werkzeuge zu berühren, die sorgfältig wie die eines Chirurgen ausgelegt waren – und sah, wie das Sonnenlicht in die Flaschen einfiel und die gehißten Segel und Schiffsrümpfe darin erleuchtete.

Eines Nachmittags, als das Gejohle und Gekreische am Bridge-Tisch in vollem Gange war – Cap war zum Strohmann erklärt worden, und Abbie sollte fünf ohne Trumpf spielen – stand Cap auf einmal hinter mir, die Hände auf dem Rücken verschränkt, und wippte auf den Fußballen hin und her.

«Es ist ein Wunder, nicht wahr?» sagte er und legte plötzlich beide Hände auf meine Schultern.

«Wie machst du das?» fragte ich.

«Wie ich gesagt habe», blinzelte er. «Es ist ein Wunder.»

Ich sagte: «Kannst du es mir zeigen?»

An mehreren Tagen danach, wann immer Granny mich gehen ließ, rannte ich zur Floyd Street hinunter und flog die Steinstufen zu dem in Messing und Mahagoni ausgestatteten Wintergarten hinauf, setzte mich ganz still neben Cap Bergman, während er die *Star of India* – eine dreimastige, voll getakelte Bark mit einem Stahlrumpf – nachbaute, und ich an meinen Fingernägeln kaute, sprachlos vor Glück.

Zunächst einmal zeigte er mir seine Ausrüstung: Flaschen jeder Form, Größe und Farbe standen auf einem Teil des Tisches. Manche waren viereckig und gedrungen, mit einem breiten Hals. Manche hatten einen zierlichen Hals und waren lang gestreckt. *Wir müssen die Flasche messen*, sagte er, *und dann das Schiff passend dazu bauen*. Spiere, Masten, Rahs und Gaffel wurden aus Holzdübeln hergestellt. Für die Segel verwendete er Pergamentpapier, alte Laken, Batist oder irisches Leinen. Um realistisch anmutende Seile zu erhalten, benutzte Cap Baumwollfäden, die er mit Kerzenwachs oder Bienenwachs einrieb, damit sie nicht «flauschig» aussahen, manchmal nahm er auch Angelleine. Aus buntem Modellierton wurde das Wasser geformt, auf dem das Schiff in der Flasche dahinsegelte oder in dem es hin- und hergeworfen wurde. Er führte den Ton klümpchenweise in die Flasche ein und drückte ihn dann mit einem Zungenspatel in die gewünschte Form. Manchmal benutzte er auch Fensterkitt, der grau aus der Dose kam. Cap mußte ihn anmalen, aber so konnte er die Farbe viel besser selber wählen. Er legte mir einen Klumpen Kitt auf eine Glasscheibe und trug mir auf, mit einem Buttermesser so lange Farbe hineinzukneten, bis der Kitt den richtigen Meereston hatte. Ich nahm Kobaltblau und Chromgrün und Weiß und mischte die Farbe sorgfältig in den Kitt, bis ich genau das Atlantikgrün hatte, das ich beim Bostoner Leuchtturm in der Nähe der Hafeninsel gesehen hatte, darauf wollte ich schwören. Cap war sehr zufrieden damit. Er schob den Kitt durch die Flaschenöffnung und formte die Wellen mit dem runden Ende einer langen Nagelfeile, indem er den Kitt drückte und anhob, bis er wie das Meer bei stürmischem Wetter aussah.

Cap benutzte eine kleine Metallsäge, Pinzetten – kurze und sehr lange –, Klemmen, Zangen, ein Kurvenlineal für die Zeichnungen, Malpinsel, eine Bogensäge, Wäscheklammern, Sandpapier, Hutnadeln, Gießharz und verschieden große Korken. Er zeigte mir das Holz, aus dem er die Rümpfe baute: Kiefer, Douglastanne, Fichte, Balsaholz, Ahorn, Birke, Mahagoni und Eiche. *Zunächst zeichnen wir den Rumpf, wir schneiden ihn aus, malen ihn an und leimen ihn*, sagte er. Ich übertrug seine Zeichnung auf das Holz, und nachdem Cap den Rumpf ausgesägt hatte, malte ich ihn an, und Cap leimte ihn mit großer Sorgfalt. *Nun mußt du die Masten zeichnen, messen, aussägen und lackieren.* Ich lakkierte. *Binde die einzelnen Mastteile mit gewachstem Faden zusammen.* Ich sah ihm zu. Dann schnitten wir die Segel zu, tauchten sie in Stärke und ließen sie auf dem Heizkörper halb trocknen, damit sie glatt und gebauscht waren und man denken konnte, sie seien voll gebläht. *Jetzt nähe oder klebe die Segel an die Masten.* Ich klebte die Segel an allen Ecken fest. *Nun mußt du das Deck, den Kabinenaufbau und die Ankerwinde machen.* Abbie brachte mir Tee, und ich nippte daran, völlig gebannt von Caps flinken Händen. *Falte das Boot zu-*

sammen und zieh sanft an den Bändern, um zu sehen, ob sich die Segel auch aufrichten. Ich teste die Beweglichkeit, sagte er. *Führe das Schiff in die Flasche ein, der Rumpf muß auf dem mit Gießharz überzogenen Meer liegen.* Er gab mir einen langen Zungenspatel, mit dem ich Kleber auf dem Teil der Wellen verteilte, wo die *Star* unserer Meinung nach am besten aussah – bei rauhem Wind in Schräglage. Cap schob die zusammengefaltete *Star of India* durch den Flaschenhals, so daß der Rumpf auf meinen wunderschönen aufgewühlten atlantikgrünen Wellen ruhte. Als wir uns sicher waren, daß der Leim getrocknet war, zog ich an den Fäden, damit sich der Mast und die Segel aufrichten konnten. Ich hielt den Atem an. Sanft bewegte sich der Bugspriet, der Mast richtete sich auf, die Segel füllten sich mit Wind. Die Spars, Booms und Gaffel kamen in die Senkrechte. Die Seile und Falleinen strafften sich. Stolz segelte sie über das Meer. Alles war fest. Und da, auf der Steuerbordseite, stand in meiner besten Handschrift *Star of India*.

Eines Tages, als wir beide über eine Reihe von streichholzdünnen Masten gebeugt waren und sie gleichmäßig lackierten, fragte Cap mich, ob ich Winthrop auf einer Landkarte finden könnte. Ich war in der dritten Klasse und hatte noch keine Erdkunde, aber ich war mir ziemlich sicher, daß ich es finden würde. Es lag in der Nähe von Boston, das wußte ich schon. Er nahm eine Landkarte von der Wand und stellte sie gegen den Stuhlrücken, um es mir zu zeigen. Winthrop war praktisch eine Insel, kaum mehr als anderthalb Meilen im Quadrat, auf drei Seiten vom Meer umgeben – Broad Sound im Norden und Osten, Boston Harbor im Süden und Westen. Ein schmaler Damm führte nach East Boston und einer nach Revere. Ich sah, wie viele Inseln es im Hafen gab, und ließ ihre Namen auf meiner Zunge wie Bonbons zergehen: Castle Island, Spectacle Island, Gallop's, Lovell's, George's, Rainsford, die Brewsters, und weiter zum Land hin Moon, Hangman, Nut, Sheep, Grape, Raccoon, Slate, Bumpkin und Peddocks.

«Ich will dir mal was zeigen», sagte Cap, und ich folgte ihm in den L-förmigen Wintergarten um die Ecke. Er zog eine Jalousie hoch. Das Licht flutete herein und schien auf einen hüfthohen Tisch, der zweimal so groß war wie der Tisch auf der Farm, und ich sah mit Erstaunen, daß darauf eine kleine Stadt gebaut war mit Straßen, Schulen, Banken, Parks, Häusern, Bäumen, auf drei Seiten von Wasser umgeben. Es gab einen Schienenstrang, und an den Kreuzungen warteten Model-T-Fords. Vor den Läden hingen gemalte Schilder, und am Boulevard stand ein Hotel mit weißer Veranda neben dem anderen. Cap Bergman hatte ein perfektes Miniaturmodell von Winthrop gebaut!

Ich traute meinen Augen kaum. Ich rannte um den Tisch herum und zeigte auf Gebäude, die ich erkannte, die Bibliothek, die Apotheke, die Highlands, unser Haus gegenüber von Emelines Haus. Das Haus in der Floyd Street Nummer 56, Cliff House. Die Bäume hatten federartige Laubkronen, am Lewis Lake standen Strandhafer und Sumpfsimsen. Und die Schmalspureisenbahn rumpelte auf den Schienen entlang.

Ich hatte nur in Erzählungen von der kleinen Bahn, die durch Winthrop geführt hatte, gehört – sie war zunächst für die Sommergäste gebaut worden, und dann, als Winthrop Ende der achtziger Jahre des 19. Jahrhunderts zu einem richtigen Wohnort wurde, fuhr sie für alle anderen Bewohner auch – und hatte mir die Streckenführung nie vorstellen können, denn die Bahnhöfe waren längst verschwunden und der Schienenkörper war nach dem Zweiten Weltkrieg entfernt worden. Doch jetzt, da der Miniaturzug, gezogen von Pegasus, der Dampflokomotive, die Morton Street an der Salzmarsch entlangtuckerte, sah ich, daß alle Bahnhöfe wie durch ein Wunder wiedererstanden waren. Cap hatte sie wiedererbaut, und ich war verzaubert.

Der Zug fuhr von der Cherry Street Station in Kurven durch die Highlands zur Crest Avenue, dann durch die engen Straßen mit den kleinen Häusern am Strand, am Lewis Lake vorbei und über die Crystal Cove zum Thornton Park, dann durch das Zentrum von Winthrop, Ingalls, und wieder zurück zur Marsch. Ich mußte unter den Bäumen und zwischen den Laternen nachsehen, um die Haltestellen zu finden – Grover's Cliff, Rocky Beach, Ocean Spray, Sea Foam, Playstead, St. Leonard's, Great Head, Cottage Hill, Short Beach, Point Shirley, Thornton, Winthrop Beach, Battery. Es war so aufregend. Der Zug fuhr an und pfiff und hielt an jedem Bahnhof, genau, wie er es vor fünfzig Jahren auch getan hatte. Und am Ende der Strecke waren die Docks, von wo aus Cap Bergman seine Fähre für einen Penny pro Überfahrt zur Rowe's Wharf hinüber betrieben hatte.

Sie war perfekt, perfekter noch, als eine richtige Stadt je sein könnte. Ich konnte das Meer riechen und das Rauschen der großen Ahornbäume hören, ich spürte die Aufregung und die Anspannung, wenn der Zug plötzlich um die Ecke kam. Es war so schön und so vollendet, daß mir zum Weinen zumute war. Ich wollte sie nie wieder aus den Augen lassen.

«Sieh mal hier», sagte Cap und zeigte auf ein Gebäude auf Point Shirley. «Das sind die Salinen, die ein Mann namens Sturgis 1812 gebaut hat. Sie sind nicht mehr da, aber sie sind Teil unserer Geschichte. Und diese Scheunen, die zur Revere Copper Company gehörten, wurden nach dem Bürgerkrieg abgerissen. Dieses weiße Haus hier – siehst du? – war in einem Sommer das Ferienhaus des großen italienischen Staatsmannes Garibaldi. Neben Newport war Winthrop das erste Seebad in Amerika. Der Schienenstrang und auch die Stadt selbst sind auf alten indianischen Pfaden errichtet. Als der Center-Bahnhof abgerissen wurde, fand man darunter einen alten indianischen Friedhof, und dann kamen Wissenschaftler aus Harvard und brachten ihn weg. Aber in meinem Winthrop ist immer noch alles da – die Felder, die Apfelbäume, die indianischen Knochen.»

Hier hatte Cap Winthrop also mit Hingabe, Sorgfalt und Phantasie im Modell seine eigene Version von Winthrop errichtet. Alles war da – was wir heute noch sehen konnten und was für immer verschwunden war. Verlegen kam ich um den Tisch herum und legte meine Arme um ihn. Er hatte mir eine Art zu sehen gezeigt, die wahrhaftiger als wahrhaftig war.

«Cap», sagte ich, «ich habe dich lieb!»

Er lachte erfreut, und dann gingen wir in die Küche, um zu sehen, was Abbie zum Abendessen machte.

Es dauerte eine ganze Weile, bis meine Mutter sich von der Operation erholte. Sie machte ihre Arbeit im Haushalt, aber sie war zerstreut und reizbar, als würde sie uns durch das falsche Ende eines Teleskops betrachten, und wir wären ganz weit weg. Ich lauschte an der Tür, wenn meine Eltern stritten. Mit der Hühnerzucht ging es bergab. Mein Vater war nie mit ganzem Herzen dabeigewesen. Nach dem Krieg hatte mein Großvater ihn und Flap auf die Farm geschickt, weil das Eiergeschäft angeblich florierte, doch als die anderen kleinen Farmen in der Nachbarschaft expandierten, neue Ausrüstung anschafften und mehr Hühner kauften, zog mein Vater nicht mit. Meine Mutter, die die Bücher geführt hatte, wußte, daß wir in Schwierigkeiten waren. Sie wollte arbeiten, eine Stelle annehmen, die ein Gehalt einbringen würde. Mein Vater tobte. Er wollte nichts davon hören. Doch als er ein Jahr lang in seinem Ledersessel beim Kaminfeuer gesessen hatte und seine Arthritis ihn so plagte, daß er kaum noch laufen konnte, wurde meine Mutter in der Spaulding Memorial School Vertretungslehrerin. Sie unterrichtete sogar in meiner vierten Klasse, als ich neun war. Außerdem belegte sie Kurse am Fitchburg State Teacher's College, um ihren Master zu machen, und war den ganzen Tag fort. Morgens ging sie zum Unterricht in die Schule und von dort direkt zum College. Wenn wir aus der Schule kamen, war das Haus leer. Fitchburg State füllte ihr Leben aus, und schon bald hatte sie eine Stelle als vollausgebildete Lehrerin am Edgerly, einem Gymnasium, das dem Teacher's College angeschlossen war. Sie hatte keine Zeit mehr, uns hübsche Pullover in leuchtenden Farben zu stricken, mit Zopfmustern und Streifen in einer speziellen Strickart am Hals und an den Bündchen. Die Nähmaschine wurde abgedeckt, und da sie jetzt ein eigenes Gehalt hatte, ging sie mit mir in Geschäfte, um Kleider einzukaufen.

Ich haßte es. Ich haßte die überfüllten Läden, wo ich in meinen Sandalen hinter meiner Mutter herschlurfte und sie summend die Gänge entlangtänzelte, ganz selbstbewußt die Ware an den Ständern prüfte und fröhlich für sich selbst Kleider auswählte – einen Strickanzug in Perlgrau und Fuchsienrot, Seidenblusen in Hellrosa und Jagdgrün, spitzenbesetzte Unterröcke und Satinhöschen, dreifarbige Wildlederpumps – Pflaume, Schwarz und Mattweiß –, einen marineblauen Mantel mit wunderschönen Knöpfen, tailliert und mit einem schwingenden Rock. Sie wußte, wie schön sie in allem, was sie trug, aussah.

Ich schrumpfte innerlich zusammen, wenn sie für mich Sachen aussuchte. Ich liebte Rot in allen Schattierungen – Scharlach, Rosa, Kastanie, Tomate – je röter, desto besser. Ich träumte von himmelblauen und pfirsichfarbenen Kleidern, über und über mit altmodischer Spitze besetzt. Ich wollte kurze Röcke tragen, so wie ich es in *Seventeen* gesehen hatte, und dazu gemusterte Strümpfe – mit Netzmuster oder gepunktete, geblümte, quergestreifte. Ich wollte Wimperntusche und Lippenstift tragen und zart erröten. Doch meine Mutter wählte unbeirrt die braunen, beigefarbenen und ockergelben Sachen aus, große Pullover in Khaki und Mausgrau. Ich durfte nur Kniestrümpfe und braune Halbschuhe tragen. Die Röcke und Pullover waren riesig und gingen mir bis zu den Knöcheln. Warum mußte ich in den häßlichsten Farben der Welt herumlaufen, wenn sie die hübschesten tragen durfte? Ich maulte und schmollte und streckte angewidert meinen Po heraus. Ich bestand darauf, eins oder zwei der schönen Kleider mit Rüschen, Passen und Puffärmeln anzuprobieren, eigensinnig schmuggelte ich sie in die Umkleidekabine, obwohl meine Mutter nur lachte und sagte, ich sähe urkomisch darin aus. Ich fürchtete mich vor dem Augenblick, da ich in meiner Unterhose und meinem Baumwollunterhemd vor dem dreigeteilten Spiegel stand und meinen häßlichen Körper ansehen mußte, der Vorhang weit geöffnet, und die Verkäuferin, eine Brillenkette um den Hals, mit der Zunge schnalzte und eine Bemerkung fallenließ. Meine Schultern waren zu breit, die Taille nicht schmal genug, der Brustkasten zu klein. Pullover, Blusen und Röcke, die auf dem Bügel ganz nett aussahen, hingen an meinem Körper wie Mehlsäcke. In hübschen Kleidchen sah ich aus wie ein Clown. Nichts paßte. Die Farben stimmten nicht. Ich riß mir die Sachen schnaubend vom Leibe und warf sie auf den Boden der Umkleidekabine. Wütend starrte ich mich in meiner ausgeleierten Baumwollunterwäsche an, riß mir ein Büschel Haare aus und schluchzte, bis der Rotz mir aus der Nase rann und ich mir das tränennasse Gesicht am Ärmel meines Hemdes abwischte. Es war nicht fair. Ich war so häßlich. Wie konnte nur jemand so häßlich sein?

«Steh gerade. Schlurf nicht so. Zieh den Bauch ein», fuhr meine Mutter mich an, die sich meiner schämte, wenn ich die langweiligen braunen Pullover anprobierte, die grauen, bis zu den Waden reichenden Tweedröcke, die Pullis, die meine Handgelenke und meinen Po bedeckten. Ich war so unförmig wie ein Kartoffelsack.

«Diese Sachen nehmen wir für meine Tochter», sagte meine Mutter zu der Verkäuferin und hielt sie mit ausgestrecktem Arm hin, als könne sie es nicht ertragen, sie anzurühren. Ich stand neben ihr, ich haßte ihre makellose Haut, ihre schlanken Beine, ihre mädchenhafte Figur, und wünschte mir aus der Tiefe meines Herzens, ich könnte wegrennen und würde nie wieder dermaßen gedemütigt werden.

Dann probierte meine Mutter ihre wunderhübschen Kleider an und mußte immer noch darüber lachen, wie komisch ich in den gerüschten Partykleidern ausgesehen hatte. Die edlen Gewänder glitten ihr, eins nach dem anderen, über den Kopf. Ich sah zu, wie sie winzige Haken und Ösen verschloß, und alles paßte, als sei es für sie entworfen worden. Die frohen Farben reflektierten den rosa Hauch auf ihren Wangen und ließen ihre goldenen Locken leuchten. Sie trug Konfektionsgröße achtunddreißig und wurde nicht müde, mir zu erzählen, daß ihre Taille immer noch sechzig Zentimeter maß, wie zu der Zeit, als sie aufs College ging, bevor sie drei Kinder auf die Welt gebracht hatte. Ich hatte keine Taille. Mein Vater sagte, ich sei gebaut wie ein Scheißhaus aus Ziegelsteinen. Meine Mutter sah aus wie ein Fotomodell.

Im Spiegel sah sie nur ihr eigenes Bild, ihre perfekte Haltung, die schlanken Hände, ein Szenenfoto mit neuen Kleidern. Neben ihr war ich ein Schatten, den sie, während ich vor ihr stand, gar nicht wahrnahm. Der Spiegel verzerrte das Bild wie in einem Spiegelkabinett – er machte meine Mutter groß und schlank und gab ihr einen schwanengleichen Hals, und meine Gestalt hatte einen stecknadelgroßen Kopf, keine Oberweite, ausladende Hüften und dicke Knie. Mein Körper hatte das, was an ihr fehlerhaft war, absorbiert. Ich war mit ihren Mängeln gebrandmarkt, damit sie makellos vor mir erstrahlen konnte.

«Hör auf zu schmollen», sagte sie wütend. «Es ist mir peinlich, mit dir gesehen zu werden. Du benimmst dich wie ein Kind.» *Ich bin doch auch ein Kind*, begehrte ich insgeheim auf. *Warum haßt du mich so? Ich liebe dich doch!* Ja, ich liebte meine schöne Mutter wirklich. Und ich haßte sie oder mich so sehr, daß ich alle Spiegel in dem Geschäft mit den Fäusten in Splitter schlagen wollte.

«Du benimmst dich wie ein verwöhntes Balg!» sagte sie angewidert. Daraufhin, als wollte ich ihre Ansicht über mich bestätigen, jaulte ich auf, stampfte aus dem Geschäft, setzte mich ins Auto und schmollte, was das Zeug hielt.

Eines Tages, als wir nach einer besonders aufreibenden Einkaufstour nach Hause kamen und meine Mutter ihre Ansprache darüber, wie verwöhnt ich war und wie unmöglich ich mich benommen hatte, beendet hatte, setzte ich mich auf ihr Bett, die knisternden Tüten mit den Kleidern um mich herum, zog die Knie an die Brust, legte meinen Kopf auf die Arme und weinte.

«Warum kann ich nicht aussehen wie du?» schluchzte ich und kratzte mir mit den Fingernägeln die Arme auf, bis Blut herausperlte. «Warum muß ich so häßlich sein? Ich bin eine Mißgeburt, eine schreckliche Mißgeburt!»

«Du bist keine Mißgeburt. Nicht jeder kann hübsch sein», sagte meine Mutter und puderte sich die Nase. «Du bist gerade in der Phase des häßlichen Entleins. Ich hatte so eine Phase nie, aber du steckst mittendrin, da kann man nichts machen.» Sie zog die Lippen mit rotem Lippenstift nach und strich sich zufrieden übers Haar. «Wahrscheinlich wirst du mir nie ähnlich sehen. Du hast die Gene deiner Großmutter.»

Ich war dazu verdammt, mein Leben lang wie ein Sack Kartoffeln auszusehen, mit Pickeln im Gesicht und glanzlosem, fettigen Haar von unscheinbarer Farbe. Gott im Himmel, ich würde immer so aussehen! Ganz plötzlich setzte meine Mutter sich auf das Bettende, zündete sich eine Zigarette an und wollte ernsthaft mit mir reden.

«Du wirst bald in die Höhe schießen.» Sie schwieg und räusperte sich verlegen.

In die Höhe schießen. Das ließ sich hören. Ich hatte es satt, ein Zwerg zu sein.

«Dein Körper wird ... na ja, du ... auf deinem Körper werden Haare wachsen ... da, wo ... na ja, wo bisher keine waren.» Sie hüstelte und zog damenhaft an ihrer Zigarette.

Haare? Auf meinem Körper? Das war doch albern, wo sollten die denn wachsen! Ich berührte mein Gesicht. «Muß ich mich dann rasieren wie Daddy?»

«Nein», sagte sie und schlug meine Hand weg. «Nicht im Gesicht. In den Achselhöhlen und ...» Sie schloß die Augen und machte eine Handbewegung: «... da unten.»

Haare? Da unten? Wovon redete sie?

«Bald bist du kein kleines Mädchen mehr. Dein Körper wird ... sich verändern. Deine Brüste werden sich entwikkeln. Du wirst ...» Sie hielt inne und drückte die Zigarette aus, dann blickte sie aus dem Fenster, als könne sie meinen Anblick nicht ertragen. «Du wirst ... jeden Monat wirst du bluten, bis du alt bist.» Wieder schwieg sie.

Das Schweigen im Raum war ohrenbetäubend. Ich rutschte auf dem Bett herum, und die Einkaufstüten knisterten. Was wollte sie mir erzählen? Ich würde einmal im Monat bluten? Nasenbluten? Ich faßte meine Nase an.

«Nein, nicht doch», fuhr sie mich verärgert an. «Nicht aus der Nase. Sondern ... da unten.» Ich ließ den Mund vor Überraschung offenstehen. Meine Mutter erhob sich ungeduldig und fing an, im Zimmer auf und ab zu laufen.

«Das passiert jedem jungen Mädchen. So wird man zur Frau. Mir hat keiner davon erzählt, und eines Tages in der Schule habe ich in meiner Unterhose Blut gehabt. Ich dachte, ich würde sterben. Ich dachte, ich würde verbluten. Deswegen wollte ich mit dir darüber sprechen, damit du vorbereitet bist.»

Sie holte eine rosafarbene Broschüre aus ihrem Schreibtisch und gab sie mir. Sie hatte den Titel *Was jedes Mädchen wissen sollte*. «Lies das, damit du begreifst, worum es geht.»

Mir war leicht schwindlig. Ich würde für den Rest meines Lebens jeden Monat bluten, aber warum? Ich begriff überhaupt nichts.

«Mom?» Sie schien mich nicht zu hören. «Mama?» Sie drehte sich zu mir um, ihre Augen brannten vor Verlegenheit. «Ich verstehe das nicht. Wie meinst du das?»

Sie schnalzte ungeduldig mit der Zunge. «Du wirst jeden Monat da unten bluten, und dann wirst du heiraten und Kinder bekommen», sagte sie, als sei damit alles geklärt.

Kinder? Ich soll Kinder bekommen? Das Zimmer begann sich zu drehen, ich legte den Kopf auf die Knie. Ich wollte keine Kinder haben, ich würde nie Kinder bekommen. O Gott, es war zu schrecklich. Ich fing an zu weinen.

Seit Jahren erzählte mir Granny von der Geburt meines Vaters, und jedesmal überkam mich das kalte Grausen. Immer, wenn sie davon erzählte, rieb sie sich die Augen und stöhnte, sie verzog ihr Gesicht und sprach von ihren Todesqualen, von den Wehen, die drei Tage gedauert hätten, in denen sie mit unbeschreiblichen Schmerzen vor dem Fenster ihres Zimmers im West-Roxbury-Krankenhaus auf und ab gegangen war und sich in den Tod stürzen wollte. Das Kind in ihrem Bauch lag falsch herum und wollte nicht zur Welt kommen. Der Arzt zerrte es schließlich mit einer Zange aus ihrem blutenden Körper. Nie vergaß sie die Schmerzen, und nie vergab sie meinem Vater dafür – es klang, als wäre das alles erst am Tag zuvor geschehen.

So sollte es nun auch mir ergehen? Ich weinte heftiger. Ich wollte kein Kind in mir drin haben, das meinen Leib zerreißen würde, um herauszukommen. Ich wollte weder das Blut sehen noch den schrecklichen Schmerz spüren.

«Ich will keine Kinder kriegen!» schrie ich und bearbeitete die Einkaufstüten mit meinen Fäusten.

«Ach, so schlimm ist es auch wieder nicht», sagte meine Mutter und zündete sich eine neue Zigarette an. «Die Ärzte sind ja bei einem und geben einem etwas, damit man einschläft. Beinahe hätte ich bei dir eine Fehlgeburt gehabt. Die Ärzte wollten, daß ich im Bett bleibe, aber ich habe mich nicht daran gehalten, und dann kamst du auf die Welt.»

«Eine Fehlgeburt?» fragte ich ängstlich.

«Eine Fehlgeburt heißt, daß der Körper der Mutter das Kind ausstößt, oder daß das Kind krank ist und es sowieso besser tot wäre.»

Der Körper der Mutter stößt das Kind aus? Granny hatte mir erzählt, daß meine Eltern nie zu Hause geblieben sind, als meine Mutter schwanger war. Sie gingen die ganze Zeit auf Partys, sie tanzten, rauchten, tranken Bourbon und «machten einen drauf». Granny hatte gesagt, deshalb sei ich zu früh auf die Welt gekommen und beinahe gestorben. Wenn das Baby krank ist und es sowieso besser wäre, wenn es tot wäre?

«Du warst so winzig, als du auf die Welt kamst», fuhr meine Mutter fort. «Alle dachten, du würdest sterben. Du hast sechs Wochen lang in einem Brutkasten gelegen. Er sah aus wie ein kleiner, gläserner Sarg, und du warst ganz blau im Gesicht, und alle dachten, du würdest sterben.» Sie lachte, ein harter, klirrender Klang aus ihrem roten Mund. «Früher hätte man ein schwaches Kind, wie du es warst, auf einen Berg getragen und es dort im Wind und Regen sterben lassen. Adler wären gekommen und hätten dir die Augen ausgepickt.»

«Hier», sagte sie und legte mir eine braune Papiertüte in den Schoß, «das brauchst du dann.»

Eigentlich wollte ich nicht hineinsehen. Verschämt linste ich in die Tüte und sah einen Karton, auf dem «Binden» stand, und einen Bindengürtel. Ich stopfte die rosafarbene Broschüre in die Tüte, rannte aus dem Zimmer, die Treppe hinauf, warf mich bäuchlings aufs Bett und weinte. Das war das Schlimmste, was mir je passiert war.

Beim Abendessen konnte ich nicht aufhören, ans Kinderkriegen zu denken. Ein Kind zu bekommen mußte schrecklich sein. Es würde mich umbringen. Kinder waren unerwünscht. Kinder sterben. In diesem Haus waren schon schreckliche Dinge geschehen. Mit der Gabel drückte ich ein schraffiertes Muster in meinen Kartoffelbrei und dachte an Grannys Geschichten.

Ihre Großmutter, Anna Watkins, war mit sechzehn Jahren aus England nach Amerika gekommen, um auf unserer Farm für Verwandte ihrer Verwandten – Ford Reed und seine beiden Brüder Leonard und Charles – als Haushälterin zu arbeiten. Außerdem pflegte sie die blinde Mutter der beiden. Ich hatte Bilder von Anna gesehen. Sie war ein untersetztes Mädchen mit schwarzen Augen und schwarzen Haaren, grober Haut und krausem Haar. Ich überlegte, in welchem Zimmer unseres Hauses sie geschlafen haben mochte, und stellte mir vor, daß sie Heimweh nach Barford und dem strohgedeckten Häuschen in der Nähe von Windsor Castle hatte und sich unter den kratzigen, grauen Wolldecken in den Schlaf weinte. Bald darauf heiratete sie Ford Reed, der sehr viel älter als sie war, und sie bekamen ein Kind, das sie Joseph nannten. Ich wußte, daß Joseph im Zimmer meines Vaters geschlafen hatte, und stellte mir einen weißen Stubenwagen vor, über dessen Korbverdeck im Sommer ein Musselintuch gehängt wurde, um die Fliegen fernzuhalten. Damals gab es noch keine Fliegentüren und -fenster. Ich sah Anna Watkins Reed vor mir, die ihn im Arm hielt und ein altes englisches Wiegenlied summte, während er einschlief.

Irgendwie war das Baby eine Brücke zwischen ihrer Einsamkeit auf der Farm und ihrer Familie auf der anderen Seite des Atlantiks. Doch in einer Winternacht – damals war Joseph erst ein paar Wochen alt – war er in dem Zimmer, in dem jetzt mein Vater schlief, erfroren.

Granny hatte mir die Geschichte so oft erzählt, daß ich wußte, sie stimmte, aber jedesmal hielt ich ungläubig den Atem an. Wie konnte das geschehen? Er muß doch geweint und mit seinen kleinen Fäusten gegen die Decke gehämmert haben. Er muß die ganze Nacht geweint haben, bis er ganz erschöpft war und seine Hände immer kälter wurden, bis sein Atem immer langsamer wurde und seine Augen nicht mehr um Hilfe flehten, sondern still wurden. Wie konnten seine Eltern, die unten beim Kamin schliefen, ihn nicht gehört haben? Wie konnten sie trotz seines jammervollen Weinens schlafen und ihn sterben lassen?

Ich konnte kaum essen. Verzweifelt schob ich die Erbsen auf meinem Teller hin und her. Später bekam Anna Watkins noch zwei Mädchen. Ich suchte die Druckstellen auf den Schläfen meines Vaters. Einmal fragte ich Granny, warum sie keine Kinder mehr bekommen hatte, und sie schlug mir ins Gesicht. «Verstehst du denn nicht?» sagte sie zornig. «Ich habe die Schmerzen bei der Geburt deines Vaters kaum ertragen. Ich lag drei Tage lang in den Wehen. Ich wollte sterben. Gram hat auf dem Küchentisch fünf Abtreibungen an mir vorgenommen, weil ich mich geweigert habe, diese Schmerzen ein zweites Mal zu ertragen. Weißt du, was eine Abtreibung ist? Es bedeutet, daß sie einen langen, spitzen Gegenstand in mich hineingesteckt und die Babys aus meiner Gebärmutter herausgekratzt hat.»

Ich hielt mir die Ohren zu und schrie innerlich. Abtreibungen. Fünf Stück. Anna Watkins Reed hatte fünf Babys auf dem Küchentisch umgebracht, auf demselben Tisch, an dem ich jetzt saß. Überall sah ich Blut, weiße Petticoats, in Blut getränkt, einen Gegenstand, einen Stiefelknöpfer, und eine schwitzende Anna Watkins mit schwarzen Vogelaugen, die sich über Grannys noch jungen Bauch beugte, um die Babys herauszuholen, bevor sie weitere Qualen verursachen konnten. Ich ließ den Blick über meine Familie gleiten, die schweigend beim Essen saß, und fragte mich, wie sie es ertragen konnten, die Bissen in den Mund zu stecken. Wußten sie nicht, was hier geschehen war? Ich sah Blut über die grünweiß karierte Decke fließen – wie Soße, die sich zwischen Salz- und Pfefferstreuer ergoß – und sich unter meinem Teller sammeln. Kinder starben. Kinder wurden umgebracht. Ich warf meine Gabel auf den Tisch, rannte in mein Zimmer und rollte mich wie ein Fötus auf dem Bett zusammen.

In dieser Nacht hatte ich einen verrückten Traum, ähnlich der Geschichte von Hänsel und Gretel. Ich hörte, wie meine Mutter meinem Vater zuflüsterte: *Wir haben nicht genug zu essen und nur eine Decke für uns alle. Morgen müssen wir unsere Tochter in den Wald bringen, ganz weit weg, und sie dortlassen.* Im Mondenschein füllte ich meine Taschen mit weißen Kieseln, damit ich den Weg zurück nach Hause finden würde. Mein Vater trug mich tief in den Wald hinein, und ich ließ hinter ihm die Kiesel fallen. Aber er setzte mich nicht im Wald ab, sondern auf der Veranda eines Hauses, schwarz wie

Lakritz, mit Zuckergußverzierungen, zwei Straßenzüge vom Meer entfernt. Mein Vater verschwand im Wald, die Axt über der Schulter, und ich drehte mich zur Tür. Granny kam heraus, die Arme weit ausgestreckt zu einer atemberaubenden Umarmung, ihre Stimme schrill und durchdringend. «Ich liebe dich mehr als mein Leben. Keiner liebt dich wie ich. Wenn dir je etwas zustößt, bringe ich mich um. Wenn du mich verläßt, sterbe ich.»

Das sagte sie immer zu mir, doch in meinem Traum schenkte ich ihr keine Beachtung. Ich rannte wieder in den Wald, fort von ihr, frei wie ein Reh. Die Bäume waren wunderschön, und ich wollte unter ihnen leben, aber ich folgte den Kieselsteinen zurück zur Farm. Meine Mutter saß vor dem Spiegel ihrer Frisierkommode, das Gesicht finster wie das der bösen Königin. Sie schäumte vor Wut, als sie mich sah.

«Wie hast du den Weg zurück gefunden? Dein Vater ist so schwach, er hat dich nicht weit genug getragen. Er ist schuld. Verstehst du denn nicht – wir wollen dich hier nicht.»

Am nächsten Tag wurde ich allein in den Wald geschickt, doch auch diesmal ließ ich die Steine meiner Sehnsucht, meines Kummers, meiner Trauer fallen. Als ich diesmal zu dem lakritzschwarzen Haus mit den Zuckergußverzierungen, zwei Straßenzüge vom Meer entfernt, gelangte, wurde die Tür von einer Hexe aufgerissen.

«Ha!» krächzte sie und streckte einen Teller mit einem dampfend heißen Pekannußbrötchen heraus. «Ich werde dich mästen, dann töte ich dich, brate dich und esse dich auf!»

Ich drehte mich um und rannte davon, durch den Wald, den weißen Steinen folgend, bis ich nicht mehr laufen konnte. Ich legte mich ins Gras in den Schatten. Ich wollte bei dem Bach leben, zu dem die Tiere aus den Bergen herunterkamen, um aus meiner Hand zu trinken. Wachteln gurrten im Unterholz. Ich hörte das Klagen eines Tyrannvogels, ich sah ein Paar Kardinalvögel im Baum. Leise segelten die Blätter zu

Boden. Ich blickte auf die Steine, die wie Perlen einer zerrissenen Halskette herabgefallen waren, und sie verwandelten sich in Brotkrumen. Doch das Brot war so hart, daß selbst die Vögel es nicht essen konnten.

Ich nahm eine Krume des steinharten Brotes und brach sie. Darinnen, wie eine Erzader, war ein Wort, *Amaranth*. Überrascht warf ich die Krume fort und nahm eine andere. Darin stand ein anderes Wort – *Coracle*. Ich sammelte die Brotsteine in meinem Schoß und fand in jedem einzelnen eines meiner Lieblingswörter – wunderschöne, geheimnisvolle Wörter, die ich aus Büchern kannte. Sie waren so fremdartig und schön. Ich hatte sie in einem Wörterbuch nachgeschlagen und mir ihre Bedeutung gemerkt. Jetzt gehörten sie mir, sie waren mein Geheimnis, meine speziellen Wörter, und ich befühlte jedes einzelne wie ein Amulett. *Amaranth*: eine erfundene Blume, die nie verblüht oder verwelkt. *Coracle*: ein Boot aus Weidengeflecht, das die alten Kelten benutzten. *Kollier*: eine aus mehreren Reihen Edelsteinen bestehende Halskette. *Firkin*: ein altes Hohlmaß für Bier. *Glissade*: ein dicht über dem Boden ausgeführter Gleitschritt. *Girandola*: ein mehrarmiger Leuchter. *Irisieren*: in Regenbogenfarben schillern. *Jeremiade*: langes Klagelied. *Lakunar*: eine getäfelte Decke in der antiken Baukunst. *Merlin*: ein blaugrau gefiederter Zwergfalke mit breiten, schwarzen Querbinden am Kopf. *Alabaster*: feinkörnige, durchscheinende Art des Gipses. *Vade mecum*: komm mit mir. *Asgard*: himmlische Heimstatt der Götter.

Ich weinte in meinem Traum, denn ich wußte, daß ich, solange ich diese wunderschönen Wörter bei mir trug und vorgab, sie seien Steine, nie verloren sein würde. Als ich erwachte, waren auf meinen Wangen Tränenspuren.

In allen Zimmern ihres Hauses hatte Granny Spiegel aufgehängt, und als ich so alt war, daß sie nicht mehr vor ihren Freunden mit mir prahlen konnte, stellte sie sich mit mir vor einen Spiegel, blickte zärtlich in das Glas und sagte: «Du siehst aus wie ich.» Aber das stimmte nicht. Jeder konnte das sehen. Zudem hatte ich das eigenartige Gefühl, daß ich gar nicht da war und sie sich selbst doppelt gespiegelt sah. Manchmal sah sie mich mit Bedauern an, sah meine dunkler werdenden Haare und meine sich streckenden Glieder – Quelle tiefer Enttäuschung – und sagte: «Als du fünf warst, warst du perfekt. Du warst so ein hübsches Kind. Du hast deine kleine Hand in meine gelegt, und wir sind zusammen zum Strand gegangen. Alle haben uns bewundert, und ich war die glücklichste Frau der Welt. Und sieh dich jetzt an.» Ich hatte sie gewissermaßen betrogen, weil ich nicht für immer fünf Jahre alt war, und ich schämte mich, weil ich heranwuchs und so häßlich wurde. Einmal beschloß sie, meine Haare zu bleichen, damit ich blonde Shirley-Temple-Locken hätte und wieder niedlich wäre, doch das Bleichmittel lief mir in die Augen und brannte, und ich schrie erbärmlich. Als es vorbei war, war mein Haar weiß und strohig, die Locken waren verschwunden, und ich sah abscheulich aus.

In Grannys Haus gab es keine Schlupfwinkel. Sie verfolgte mich von Zimmer zu Zimmer. Wenn ich ruhig in einer Ecke saß und malen oder lesen wollte, kam sie und unterbrach mich. Sie bestand darauf, daß wir dasselbe aßen, Bissen für Bissen, und sie wollte, daß wir dieselben Gedanken hatten. Ihre Stimme hämmerte fortwährend auf mich ein, sie drang durch die Ritzen und Spalten meiner Gedanken, wie ein Sturmwind durch ein baufälliges Haus pfiff. Ich mußte mit dem aufhören, was ich gerade tat, sie ansehen und ihr zuhören.

An einem Nachmittag in dem Jahr, als ich zwölf wurde, saß ich am Eßtisch, meine Füße auf der Querstrebe des Windsor-Stuhls, und las mit offenem Mund ein altes Buch, das ich mir aus der Bücherei geholt hatte, den Winthrop Town Report aus dem Jahre 1897. Fasziniert las ich den Bericht des Leiters des Amtes für Milch und Essig. Ich überflog die Titel der Bücher, die die Frost Public Library in jenem Jahr angeschafft hatte, und verfolgte die Strecke der Schmalspurbahn, wobei ich mir die Bahnhöfe in Caps Modellstadt bevölkert mit Sommergästen vorstellte – Frauen mit federbesetzten Hüten, Turnüren und Puffärmelkleidern, Männer in weißen Anzügen und Canotiers, Kinder in kurzen Hosen und Strohhüten, deren Bänder über den Rücken herunterhingen. Der Meeresgeruch schien direkt aus den Seiten zu strömen. Doch ich widmete meine besondere Aufmerksamkeit den Geburten, Eheschließungen und Todesfällen. Ich stand neben dem Standesbeamten und wurde Zeuge der Eheschließung zwischen Letitia Louise Adams, sechzehn, und Horace Tewksbury, neunundsechzig, und stellte mir ihr Leben vor. Ich weinte beim Tod von Ethel Belcher Floyd, einunddreißig, die an der Brightschen Krankheit gestorben war; ich weinte um die unbekannte Frau, die sich bei Cottage Hill von den Klippen gestürzt und einen Zettel hinterlassen hatte, auf dem es hieß: *Bitte schreiben an mein Mann, Patrick Kelly, Bergen, New Jersey.*

Als Granny hereinkam und auf mich einredete, blickte ich nicht auf. Ich las, Monat für Monat, den Namen jedes neugeborenen Kindes, den Tag der Geburt und die Namen der Eltern. Alles schien ganz normal, doch dann kam ich zu einem Datum, hinter dem das Wort *Totgeburt* stand. Ich wußte, daß Totgeburt bedeutete, daß das Baby tot zur Welt gekommen war, aber es gab so viele: 3. Januar, *Totgeburt*; 14. März, *Totgeburt*; 29. April, *Totgeburt.* In der ganzen Spalte gab es praktisch jeden Monat eine Totgeburt. Die Eltern waren nicht aufgeführt. Und hinter der Leerstelle, ganz rechts auf der Seite, stand manchmal *am Strand angeschwemmt.* Aufgebracht wanderte mein Finger die Spalte hinunter und zum Rand der Seite. *Totgeburt. Am Strand angeschwemmt. Totgeburt. Am Strand angeschwemmt. Totgeburt. Am Strand angeschwemmt. Totgeburt.* Ich verschluckte mich und vergoß den Tee über Grannys beste Tischdecke.

Beim Aufwischen schalt mich Granny mit schriller Stimme, weil ich so unbeholfen war, und ich dachte über das, was ich gerade gelesen hatte, nach. Kinder. Tot geboren. Ins Meer geworfen wie Abfall. Kinder unerwünscht. Babys, die ins Meer geworfen und an Land gespült wurden wie Treibgut von einem havarierten Schiff. Tote Säuglinge, die mit den Wellen herbeigetragen wurden, die Gischt wie der Saum ihres Taufkleides, die kleinen Hände wie Sternfische im Sand.

Und dann kam mir glasklar ein Gedanke. Was, wenn die Babys nicht tot auf die Welt gekommen waren? Was, wenn sie gelebt hatten und die Eltern sie nicht wollten, und dann hätten sie sie einfach ins Meer geworfen? Was, wenn die Mutter allein war und zu arm, um ein Kind zu ernähren, und sie wollte nicht, daß es bekannt wurde, daß sie keinen Mann hatte? Was für eine Mutter könnte am Rande der Klippen stehen, ein leise glucksendes Kind, fest in eine Decke gewickelt, in den Armen und es in die Wellen werfen, könnte zusehen, wie es sanft geschaukelt wurde, die Decke sich öffnete wie eine Blume, bis schließlich die Decke und das Kind in den Fluten versanken? Wie konnte eine Mutter danach ihr Leben weiterleben?

«Granny», flüsterte ich. «Wußtest du, daß viele Kinder, die in dieser Stadt zur Welt gekommen sind, gestorben sind ... und ihre Mütter ...» Ich konnte den Satz nicht zu Ende bringen.

«Ach», sagte sie, «damals sind viele Kinder gestorben. Die alte Mrs. Green, die Mutter deines Großvaters» – sie warf einen Blick zu dem großen weißen Haus auf der anderen Straßenseite mit dem gemauerten Fundament und dem geschwungenen, verglasten Eingang – «hatte Zwillinge, die im Alter von wenigen Monaten an der Cholera starben. Danach bekam sie sieben gesunde Kinder, und das letzte, der kleine Howard, starb mit fünf Monaten an Gastritis.»

Mein Mund blieb vor Entsetzen offenstehen. Die alte Mrs. Green war meine Urgroßmutter und mit mir ebenso verwandt wie Anna Watkins, und sie hatte drei Kinder verloren, nicht nur eins.

«Aber Granny», stammelte ich und zeigte auf den Town Report. «Du hast mich falsch verstanden. Die Kinder kamen auf die Welt und später … später wurden sie am Strand angeschwemmt. Wie kann das passieren?» Ich wollte Trost, eine Art Erklärung.

«Ich weiß nicht.» Sie zuckte die Schultern. «Manche Leute sind verrückt. Komm jetzt, wir machen einen Gang durchs Haus.» Sie marschierte in den Flur und rief nach mir, als sei ich ein Hund. Ich seufzte. Sie hatte die Kinder, die gestorben waren, schon vergessen.

Ich schüttelte den Kopf und tappte ihr benommen nach. Ich ärgerte mich, teils weil ich mich langweilte, teils weil ich verzweifelt war. Grannys Haus war mit Dingen vollgestopft – Möbel, Krimskrams, Nippesfiguren, Spiegel, Bilder, Sitzkissen, Lampen, Kerzenleuchter, Wandteller, Schalen, Untersetzer, Brücken. Alles war mit Goldblatt, Blumen, Weinranken oder Früchten dekoriert. Es gab viel zuviel zu sehen, und man mußte sich vorsichtig bewegen, damit man nicht aneckte oder einen wertvollen Gegenstand von einem Wandregal, vom Kaminsims oder von den Ablagen über den Heizkörpern stieß. Einen Gang durchs Haus zu machen bedeutete, daß Granny alle Gegenstände aus ihren Winkeln oder den Schränken hervorholen oder von einem Haken an der Wand herunternehmen würde. Dann mußte ich sie halten, und sie erzählte mir, woher sie kamen, was sie dafür bezahlt hatte und wie viele Hunderte von Dollar sie wert wären, wenn sie sie jetzt verkaufen würde, was sie selbstverständlich nicht tun würde – um gar keinen Preis. Ich hatte das alles schon tausendmal gehört. Jedes Kästchen, jeder Unterteller war von unschätzbarem Wert, so kostbar wie ihr eigenes Blut. Ich biß mir eine Weile lang auf die Lippen, dann verstand ich. Sie hatte sich mit all diesen Dingen umgeben, damit sie als Mensch existieren konnte. Diese Dinge gaben ihr Wert und Sinn und ein Selbstwertgefühl.

Natürlich waren die Dinge nichts wert, außer für sie. Einmal waren sie und ihre Schwester Madeline am Harvard Square, wo sie sich den neuesten Valentino-Film ansehen wollten, als seine lange schwarze Limousine vorfuhr. Granny bahnte sich mit den Ellenbogen einen Weg nach vorn, öffnete die Tür und warf sich in den Wagen. Granny, ein Backfisch in einem Kleid mit schwarzem Perlenbesatz, setzte sich neben Rudolph Valentino, der einen Smoking trug, und bat ihn mit bezauberndem Augenaufschlag um eine Zigarette. Er zog eine Augenbraue in die Höhe, stieß langsam eine Rauchwolke aus und steckte ihr dann die Zigarette, die er geraucht hatte, zwischen die Lippen. Nachdem sie ausgestiegen war, fuhr er in einer Abgaswolke davon, und sie bewahrte seine Zigarette fünfundvierzig Jahre lang auf – oval, das Zigarettenpapier lila, der Filter aus Goldpapier, eingewickelt in Seidenpapier und mit einem Lavendelband verknotet. Wenn sie sie je verkaufte, würde sie eine Million bringen. Ich war sprachlos.

In ihrem ganzen Leben hatte sie nie etwas fortgeworfen. Neben einem Teller aus Delfter Porzellan – mit einem Sprung so groß wie ein Fluß – stand ein Bierkrug in der Gestalt eines dicken Mannes mit einem Dreispitz aus der Zeit des Unabhängigkeitskrieges. Auch der Krug war beschädigt, doch sie schien nicht zu bemerken, wie schlecht sie die Tülle geklebt hatte. Beide Teile waren ein Vermögen wert, sagte sie. Sie hatte eine Schublade voll mit irischem Leinen und entfaltete es, als handele es sich um die Kaseln und Alben, die der Papst persönlich getragen hatte – obwohl sie den Papst und alle Katholiken der Welt haßte. Die werden eines Tages eine Menge wert sein, sagte sie, obwohl die Tischdecken und Servietten Flecken, Risse und Brandlöcher hatten. In der Speisekammer stand eine Schuhschachtel mit den Griffen von Teetassen – keine Tasse dazu, nur die Griffe –, die verpackt und zugeschnürt waren wie ein Schatz. Sie wußte auf den Cent genau, was sie 1928 bei Jordan Marsh für einen Waschlappen bezahlt hatte, und wenn wir auf das noch vorhandene Preisschild schauten, stimmte ihre Angabe. In einer Tüte hatte sie Dutzende von Aluminium-Kuchenformen gesammelt. Sie hob Kaffeedosen, alte Zeitungen und Schnur auf. Was sie mit den ausgebrannten Glühbirnen zu tun gedachte, erfuhr ich nie, aber auch davon gab es einen ganzen Karton, alles Glühbirnen, die noch aus klarem Glas waren, so daß man den durchgeschmorten Draht sehen konnte.

Die Bilder meines Vaters, in reich verzierten Goldblattrahmen an der Wand im Flur, waren ihr ganzer Stolz. Er hatte sie im Laufe der Jahre gemalt, weil Granny hartnäckig darauf bestand, daß ihr Sohn ein Künstler war und Talent hatte, das er nicht vergeuden durfte. Es war peinlich, sie anzuschauen. Sie waren entsetzlich schlecht. Ich konnte mit acht besser zeichnen als er als Erwachsener. Er hatte keinerlei Gefühl für Farben, Perspektive oder Komposition. Er hatte das, was er gemalt hatte, gar nicht richtig angeschaut, und wenn doch, dann hatte er nicht richtig hingeguckt. Die Stilleben waren falsch – seine Äpfel hatten keine Wangen, die Krüge keine Rundungen, nichts warf einen Schatten, auf keinem Gegenstand brach sich das Licht. Keins seiner Bilder hatte Licht. Im ganzen Haus gab es kein Licht. Die Jalousien waren immer heruntergelassen, die Vorhänge zugezogen. Es war, als würde man in einer Höhle leben.

Bevor wir in ihr Schlafzimmer traten, drehte Granny sich immer zu mir um und sagte triumphierend wie die Herrscherin über ein großes Königreich: «Das habe ich alles für dich aufgehoben! Stell dir vor, es wird alles eines Tages, wenn ich sterbe, dir gehören! Aber du darfst nichts davon verkaufen. Du mußt es für deine Enkelkinder aufbewahren. Stell dir mal vor, was es dann alles wert sein wird!»

Niedergeschmettert ließ ich mich auf das Feldbett sinken und fühlte mich in der Falle. Ich konnte die Zukunft, die sie für mich geplant hatte, vor mir sehen, und sie war schrecklicher als alles, was ich mir ausmalen konnte. Ich haßte Dinge. Ich hatte keine Zeit für Krimskrams und Zierat. Ich haßte Staub wischen und jede andere Art von Hausarbeit. Ich haßte Grannys schwarzes Haus – hatte man schon jemals davon gehört, daß man ein Haus schwarz streicht? Es gab dort kein einziges Buch, nur eine Menge alter Sachen. Ich wollte nur in Frieden lesen und Bücher schreiben können. Aber hier war meine Zukunft – ein schwarzes Haus voll mit Sachen. Und sie hatte die Dinge gar nicht für mich aufgehoben, sie hatte sie für sich selbst gesammelt, bevor es mich überhaupt gab, aber sie und ich waren ja ein und dieselbe Person, oder?

Granny riß die Schranktür auf und fing an, Kleider, Handtaschen, Hüte mit kleinen Schleiern und zerdrückten Seidenrosen herauszuziehen, redete und redete unablässig, und ihre schrille Stimme wurde zwar von Mantelärmeln gedämpft, schnitt mir aber trotzdem ins Herz. Sie drehte sich zu mir um, die Arme voller himmelblauer und marineblauer Kleider, blauer Pullover, blauer Blusen, blauer Hemdblusen. Jedes einzelne Kleidungsstück in ihrem Besitz war blau. Nie trug sie eine andere Farbe.

«Und», sagte sie, das Gesicht von einem eigentümlichen, fast unheimlichen Glücksgefühl gerötet, «wenn ich tot bin, wirst du nie wieder etwas zum Anziehen kaufen müssen. Du kannst alle meine Sachen tragen!» Ich ließ mich auf das Bett sinken und hielt mir den Magen. Ich wünschte, ich wüßte, wie man sich vergiftete.

«Hier», sagte sie und warf mir ihre Kleider zu. «Probier mal an.»

Wie eine Schlafwandlerin in einem Alptraum richtete ich mich auf. Ich zog ihre blaugeblümte Hemdbluse über den Kopf und knöpfte sie am Hals hoch zu.

«Jetzt das», sagte sie und drängte mir eine gelockte, blaugraue Perücke auf. *Lieber Gott, Granny, bitte nicht!* Ich versuchte aufzubegehren, aber meine Lippen versagten. Sie zog mir die Perücke über den Kopf und stopfte mein Haar darunter, damit alles versteckt war. Sie stellte mich vor den Frisiertisch, damit ich zugucken konnte. Sie zog meine Augenbrauen mit ihrem Augenbrauenstift nach, dann legte sie mir Rouge auf. Sie zog meine Lippen mit einem grellen Rot nach. Sie klemmte mir ihre Lieblingsohrclips – silberne Blumen – an die Ohrläppchen. Sie redete und redete und redete, dann wühlte sie wieder im Schrank und zog lauter Tüten hervor. Dann brachte sie eine Hutschachtel zum Vorschein, in der ein breitkrempiger weißer Filzhut mit einem weißen Band in altes Seidenpapier gewickelt war. Sie drückte den Hut auf die Perücke und zog mir die Krempe über ein Auge – das, mit dem ich sehen konnte.

«Das wär's!» sagte sie, rieb sich freudestrahlend die Hände und wühlte erneut im Schrank.

Ich wußte, was jetzt kommen würde. Wir hatten es schon oft gemacht. Sie würde mich fotografieren – und auf dem Bild würde ich genau wie sie aussehen. Mit dem Fotoapparat in der einen Hand und meinem Ellenbogen in der anderen manövrierte sie mich ins Eßzimmer vor das Buffet. Sie zog die weißen Jalousien hoch, damit mehr Licht hereinströmen konnte. Ich wurde weggebleicht, die Farbe wich aus meinem Gesicht und verschwamm auf einem weißen Film.

«Dreh den Kopf zur Seite und senke das Kinn, damit ich dein hübsches Profil sehen kann. Genau wie Gloria Swanson. Man hat mir immer gesagt, daß ich wie Gloria Swanson aussehe.»

Ich drehte mich weg vom Fenster. Die Blende schloß sich. Ich war im Begriff, vollständig zu verschwinden.

«Jetzt dreh dich zu mir und sieh mich unter dem Hut hervor an, so wie Veronica Lake immer unter ihrem Haar hervorgeschaut hat.»

Die Blende machte klick. Ich war in Granny begraben. Es gab keine Melissa mehr. Melissa lag still in einem gläsernen Sarg, in einem Glasherz. Sie trug ein weißes Taufkleid und lag auf einer leinenen Schneewehe, undurchsichtig und auf ewig stumm, von Eis umschlossen.

Doch plötzlich ertönte aus weiter Ferne, durch den langen Tunnel zu dem winzigen Pulsschlag, der wie der eines Kükens pochte, ein Klang. Die Prismen des Kandelabers schlugen leicht aneinander, ganz schwach war Musik zu hören, schön wie ein Reim. Ich öffnete die Augen. Sonnenlicht strömte durch die Jalousien herein, Staubkörnchen tanzten auf jedem Strahl wie Goldsplitter. Das Licht war sanft, beharrlich, es strich wie ein Luftzug durch die Prismen des Kandelabers. Auf den Bohlen des Fußbodens schimmerte ein Regenbogen, und die Prismen klirrten zart. Das Licht war beständig. Es brannte. Es durchdrang das Prisma, das Spektrum zerbarst, und alle Farben ergossen sich auf den Fußboden wie wirkliche Farbe.

Ich konnte nicht anders, als das Licht durch mich hindurchfahren zu lassen. Ich mußte meine Augen dem Halbschatten zuwenden, zwischen dem vollständigen Schatten und dem vollen Licht, denn nur dann konnte das Wissen in mein Glasherz dringen wie ein goldener Strahl und das Spektrum in mir zum Bersten bringen, damit alle Farben dieser Welt auf meiner Palette zu finden waren.

Dann wurde der Glassarg ein Raum, angefüllt mit Helligkeit, Poesie und Licht ausstrahlend, eine schillernde, leuchtende Brechung all dessen, was ich wußte, und all dessen, was ich erfahren würde, und in diesem lichten Augenblick, kristallklar wie ein Prisma, sah ich, daß alle Schattierungen und Zwischentöne und alles Chiaroscuro dieser Welt mit derselben Sprache anfingen und endeten. Die Poesie gab allem ihre Farbe und ihre Musik, den wunderschönen Klang eines Reimes. In meinem Zimmer aus Glas, in meinem Herzen aus Glas würde es mir an nichts mangeln. Ich würde Farbe und Musik und Reim haben, alle Helligkeit zwischen der Morgendämmerung und dem Abendstern an der Spitze meiner Feder. In meinem Zimmer aus Glas, in meinem Herzen aus Glas.

Ich ging für mein Leben gern zur Schule. Unsere Lehrerinnen waren ältere Frauen mit weichen, von Altersflecken übersäten Händen, Brillen und sanften Stimmen, und ich hatte das

Gefühl, daß sie sich unser annahmen, als wären wir ihre eigenen Kinder. Es war wunderbar, von der Klingel gerufen zu werden. Der Stundenplan war eine ungemein tröstliche Einrichtung. Es gab für alles eine Zeit und einen Ort. Es gab keine Überraschungen, keine Ausbrüche. Ich hatte keine Angst, geschlagen zu werden, außer in der Pause. In jenen Tagen, da ich mich zerbrechlich und gebeutelt fühlte und meine Haut verletzlich war wie die eines Schmetterlings, war die Schule wie eine schützende Hülle. Ich saß während des ganzen Schuljahres auf demselben Platz und fühlte mich sicher, wußte ich doch, daß mein Pult mir gehörte. Ich war klug und gehorsam, mein Betragen und meine Kleider waren ordentlich. Ich störte den Unterricht nicht. Ich träumte während der Stunde nicht. Ich bekam gute Noten. Doch dann bestellte Mrs. Chase, meine Lehrerin in der ersten Klasse, meine Mutter zu sich, weil sie meinte, es sei etwas sehr im argen – mit mir.

Mrs. Chase war sehr besorgt. Ich sei zu perfekt, sagte sie. *War zu Hause alles in Ordnung?* Meine Mutter sagte selbstverständlich, daß alles in bester Ordnung sei. *Ich möchte Ihnen etwas zeigen*, sagte meine Lehrerin und führte meine Mutter zu meinem Pult beim Fenster in der dritten Reihe. *Deswegen mache ich mir solche Sorgen*, sagte sie und öffnete die Klappe. Brottüten, zerknüllte Papiertücher, ein Fausthandschuh, ein halbes Sandwich mit Thunfisch, Buntstifte, Arbeitshefte, Diktate, ein Sparbuch, mehrere Ausgaben von *Mein erstes Lesebuch*, Bleistifte, vertrocknete Apfelstrünke, alles lag wild durcheinander. Die Klappe ließ sich kaum über dem Chaos schließen.

Melissa ist so still, sagte Mrs. Chase. *Sie spielt nicht mit den anderen Kindern. Auf dem Schulhof steht sie allein oder bei den Lehrern. Sie macht nie Ärger. Ihre Schularbeiten sind tadellos. Aber manchmal zeigt es sich auf andere Art, wenn ein Kind verstört ist – so zum Beispiel.* Meine Mutter sagte, ich sei schüchtern und fühle mich in der Gesellschaft Erwachsener sicherer, aber ich hätte keine Probleme. Mrs. Chase zögerte.

Ich glaube, Melissa – nun ja, es fällt mir nicht leicht, das zu sagen – ich glaube, sie braucht Hilfe. Würden Sie sich überlegen … mit ihr zu einem … Schulpsychologen zu gehen? Zutiefst getroffen erhob sich meine Mutter und dankte Mrs. Chase für ihre Mühe. Man schrieb das Jahr 1960. Keiner in Townsend hatte je von so etwas gehört. *Meine Tochter hat keine Probleme*, sagte meine Mutter noch einmal, und damit war das Thema erledigt.

Ich bemühte mich, Freundschaften zu schließen. Es machte mir Spaß, zu lesen, Hausaufgaben zu machen, zu lernen. In der dritten Klasse wurde ich in die Flötengruppe aufgenommen. Ich wurde dazu bestimmt, im Krippenspiel die Jungfrau Maria darzustellen. Ich gewann einen Preis in Naturkunde. Im Kunstunterricht war ich die Klassenbeste. Meine Lehrer waren voll des Lobes. Ich war sehr glücklich in der Schule, bis ich in die sechste Klasse kam.

In jenem Jahr war unsere Lehrerin der Alptraum aller Eltern und allen Schülern ein Schreckgespenst. Sie war garstig, nachtragend, unberechenbar, egozentrisch und einfach gemein. Das Kollegium, der Direktor, die Schulbehörde, alle waren der Meinung, sie solle in Pension gehen – aber wir wußten, daß sie schlicht und einfach verrückt war. Wir nannten sie Biddy. Sie hatte blaue Haare und Wangen wie zwei Äpfel. Sie trug eine Silberrandbrille, Strümpfe mit schwarzen Nähten, schwarze Schnürschuhe mit klobigen Absätzen und jeden Tag dasselbe malvenfarbene Kleid oder eine Kopie davon, dessen Gürtel ihre Mitte einzwängte, so daß ihre Brüste wie zwei unförmige Kürbisse vor ihrem dicken Bauch hingen. Sie unterrichtete nie das Fach, für das sie eingesetzt war. Sie hielt Vorträge über Politik, Religion, Rock 'n' Roll, Vietnam, Drogen, Sex, Blumenkinder, Nigger-Freunde und die bösen Gedanken, die in den Köpfen elfjähriger Kinder herumspukten. Auf der ganzen Welt schien es niemanden zu geben, den sie nicht haßte. Die Stunden, die wir im Klassenzimmer mit ihr verbrachten, waren reine Zeitverschwendung. Jeden Morgen zeigte sie uns, wie man sich richtig wusch, damit wir weder Seife noch Energie verschwendeten. Sie holte einen alten Tennisschläger, dessen Bespannung sich auflöste, aus dem Schrank und verbrachte Tage damit, uns die Vor- und Rückhand beizubringen. Der Gedanke, daß wir verdreckte kleine Kinder waren, hatte sich so fest in Biddys Kopf verankert, daß sie gelegentlich unsere Köpfe nach Läusen absuchte. In den Fächern, die auf unserem Stundenplan standen, lernten wir nichts. Wir kamen mit unserer Schularbeit in Rückstand. Wir waren mit einer Verrückten eingesperrt.

In diesem Jahr verbrachten wir die vierte Schulstunde eines jeden Tages, die vor der Mittagspause lag, unter Biddys Aufsicht mit Lesen. Als Experiment, um unsere Reife, unsere Eigenständigkeit, unsere Ausdauer zu testen, hatten wir unabhängige Aufgaben gestellt bekommen, und da die Schule derartiges zum erstenmal ausprobierte, gab es so gut wie keine Regeln. Im September bekamen wir alle ein Lesebuch und ein dazugehöriges Arbeitsbuch ausgehändigt, in dem wir jeden Tag in dieser Stunde arbeiten sollten. Im vorangegangenen Sommer hatte ich *Emma, Die drei Musketiere, Der Graf von Monte Christo, Stolz und Vorurteil, Gefühl und Vernunft* und die Hälfte der Romane von Dickens gelesen. Das Lesebuch für die sechste Klasse war überwältigend langweilig und unglaublich einfach. Mitte Oktober hatte ich den Text gelesen und die Aufgaben im Arbeitsbuch gelöst, obwohl wir eigentlich das ganze Schuljahr damit zubringen sollten. An dem Morgen, als ich die letzten Fragen beantwortet hatte, räusperte ich mich, suchte meine Sachen zusammen und trat an Biddys Pult.

«Was willst du?» fragte sie barsch. «Setz dich auf deinen Platz und arbeite weiter.»

Ich zögerte. Das Lineal lag bei ihrem Ellenbogen.

«Also, Kind, was willst du. Rede!»

«Ich ... ich bin fertig», stammelte ich.

«Fertig? Fertig womit?» Hinter den Brillengläsern wurden ihre Augen ganz klein, bis sie wie Rattenaugen aussahen.

«Ich bin mit dem Lesen fertig – und mit dem Arbeitsbuch.»

«Das ist nicht möglich. Das glaube ich dir nicht. Weißt du, was mit kleinen Mädchen, die lügen, geschieht? Sie werden zu Prostituierten oder Kriminellen, wenn sie erwachsen werden. Möchtest du etwa dein Leben im Gefängnis verbringen? Lügen, Lügen, damit fängt es immer an, Kind. Setz dich wieder auf deinen Platz.»

Sie wandte sich wieder dem Klassenbuch zu.

«Aber ...» Ich hatte einen Kloß im Hals. Ich öffnete das Arbeitsbuch auf den letzten Seiten und blätterte dann das ganze Buch durch, damit sie die Bleistiftschrift sehen konnte, die jede Zeile füllte, bis zur letzten Seite.

Sie hielt in ihrer Bewegung inne – der rote Stift blieb in der Luft stehen – und war einen Moment lang sprachlos. Ich sah, daß sie es nicht wahrhaben wollte. Sie nahm ihre Brille ab und rieb sie mehrfach an einem Taschentuch mit Spitzenrand und gestickten Stiefmütterchen. Ich sah zu, wie sie immer wieder ihre Brille rieb. An der Wand tickte die Schuluhr. Sonst war kein Laut im Klassenzimmer zu hören.

«Also, Kind, wenn man etwas so schnell macht, ist es sicherlich voller Fehler. Setz dich wieder auf deinen Platz. Schlag dein Buch auf Seite eins auf und fang noch einmal ganz von vorne an.»

Ich war perplex und sah sie mit offenem Mund an.

«Ich habe gesagt, setz dich hin und fang von vorne an. Und diesmal keine Fehler.»

Ich schlich mich auf meinen Platz zurück, rot bis an die Haarwurzeln. Wie konnte Biddy es wagen anzudeuten, daß ich die Arbeit nicht getan oder daß ich Fehler gemacht hatte? Ich hätte ihr das Buch auf den Kopf hauen sollen, als ich vor ihr stand. Ich konnte dieses langweilige Buch nicht noch einmal durchgehen, wirklich nicht. Ich sah mich im Klassenzimmer um. Die Jungen bewarfen sich mit Papierkügelchen. In diesem Jahr war es bei den Mädchen Mode, Zickzackketten aus Kaugummipapier zu machen, deren Länge die Größe eines Jungen, den sie mochten, erreichen mußte. Manche Mädchen hatten ihre Pultdeckel mit einem Schulbuch hochgestellt und falteten mit großer Konzentration Kaugummipapiere, ohne daß Biddy sie sehen konnte. Keiner hatte das Buch durchgearbeitet. Keiner war auch nur annähernd fertig. Vielleicht hatte ich Fehler gemacht. Vielleicht hatte ich zu schnell gelesen und geschrieben. Mit einem Seufzer schlug ich mein Buch auf Seite eins auf.

Nachdem ich zwei Wochen damit verbracht hatte, alles zu überprüfen, wußte ich, daß ich die Fragen richtig gelöst hatte. Was sollte ich nun während des restlichen sechsten Schuljahres tun? Ich konnte nicht däumchendrehend auf meinem Platz sitzen, und ich weigerte mich, Ketten aus Kaugummipapier zu machen. Da kam mir eine Idee! Ich würde zu Mrs. Foresman, die Lesen unterrichtete, gehen und sie um ein neues Projekt bitten. Ich hob die Hand, fragte, ob ich mir ein Glas Wasser holen durfte, schloß die Klassenzimmertür leise hinter mir und rannte die Treppen hinunter und den langen Flur entlang zu Mrs. Foresmans Büro. Sie war in der Bücherei und ordnete Bücher in die Regale ein, die auf einem großen Metalltisch lagen. Der Raum mit den halb herabgelassenen Rolläden roch süßlich nach Leim und Staub. Mrs. Foresman sah hübsch aus und war eine Freundin meiner Mutter, sie hatte große braune Augen und kurzes graumeliertes Haar. Sie hörte mir ganz still zu, als ich ihr erzählte, daß ich mit meiner Arbeit für dieses Jahr schon fertig war, und schien zusammenzuzucken, als ich ihr von Biddys Reaktion berichtete. Sie wollte schon etwas sagen, ließ es dann aber, stand auf und sagte, ich könne mir selbst ein Buch auswählen. Die Romane füllten die Regalbretter, in wunderbarer alphabetischer Reihenfolge. Ich mußte mich beeilen, denn Biddy würde auf die Uhr sehen, also griff ich nach *Der scharlachrote Buchstabe* von Nathaniel Hawthorne und seufzte zufrieden, als Mrs. Foresman das Buch für mich eintrug. Ich ließ es in die Tasche meines

Pullovers gleiten und rannte wieder in meine Klasse. Ich stellte meine Pultklappe hoch, legte *Der scharlachrote Buchstabe* hinein und fing glücklich an zu lesen.

Drei Tage las ich ungestört, dann machte Biddy eine Runde, um nach Comics zu fahnden. Sie war der festen Überzeugung, daß sie das Werk des Teufels waren und daß jeder, der Comics las, auch der Masturbation und später der Pornographie anheimfallen würde. Ich wollte mir immer am liebsten die Ohren zuhalten, wenn sie mit dem Thema Masturbation anfing. Es verunsicherte mich. Ich wußte nicht, wovon sie sprach, und wollte es auch niemals erfahren. Aber ich war so vertieft in das Leid der kleinen Pearl, daß sie mich überraschte – ein großer Schatten fiel auf mein Buch. Geistesabwesend hob ich den Blick und sah Biddy neben mir stehen, die ungeduldig mit dem Lineal wie ein Metronom auf ihrer Handfläche den Takt schlug. Sie nahm das Buch, klappte es zu und schleuderte es durch den Raum. Sie befahl mir, die Hände, Handflächen nach oben, flach auf mein Pult zu legen, und ließ das Lineal immer wieder auf meine Hände herabsausen, bis sie brannten. Mehrere Tage vergingen, bis ich den Mut fand, in die Bücherei zu schleichen, um mir ein neues Buch auszuleihen. Aber ich konnte Mrs. Foresman nicht erzählen, daß Biddy mich geschlagen hatte. Ich sagte einfach, ich brauche ein neues Buch. Ich wählte *Das Gewand des Erlösers* und nahm mir fest vor, mich diesmal nicht erwischen zu lassen. Außerdem ging es in dem Buch um religiöse Sachen, und ich wollte nicht, daß Jesus in einem Wutausbruch von Biddy quer durch das Zimmer geschleudert werden würde.

Ich las das Kapitel, in dem die schöne Diana den Herrscher nicht für würdig befand, ein Caesar zu sein, und darauf bestand, daß man sie, zusammen mit ihrem geliebten christlichen Gatten Marcellus, töte, als Biddy plötzlich in die Hände klatschte – Pultinspektion! Mit großem Getöse wurden die Pultdeckel hochgehoben. Lieber Gott! In meinem

Pult sah es wüst aus! Biddy nahm den Papierkorb in die eine Hand und den Stock in die andere und fing an, in dem Klappeninhalt eines Schülers herumzustochern, wobei sie ihre Nase rümpfte, als erwarte sie, etwas schlecht Riechendes zu finden.

«Schlampig, schlampig, schlampig», murmelte sie vor sich hin. «Kinder sind so verwöhnt, alle miteinander. Ein ordentliches Pult zeugt von einem reinen Herzen und sauberen Gedanken. Ein ordentliches Pult verbirgt keine Geheimnisse und keine Verderbtheit, dort kann sich der Teufel nicht einnisten!»

Sie benutzte den Stock, um Hefte und Bücher, die sie nicht mit den Fingern berühren wollte, beiseite zu schieben. Wenn sie auf etwas stieß, das ihr nicht gefiel, kreischte sie, als hätte sie eine Tarantel entdeckt, hielt das anstoßerregende Objekt in die Höhe und beförderte es dann in den Müll.

An jenem Tag triumphierte sie – ein Lippenstift wurde hinter einem Mathematikbuch entdeckt. Biddy nahm dem Mädchen das goldfarbene Gehäuse ganz langsam aus der Hand, drehte den Verschluß genüßlich ab, bis die lange, schmale Spitze des Stiftes tiefrot und feucht zum Vorschein kam. Biddy stellte den Papierkorb hin und legte den Stock ab. Sie nahm das bleiche Gesicht des Mädchens in ihre Hand, zwickte ihm fest ins Kinn und schmierte ihm, ohne ein Wort zu sprechen, die grellrote Farbe über den Mund wie bei einem Clown; auf die Wangen malte sie zwei große Kreise, füllte sie rot aus, so daß sie wie Äpfel aussahen.

«Du willst also Lippenstift tragen, Kind?» Sie lächelte wie eine Schlange. «Dann kannst du den Rest des Tages so herumlaufen.»

Biddy steuerte in meine Richtung. Sie würde mich zum Gespött der Klasse machen. Wie brachten es die anderen nur fertig, ihre Fächer so gut in Ordnung zu halten? Meine Hände zitterten, als ich den Deckel hochhielt. Wahrscheinlich würde man mich von der Schule verweisen, dachte ich. Essensgeld lag zwischen Kaugummipapieren herum, Diktate lagen zerknüllt unter schmutzigen Sportsocken, überall flogen Bleistiftspäne vom Anspitzen herum, eine Haarbürste voller Haare lag neben Lutscherstielen; aus einer undichten Flasche war Kleber ausgelaufen und hatte drei Münzen, vier Gummibänder, eine Büroklammer, ein rotes Radiergummi und einen halbgelutschten Lolly miteinander verklebt. Meine Bücher lagen kreuz und quer übereinander, als hätte ein Erdbeben ein schlecht gebautes Haus zum Einsturz gebracht, das man nie mehr würde aufrichten können. Nie konnte ich etwas ohne Mühe finden. So war es schon immer gewesen.

Biddy drehte mir den Rücken zu, lächelte finster über dem sauberen Pult meiner Nachbarin und beschimpfte den Rest der Klasse. Mit einer Hand stützte sie sich auf meinen Tisch wie auf ein Rednerpult. Ich war als nächste dran. Ich starrte auf ihre häßlichen, von Altersflecken verunzierten Hände. Ihr Unterarm war rundlich, der Ellenbogen hatte ein kleines Fleischpolster. Die Haut unter dem kurzen Ärmel zitterte wie Wackelpudding, während sie sprach. Ich schloß die Augen. Ich war so gut wie tot.

Plötzlich sah ich hinter ihrer Armbeuge einen sanften Lichtstrahl durch das Fenster scheinen. Der Himmel war immer noch so blau wie schon den ganzen Morgen. Wie hatte ich das vergessen können? Dann fiel mir Moses ein, der in Genesis nach Gott ruft. Moses rief laut: *Herr, Herr*, und der große Jehova antwortete aus der riesigen Weite des Himmels: *Hier bin ich*. Tränen traten mir in die Augen bei dem Gedanken, daß Gott Moses inmitten seiner Verzweiflung erhört hatte und sanft, freundlich, ja menschlich geantwortet hatte: *Hier bin ich*. Es klang nicht wie ein Gespräch zwischen einem Mann und seinem Gott, sondern wie zwei Brüder, die zusammen durch den Wald gingen und sich für einen Moment aus den Augen verloren: und dann ruft der eine, ein wenig furchtsam: *Wo bist du?* und der andere erwidert, tröstend: *Hier bin ich*.

Herr, Herr, rief ich tonlos, und eine Träne fiel von meinen Wimpern. Ich war das Aas, des Teufels Brut. Noch während Biddy mit harter Stimme ihre Standpauke hielt, ihr massiger Rumpf vor meinem Gesicht, schmolz der Raum zu einem einzigen Punkt goldenen Lichtes, nicht größer als ein Stecknadelkopf, zusammen, und ich fiel hinein wie in einen Brunnenschacht, tiefer, tiefer, auf das flammende Zentrum zu, die Hände an den Deckel meines Pultes geklammert, und bewegte die Lippen zu den Worten: *Herr, Herr*.

Plötzlich ließ Biddy meinen Tisch los und trat vor die Klasse. Ihre Stimme mit dem sarkastischen Unterton füllte den Raum wie ein scharfes Gift, das man unter dem Spülbekken verteilt, um Mäuse zu töten.

«Seht an, seht an», sagte sie, rieb sich die Hände und grinste wie die Hexe im Märchen, die etwas entsetzlich Häßliches zustande gebracht hatte. «Einige von euch kleinen Ungeheuern haben tatsächlich auf mich gehört! Keiner hier hat auch nur soviel Grips, wie Gott den kleinen grünen Würmern gegeben hat, und dennoch, man sehe und staune – ich kann es kaum glauben – der Teufel selbst hat kaum Platz gefunden, um sich bei euch einzunisten.» Biddy starrte das Mädchen mit dem Lippenstift an, das rot anlief, ging dann zum Fenster und ließ die kalte Luft hineinströmen.

Mein Mund stand offen, mein Pult ebenfalls. Schnell schloß ich die Klappe. Die anderen Kinder in der Klasse sahen mich an. Sie wußten, daß mein Pult immer eine Katastrophe war und daß Biddy es nicht gesehen hatte. Würde einer etwas sagen? Ich hielt den Atem an und wagte kaum zu glauben, daß ich gerettet war.

Es klingelte, die Kinder gingen zum Mittagessen und in die Pause. Biddy entfernte sich in Richtung Lehrerzimmer. Ich legte den Kopf auf die Arme und weinte wie ein Baby. Die Dinge waren zu kompliziert. Ich konnte mir selbst nicht folgen. Ich fühlte mich wie eine Ziege inmitten von Schafen, die versuchte, einen steilen Geröllhügel hinaufzuklettern, und auf den Steinen, die sich unter ihren Hufen lösten, ins Rutschen geriet. Alles war in einem wüsten Durcheinander – mein Pult, mein Zuhause, mein Herz. Ich wischte mir die Nase am Ärmel ab und holte den Papierkorb.

Ich warf die Diktatblätter, den Kleber und einige Pinienzapfen fort, beförderte eine Handvoll zerbrochener Buntstifte, drei Haarbänder, Unmengen von Schmierpapier und eine Landkarte von Finnland in den Papierkorb. Ich putzte mir die Nase und warf eine Brottüte, eine Dose voller Büroklammern und ein altes Taschentuch weg. Ich arbeitete die ganze Pause hindurch und ordnete mein Pult, bis die Rücken meiner Arbeitsbücher eine exakt ausgerichtete Linie bildeten, meine Hefte ordentlich gestapelt und meine Bleistifte in der Ablage aufgereiht waren. Ich wußte nicht, wie lange es so bleiben würde, aber ich würde mir Mühe geben, Ordnung zu halten.

Es war Freitag nachmittag. Auf dem Heimweg saß ich verdrossen im Bus und starrte aus dem Fenster. Ich schmollte beim Abendessen. Am Freitagabend gab mein Vater immer seinen Platz vor dem alten Zenith-Fernseher auf, und wir durften zwei Stunden lang fernsehen, aber ich konnte das blöde Geplänkel von «Solo für U.N.C.L.E.» und «Star Trek» nicht ertragen, also ging ich früh ins Bett, zog mir die dicken Wollsocken an und verkroch mich unter den alten Armeedecken im Bett, das Granny immer meinen Stinktierbau nannte. Ich verschmähte den Tag. Mein Hohn war grenzenlos.

Biddy war nicht der Feind, das erkannte ich. Sie war einfach unzurechnungsfähig. Der eigentliche, heimtückische Feind war die Langeweile. Mein Zuhause und die Schule glichen sich in dem Punkt: Ich mußte meine Zeit mit sich wiederholenden, blöden, sinnlosen Tätigkeiten zubringen, die ich mit demselben widerwilligen und aufbegehrenden Gehorsam verrichtete. Ich verabscheute es, ein braves Kind zu sein, hatte aber nicht den Mut, mich aufzulehnen. Ich war eine

Maus, das wußte ich und haßte mich dafür. Vielleicht wirkte ich wie ein ruhiges Kind, das eine schöne Handschrift und gute Manieren hatte, aber unter dieser Uniform war ich jemand ganz anderes, dort war ich eine Kriminelle, die den überwältigenden Wunsch hatte zu morden, eine Pyromanin, die die Schule in Brand stecken und die Farm zu einem Häufchen Asche abbrennen wollte. Und gleichzeitig verspürte ich neben dieser Wut den großartigen Wunsch zu singen, zu lobpreisen, wie eine junge Ziege über Stock und Stein zu springen und die Welt zu sehen, vor Freude zu weinen, die unerwartete Schönheit der Welt mit all ihrem Reichtum und ihrer wilden Vollkommenheit zu suchen. Doch keiner verstand das, nicht einmal ich selbst. Die haßerfüllten Wörter, die aus meinem Mund flogen, waren nicht die, die ich eigentlich sagen wollte. Ich rollte mich zu einem Ball zusammen und weinte. Das Leben war eine einzige Demütigung. Wenn nicht bald etwas geschah, würde ich mich umbringen.

Stumpfsinnig schleppte ich mich durch das Wochenende und verrichtete meine Aufgaben wie eine Schlafwandlerin, aber keiner bemerkte etwas. Alles schien normal. Meine Großeltern kamen zu ihrem wöchentlichen Besuch aus Boston. Mein Vater brauste auf, sobald Granny das Wort an ihn richtete, und stürmte mit dem ersten Bier in der Hand aus dem Haus, wobei er sämtliche Türen hinter sich zuknallte. Flap hielt sich bis zum Mittagessen fern. Granny räumte den Geschirrschrank im Eßzimmer um – die Farm war früher ihr Sommerhaus gewesen, und sie verhielt sich immer noch so, als gehörte sie ihr. Meine Mutter, in mühsam gezügeltem Zorn, sah schweigend zu. Ich bereitete zwei Teller mit Salami- und Käsebroten zu, setzte das Teewasser auf und deckte den Tisch. Meine Schwester war nirgends zu sehen. Mein Vater und mein Großvater standen im Hof um die geöffneten Motorhauben der Autos herum und besprachen ihre geheimnisvollen, öligen Vorhaben, mein Bruder kniete auf der Stoßstange vor dem glänzenden Kühler, den hellen Kopf über den Motor gebeugt. Ich sah zu, wie sie das Öl wechselten, die Reifen austauschten, Zündkerzen ersetzten, dasselbe wie letztes Wochenende und die Wochenenden davor. Nichts würde sich je ändern, alles würde sich immer nur im Kreis drehen, herausgenommen und wieder eingesetzt werden, wie der tägliche Abwasch. Leise vor mich hin schimpfend füllte ich das Futter für die Vögel auf.

Nichts würde sich je ändern. Wir würden immer so weitermachen.

Und doch, während der Tag verging, verspürte ich etwas Seltsames in der Luft, eine gewisse Unruhe, merkwürdige Schwingungen. Zog ein Sturm auf? Es war November, und es hatte schon heftige Winde gegeben, aber die Tage waren noch ziemlich mild, obwohl die Temperaturen empfindlich sanken, wenn die Sonne unterging. Heute war der Himmel klar und wolkenlos. Wurde ich krank? Ich merkte es immer im voraus, wenn ich Fieber bekam, weil die münzgroße Narbe unter meiner linken Brust dann spannte. Mit neun Jahren war ich bei Dorrie Moore auf der steilen Einfahrt von ihrem Fahrrad gefallen und hatte mir eine Rippe gebrochen. Mit der Handfläche prüfte ich die Narbe und vermeinte einen Augenblick lang, ein Spannen zu spüren, den Schatten eines Schmerzes, aber sie fing nicht an zu pochen, also verwarf ich den Gedanken und machte weiter. Aber der Aufruhr in meinem Körper sagte mir, daß etwas geschehen würde.

Wie immer hatte ich die ganze Nacht über Alpträume. In der Zehn-Uhr-Messe am nächsten Morgen gähnte ich fortwährend. Meine Mutter und mein Vater saßen in eisigem Schweigen am Küchentisch und lasen den *Boston Sunday Herald-Traveller*, während ich im Badezimmer auf Knien die Toilette scheuerte und vor mich hin schimpfte. Ich wollte *Der Monddiamant* von Wilkie Collins zu Ende lesen, damit ich mit *Die Frau in Weiß* anfangen konnte, aber am Wochenende war das Lesen besonders streng verboten, weil es so viele Aufgaben zu erledigen gab und «ich mich nützlich machen sollte». Eines Tages, dachte ich, wird mein Vater es einmal zu oft sagen, und dann erschlage ich ihn mit dem Besen.

Arbeit, Arbeit, Arbeit. Es war wie in der Schule. Ich stürzte mich mit heller Wut auf die Badewanne, nur daß meine Wut heller war, als die Wanne es je sein würde. Ich scheuerte das sich wellende Linoleum mit Scheuerpulver und einer Drahtbürste, wohl wissend, daß es nie sauber sein würde. Arbeit, Arbeit, Arbeit. Ich kehrte die Küche, die Speisekammer, den hinteren Flur und den überdachten Durchgang aus, klopfte die Matte und fegte die Steinfliesen auf der Terrasse. Meine Eltern lasen weiter die Zeitung. Mit Handfeger und Kehrichtschaufel säuberte ich die Treppenstufen und schlug mit dem hölzernen Griff des Handfegers gegen die eiskalten Rippen des Heizkörpers, damit sie hörten, wie schwer ich arbeitete. Ich bezog alle Betten frisch und trug das Bündel schmutziger Bettwäsche in den Keller. Ich fühlte mich wie eine Sklavin, aber ich genoß mein Martyrium. Da lag meine Identität. Wenn mein Vater mich schmollen sah – was ich mit großem dramatischem Getue und vielen Seufzern tat, wenn ich mich mit einem Eimer von Zimmer zu Zimmer schleppte –, machte er sich über mich lustig und nannte mich *sein armes, kleines Aschenputtel.* Ich drehte mich auf dem Absatz um und machte mit der Zunge *Tztz*, ein Geräusch des reinen Hasses. Ich bin nicht eure Sklavin, dachte ich und wischte wie wild unter dem Küchentisch. Eines Tages werde ich euch zeigen, wer ich wirklich bin, und das hier bestimmt nicht! Und überhaupt, Aschenputtel ist zum Ball gegangen, hat den schönen Prinzen geheiratet und bis an ihr Ende glücklich mit ihm gelebt, und genau das werde ich auch tun! Und in dieses Tztz-Geräusch legte ich all meinen Haß und all die verletzenden Beschimpfungen, die ich gerne gesagt hätte, mich aber nicht zu sagen traute. Wenn heute nicht irgend etwas geschah, würde ich sterben!

Als ich am Spülbecken das Gemüse putzte, überkam mich eine Vorahnung. Karotten, Kartoffeln, Kohl und weiße Rüben sollten in einem Topf mit einem unbeschreiblich zähen und eklig fetten Stück Fleisch gekocht werden. Das Gefühl war so stark, daß ich mit dem Schälmesser in der Hand plötzlich innehielt. Es war wunderbar, was auch immer es war, eine Stille voll fühlbaren Verlangens, wie in dem Augenblick, bevor eine große Symphonie beginnt und man ganz tief in seinem Herzen weiß, daß man großartige Musik hören wird, fast so, als ob die Instrumente sich in Wellen der Süße an die zu spielenden Noten erinnerten. Es war wie das Warten auf die Memorial-Day-Parade auf der Hauptstraße, wenn es in den Bäumen leise raschelte und die Röcke der Frauen das Rascheln erwiderten. Ein Kinderwagen, in dem ein Baby zur Beruhigung hin- und hergewippt wurde, quietschte, und die Menschen sprachen fast ehrfürchtig miteinander und behielten die Straße im Blick, und die großen Weißulmen bewegten sich im Rhythmus zu der Musik, die kein anderer vernehmen konnte, wie ein Tanz in einem Stummfilm. Bald würde man fernen Trommelschlag hören. Das Horn würde seinen Dämpfer ablegen und mit goldenem Klang, rein wie Ambrosia, die Main Street heraufkommen, gefolgt von dem Knallen der Fahnen und dem Stampfen der Füße im Gleichschritt. Doch noch war es nicht zu hören, obwohl man es in der Luft fühlen konnte, wie die Widersee des Meeres oder ein Luftzug. Etwas kam da, am Spülbecken, auf mich zu, eine Musik, ein hinreißender Klang, und ich konnte mich nicht rühren. Ich stand am Spülbecken und lauschte regungslos, eine halb geschälte Kartoffel in der Hand.

Plötzlich glaubte ich zu ersticken. Ich warf mir Flaps Arbeitshemd über, streifte meine Schuhe ab und sprang in die Stiefel, um die Gemüseabfälle zu Rosita zu bringen. Ich mußte raus, mein Herz drohte zu zerspringen. Etwas fuhr durch meinen Körper – Erregung oder Schrecken oder Erstaunen –, flutete durch mein Fleisch wie klares Bergwasser, das durch eine Schlucht toste. Alles war wie kristallisiert: Farben, Klänge, mein Körper, zum Flug bereit.

Rosita stand unter einer Kiefer im matschigen Schnee. Es hatte getaut, und ihre Hufe drückten sich wie Pockennarben in dem schmutzigen Matsch unter dem Baum ab. Im Gegensatz zu Pferdehufen werden Eselhufe nicht beschlagen, sondern müssen jährlich geschnitten werden, doch solange wir Rosita hatten, war der Tierarzt nie gekommen, so daß ihre Hufe ganz lang geworden waren und sie sich nach innen bogen. Sie war wie ein alter weiser Orientale, der jahrelang unter einem heiligen Baum gesessen hatte, ohne sich zu regen, die Hände still auf den Knien ruhend, in Meditationen versunken, während seine Fingernägel wuchsen und wuchsen, bis sie sich in seine Handflächen bohrten. Rositas Hufe waren spiralförmig gewunden wie die eines Bocks, und sie mußte auf ihren Fesseln laufen. Es war grausam, unbarmherzig. Und je länger es dauerte, desto unmöglicher war es, den Tierarzt zu holen. Es war wie in dem Jahr, als ich mich an Giftsumach infiziert hatte und tagelang ohne Arzt in meinem Zimmer lag, oder wie die fünf Winter, in denen ich mit einer so dicken Mandelentzündung in die Schule ging, daß ich kaum sprechen konnte, und auch da wurde kein Arzt gerufen. Ich mußte wegen Rosys Füßen weinen, aber wie konnte ich einen Tierarzt holen, ohne meine Familie zu verraten? Meine Eltern lebten nach dem Motto: *Wenn man etwas lange genug ignoriert, verschwindet es irgendwann.*

Ich gab Rosita die Gemüseabfälle und streichelte ihr langes, weiches Gesicht. Ich verstand ihre Dankbarkeit für kleine Freundlichkeiten. Es machte mich unglücklich, daß ich ihr nicht helfen konnte. Eine milde Brise wehte vom Tal herauf und strich über meine Wangen und Hände. Die blasse Sonne war weiß und bewegungslos, aber ich knöpfte die Jacke auf und spürte die Luft wie eine zärtliche Berührung. Ich fühlte mich warm und glücklich und atemlos.

Wir aßen schweigend unser Abendessen. Wenn es kein Getobe, keine fliegenden Teller oder Tränen gab, war es totenstill, abgesehen von dem hohlen Klang der Gabeln auf den

Tellern und den Kaugeräuschen unter einem schweren, niederdrückenden Dunst von unausgesprochenen Gefühlen, die in der dichten Atmosphäre nie an die Oberfläche drangen. Ich schlang mein Essen hinunter. Ich mußte fort von diesem heftigen, düsteren, wortlosen Unwetter, das sich in uns zusammenbraute, aber nicht gleich losbrechen würde. Ich legte die Gabel hin und wartete darauf, daß die anderen fertig wurden, damit ich den Tisch abräumen konnte. Als eine Zinke leicht gegen den Teller schlug, war es wie das Zupfen einer Harfe, ein einziger, klarer Ton, der erstarb, obwohl er in meinem Kopf rein wie eine Glocke nachhallte. Etwas näherte sich, und ich wußte nicht, was es war, aber ich wartete darauf, die Hände im Schoß zu Fäusten geballt.

Meine Schwester und ich machten den Abwasch, mein Vater schloß sich mit seinem Bier im Wohnzimmer ein, und meine Mutter saß am Tisch, raschelte mit irgendwelchen Blättern, ihre Zigarette im Aschenbecher, die bis zum Filter abbrannte. Meine Schwester, ebenso verschlossen wie ich, trocknete das Besteck ab. Mein Bruder schlug mir mit einem Geschirrtuch auf den Po, doch das Knallen auf meiner Latzhose, das beide zum Lachen brachte, bewirkte in mir keine Reaktion. Es war, als geschähen die Dinge um mich herum – meine Schwester stapelte die getrockneten Teller geräuschvoll im Schrank, mein Bruder schepperte mit den Töpfen und Pfannen in der Speisekammer, ich tauchte meine Hände in schmutzig-graues Spülwasser – ganz woanders, in weiter Ferne. Jemand machte den Abwasch, aber ich war nicht da, und das kindliche Lärmen wurde durch einen Traum gefiltert, der über mein Gesicht hinwegfuhr wie ein Nebel, eine Vision, der Schatten einer Vision, und dennoch wirklicher als das Leben selbst. Ich ließ das Wasser ab und schrubbte das Becken. Ich wischte die Fettspritzer vom Herd. Ich stellte das Essen weg wie im Schlaf.

Sonntags mußten mein Bruder, meine Schwester und ich einen Mittagsschlaf halten. Seit wir klein waren, war das die

Gepflogenheit gewesen, aber ich fand es lächerlich, daß ich immer noch einen Mittagsschlaf machen mußte – ich war elfeinhalb Jahre alt! Wir drei schlichen die enge Treppe hinauf wie Gefangene auf dem Rückweg in ihre Zellen. Meine Mutter schloß die Tür zu ihrem Zimmer und las den ganzen Nachmittag historische Romane. Mein Vater schnarchte vor dem Fernseher, und Flap las unter seiner schwenkbaren Lampe Krimis aus der Bücherei, wobei ihm seine Leihkarte dabei half, die Zeile nicht zu verlieren. Mein Bruder beschäftigte sich mit seinen Modellwagen. Meine Schwester stöpselte sich dicke, weiße Kopfhörer von ihrem winzigen Transistorradio ins Ohr, legte sich mit dem Rücken zu mir aufs Bett und war im nächsten Moment von Rock 'n' Roll-Musik gefangengenommen. Und ich warf mich bäuchlings auf meinen Stinktierbau und zog das Kissen über den Kopf.

Ich beneide meine Schwester, dachte ich und vergrub mich tiefer in die Kissen. Sie wird dazugehören. Sie wird bei Jungen beliebt sein. Sie weiß jetzt schon, wie man sich der Musik hingibt, die alle anderen auch mögen. Ich beneidete sie ebenso wie die Mädchen in meiner Klasse, die so vieles zu wissen schienen über das Heranwachsen, über Jungen, über ihren Platz im Leben. Mein Großvater hatte uns allen zu Weihnachten Transistorradios geschenkt, und weil es der letzte Schrei war, war ich ganz aufgeregt und dachte, ich würde entdecken, wofür die ganze Aufregung gut war, und mich mehr wie die anderen Mädchen in meiner Klasse fühlen: Jody, Lindy, Karen, Marie, hübsche Mädchen, die Zeitschriften wie *Seventeen* verschlangen und für die Beatles, Donovan, die Dave Clark Five und die Supremes schwärmten, die dieselben Anekdoten kannten und über dieselben Witze lachten, die dieselben Fernsehsendungen sahen und mit ihren Müttern bei Roger's oder R. H. Stearns einkaufen gingen. Fast einen Monat lang hörte ich Sendungen auf meinem kleinen Radio und versuchte zu verstehen, was ihnen daran gefiel und warum. Was versäumte ich? Ich hatte das Gefühl, auf dem Meeresgrund zu ertrinken, wenn ich über die Wellen die eigentümlichen Beschwörungen einer untergegangenen Zivilisation hörte. Ich begriff sie nicht. Ich stellte mir vor, daß das Lied «Downtown» von Petula Clark mein Leben in New York beschrieb, wo ich als Schriftstellerin leben würde, wenn ich erwachsen war. Doch selbst diese Melodie wurde nach einer Weile fade, und als die Batterien in meinem Radio leer waren, kam es mir nicht in den Sinn, neue zu kaufen.

Eigentlich war der Mittagsschlaf am Sonntag eine Art Luxus, obwohl ich mich mit Händen und Füßen dagegen sträubte, wie eine Zweijährige ins Bett geschickt zu werden. Manchmal schlief ich auch tatsächlich ein, obwohl ich nicht wußte, was schlimmer war – meine Alpträume oder mein waches Dasein. Manchmal las ich. Manchmal sah ich aus dem Fenster und dachte über alles und nichts nach. Heute war ich rastlos, ich fand keine bequeme Stellung, ich konnte mich auf nichts konzentrieren. In meinen Ohren klang immer noch ein vages Rauschen.

Ich beugte mich über die Bettkante, so daß meine Haare wie ein Vorhang nach vorn fielen. Unter meinem Bett sah es genauso aus wie in meinem Pult in der Schule. Ich war eine Schlampe. Ich sah Staubflusen von der Größe eines Ozelots, drei Schuhe, ein Paar rote Strumpfhosen, meinen Turnbeutel, Taschenbücher, die auf der Seite aufgeschlagen waren, wo ich aufgehört hatte zu lesen, ein zusammengeknäultes Handtuch, ein Haarband, einen Mokassin und ein paar tote Wespen. Dann war da natürlich meine Schatzkiste voller Papier: ein Pappkarton mit Spiralheften, zwei Blöcken mit Boston-Naval-Shipyard-Papier, ein Karton mit Elefantenhautpapier, drei Stenoblöcke – lauter blütenweißes Papier. Reines, weißes Papier hatte schon immer eine große Faszination auf mich ausgeübt – sein Geruch und seine Glätte unter meiner Hand. Ich lebte in der Furcht, daß eine neue Wirtschaftskrise hereinbrechen würde und es nicht genug Papier gäbe. Seit Jahren hatte ich immer, wenn die Schule wieder anfing, ein zusätzliches Heft von meiner Mutter erbettelt, damit ich stets genügend Papier haben würde, um meine Geschichten aufzuschreiben. Es war eine großartige Sache, Schriftstellerin zu sein, dachte ich, denn egal, wie arm man war, es würde immer Papier und einen Bleistiftstummel geben. Gott sei Dank war ich keine Malerin oder Bildhauerin, die ein Studio brauchte und teure Farben, Leinwand, Werkzeuge und Stein. Als Schriftstellerin konnte ich so arm wie eine Kirchenmaus sein und trotzdem arbeiten. Und wenn das Haus jemals abbrennen sollte, würde ich meine Werke aus dem Fenster in den Schnee werfen, und sie wären gerettet.

Schneeregen setzte ein. Ich drehte mich auf die Seite und sah zu, wie eisige Tropfen auf der Scheibe landeten. Ein Schaudern durchfuhr mich, ich schloß die Augen. Außer dem Knistern aus dem Radio meiner Schwester und dem Schneeregen an den Fensterscheiben war es still im Haus. Das angespannte Gefühl, daß etwas bevorstand, war verschwunden, an seine Stelle war ein Friede von einer solchen Süße getreten, daß mir die Tränen kamen. Ich ließ mich in ihn hineinsinken, sachte, schläfrig, wie man in ein altmodisches Federbett sinken und einschlummern würde.

Plötzlich hörte ich eine Stimme, dann eine weitere, zwei Stimmen, eine Unterhaltung. Was war das? Es war kein Traum. Ich schlief nicht. Immer noch hörte ich das Knistern des Radios und das Streicheln des Schneeregens auf der Fensterbank. Ich behielt die Augen geschlossen und lauschte. Es war die Stimme eines fünfzehnjährigen Jungen, Danny Hanks, der mit seiner ein Jahr jüngeren Schwester Becky sprach. Es war im Herbst 1837 in Freedom, New Hampshire. Mein Herz klopfte zum Zerspringen. Ich hörte das träge Läuten einer Kuhglocke. Die Felder ihrer Farm waren goldgelb und grün, die gelben Birkenblätter trieben leise durch die milde Luft wie ein goldener Schneefall. Ich hörte, wie sich die Tür zur Sommerküche auf rostigen Scharnieren quietschend öffnete und hinter ihnen zuschlug, als sie das Haus betraten.

Ihr Großvater saß am Kamin, er hatte einen langen weißen Bart und trug Hosenträger, seine rheumatischen Hände umklammerten einen Spazierstock, dessen Griff in der Form eines englischen Spaniels geschnitzt war, sein krankes Bein ruhte vor ihm auf einem dreibeinigen Schemel. Er war in den Unabhängigkeitskriegen verwundet worden und humpelte seitdem. In der Schlafkammer neben der Küche lag eine junge Frau, seine Tochter Mae, die Mutter der Kinder, unter einer Patchworkdecke in einem Bett aus Ahornholz. Noch hatte das Fieber seinen Höhepunkt nicht erreicht. Ihr dunkles Haar war über das Kissen gebreitet. Ihre Lippen bewegten sich tonlos im Gebet. Sie lag im Sterben. Ich konnte ihr weißes, schweißgetränktes Nachthemd sehen, ihre langen weißen Finger, die rastlos die Spitze an ihrem Hals befühlten. Auf dem Boden lag ein Flickenteppich, unter dem Bett war ein blauweißer Nachttopf mit Deckel. Das Spätsommerlicht strömte durch die Baumwollgardine. Becky und Danny standen still am Fuße des Bettes. Becky stellte einen Strauß schwarzäugiger Susanne in die Vase auf dem Nachttisch beim Fenster und wischte sich die Hände an ihrer Kattunschürze ab.

Wer waren diese Menschen, und wieso wußte ich soviel über sie? Mein Herz schlug bis zum Halse. Ein Vorhang in der Zeit war zerrissen, und ich wurde Zeuge einer Szene, die sich vor über hundert Jahren ereignet hatte. Ich konnte den Pfeifentabak des alten Mannes riechen und den süßlich-sauren Geruch des Krankenzimmers. Ich hörte das Knarren des Windsor-Stuhles, als der Großvater einen Scheit Ahornholz auf das Feuer warf. Ich sah Funken sprühen, manche gingen vor dem Kamin wie ein sommerlicher Sternschnuppenschauer nieder.

Plötzlich verstand ich. Das war es, was ich in der Luft, in meinem Körper, in den feinen Verästelungen meines Herzens gespürt hatte. Das war es, worauf ich gewartet hatte. Es war kein Traum. Es war ein Buch! Dies waren Menschen in einem

Buch, das ich schreiben sollte! Ich lag ganz still, die Augen geschlossen, voller Angst, daß, wenn ich mich bewegte, die Vorstellung verschwinden würde, wie ein geheimnisvolles, flüchtiges Trugbild. Doch nach ein paar Minuten wußte ich, daß es mich nicht verlassen würde, daß diese Personen zu einer erfundenen Familie gehörten, die bei mir bleiben würde, solange ich sie brauchte, bis ich ihre Geschichte aufgeschrieben hatte. Ich beugte mich über das Bett, zog ein gelbes Spiralheft aus meinem Karton hervor, schlug es auf der ersten Seite auf und schrieb das Datum hinein: 17. November 1965. Dann fing ich an zu schreiben.

Die Schule war nie wieder wie vorher. Mir war es nicht erlaubt, in Biddys Stunden Bücher zu lesen, doch keiner hatte etwas darüber gesagt, ob ich eins schreiben durfte. Ich versteckte mein gelbes Heft in meinem Arbeitsbuch. Die Jungen machten Wurfkugeln. Die Mädchen bastelten ihre Ketten aus Kaugummipapier. Biddy war mitten in einer Sachkundestunde. Wenn ich nicht an mich hielt, würde ich von einem Ohr zum anderen grinsen. Jeden Tag hatte ich zwei volle Stunden, in denen ich schreiben und herausbekommen konnte, was es bedeutete, eine Schriftstellerin zu sein. Montags schrieb ich mit Kugelschreiber; dienstags mit Bleistift, mittwochs wieder mit Kugelschreiber. Das, was ich an einem Tag geschrieben hatte, setzte ich als Block ab und versah es mit dem Datum. So konnte ich am Ende einer Woche sehen, wieviel ich jeden Tag geschrieben hatte. Manchmal sprudelten die Wörter hervor wie aus einer Quelle, und ich hatte alle Mühe, sie aufzuschreiben. An anderen Tagen starrte ich die ganze Zeit aus dem Fenster, trommelte mit dem Radiergummi am Ende meines Bleistifts auf ein leeres Blatt und fragte mich, wie es weitergehen sollte und warum ich je geglaubt hatte, ich könnte ein Buch schreiben. Manchmal schrieb ich auch nicht, sondern beobachtete meine Charaktere in ihrem Leben. Es war wie in einem mit Plüsch ausgestatteten alten Theater zu sitzen, mit vergoldeten Putten und

Cherubim, wo die Farbe von der Decke blätterte und die mit Spinnweben überzogenen Kandelaber im trüben Licht blinkten. Meine Charaktere waren Schauspieler auf einer Bühne. Ich war dabei, nicht als Autor, sondern als Zuschauer. Es war ihre Geschichte, nicht meine; sie führten Dialoge, die ganz natürlich klangen, Worte, die ich ihnen nicht in den Mund gelegt hatte. Im Dunkel des Zuschauerraums jenseits des Rampenlichts notierte ich alles, was sie sagten, taten und dachten. Sie schufen sich selbst.

Ich war teils Medium, teils Erschaffende, und die Sturmflut der Ideen und Beschreibungen rauschte in einem wunderbaren, übernatürlichen Sturzbach durch mich hindurch. Wo kam das her? Und warum kam es zu mir? Darauf hatte ich keine Antwort, außer, daß ich alles notieren wollte, als wäre es mir von Gott geweissagt. Doch die Worte brauchten meine Vermittlung. Sie waren roh und unfertig und stolperten unbeholfen auf meinem linierten Papier daher, wie man auf dem alten Holzweg, der von Barker Hill zu dem verlassenen Steinbruch führte, vorankam. Ich mußte sie glätten, ihre Unebenheiten beseitigen, sie zu einer klaren, sauberen Passage formen; so lernte ich, den Wert von Einzelheiten zu erkennen. Ein genaues, sorgfältig beobachtetes Detail brachte Halt in den Satz auf Papier, so wie die Nadel eines Entomologen einen Schmetterling festhielt. Wenn ich schrieb, daß die sterbende Mae Fowler musikalisch war, war das keine interessante Beschreibung. Schrieb ich aber, daß Mae Fowler die Orgel der Kirche von West Randolph, Vermont, spielte und daß sie mit sechzehn ihren zukünftigen Mann, den Tunichtgut Jedediah Wilton Hanks bei einem Picknick am Marientag kennenlernte, nachdem sie eine besonders traurige Version von «Herr, bleib bei mir» gespielt hatte – ja, dann war das interessant.

Das ganze Jahr über öffnete ich mich der Inspiration und versuchte immer, sie mit wirklichen Dingen im Zaum zu halten. Ich lernte, welche Wirkung einfache Wörter haben konnten. Ich schrieb: «Der Wald war braun» und wußte, daß es im frühen November war, bevor die Winterregen einsetzten, daß die Bäume dunkel waren, der Himmel bewölkt und das Laub am Boden vom ersten Frost steif, so daß es nicht mehr raschelte. Ich strich den Satz aus und schrieb: «Der Wald war golden» und sah einen klaren Oktobertag vor mir, einen wolkenlosen blauen Himmel, eine Silberbirke und helle Ahornblätter, die zu Boden flatterten und ein schwaches goldenes Licht über die Steinmauern, Felder und Farmen warfen. Es war so aufregend, daß man es nicht ausdrücken konnte. Ein Wort konnte alles verändern.

Ich lernte, welchen Spaß es machte, Nachforschungen anzustellen. Ich mußte herausfinden, wer 1837 Präsident gewesen war, und etwas über die Menschen in New Hampshire in Erfahrung bringen, zum Beispiel, was sie über Andrew Jackson dachten. Ich fand ein Buch mit dem Titel *The History of American Costume* und zeichnete die Kleidung, die man damals trug, auf den Rand meines Notizheftes. Aus einem anderen Buch über das Farmleben im neunzehnten Jahrhundert erfuhr ich, welche Art von Einspännern und welche Werkzeuge man damals benutzte, und machte mir darüber auf einer Karteikarte Notizen. Die Geschichten lebten von den Details, und diese sollten genau stimmen.

Amelia Fowler Duffy, die Tante der Kinder, lebte in West Randolph, Vermont, und hatte zwei Söhne – Irwin, der eine Brille trug und den Ball wie ein Mädchen warf, und Bennet, der ein Machtmensch war, sich in der Nase bohrte und Frösche mit bloßen Händen erdrosselte. Tante Duffy trug ein Korsett mit Stangen aus Walfischknochen. Auf der rechten Wange hatte sie ein Muttermal, auf dem drei weiße Haare wuchsen. Jedediah Wilton Hanks, der Vater von Becky und Danny, verkaufte Schlangenöl-Medizin und gab sich als Chirurg und Zahnarzt aus. Er verließ Mae Fowler, als die Kinder noch klein waren, nachdem er drei Frauen hintereinander geheiratet hatte, ohne sich nur einmal scheiden zu lassen, und es hieß, er sei ein Berufsspieler ähnlich wie Gaylord Ravenaus in New Orleans. Den Großvater nannte man Colonel Fowler. Er rauchte Pfeife, las bis in die frühen Morgenstunden bei Kerzenlicht Horaz und trank zum Frühstück immer nur eine Tasse heißes Wasser.

Doch eigentlich handelte das Buch von den Kindern Becky und Danny. Nach einer Weile kamen sie mir ebenso wirklich vor wie die Spielkameraden, die ich tatsächlich gehabt hatte. Ich wurde mit ihnen auf eine Art und Weise vertraut, wie ich es mit meinen eigenen Geschwistern nicht werden konnte. Becky und Danny liebten sich. Jeder wußte von dem anderen, was er dachte, ohne daß sie miteinander gesprochen hätten. Sie verbrachten ihre Zeit zusammen, wie das Kinder auf dem Land tun, weil es keine anderen Kinder in der Nähe gibt. Becky war klein und schüchtern und fürchtete sich vor Schnecken. Sie war auf Baldwins Farm von einem Kirschbaum gefallen und hatte eine acht Zentimeter lange Narbe, weil Doc Mulgrew einen Kater gehabt hatte, als er ihre Wunde nähte. Jeden Abend betete sie für die Seele ihrer Mutter und auch dafür, daß ihr Vater eines Tages zu ihnen zurückkommen würde. Danny war fast einsachtzig groß und hatte dichtes, kastanienbraunes Haar. Er stellte Kaninchenfallen. Er hatte ein perfektes Gehör, sang aber nur selten, weil es ihn an seine Mutter erinnerte. Er war ein guter Schütze. Er und sein Freund Beanie Warren ritten manchmal an dem Wasserfall bei Jamesons Mühle vorbei und jagten Fasane und Moorhühner.

Jeden Morgen, wenn ich mein gelbes Spiralheft aufschlug und las, was ich am Vortag geschrieben hatte, stellte sich mir die Frage: Und was geschah dann? Es reichte nicht, in die Sprache verliebt zu sein oder Dinge ausführlich zu beschreiben. Ich mußte wissen, was als nächstes geschah, was die Menschen taten und warum. Ich kam zu der Stelle, als die Mutter der Kinder starb, und mußte die ganze Szene so schreiben, als handele es sich um meine eigene Mutter. Mein

Magen krampfte sich bei dem Gedanken zusammen. Wie wäre das? Was würden wir zueinander oder zu ihr sagen?

Also ließ ich Mr. Alfred Wingate, den Postbeamten, Tante Duffy und ihre beiden Söhne per Telegramm herbeiholen, damit sie im Krankenzimmer bei der Sterbenden wachen konnten. Colonel Fowler schritt vor dem Kamin auf und ab und murmelte unter seinem Walroßschnauzer etwas über ein Schlachtfeld und knallte seinen Spazierstock mit dem geschnitzten Spanielkopfgriff auf die Steinfliesen. Tante Duffy nahm ihren Hut ab, steckte zwei Hutnadeln mit elfenbeinernem Kopf in die Hutkrone und brachte ihrem Vater einen Brandy, wobei sie ihn mit einer Geste aufforderte, sich in seinen Sessel beim Feuer zu setzen.

«Pa, ich bin's, Amelia. Ich bin gekommen, um mich um Mae zu kümmern.» Er blinzelte sie an wie eine Eule und schien sie nicht zu erkennen. Sie schickte Danny auf Major, seinem Wallach, in die Stadt, um Dr. Mulgrew aus seinem Suff aufzustöbern und ihn sofort zur Farm zu bringen. Becky hatte versucht, ihrer Mutter ein bißchen Hühnerbrühe aus einer Kelle einzuflößen, doch Mae war so unruhig, daß sie die Brühe vergoß. Amelia stand am Fußende des Bettes ihrer Schwester und wußte, daß das Ende nahe war. Maes Gesicht war grau und glänzte vor Schweiß, sie zitterte vor Kälte, in den braunen Augen stand ein Ausdruck von Schmerz. Immer wieder rief sie nach ihrer eigenen Mutter, die längst dahingeschieden war. Sie starb in Beckys Armen, bevor Doc Mulgrew und Danny ankamen.

Der nächste Absatz war schwieriger, weil ich noch nie eine Leiche gesehen hatte. Tante Duffy ließ sich von Becky eine Schüssel mit warmem Rosenwasser bringen, entkleidete ihre Schwester unter dem weißen Tuch und wusch ihren Körper, in den die Leichenstarre einzog. Becky suchte im Schrank ihrer Mutter und in der Frisierkommode nach deren schönster Wäschegarnitur aus handgemachter Spitze und ihren besten weißen Strümpfen, sie holte das blaue Kleid aus Merinowolle mit dem gerüschten Kragen und den dreiviertellangen Ärmeln hervor. Als sie die Kleider auf dem Bett ausgelegt hatte, fing sie an zu weinen.

«Kind, deine Mutter soll die Kamee deiner Großmutter Eloise tragen, kannst du sie finden?» fragte Tante Duffy und schob das Kind fort von dem Totenbett zur Frisierkommode. «Und hol die Schachtel mit ihren Haarnadeln.»

Becky zog die Nase hoch und ließ ihre Hand über das aus Frisierspiegel, Kamm und Bürste bestehende versilberte Frisierset gleiten, das ihrer Mutter gehört hatte und das sie nun nie wieder benutzen würde. Sie fand Großmutter Eloises Kamee, auf der die Freiheitsstatue zu sehen war, und die Haarnadeln, die in einer Emailschachtel lagen. Als sie sich wieder zum Bett umdrehte, war ihre arme Mutter angezogen. Tante Duffy hatte das kastanienbraune Haar der Mutter gescheitelt und zu beiden Seiten der schmalen Schultern gelegt.

«Nun, mein Kind», sagte sie sachlich, aber freundlich, «jetzt mußt du das Haar deiner Mutter bürsten, bis es glänzt, und dann flechten. Du kannst doch flechten, oder? Mae hatte immer wundervolles Haar. Als ich klein war, war mein Haar so lang, daß ich darauf sitzen konnte, aber das von der lieben Mae – das war so lang, daß es ihr bis zu den Knien reichte.»

Tante Duffy erzählte aus der Vergangenheit, und beide bürsteten und flochten das Haar, bis es dunkel im Zimmer wurde. Sie drehte den Docht in der Petroleumlampe auf dem Nachttisch hoch, hob den Glaskolben ab, um den Docht anzuzünden, und ließ dann den Kolben mit den blauen Lilien, den ihre Schwester besonders gemocht hatte, wieder sinken.

«Jetzt gib mir den Zopf», sagte Tante Duffy, als Becky fertig war, «und hol die Schachtel mit dem violetten Puder und den Perlenohrringen, die sie zu ihrer Hochzeit getragen hat.» Becky fand die Puderdose auf dem Spitzendeckchen, die Ohrringe lagen in der kleinsten Schublade ganz oben, eingepackt in Seidenpapier und mit einem rosafarbenen Band umschlungen. Vorsichtig zog Becky den Knoten auf und schlug das Papier zurück. Die Perlen in ihren zarten Goldfassungen waren atemberaubend schön.

«Mama hat sie seit ihrer Hochzeit nicht getragen, und jetzt ist sie tot», schluchzte Becky.

«Komm, mein Kind», sagte Tante Duffy, ein wenig streng. «Gib mir einen, und du nimmst den anderen.»

Die beiden beugten sich über die tote Frau, deren feste Zöpfe mit den Haarnadeln auf ihrem Kopf zu einer Krone gesteckt waren, und befestigten die Ohrringe. Tante Duffy puderte das bleiche Gesicht ihrer Schwester. Mit Tränen in den Augen nahm sie ihre Nichte in die Arme, und beide weinten lange, bis Freunde mit Wein und Kuchen kamen und die Leiche anschauen wollten.

Der Tag der Beerdigung kam mit düsterem Novemberregen, und die Trauergäste versammelten sich unter Regenschirmen um das Grab auf dem Ford Hill. Colonel Fowler saß auf einem Klappstuhl, den der Bestattungsunternehmer Mr. Busbee mitgebracht hatte, während Irwin und Bennet Amelia an den Händen hielten. Becky und Danny standen in ihren steifen Beerdigungskleidern nebeneinander, ohne ein Wort zu sagen. Becky wandte den Blick nicht von dem schönen Gebinde auf dem Sarg ihrer Mutter, das, wie ein Hochzeitsstrauß, mit einer Satinschleife gefaßt war. Sie dachte an den schmalen Streifen Spitze, den sie durch die Finger ihrer Mutter gewunden hatte, bevor der Sargdeckel festgenagelt wurde, und den zarten Kuß, den sie ihrer Mutter auf die marmorkalte Stirn gehaucht hatte. Der Geistliche beschloß die Gebete, und die Totengräber ließen den Sarg an Seilen in die Grube hinab. Der Geistliche reichte dem Colonel die Schaufel, damit er Erde in das Grab seiner Tochter werfen sollte, doch das konnte er nicht. Danny nahm dem alten Mann die Schaufel aus der Hand und warf zwei Schaufeln voll Erde in das Grab hinunter, eine für sich selbst und eine für den Großvater. Dann reichte er die Schaufel seiner Schwester, und die warf auch zwei Schaufeln voll Erde in das

Grab hinab, eine für sich und eine für den Vater, den sie verloren hatten. Colonel Fowler, Tante Duffy und ihre Kinder fuhren in einer Kutsche zum Haus zurück. Becky und Danny gingen schweigend, einander an den Händen haltend, durch den Wald.

Als ich diesen Teil der Geschichte geschrieben hatte, legte ich den Kopf auf meinen Tisch und weinte. Es war so traurig. Die arme, schöne Mae, deren Haar einst bis zu ihren Knien gereicht hatte, lag jetzt für immer unter der Erde. Es war ein merkwürdiges Gefühl, in der Mittagspause in den Sonnenschein hinauszugehen und festzustellen, daß ich immer noch ein Kind war. Als mich einige der anderen Kinder damit aufzogen, daß ich in der Pause geweint hatte, log ich und sagte, ich sei erkältet. Ich schlurfte zu den Schaukeln hinüber, um nicht bei ihnen sein zu müssen, und schaukelte mich ganz hoch in die Luft. Als ich vor- und zurückschwang, in einem Bogen des Zorns, einem Bogen der Erregung, dachte ich über das, was ich getan hatte, nach. Ich weinte über die Charaktere, die ich erfunden hatte. Sie waren ja nicht richtig lebendig, wie konnten sie also sterben? Und wie konnte ich um sie trauern? Wenn ich zu Hause bei Filmen im Fernsehen weinte, schnaubte mein Vater ungeduldig: «Himmel, es ist doch nur ein Film!» Und Granny sagte immer: «Das ist nur Ketchup, weißt du. Der Regisseur sagt ihr, sie soll hinfallen. Es passiert nicht wirklich!» Ich konnte ihnen nie erklären, daß ich wußte, es war nur ein Film. Ich begriff durchaus, daß es sich um erfundene Geschichten handelte, aber für mich war Fiktion wahrer als das Leben, und das verstand meine Familie nicht. Irgendwann, irgendwo war etwas ganz Ähnliches geschehen. Ein Soldat wird erschossen und sieht im letzten Moment in die Augen seines Feindes, und er sieht sich selbst. Eine Frau verliert ihr Kind und überwindet den Verlust nie. Zwei Liebende werden vom Schicksal getrennt, doch obwohl sich ihre Lebenswege immer wieder kreuzen, führt sie das Schicksal nie wieder zusammen. Meine Geschichte war wirklicher noch als die Wirklichkeit, denn Kinder verlieren tatsächlich ihre Mutter; alte Männer überleben wirklich die Schlachten, die für sie der Höhepunkt ihres Daseins waren; Väter verlassen tatsächlich ihre Familien, und Kinder wachsen allein auf Farmen auf, verwirrt und verängstigt, und haben nur einander.

Ich zeigte keinem mein Buch, weder in der Schule noch zu Hause. Ich nahm das gelbe Spiralheft überall mit hin, und es gab mir Selbstbewußtsein. Wenn ich im Unterricht getadelt wurde, war ich in Gedanken meilenweit weg – mit Danny und Beanie Warren beim Fischteich hinter der Mühle von Jameson, wo sie Forellen angelten. Wenn mein Vater morgens schon fluchte und schimpfte, die Haare zerrauft und einen irren Glanz in den Augen, stand ich unverzagt am Herd und rührte den zähen Haferbrei, den wir zum Frühstück aßen, und hörte währenddessen die Stimme von Tante Duffy, die mit einem Silberlöffel, der ihr Monogramm trug, Erdbeerkonfitüre aus einem Kristallschälchen nahm. Ich vergaß, zu Mittag zu essen, ich ließ mein Abendessen unberührt. In meinem Pult in der Schule herrschte wieder Chaos, doch nichts von alledem schien wichtig. Ich war nicht mehr in meinem eigentlichen Leben zu Hause. Ich lebte in meinem Roman.

Der Rest des Schuljahres verstrich ohne besondere Ereignisse. Biddy entdeckte nie, daß ich während der Stunden in mein gelbes Spiralbuch schrieb, und auch bei den Pultinspektionen ertappte sie mich nicht. Bis Juni hatte ich 178 Seiten geschrieben. Im folgenden Schuljahr sollte ich eine Nonnenschule in der nächsten Stadt besuchen, während der Rest der Klasse in die North Middlesex Regional High School wechselte. Es war ein Wendepunkt, und zum erstenmal seit langem fühlte ich mich nicht nur traurig. Die Arbeit an diesem Buch hatte mich mutiger gemacht. Am letzten Tag des sechsten Schuljahres saß ich in der muffigen Aula, hörte mir Reden an und sprang von meinem Sitz, um auf der

Bühne einen Preis entgegenzunehmen, aber meine Gedanken waren woanders.

Becky und Danny und Beanie Warren und Tante Duffys zwei Söhne waren beim Fischteich von Jamesons Mühle. Becky stellte einen Picknickkorb in den Schatten der Kiefern und sah zu, wie die Jungen sich ihre Kleider auszogen. Sie streifte Kleid, Strümpfe und Schuhe ab und legte sie ordentlich neben den Korb. In Hemd und Schlüpfer wartete sie, bis die Jungen das Ende des Seiles ergriffen hatten, Schreie ausstießen und den Abhang hinunterrannten. Das Seil beschrieb einen großen Bogen über dem Wasserfall, und der Junge, der sich daran festhielt, kreischte vor Vergnügen, als er losließ und mit wild rudernden Armen und Beinen in das schäumende Wasser unter sich tauchte. Das Seil schwang zurück, und der zweite Junge flog hinüber und sank in die Fluten. Becky fing das geknotete Ende des Seiles auf und rannte in ihrer weißen Wäsche über den Rand der Klippe; sie flog höher und höher und stürzte sich, anmutig wie ein weißer Schwimmvogel, ins Wasser.

Mein Herz pochte wild, doch ich war eins mit ihnen an diesem heißen Sommertag bei Jamesons Mühle. Ich fürchtete mich vor Geschwindigkeit, Höhen und vor Wasser, aber ich nahm das Ende des Seils und rannte den Abhang hinunter zum Klippenrand, und als das Seil einen großen Bogen über dem Wasserfall beschrieb, flog ich durch die Lüfte und war frei.

Prisma

Granny erzählte mir die Geschichten, die sie von anderen Verwandten gehört hatte, wie ihre Schwiegereltern sich kennengelernt und nach einer langen Verlobungszeit endlich geheiratet hatten. Doch das fleischlose Gerüst der Geschichte allein reichte mir nicht, ich mußte es in meiner Phantasie ausschmücken und mir vorstellen, wie das Leben meiner Urgroßeltern ausgesehen haben könnte, damit sie um so wahrhaftiger für mich wurden und vor allem um zu verstehen, was den nachfolgenden Generationen widerfahren war.

Das Meer, das ist mein Zuhaus',
meine Väter sind Krieger und Schiffer;
und solange ich leb', wird das Meeresgebraus'
den Schlag meines Herzens bestimmen.

Ich saß an Grannys Eßzimmertisch – die Tischdecke aus irischer Spitze hatte Granny in einem Bottich mit Tee eingeweicht, um ihr ein antikes Aussehen zu verleihen, statt dessen bedeckten mehrere Seiten des *Boston Herald* den Tisch – und sang vor mich hin. Ich malte unseren Stammbaum auf ein langes Blatt Papier.

Es war der Tag nach Weihnachten, draußen schneite es. Wenn nicht der Kranz aus Pinienzapfen gewesen wäre, mit Wal-, Pekan- und Haselnüssen behängt und einer roten Samtschleife geschmückt, den Granny gemacht und an der Haustür aufgehängt hatte, wäre mir nicht bewußt gewesen, daß es Weihnachten war. Unsere Lehrerin hatte uns ein hektographiertes Blatt mitgegeben, auf dem undeutliche blaue Linien und Pfeile zu sehen waren. Darüber stand «Meine Familie». Hier sollten wir die Namen und Daten unserer Verwandten eintragen. Doch am Abend zuvor hatte ich das nutzlose Blatt in viele kleine Schnipsel zerrissen. Ich wollte einen Stammbaum malen, der wirklich wie ein Baum aussah. Also verbrachte ich den ganzen Abend im Anrichteraum vor der untersten Schublade eines alten Sekretärs, in dem Granny ihre Bastelsachen aufbewahrte, und stellte mein Arsenal zusammen.

Ich zog eine Rolle Papier hervor, breitete sie auf dem Perserteppich unter dem Eßzimmerfenster aus und beschwerte sie mit einer Bratpfanne, einer Zuckerdose, einer Kaffeedose voll mit Schrauben und Muttern und einem Stapel Teller, um das Papier bis zum nächsten Morgen zu glätten. Dann leerte ich die Schublade und begutachtete die Pastell-, Kreide- und Wachsstifte, die Wasser- und Ölfarben, die Buntstifte und Kohlestifte, Tinte und Füllfederhalter, Lineale, Kurvenlineale, Pinsel, Kompasse, Schablonen, Fixierer, Zirkel, Modelliermasse und Pauspapier, auf dem Blumen, Cherubim, Blätter und Früchte abgebildet waren. Es roch alles so gut. Für die Namen und Daten suchte ich einen 4H-Bleistift, einen Radiergummi, chinesische Tusche in zwei Farbtönen und einen Federhalter mit einer ideal geeigneten Feder heraus. Ich stellte die Wasserfarben und einen Pinsel bereit. Ich entschied mich für einen Kasten nagelneuer Grumbacher-Pastellstifte und eine Dose Fixierer für die Äste und Blätter. Am liebsten malte ich im Stehen und legte meine Werkzeuge um mich herum zurecht, damit ich sie alle im Blick hatte. Es würde ein großartiger Baum werden.

Mit den Wasserfarben malte ich einen wunderbar blauen Hintergrund, hell am oberen Rand des Himmels, wo kleine Wölkchen zogen, ein dunkleres, weicheres Azurblau in der Mitte des Blattes und ein volles Kobaltblau am Horizont. Dann mischte ich Blattgrün, Olivgrün und Chromgrün für das Gras und trug es auf. Mit Grannys Hilfe stellte ich eine Liste der Familienmitglieder zusammen – wer wen geheiratet hatte, wer wann gestorben war, und alle Geburtsnamen, an die sie sich erinnern konnte. Schließlich fing ich an, den Baum auf den grün-blauen Hintergrund aufzumalen. Ich würde einen Zauberbaum malen, überlegte ich, keinen Baum, der wie eine Eiche, eine Ulme oder ein Ahorn aussah, sondern einen, wie er im Märchen oder in einer Legende vorkommt. Vom Stamm ausgehend malte ich kräftige Äste, die sich in zarte Zweige aufteilten; die wiederum verästelten sich weiter oben und endeten in einer federartigen Krone. Die Blätter würden verschiedene Pastellfarben bekommen, beschloß ich, während ich malte, wobei die im unteren Bereich in dunkleren Farbtönen gehalten sein und nach oben hin immer heller und kleiner werden würden. Dann nahm ich ein Lineal und zog mit Feder und Tinte Linien, auf die ich mit Bleistift die Namen meiner Vorfahren schrieb.

Die Familie meiner Mutter kannte ich bis hin zu Hannah Rockett – einer französischen Hugenottin, die auf einem kleinen Zweimaster, versteckt in einer Hängematte, nach England geflohen war. Grannys Familie kannte ich auf der einen Seite bis zu Henry Hudson Kimball, der im Lake Champlain ertrunken war, und auf der anderen Seite bis zu Thomas und Hannah Watkins, den Eltern ihrer Großmutter Anna, die aus Barford in England gekommen waren. Über die Greens hingegen wußte ich nicht so gut Bescheid. Während ich malte, erzählte mir Granny ihre Version davon, wie die Greens nach Amerika gekommen waren. «Der Alte, Jeremiah Green, mein Schwiegervater – dein Urgroßvater – kam mitten im Bürgerkrieg, als er erst zehn Jahre alt war, mit seiner Mutter aus Irland», sagte Granny. «Völlig verarmte Iren waren das, die ganze Sippe. Sein Vater, John Green, wurde auf See vermißt. Also kamen er und seine Mutter allein. Aber das Meer muß er im Blut gehabt haben, denn mit fünfzehn verließ Jeremiah seine Mutter und heuerte als Schiffsjunge an.»

Nachdem ich alle Linien gezogen und die Namen eingetragen hatte, begann ich, die herzförmigen Blätter zu malen, und versuchte, mir meinen Urgroßvater als kleinen Jungen vorzustellen.

Jeremiah war erst zehn Jahre alt. Die Leiche seines Vaters wurde nie geborgen. Seine älteren Schwestern wurden in Brooklyn in New York heimisch und blieben dort bis an ihr Lebensende. Welch ein Unterschied mußte das für sie gewesen sein zu Irland, zu Castletown Bere, unweit von Kinsdale Harbor. Hatten sie dort in einer Reihe rußgeschwärzter Backsteinhäuser gelebt? Oder lag ihr Haus auf dem Land und war aus Lehm gebaut, und drinnen brannte ein Torffeuer, und draußen scharten sich schwarzweiße Schafe um eine Tränke? Konnte seine runzlig gewordene Mutter, die die große Hungersnot überlebt hatte, sich etwas Schlimmeres vorstellen, als Irland zu verlassen? Weinte sie oder ging sie mit versteinertem Gesicht und zerrte ihren Sohn, wohlwissend, daß sie nie wieder zurückkehren würde, hinter sich die Gangway zu dem Schiff *The Girl of Aurelia* hinauf, das zu seiner letzten Fahrt aufbrach? Oder vielleicht wollte sie all dem Sterben und Leiden entfliehen und ein neues Leben beginnen?

Und der Junge, der von dem heftigen Wellengang der Nordsee nicht seekrank geworden war, kletterte auf dem ganzen Schiff herum, vom Bug zum Heck, verliebte er sich in das Auf und Ab der Wellen, die Gefahr, in die geheimnisvolle Arbeitsweise von Wanten und Webeleinen, ja selbst in die krummbeinigen, tätowierten Seeleute, die ihm Knotenknüpfen und Politik beibrachten, während sein Gesicht von der Sonne, dem Wind und den groben Worten gerötet war und die salzige Gischt sich vor Aufregung in seinen Mundwinkeln sammelte, als er seine Antworten brüllte?

Und als er nach Boston kam, wußte er, der als gut katholischer Junge mit so vielen Heiligengeschichten vertraut war, da schon, daß seine neue vielsprachige Heimatstadt nach

Sankt Botolph, dem Schutzheiligen der Fischer, benannt war? Konnte er von der Siedlung in Charlestown, wo er und seine alternde Mutter sich bei einem Schneider auf dem Speicher zwischen Stoffen, eilig geheftetem Webband und einem Berg von Serge einrichteten, den Hafen sehen, die Werften und die Flotten von Schiffen, die unter den Wolken kreuzten und wie Otter in den Hafen schlüpften? Konnte er hören, wie die Anker ächzend an Bord gezogen wurden, konnte er sehen, wie die feucht glänzenden Holme sanft hin- und herschaukelten und die Stagsegel sich über dem Deck aus Mahagoni und Messing blähten wie ein Sommerrock, bis die Schiffe, anmutig wie Sirenen, über das Wasser zu gleiten schienen?

Und später, als die Arbeit im Hafen und die Schilder mit der Aufschrift *Bewerbung von Iren nutzlos*, die überall in den Fenstern zu sehen waren, ihn hart gemacht hatten, als er sich fortwährend über Fässer, Kisten, Stiegen und auch Dirnen gebeugt hatte, zog er da eines Nachmittags seine blaue Wollmütze und seine Öljacke aus und sah zu, wie seine Mutter wieder einmal eine winzige Scholle entgrätete, die ihr gemeinsames Abendessen darstellte, mit einem pochierten Ei, das in der Brühe schwamm? Stand er vielleicht sprachlos da, voller Haß auf ihre eisblauen Katarakte, ihre geschwollenen Knöchel und die erdrückende Armut dieses einzelnen Eis? Wieso war das hier besser als Castletown Bere? Warf sie ihm einen flüchtigen Blick zu, als sie die Teller auf den Tisch knallte? War es ein sanfter Wind von der Nordsee und von den Wiesen seiner Kindheit, ein halb vergessenes Schlummerlied, das sie vor sich hinmurmelte und das ihn aus der Haut fahren ließ? Fürchtete sie sich, als er die Bratpfanne mit dem brutzelnden Inhalt an die Wand schleuderte und sie grob an sich riß, anscheinend den Tränen nahe? War sie verwirrt, als er vorsichtig ihre Schürze aus Sackleinen löste, ihren schwarzen Schal vom Haken an der Tür nahm und mit ihr in einer Mietkutsche zum Scollay Square fuhr, wo er in dem verglasten Palmengarten von Higgens' Famous Oyster House mit ihr speiste? Brach es ihr das Herz, als er sagte, er hätte sich anheuern lassen und würde erst zurückkehren, wenn er reich genug wäre, um ihr das Leben einer Königin bieten zu können?

Granny sagte: «Er ist um die halbe Welt gesegelt – nach Kalkutta, San Francisco und um Kap Horn, so erzählt man, aber eines Tages, als sie gerade in den Hafen einfuhren, fiel er vom Ausguck hinunter und brach sich das Bein. Also landete er wieder da, von wo er ausgezogen war – in Boston.»

Ich biß mir auf die Lippe und betrachtete die immer kleiner werdenden herzförmigen Blätter in der Baumspitze.

Bei einer herbstlichen Springflut im Jahre 1867 heuerte Jeremiah auf dem Schoner *Maria Consuela*, der nach Halifax und Spanien segelte, als Schiffsjunge an und kehrte fünf Jahre später zurück. Sein Oberschenkel war in Werg gebunden – dem geteerten Manilahanf, der zur Abdichtung der Nahtstellen zwischen Bohlen verwendet wurde –, und er wollte nicht sagen, was geschehen war. Hatten die rauhen Zungen von Babel seinen Fall herbeigeführt, als die Mannschaft der *Maria Consuela* Kap Horn umschiffte und sich die schwarzen Wassermassen zu Bergen auftürmten, so wie Castor und Pollux bei Blitz und Donnerschlag in ihrem knisternden, unirdischen Spiel von Mast zu Mast sprangen? Oder waren es die vielen in Rum getränkten Tage der Flaute, die ihn schließlich behexten – die unantastbare Stille, das endlose Schweigen Gottes? Schritt er während der Wache, Nacht für Nacht, allein an Deck auf und ab und suchte zwischen Bohlen und Kreuzmast den bleichen Mond des Äquators, in dem er immer wieder, durch das Guckloch eines losen Seilendes schauend, das Gesicht seiner Mutter sah und ihre Stimme, von Tränen des Schmerzes erfüllt, hörte, die sagte: *Sohn, komm nach Hause*? Vielleicht erhob sich ein leichter Wind, und mit ihm das Skeisel, das kleine Segel oberhalb des Vor-Royalsegels. Und wie ein Verrückter erklomm er die Leiter, die man Jakobsleiter nennt, und griff mit den Händen nach den hölzernen Sprossen, während die Stricke an der Seite durch seine Anstrengung ins Schwingen gerieten, als er sich an die Spitze des Mastes emporarbeitete und seinem Engel in Peniel entgegentrat, aber der einzige Flügelschlag, den er hörte, war sein eigener, als er hinabstürzte durch den roten Himmel der Morgendämmerung, wie Ikarus bei dem Versuch zu fliegen.

Das Bein heilte, täglich humpelte er mit seiner Mutter zur Messe, wo sie wie zwei alte Kähne saßen und zuhörten und sich gegenseitig stützten. Dennoch, wenn er, umgeben von Weihrauch und der Melancholie der Messe, dasaß, wußte er: nie würde er berichten können, was er gesehen hatte – glitzernde Städte auf einem Meer wie Turmalinseide, Kathedralen, auf Säulen errichtet, durch deren blutrote Rosettenfenster die fleischgewordene Geschichte auf marmorne Altäre fiel, Gassen von Barackenstädten, durch die er getaumelt war, trunken vom Geruch der Gewürze, fremder Gerichte, von Exkrementen unter Fliegenschwärmen, von Abwässern in Rinnsteinen, den verderbten Früchten der Huren, die in dunklen Hauseingängen lehnten, mit ihren Kindern, häßlich und wild, in Tierfelle gehüllt, die Hände, wie junge Geier, nach Speiseresten ausgestreckt.

Granny sagte: «Er landete am Scollay Square, ohne einen Heller in der Tasche, und fing als Gläserwäscher in der Bar an. Das einzige, was er im Kopf hatte, war Geld.»

Jetzt waren alle Blätter sorgfältig vorgezeichnet. Vorsichtig tauchte ich die Feder in die Tusche, strich die Spitze behutsam am Glasrand ab und fing an, die Umrisse der Äste und Zweige an meinem wunderbaren Baum zu zeichnen.

Allein seiner Mutter galt damals das Drängen seiner Liebe. Jeremiah fand zwei Kellerzimmer in einem Wohnblock im West End, wo er die Aufgabe des Heizers übernahm und dafür eine niedrigere Miete zahlte. Im Winter lag seine Mutter auf einer Strohmatratze beim Kohlekasten, wo sie es wärmer hatte als in den langen Jahren davor und zufrieden war mit dem Oberlicht, durch das sie den Schnee und die herumflatternden Spatzen und Stare am Vogelhäuschen beobachten konnte. Im Sommer, nachdem er das Unkraut auf der Terrasse entfernt hatte, machte sie sich, auf einen Stock gelehnt und das Gesicht der Sonne zugewandt wie eine Lilie, zwischen ihren Kartoffeln, Schalotten und Kräutern zu schaffen.

Den ganzen Tag spülte er Gläser in riesigen Bottichen in der Gasse hinter dem Lokal, und dabei erhob sich sein wohlklingender Tenor über den Dächern von Scollay Square und den sich aufplusternden Tauben im Gebälk, die wie Priester auf einem Katafalk wirkten. Im Speisesaal hielt er das gestärkte Tischtuch über dem Tisch wie eine Altardecke und schlug es knallend auf wie ein Segel. Er scheitelte sein Haar in der Mitte und ließ sich zum erstenmal einen Schnauzer stehen. Er hämmerte auf das Klavier ein, wenn die Band sich verspätete, das blitzende Lächeln und sein schwarz-irischer Teint verbargen seine Verachtung für die Damen in Satin und Gagat, die Münzen in seine Zigarrenkiste fallen ließen. Vor seinem geistigen Auge sah er einen bunten Rechenschieber, auf dem alles, was er verdiente, in Säulen addiert wurde: Miete, Essen, Bücher und Geschäfte. Geschäfte machen, davon träumte er.

Bildung. Darum ging es. Wenn er genügend lernte, würde er ein Vermögen anhäufen können. Er befragte Seeleute in der Bar. Er belauschte Bankiers und Philanthropen. Und nachts, wenn er zwischen den Stuhlreihen des Old Howard Theater saubermachte, nahm er alles, was er fand, mit und versetzte es: Geldbörsen, Handschuhe, Regenschirme, und einmal einen goldenen Ehering. Das Geld gab er für Bücher aus. Das

Theater lag in den Räumen über der Brauerei Otis S. Neal, und an heißen Sommerabenden war der Gruch von Hopfen unerträglich. Mit Spirituosen konnte man Geld machen, trotz der Abstinenzbewegung. Vielleicht lag seine Zukunft in Spirituosen.

Bei den Buchhändlern, von denen es in Corn Hill jede Menge gab, erstand er Abhandlungen über Ingenieurwesen, Hoch- und Tiefbau und Handel, und da er auf dem Weg an Papanti's Dance Academy vorbeikam, in der Charles Dickens einst gelesen hatte, brachte er auch einige Romane und Gedichtbände nach Hause. Schließlich fand er eine Lehrstelle bei einem Kesselschmied, und sein Geschäftskonto wuchs beständig an.

Die Umrisse der Äste und Zweige waren fertig. In meiner allerbesten Handschrift mußte ich jetzt mit Füller die Namen und Daten meiner längst verstorbenen Vorfahren eintragen. Granny sagte: «Im Jahre 1872 stand Boston plötzlich in Flammen. Jeremiah war damals ungefähr zwanzig. Es heißt, er hat dabei geholfen, das Feuer zu löschen, als er Emma Beckett an einer der Erste-Hilfe-Stationen begegnete – man kann sich kaum vorstellen, daß die alte Hexe mal jung war.»

Ich versuchte, mir Boston als Flammenmeer vorzustellen.

Es war ein stürmischer November. Die wenigen Sterne waren aus dem ewigen Eis des Himmels herausgemeißelt. Die ersten Funken entzündeten sich im Keller einer vierstöckigen Textil- und Reifrockfabrik an der Ecke der Summer Street und Kingston Street, und bald tobten die Flammen durch Bath Street, Bussey Place, Leather Square, Lindall Street und Morton Place. Die riesigen Handelshäuser aus Granit, gehauen aus dem Fels, würden doch nicht einbrechen können – das Feuer loderte wie ein dämonischer Wirbelwind nach oben in die hölzernen Dachstühle und sprang von Dach zu Dach – von der St.-Stephen-Kirche zum Boston-Hartford-Erie-Eisenbahndepot und hinüber zu den geschnitzten Dachgesimsen und Wasserspeiern von sechs Banken. Schmiedeeiserne Gitter schmolzen und verbogen sich. Säulen aus Granit splitterten und fielen um. Ganze Gebäudetrakte stürzten ein, als seien sie aus Sand gebaut. Es herrschte ein apokalyptischer Lärm. Ein kleiner Lastkahn, die *Louisa Frazer*, wurde in ihrer Werft in der Bond Street gebrandmarkt, und der knisternde Wind trug die Funken von Holm zu Holm durch weitere sieben Werften. Über dem Wasser hatte der Himmel einen unwirklichen Schein und strahlte in dem gespenstischen Sonnenuntergang die Umrisse einer Schar fliegender Gänse an, die die Menschen für Meteoriten hielten, so schwarz erschienen sie gegen den Himmel. Die Funken, vom Wind getrieben, jagten wie eine Schneeböe durch die Straßen. Berstendes Holz flog brennend in die Bucht. In einiger Entfernung des Flammenmeers sprengten Feuerwehrleute sechzig Gebäude auf beiden Seiten der Federal Street, in der Hoffnung, so die Ausbreitung des Brandes verhindern zu können. Nach zwei Tagen lagen 776 Gebäude in Schutt und Asche, auf einer Fläche von sechzig Ar war alles Handelsgut zerstört, und nicht ein einziges Haus der Wollproduzenten in der Stadt war unversehrt geblieben.

Emma Beckett, ihr Haar zu einem langen Zopf von der Farbe gerösteter Kastanien geflochten, saß mit sechs anderen jungen Frauen zitternd am Ende der Kilby Street. In ihren Wintermänteln und Muffen schüttelten sie sich wie Enten, die ihre Federn plusterten. Sie standen an Tischen, rissen Leinentücher in Streifen, rollten sie zu Binden zusammen, um damit Verbrennungen zu versorgen, und füllten an der Pumpe des Matthew Place ihre Eimer mit Wasser. Selbst in Handschuhen waren ihre Hände wie abgefroren, während die heißen Pflastersteine die Ledersohlen ihrer Adelaide-Stiefel versengten. Mit den Taschentüchern, die sie sich über die Nase gebunden hatten, und den dunklen Ringen von Ruß unter den tränenden

Augen sahen sie aus wie Banditen, die aus den Bergen heruntergekommen waren, um in den Schutthaufen nach Brauchbarem zu stöbern.

Emma machte sich Sorgen um die Pferde. Die Feuerwehr hatte dreiundneunzig Pferde, doch in den Ställen starben sie wie die Fliegen. Sie war schon fast sechzehn und glaubte manchmal, Pferde mehr zu lieben als Menschen. Gebäude stürzten ein, Trümmer fielen wie brennende Bomben von den Dächern, und um sie herum stießen Männer wilde Flüche aus, während sie sich von den Mädchen ihre Brandwunden verbinden ließen. Es war zuviel. Sie wollte nach Hause. In dem Rauch, dem Wind und ihrer Erschöpfung ließ sie ihren Tränen freien Lauf.

Plötzlich sprang aus dem glühendsten Teil der Feuerhölle ein brennender Engel hervor, sein Haar war von einer Flammenkrone bekränzt, von seinen Schultern flackerten Flügel des Zorns. Sie dachte zu träumen. Doch in dem prachtvollen Gesicht öffnete sich ein schwarzer Mund und stieß ein gottloses Gebrüll aus. Es war ein Mann, kein Engel, ein Mann in Flammen, der auf sie zustürzte, seine geschwärzten Hände erhoben wie Hiob, und die Glut seines Schmerzes so gleißend, daß es ihr die Kraft aus den Gliedern raubte und unter ihren Rippen einen Krater aufriß. Schwarze Fliegen summten zornig vor ihren Augen, sie begriff, daß sie im Begriff war, ohnmächtig zu werden, doch sie klammerte sich an sein Brüllen, als sei es ein goldenes Seil, das aus dem Paradies herabgelassen worden war, und wischte die Fliegen fort und rannte – um einen Eimer Wasser, eine Wolldecke zu holen. Sie schüttete Wasser über seine Krone und die Flügel und warf sich mit ihrem ganzen Gewicht auf seine funkensprühende Brust, sie trommelte mit ihren Fäusten auf die Wolldecke, als sie gemeinsam fielen, und hämmerte die Silben ihres einzigen, unauslöschlichen Gedankens darauf: *Dieser Mann darf nicht sterben, dieser Mann darf nicht sterben, ich will nicht, daß dieser Mann stirbt.*

Plötzlich war es still.

Voller Angst setzte sie sich auf. Lieber Gott, hatte sie ihn getötet? Unter der verkohlten Wolldecke hörte sie einen dumpfen Klang, ein Husten, ein Prusten, ein Keuchen, und als sie die Wolldecke von seinem Gesicht zog, sah sie, daß seine Augenbrauen angesengt waren und sein Schnauzer verschwunden war, aber er lachte. Ein tiefes, inneres Zucken rüttelte ihn – er war nicht tot, er lachte!

Sie stand auf, errötete und zwirbelte das Ende ihres Zopfes um die Finger. Sie räusperte sich und wischte sich mit einem Ärmel über ihre Wange.

«Ich heiße Jeremiah Green», sagte er. «Es ist mir ein außerordentliches Vergnügen.»

Die Namen waren perfekt gelungen. Ich stand vor der nagelneuen Schachtel mit Pastellstiften, und das Herz pochte mir bis zum Halse. Warum kamen mir bei dem Anblick so vieler wunderschöner Farben nur die Tränen?

Granny sagte: «Ach, die Becketts waren schrecklich eingebildet. Reiche, vornehme Iren! Sie hielten sich für feinen Landadel aus Belfast – als ob schon jemals etwas Gutes aus Belfast gekommen wäre – und meinten, weil sie am Harvard Square wohnten, gehörten sie zu den Feinsten der Gesellschaft.»

Emma konnte sich kaum erinnern, wie sie nach dem Feuer nach Hause gekommen war. Sie stand vor dem großen gelben Haus, hinter dem sich das silberne Band des Flusses wand, und versuchte, die Bedeutung von dem Schnee auf dem Firstbalken, der sich auftürmte wie Zuckerguß auf einem Hochzeitskuchen, von den schokoladenbraunen Fensterläden und dem Buntglasbild vom Heiligen Paulus auf der Straße nach Damaskus in der Eichentür zu erfassen. Wohnte sie wirklich hier? Es schien so friedlich, so sicher. Fast war sie zu erschöpft, um die sechs Stufen zur Veranda hinaufzusteigen. Ihr Körper schien ganz woanders zu sein. Die Tür schwang auf, Roberts, der Butler, und Mrs. Graham, die Haushälterin, führten sie in die Eingangshalle, und als sie am Fuße der Treppe zusammenbrach, trugen sie sie in ihr Zimmer.

Ihre Mutter Anne und das Mädchen der Mutter, Helene, streiften Haube, Mantel, Strümpfe ab und zogen ihr die Tournüre und das Korsett aus. Mrs. Beckett rollte den Teppich, auf den sie die Sachen hatten fallen lassen, zusammen und befahl, daß alles verbrannt würde. Sie seiften Emma in einem heißen Schaumbad ein und spülten ihre Haare immer wieder mit Essig und Zitronensaft, um den Ruß und den Rauchgeruch herauszuwaschen. Charlotte, ihre Schwester, versuchte, ihr ein wenig Brandy einzuflößen, doch Emma zitterte so heftig, daß ihre Zähne klapperten und sie zubiß und eine Scherbe aus dem Glas herausbrach. Sie wurde unter mehrere Decken, die von heißen Backsteinen gewärmt wurden, gepackt und fiel drei Tage lang in einen unruhigen Schlaf. Sie stieß verzweifelte kleine Schreie aus und warf sich in ihren Träumen hin und her, als wäre sie auf hoher See. In der Nacht, als das Fieber seinen Höhepunkt erreichte, setzte sie sich kerzengerade im Bett auf, zeigte auf den marmornen Kaminsims und sagte: *Schau, Mutter, das ist er – mein brennender Engel!*

Es ging ihr gut. Sie haßte es, verhätschelt und verwöhnt zu werden, sie haßte die besorgten Ausrufe, die herabgelassenen Jalousien, das stündliche Glas kühlen Wassers, die wächsernen Hände des Arztes, die sie berührten, die sorgengefurchte Stirn ihres Vaters, der sich an seinem Schnauzbart zupfte. Sie wollte in Ruhe gelassen werden. Die Stadt Boston war es, die zerstört worden war, nicht sie. Es war Jeremiah Green gewesen, ein großer junger Mann mit eisblauen Augen und einem klingenden Lachen, der im Feuer verletzt worden war, nicht Emma Beckett. Sie öffnete den obersten Knopf ihres Nachthemdes. *Geht weg*, krächzte sie, denn ihre Stimme war immer noch heiser vom Rauch, *geht alle weg, und laßt mich in Ruhe!* Ihre Mutter schluchzte in ein vorgehaltenes Taschentuch und zog sanft die Tür ins Schloß.

Emma setzte sich auf die Bettkante und wartete, bis das Zimmer aufhörte, sich zu drehen. Sie öffnete ihr Nachtschränkchen, fand den goldenen Füllfederhalter neben dem Brieföffner mit Perlmuttgriff und dem Briefpapier und begann mit zitternder Hand, an Jeremiah Green zu schreiben. Ein Katholik. Ihre Mutter würde sterben.

Unter Anwendung von Listen und Tücken, von denen sie nicht geahnt hatte, daß sie ihrer fähig war, sandte sie in den nächsten sechs Monaten Briefe und empfing seine, wobei ihr das Mädchen Helene, die aus Paris stammte und sich in Herzensdingen auskannte, half. *Meine Verbrennungen sind recht gut verheilt*, schrieb er, *und ich arbeite wieder, aber meine Augenbrauen wachsen immer noch nach.* Und sie schrieb zurück: *Ich bin jetzt sechzehn und darf mein Haar hochstecken – meine Schwestern wären entsetzt, wenn sie wüßten, daß ich einen Verehrer habe!* Manchmal schrieb sie zwei- oder dreimal am Tag. Sie konnte sich ein Leben ohne ihn nicht mehr vorstellen. Konnte sie ihn besuchen? Würde er nach Cambridge kommen und sie besuchen?

Es war Mitte Mai, das herrliche Wetter machte sie so rastlos, daß sie kaum stillhalten konnte. Wenn ihre Mutter die Frauen der Gemeinde, das Cambridge-Verschönerungs-Komitee oder die Freiwilligen-Gruppe zur Förderung der rechtschaffenen Armen einlud und sie mit einer Handarbeit dabeisaß und pflichtbewußt Tee ausschenkte, grollte sie und knirschte so laut mit den Zähnen, daß sie dachte, die anderen könnten es hören. So oft wie möglich ging sie in den Stall, bürstete ihre Stute Circe und ritt auf ihr durch die Wiesen und Haine beim Fresh Pond – behende sprangen das Pferd und seine Reiterin über die Steinmauern und niedrigen Gatter der Höfe. Sie behielt den Charles River im Blick, wenn sie durch die verschlafenen Ortschaften am Rande der Stadt trabte;

doch eines Tages erkühnte sie sich und fand sich plötzlich unversehens in Boston Common, und ein Schmetterling flatterte aufgeregt dort, wo eigentlich ihre Stimme saß. Sie wendete Circes Kopf in Richtung West End, wo Jeremiah und seine Mutter lebten.

Vorsichtig bahnte sie sich einen Weg durch Scharen von Kindern und Hunden, an Pferdefuhrwerken, Kutschen und Marktkarren vorbei, auf denen Stiegen mit Hühnern oder Heu hoch aufgetürmt waren, sie trottete langsam an den schwarz umrandeten Erkerfenstern der Geschäfte entlang, in deren mit Samt ausgeschlagenen Fensterflügeln Schleifen, Spitze, Sonnenschirme, Broschen und Uhren auslagen, kam an einem Handschuhmacher, einem Modisten, einem Schuhgeschäft, einem Miederwarengeschäft vorbei, passierte einen Tuchhändler und ein Herrenbekleidungsgeschäft, wo die Schilder sanft in der hellen Luft schwangen. Blütenblätter der Magnolienbäume taumelten zu Boden, in der Ferne schwebte der goldene Dom des State House wie eine Ikone.

Durch eine enge Gasse erreichte sie seine Straße; seitlich türmten sich Müllberge, zahnlose alte Männer in uringetränkten Lumpen standen am Rand, und schwindsüchtige Kinder liefen umher. Das, was sie hinter ihr herriefen, war derart derb, daß sie spürte, wie ihre Wangen so glühend rot wurden wie die der Kinder. Drei magere Hunde knurrten sie an und zerrten an einer toten Taube. Aus einem Toiletteneimer wurde übel riechende Brühe von einem Dachgaubenfenster geleert und bespritzte ihren Rock und Circes Flanke. Sie sah kaum noch den Weg, sie weinte. Was für ein entsetzlicher Ort! Man könnte sie umbringen. Was, wenn Jeremiah nicht zu Hause war? Wie konnte sie nur so dumm sein, ohne Begleitung in diesen schrecklichen Stadtteil zu kommen, um einen Mann zu besuchen?

Sie fand die Adresse, band Circe an einem Laternenpfahl fest und hastete die Treppen hinauf; sie scheute sich, mit ihrer behandschuhten Hand über das schmutzige, brüchige Geländer zu fahren. Irgendwo schrie ein Kind. Im Hausflur war es dunkel, es roch nach Exkrementen, Schimmel und Kohl. Ihr war übel, sie war zutiefst erschrocken und hörte, wie sie immer wieder seinen Namen rief, als ob er oder sie oder gar beide am Ende der Welt wären, und plötzlich hörte sie sein weiches Irisch, als er sagte: *Wen haben wir denn hier?*, und sie klammerte sich an ihn, wie ein ertrinkender Seemann sich an ein Stück Treibholz klammert – als ginge es um ihr Leben. Als sie sich in das muffige Wohnzimmer führen ließ, seinen starken Arm um die Schulter spürend, da wußte sie, daß sie ihn heiraten würde.

Jeremiahs Mutter, eine steckendürre Frau mit eisblauen Augen so groß wie Mokkatassen, bot ihr dick geschnittenes Brot und schwarzen Tee an, sprach aber kaum mit ihr. Sie hörte nicht auf, sie anzustieren. Emma nippte an ihrem Tee, aß ein paar Krumen von dem krustigen Brot, stumm wie eine Statue, und versuchte, sich an Fetzen der Plaudereien zu erinnern, die sie und ihre Freundinnen auf Gesellschaften austauschten, an die Belanglosigkeiten, die den Damen von der Gilde, vom Komitee, von der Kirche und der Liga leicht von den Lippen gehen würden, doch ihre Zunge fühlte sich in ihrem Mund an wie Watte. Fröhliches, bedeutungsloses Geschwätz würde in diesem stickigen Zimmer ohne Vorhänge wie Steine zu Boden fallen, dachte sie, als sie in die unergründlich glitzernden Augen der Mutter sah. Doch was sie schließlich sagte, riß eine Kluft in dem Raum auf, wie von einem brennenden Meteor geschlagen.

Sie sind die einzigen Katholiken, die ich kenne, außer unserer Küchenmagd.

Die Stille war ohrenbetäubend. Sie dauerte ein Lebensalter.

In der alten Frau loderte derselbe Haß auf, den Emma auf den Gesichtern der Kinder in der Gasse gesehen hatte. Sie erhob sich steif, ihre gebogene Nase war prächtig wie die eines Raubvogels. Sie legte ihre arthritische, krallenartige Hand auf Emmas Arm, beugte sich vor, als wolle sie sie verschlingen, und zischte ihr ins Gesicht: *Mein Sohn heiratet eine Protestantin nur über meine Leiche*. Sie schleuderte ihre Teetasse aus dem Fenster über dem schludrig gemachten Diwan und verschwand.

Jeremiah lachte, als sie sich gemeinsam niederbeugten, um die Scherben aufzulesen, aber Emma konnte vor Scham nicht sprechen. Als sie ihre Haube aufsetzte und in der Tür stand, stellte er die Kehrichtschaufel ab und kam, schlank und anmutig wie ein Tänzer, durch den Raum. Etwas unbeholfen hielt er die blauen Satinbänder in seinen groben Händen und band sie umständlich zu einer Schleife unter ihrem Kinn, dann tat er im Scherz so, als würde er ein paar unsichtbare Staubkörner vom Samt wegbürsten, und plusterte das Paar Straußenfedern auf ihrer Haube auf. Und gerade, als sie sich abwenden wollte, küßte er sie.

In dieser Nacht konnte sie nicht schlafen. In dem Jahr, als sie geboren wurde, lief Jeremiah Green barfuß durch stinkende Kartoffelfelder und hungerte. Als die schäbige *Girl of Aurelia* in Boston anlegte und Jeremiah und seine Mutter die Gangway hinunterstolperten, um dann zu den Inseln in Quarantäne gebracht zu werden, fütterte Emma mit ihren Schwestern, in weiße Krinolinen und Reifröcke gekleidet mit gerüschten Unterhosen darunter, im Boston Garden die Schwäne. Als sie an der vornehmen Belmont Academy ihre Reitstunden nahm, arbeitete Jeremiah wie ein Packesel auf den Charlestown Docks. Im selben Jahr, als er als Schiffsjunge auf der *Maria Consuela* anheuerte, las sie *Hans Brinker* und *Alice im Wunderland*. Er lag typhuskrank in Spanien an dem Abend darnieder, als sie und ihre Familie in einem in Messing und Mahagoni ausgestatteten Saal bei Delmonico in New York City speisten, nachdem sie eine Spazierfahrt durch den wunderschönen, fast fertiggestellten Central Park gemacht und den Nachmittag mit Einkäufen in der Fifth Avenue zugebracht hatten. Während sie ihre Zeit auf Gesellschaften und bei Tanzveranstaltungen vertändelte, verdiente er in einem Monat das, was sie bei der Modistin an einem Nachmittag ausgab.

Sie war beschämt. Sie war geläutert. Sie liebte ihn so sehr, daß es weh tat. Sie würde ihn heiraten, koste es, was es wolle, denn in ihm fand sie eine fremde, andere, verzweifelte Welt, die sie kennenlernen wollte. Ihr Geld würde ihn nicht retten. Er würde sich selbst retten. Und vielleicht würde er sie auch retten.

Ich ließ meine Finger über die Farbstifte in all den verschiedenen Tönen laufen, die wie Klaviertasten in der Schachtel lagen. Die dunkleren Pastelltöne würden im unteren Teil des Baumes sehr schön aussehen, und ich würde die Blätter nach oben hin, wo sie in den milden Papierhimmel reichten, heller und zarter machen. Pastellfarben waren so zart, so zerbrechlich. Ich mußte ganz langsam und ruhig arbeiten, um die Farben richtig zu wählen. Meine Augen fingen an zu brennen.

Granny sagte: «In der Wirtschaftskrise von 1873 verloren die Becketts ihr ganzes Vermögen – das geschah ihnen ganz recht. Sie haben alles verloren, sogar ihr Haus. Kannst du dir das vorstellen? Und gerade sie, so eingebildet, wie die waren!»

Emma stand auf der Straßenseite gegenüber von dem gelben Haus mit den schokoladenfarbenen Fensterläden und dem Buntglasbild vom heiligen Paulus auf der Straße nach Damaskus in der Eichentür. Wenn sie die Augen zusammenkniff, verschwomm die Welt, und sie konnte viele schwarze Ameisen erkennen, die in einer ordentlichen Reihe auf der rechten Seite über die Stufen ins Haus hineinmarschierten, und eine andere ordentliche Reihe von Ameisen, die wieder herauskam, grotesk beladen mit Krumen, die viermal so groß waren wie sie selbst. Sie setzten sie auf dem Rasen ab, wo andere

Ameisen ihnen mit wild gestikulierenden Fühlern Anweisungen gaben. Es war ja schließlich eine Art Picknick. Die Ameisen taten das, was sie überall taten: sie sammelten Dinge und trugen sie weg und bohrten sich in alle Lebensmittel, die achtlos liegengeblieben waren, in diesem Fall einen prachtvollen Hochzeitskuchen, den jemand auf einer grünen Decke unter dem Apfelbaum abgestellt hatte. Der Charles River im Hintergrund war die silberne Klinge des Hochzeitsmessers, das bereitlag, während Braut und Bräutigam irgendwo tanzten.

Emma entspannte ihre Augen. Zum Glück war niemand von der Familie da und sah, wie der beleibte Sheriff auf seinem braunen Wallach vorritt, sich seine Stirn und Koteletten mit einem schweißfeuchten Taschentuch abwischte und die Männer in schwarzen Anzügen anschrie, die in wirrer Hast im Hof umhereilten. Die Eltern waren bei Charlotte und ihrem Mann und deren kleinen Jungen. Die Mutter stand unter Beruhigungsmitteln. Der Vater befand sich seit dem Moment, da der Bankrott erklärt worden war, in einem Vollrausch, aus dem er gelegentlich erwachte, um dann Onkel Williams Gewehr aus dem Bürgerkrieg von seinem Platz über dem Kamin herunterzuholen und zu drohen, seine heißblütige, unwissende Seele zur Hölle zu befördern. Roberts, der Butler, blieb aus Loyalität und ohne Gehalt an seiner Seite, bis Emma einen neuen Posten für ihn fand. Die Haushälterin, Mrs. Graham, war unter Tränen zu ihrer Nichte in Montpelier gefahren. Die anderen Bediensteten hatten sich in alle vier Winde zerstreut und den Rest des Geldes der Becketts mitgenommen.

Die Krise war schon im Oktober ausgebrochen, aber alles ging seinen geregelten Gang, bis zu einem Abend im Januar 1874, als Richard Beckett nicht nach Hause kam. Zwei Tage später erschien er wieder, unter den Augen lagen schwarze Ringe der Erschöpfung, das Gesicht war schweißglänzend, und in der Hand hielt er einige Papiere, die alles erklärten. Auf elf Seiten wurden die Gläubiger aufgelistet. Er hatte jeden

Cent verloren, den er auf der Bank gehabt hatte. Der Wert der Aktien, die er bei den städtischen Gaswerken hatte, war gleich Null. Sie hatten zwei Monate Zeit, eine Wohnung zu finden und ein paar ihrer Dinge zusammenzusuchen, denn das Haus und die meisten Möbel würden versteigert werden, um die Schulden zu tilgen. Die Mutter fiel auf der Stelle in Ohnmacht. Emma stand stocksteif, und das feine magentarote Lilienmuster auf der Tapete verschwamm und schien nach oben zur stuckverzierten Decke zu kriechen, wo es verschwand.

Es gab keinen, der helfen konnte. Charlotte mußte sich um ihre eigene Familie kümmern, zusätzlich zu den Eltern. Anne Marie, die älteste Schwester, lebte in Buffalo, erwartete ihr erstes Kind und verbrachte die meiste Zeit im Bett. Emma war bei Eliza Minton, ihrer besten Freundin, untergekommen, deren Familie nicht einen Cent in der Krise verloren hatte, und begriff, daß es an ihr war, ein Leben aus dem Chaos zu gestalten.

Ihre Selbstbeherrschung überraschte sie. Man hätte kaum geglaubt, daß sie erst sechzehn war. Sie verhandelte mit dem Sheriff, den Auktionatoren, den Gläubigern, der Vermieterin, den Kutschern und Fuhrleuten. Sie heuerte junge Burschen von der Straße an, die die Kisten trugen, in die sie ihre kostbarsten Erbstücke gepackt hatte. Wenn sie schon arm sein würden, so würden sie doch nicht ihrer schönen Dinge entbehren. Sie rettete die Spieldose, die Schmuckschatulle, einen japanischen Fächer aus Elfenbein und Seide und die schöne Uhr aus Goldbronze. Behutsam verpackte sie das Teeservice, das ihre Großmutter Emeline McKinley Beckett 1834 aus Antrim mitgebracht hatte. Sie stopfte dicke Wintersachen, Capes, Schals, Wolldecken und Stiefel in die Kisten. Sie wußte, daß die Armen oft unter Kälte litten. Eigentlich konnte sie sich kaum vorstellen, daß ihr je wieder warm werden würde. Sie veranlaßte, daß das Roßhaarsofa aus Ebenholz, drei Betten mit Matratzen, vier Mahagoni-Stühle ohne den Tisch, für jeden eine Frisierkommode und der Rosenholztisch, den ihre Mutter so sehr liebte, in eine Wohnung in der Garden Street gebracht wurden. Der Rest mußte verkauft werden. Sie brachte einen der schönsten diamantenen Anhänger ihrer Mutter zu einem Juwelier in der Brattle Street und war entsetzt, als der ihr nur die Hälfte des Wertes anbot. Mit dem Erlös zahlte sie dem Vermieter die Miete für zwei Jahre.

Emma stand auf der anderen Seite der Straße im Schatten einer Buche. Sie wollte nicht erkannt werden. Klatsch war so schmutzig. Langsam sammelte sich eine Menschenmenge an. Die Leute liebten das Unglück, wenn es nicht ihr eigenes war. Der Auktionator klopfte mit seinem Hämmerchen auf das Pult und eröffnete mit piepsiger, unverständlicher Stimme die Versteigerung, und Emma sah zu, wie das Buffet, die Anrichte, der Eßtisch, die Kronleuchter, die verschiedenen Kommoden, ihr eigener Toilettentisch, der Diwan und das Klavier Käufer fanden. Das Silber ging schnell weg, ebenso das Lowescroft-Hochzeitsgeschirr, die Gemälde, die Spiegel mit Goldrahmen und die Aubusson-Teppiche. Als der Versteigerer die Wohnzimmervorhänge, die Satin-Ballkleider ihrer Mutter sowie deren Tageskleider aus Moiréseide, ja sogar ihre Unterwäsche unter den Hammer brachte, wandte Emma sich ab. Ein Stück Papier wurde gegen den Stamm der Buche geweht und verfing sich unter ihrem Absatz. Sie hob es auf, und die ersten Tränen, seit das Unglück seinen Lauf genommen hatte, rollten über ihre blassen Wangen. Es war der Speiseplan für eine halbe Woche, in der Handschrift von Mrs. Graham verfaßt und von ihrer Mutter abgezeichnet:

MONTAG
Klare Kartoffelsuppe
Fasan (im krustigen Teigmantel
mit saftigen Rosinen)
Kastanienpüree
Brottunke, Korinthen- oder Weintraubengelee

Avocado- und Pampelmusensalat mit Käsecrackern
Ananas-Sorbet auf feinen Schokoladenblättern

DIENSTAG
Krabbenfleisch mit russischem Dressing
Taubenkasserole mit Pilzen auf grünen Nudeln
Artischocken
Kirschtörtchen mit Rum

MITTWOCH
Chinesische Eistichsuppe
Lammrücken
Minzsauce, grüne Erbsen
Geröstete Kartoffeln
Gemischter Salat, Camembert
Erdbeerkuchen

DONNERSTAG
Schildkrötenkasserole nach Baltimore-Art
oder Fischmousse
Kalbskeule
Kartoffelpüree
Grüne Bohnen in Dillbutter
Heiße Orangenscheiben mit geriebener Schale,
mit Kognak flambiert
Vanille-Waffeln

Emma wischte sich die Augen trocken und ließ den Speiseplan in ihre Tasche gleiten.

Ich seufzte. Nur ungern legte ich die Pastellstifte wieder in die Schachtel zurück – Azurblau, Purpurrot, Pfirsichgelb, Flieder, Magentarot und Malachitgrün –, aber meine Blätter waren fertig. An den unteren Ästen waren sie dunkel gehalten und wurden nach oben hin, dort, wo sie in den blaßblauen

Papierhimmel hineinragten, immer heller, und bei den allerkleinsten Blättern, auf denen nur ganz wenig Farbe war, hatte ich die Ränder mit einem Stück Seidenpapier verrieben. Die Zeit verging so langsam, während Granny erzählte. Mein Baum konnte jetzt mit Fixierer behandelt werden.

Granny sagte: «Das Haar von Emmas Mutter wurde über Nacht weiß, und sie legte sich für den Rest ihres Lebens ins Bett, wegen des Schocks. Ihr Vater konnte nicht mehr arbeiten, er hatte keinen Mut mehr. Wegen seiner Krampfadern hatte er nicht im Bürgerkrieg gekämpft, und nach dem Zusammenbruch konnte er nicht mehr ohne Stock gehen. Emma mußte als Schneiderin arbeiten, um sie zu versorgen.»

Obwohl sie versuchten, sparsam zu leben, herrschte zunächst eine gewisse Fröhlichkeit in der Art, wie ihr Vater das Geld ausgab, als hätte er vergessen, daß sie praktisch mittellos waren, als dächte er, da das Schiff ins Schlingern geraten war und ohnehin keine Hoffnung auf Rettung bestand, könnten sie ebensogut stilvoll untergehen. Emma übernahm die Buchführung. Sie feilschte mit den Bauern auf dem Wochenmarkt. Sie schickte die Wäsche in die Wäscherei. Sie lernte, wie man stärkte, dünstete, backte, briet, säumte, wischte, bohnerte und scheuerte. Wenn Jeremiah überall Hand anlegen konnte, um seine Familie durchzubringen, dann konnte sie das auch.

Die meisten ihrer Freunde hatten sich von ihnen abgewendet, weil sie entweder ihre eigene Schmach zu tragen hatten, oder weil sie sich weigerten, die veränderte Lage der Becketts zu erkennen, da es ja genausogut die ihre hätte sein können. Emma ging auch weiterhin zur Kirche, glaubte aber nicht mehr an Gott. Bei der feierlichen Einweihung der neuen Christ Church am Harvard Square wurde sie für eine Solopartie ausgewählt, und als sie über die federgeschmückten Hüte und steifen Melonen ihrer Nachbarn blickte, wähnte sie sich tausend Jahre älter als sie. Sie sang: *Die Herrlichkeit der*

Erden muß Rauch und Asche werden, kein Fels, kein Erz kann stehn. Dies, was uns kann ergötzen, was wir für ewig schätzen, wird als ein leichter Traum vergehn. Wohl dem, der auf ihn trauet! Er hat recht fest gebauet, und goß all ihren Kummer, all ihre Verzweiflung und all ihre Hoffnung in jeden klaren Ton, so daß die Damen, so weit ihr Auge reichte, sich über ihre Taschentücher beugten und die tatkräftig im Leben stehenden Männer, die ehemaligen Freunde ihres Vaters, schnieften und mit den Augen blinkten. Als sie erhobenen Hauptes den Mittelgang entlangschritt, sprach sie mit niemandem. Draußen auf den Stufen vor der Kirche sah sie Jeremiah im Frühlingssonnenschein stehen.

Du bist schön, sagte er. *Ich möchte, daß du meine Frau wirst. Wann können wir heiraten?* Zum erstenmal seit langem schnappte sie vor Freude nach Luft und brach in ein langes, trillerndes Lachen aus. *Wie, die Blinden führen die Blinden, oder besser, die Armen führen die Armen?* brachte sie zwischen Hicksern zustande. *Wovon würden wir denn leben?*

Ich habe genug gespart, um ein Wirtshaus in der Stuart Street zu kaufen, sagte er, *und in einem Jahr kann ich noch eins kaufen*. Er strahlte.

Soll ich etwa Bardame werden und gleichzeitig deine Frau? Sie funkelte ihn an.

Aber Emma, das ist doch nur der Anfang. Geld vermehrt sich, weißt du das nicht? In ein, zwei Jahren werde ich ein Haus für uns bauen – in Cambridgeport, in der Nähe von deinen Eltern. Oder vielleicht baue ich ein Haus, das groß genug für uns alle ist.

Und was ist mit deiner Mutter, sagte sie, spannte ihren Sonnenschirm auf und drehte sich abrupt in Richtung Garden Street um. *Sie wird mich nicht willkommen heißen. Über meine Leiche, waren ihre Worte, wenn ich mich recht erinnere.*

Sie schritt unter den Pappeln davon und wünschte, sie hätte immer noch Circe, auf der sie jetzt fortgaloppieren könnte. Arme Circe. Ob sie wohl in Lincoln bei dieser neureichen

Familie glücklich war? Sie unterdrückte die aufkommenden Tränen. Sie würde nicht in Jeremiahs eisblaue Augen sehen, sie würde seinen goldenen Worten, seinem noch goldeneren Lachen kein Gehör schenken. Die Frau eines Wirts! Was für eine Vorstellung!

Er folgte ihr und drehte sie an den Schultern zu sich herum, so daß sie ihn ansehen mußte. *Em*, sagte er zärtlich. *Ich möchte, daß wir heiraten. Hier. Sieh mal.* Und aus seiner Westentasche zog er ein Samtkästchen hervor und öffnete es. In weichem Purpur prangte ein birnenförmiger Diamant, und beiderseits davon lagen zwei zarte Amethysten, ihr Geburtsstein. Sie sah ihn an und fand, daß er der schönste Mann war, den sie je gesehen hatte. Plötzlich hatte sie einen Kloß im Hals und konnte nicht sprechen. *Em, ich möchte dich zur Frau haben. Es ist mir egal, wie lange wir warten müssen. Vielleicht sind wir alt und grau, bis wir heiraten, aber ich werde dich bis an mein Lebensende lieben.*

Die Hitze schoß ihr ins Gesicht, dann wurde sie blaß. Es war zu dumm – ihre Knie gaben nach, so daß sie sich an ihn lehnen mußte. Seine Augen strahlten wie zwei Turmaline. *Sieh mal, Em*, sprach er zärtlich, nahm den goldenen Ring aus dem Kästchen und streifte ihn ihr über den Finger. *Jetzt sind wir verlobt.* Und mit einem Kuß waren sie es auch.

Ich trug meinen Stammbaum vorsichtig zur Küchentür hinaus und legte ihn auf den Rasen. Es war windstill, so daß sich der Fixierer gleichmäßig verteilen würde. Oben auf dem Blatt hatte ich eine Stelle mit Kreppband überklebt, damit sie frei von Fixierer blieb und ich dort später den Schriftzug «Mein Familienstammbaum» einfügen konnte. Ich kniete mich über das Blatt, schüttelte die Dose und verbreitete den sanften Sprühregen über Äste und Blätter. Ich mußte wegen Emma weinen und wollte nicht, daß Granny es sah.

Granny sagte: «Kannst du dir das vorstellen, dieses Mädchen – sie hatte Französisch gelernt und Reitunterricht genommen, war in die Oper gegangen und nach Europa gereist und hatte noch nie in ihrem Leben gearbeitet – dieses Mädchen mußte Schneiderin werden, damit sie nicht verhungerten! Geschah der alten Hexe ganz recht.»

In Madame Odessas Geschäft zündeten Jane und Irina die Lampen an. Sie hoben den großen Glaskolben der Lampe im Salon empor, der gestutzte Docht unter dem Glasrohr fing Feuer, das Licht füllte den Raum mit dem Königsblau und Zitronengelb der eingravierten japanischen Schwertlilien und erhellte zwei in Satingewänder drapierte Kleiderpuppen, das silberne Teeservice auf dem Rosenholztisch und die samtbezogenen Bänke und Damensessel, auf denen die Kundinnen Platz zu nehmen pflegten. Auf dem Milchglasschirm der Lampe beim Kamin erstrahlten feurige Pfingstrosen, und über dem marmornen Kaminsims gab der Spiegel im vergoldeten Rahmen den Schein in den Raum zurück. Die Mädchen gingen in die Eingangshalle, und gleich wurden die Textiltapete und das Treppenhaus vom Licht der flachen, muschelfarbenen Wandleuchten in ein warmes Pfirsichlicht getaucht.

Im Ladenraum links standen die zwei größten Mädchen, Flossie und Nan, auf zwei hölzernen Trittleitern, die vor den Regalen ein großes M bildeten, und füllten die Fächer mit Paisley Challis, Henrietta Cloth und Musselin auf. Die jüngeren Mädchen brachten die Schlitten mit Argentan- und Alençonspitze, Brabanter und Brüsseler Spitze sowie Venezianerspitze in Ordnung, die rothaarige Bridget fegte Fetzen von Batist und Zephyr zusammen, während die kleine Lucy an einem der sechs Tische mit Klauenfüßen die Schleier und Bänder an den Schutenhüten ordnete. Lucy blickte vorsichtig über die Schulter, um sich zu versichern, daß keiner sie beobachtete, dann beugte sich sich zärtlich über den großen Rembrandthut aus magentarotem Samt, die Zunge vor Konzentration in die Backe geschoben, und streichelte die winzigen Flügelspitzen des ausgestopften grauen Zaunkönigs, der sich für immer ein Nest in Seide und Satin gebaut hatte.

Emma wandte ihren Blick auf die sieben Jahre alte Abigail McGuffy, das jüngste Nadelmädchen, das die rosaweiß gestreifte Markise zum Feierabend hochkurbelte. Der dunkel glühende Sonnenuntergang warf einen rötlichen Schimmer auf den winterlichen Schnee und tauchte die Ballkleider, Schutenhüte, Handschuhe, Schuhe, Spitze und Leinenstoffe, die in der Auslage der Erkerfenster zu beiden Seiten des Eingangs zu sehen waren, in ein mildes Licht. Emmas Hände ballten sich in ihrem Muff zu Fäusten. Sechs Jahre lang hatte sie ihre Abende so beschlossen. Nie würde sie das Geschäft wiedersehen, jetzt, da sie ihren Abschied nahm.

Tränen stiegen ihr in die Augen. Als Madame Odessa vor fünf Jahren Lucy aus dem Waisenhaus geholt hatte, war Emma dabeigewesen. Das Mädchen war ein mageres Gassenkind, bedauernswert mit seiner verschmutzten Schürze und dem glanzlosen Haar, das ihm hartnäckig in die Augen fiel. Trotzig hatte es das Kinn gereckt, als die Vorsteherin es aus der Schar aufgeregt plappernder Mädchen herbeigerufen hatte, und war mit würdevollem Gang, einer Prinzessin gleich, durch den Raum geschritten. Damals war sie vier Jahre alt gewesen. Madame verliebte sich in das Kind und nahm es mit in ihr Haus in der Brattle Street. Alle Nadelmädchen waren aus dem Waisenhaus, aber Lucy war Emmas Liebling. Sie war sorglos, unachtsam, schnatterte den lieben langen Tag wie eine Elster, aber sie war voller Leben. So wählte Madame ihre Kinder aus. Sie mußten voller Leben sein. Emma würde das Kind vermissen, als wäre es ihr eigenes.

Die Tür flog auf, und ein durchbrochenes Viereck gelben Lichts fiel auf den gekehrten Gehweg. Es war Madame selbst, die in einem Kleid aus Merinokammwolle, das Dekolleté mit Gagatperlen geschmückt, einer Galionsfigur gleich, im Eingang stand.

Miss Beckett, hauchte sie, ihre heisere Stimme als zarte Rauchschwaden in der Kälte aufsteigend, *gehen Sie nach Hause, heiraten Sie, werden Sie glücklich*. Sie winkte mit einem lavendelbestäubten Spitzentuch, das immer in ihrer Manschette steckte, gab ein komisches Zeichen des Grußes und schloß sanft die Tür.

Emma wollte schon lachen, doch ein Schluchzer blieb ihr statt dessen in der Kehle stecken. War sie wirklich im Begriff, das Geschäft und ihr ausgefülltes Leben darin zu verlassen? Wie hatte so viel Zeit wie ein Komet, der am Himmel ihrer Jugend vorüberzog, vergehen können? Über ihr zischte eine Straßenlampe, und sie blickte hinauf, um zu sehen, ob sie selbst es war oder die Gasflamme, die so unstet blinzelte. Sie schüttelte sich, als hätte der Sensenmann ihr gewunken, öffnete das kniehohe schmiedeeiserne Tor und trat auf die Straße.

Durch das ovale Fenster in der Eichentür sah sie, wie die Nadelmädchen zum Schlafen nach oben gingen und ihre Rocksäume sich bauschten wie Gischt auf den Wellen. Als sie angefangen hatte, hier zu arbeiten, war es Frühling gewesen. Sie war achtzehn gewesen und heimlich verlobt. Auch damals hatte sie an dem kniehohen Tor angehalten und Mr. Dooley zugesehen, der die von der Ligusterhecke herabgefallenen Blätter zusammenkehrte. Sie hatte ihm zugenickt, worauf er seine Mütze zog, und nie im Leben hätte sie erraten, daß der grauhaarige ehemalige Soldat aus Irland mit dem Walroß-Schnauzer mit Madame Odessa, einer französisch-russischen Jüdin, verheiratet war. Vorsichtig hatte sie sich auf dem Weg vorangetastet und daran gedacht, wie verrückt es war, daß sie, ihre Mutter und ihre Schwestern jahrelang Kundinnen bei Madame Odessa gewesen waren, daß für Dutzende von Kleidern und Mänteln Maß an ihnen genommen worden war und daß Emma als noch jüngeres Mädchen – sorgenfrei, verwöhnt, die einzigen Gedanken um eine neue Haube kreisend – sich nicht hätte ausmalen können, was kommen würde, ja daß sie sich niemals eine Welt hätte vorstellen können, in der die achtzehnjährige Emeline Louise Beckett an Madame Odessa herantreten und sie um Arbeit bitten würde.

Frances, eine der Zuschneiderinnen, hatte die Tür geöffnet und verwirrt geknickst, als sie eine hochgeschätzte Kundin vor sich sah, für die laut Auftragsbuch kein Termin anberaumt war.

Oh, Miss Beckett, hatte Frances bestürzt gesagt, wobei sich ihr Mund wie der einer Forelle fortwährend öffnete und schloß, *ich habe Sie gar nicht aufgeschrieben für heute morgen – ich muß es vergessen haben – oje, oje – kommen Sie doch bitte herein – ich hole sofort Madame*.

Frances hinterließ eine Schwüle der Bekümmerung, die sich so kräftig niederschlug, daß Emma das Bedürfnis verspürte, ihr Taschentuch hervorzuholen und sich die Anspannung des Mädchens von der eigenen Stirn, dem Kinn und unter ihrem Nackenknoten wegzuwischen. Sie saß in der Stube und hörte Laute, die sie als Kundin nie vernommen hatte: das Getrappel von Kinderfüßen, die auf der blanken Holztreppe zum Dachboden hinaufeilten, das Zuschlagen einer Tür, ein gezischtes Streitgespräch im Anprobezimmer, das Klappern der Schneiderschere, das Quietschen der Mangel und direkt über ihrem Kopf die scharfen Absätze der ersten Schneiderin, Mademoiselle Ratton – deren verkniffenes, blasses Gesicht und kurzes zerzaustes Haar Emma an ein Nagetier erinnerten.

Mademoiselle ließ etwas auf den Boden fallen, und Emma hörte ein schrilles *Mon Dieu* aus dem Nähraum, gefolgt von einem wütenden *merde*.

Es war sehr eigentümlich. Sie hatte das Gefühl, in den Kulissen eines kleinen Theaters zu warten, wo sie hören konnte, wie Bühnendekorationen verschoben und Auftritte geprobt wurden und lauter Mißgeschicke geschahen, die bis zum Abend der Aufführung ausgebügelt werden mußten, wie Schauspielerinnen in ihren Unterkleidern umherhasteten,

Kostüme von den Garderobenständern nahmen, in Truhen wild nach Federn, Hüten, Tüchern, Boas und Lorgnetten suchten, mit denen sie ihre Verkleidung zu vervollständigen suchten. Fast erwartete sie, Madame Odessa im Korsett hereinstürzen zu sehen, ihr flammendrotes Haar auf Lockenwicklern, Schminkcreme auf dem Gesicht, mit einer Hand ihren Nainsook-Bademantel zuhaltend, nicht wissend, warum sie um alles in der Welt auf die Bühne gerufen wurde, bevor der Vorhang sich hob. Emma kannte das Geschäft nur von den Kleidern her, die sie dort bestellt hatte und die immer rechtzeitig fertig waren. Wie konnte es ihr entgangen sein, welche Geschäftigkeit, wieviel Aufwand und Arbeit von vielen Händen vonnöten waren, um auch nur eines von diesen Kleidern herzustellen?

Schließlich trat Madame Odessa in den Ladenraum, nicht als Schauspielerin, die ohne Kostüm aufgeschreckt worden war, sondern in der Haltung einer Gräfin. Trotz Emmas unerwartetem Erscheinen gab sie keinerlei Anzeichen von Verärgerung oder Überraschung, sondern trug ein mit Japanlack überzogenes Tablett herein, auf dem eine versilberte Kakaokanne, ein Korb mit Croissants und ein Schälchen Marmelade standen, und setzte es lächelnd auf dem zierlichen Tisch neben Emmas Stuhl ab.

Bon jour, bon jour, ma petite, sagte sie fröhlich und küßte Emma überschwenglich auf beide Wangen, dann trat sie einen Schritt zurück und hielt dabei Emma an beiden Armen fest. Sie sagte in ihrem ernsteren, etwas holprigen Russisch-Englisch: *Es bereitet mir so viele Kummer zu hören, daß Ihre Frau Mutter ist so krank. Und Ihre Herr Vater? Ah, ich kann sehen von Ihrem Gesicht. Nehmen Sie Platz, meine Liebe, essen Sie. Wir finden reden.*

Emma ließ es zu, daß ihr Kakao eingegossen und ein Croissant gebuttert wurde. Sie hielt den Teller auf ihrem Schoß wie ein Kind, und einen Augenblick lang brannten Tränen in ihren Augen – es war ihr noch nicht bewußt geworden, wie sehr sie es vermißte, von einer Mutter umsorgt zu werden. Madame sah ihr mit freundlichem Blick fest und ohne Mitleid in die Augen, erkannte Emmas Scham und schien ohne Worte zu sagen: *Meine Liebe, ich weiß, was ist geschehen. Auch ich war einmal arm. Auch ich habe mich geschämt zu fragen. Aber Sie können mich alles fragen.*

Emma verbrannte sich die Lippen am Kakao. Mit zitternder Hand setzte sie die Tasse wieder auf den Unterteller. Die Uhr auf dem Kaminsims schlug die halbe Stunde. Emma legte die Hände vors Gesicht, Tränen benetzten ihre Handflächen.

So wurde sie eingeteilt und nähte sechs Jahre lang für Madame Odessa, wobei sie dieselben Stufen erklimmen mußte wie jedes andere Lehrmädchen auch. Für ein Nadelmädchen war sie zu alt, aber in dem großen Anrichteraum des Butlers begann Emma ihre Lehre. Die Kinder standen beim Morgengrauen auf und trappelten vom Dachgeschoß zu ihrem Frühstück, bestehend aus Tee und Haferbrei, herunter, und noch bevor Emma verschlafen aus der Wohnung in der Garden Street eintraf, waren die Perserteppiche ausgeschlagen, die Holzfußböden gefegt, die Bronze poliert; im Sommer wurden alle Vasen mit frischen Blumen gefüllt, im Winter wurden die Seidenblumen täglich vom Staub befreit und jede Woche durch neue ersetzt. Die Nadelmädchen erledigten Botengänge, dienten als Modelle für Kinderkleidung, machten Tee, bezogen Knöpfe, füllten überall die Vorräte auf, brachten Anzündholz in kleinen ordentlichen Bündeln in den Salon, den Ladenraum, das Anprobezimmer und das Nähzimmer. Am Tage saß Emma mit ihnen zusammen, wenn Miss Phinney ihnen mit ihrer sanften Stimme die einfachsten Stiche beibrachte und zeigte, wie man Taschentücher bestickte, Fransen, Trotteln und Bänder ordentlich auf Schlitten aufrollte und wie die Dinge benannt waren. Sie lehrte sie ein paar Brocken Französisch und führte sie in die Grundzüge der Mathematik ein. Die Jüngsten nickten über ihren Sticktüchern ein und wurden dafür nicht gescholten. Emma bewunderte die Komplexität aller Dinge und staunte darüber, daß so kleine, lebhafte Kinder lernen konnten, sorgfältig und präzise zu sein. Bei Madame Odessa hatte jedes Ding seinen Platz, und den Kindern bereitete es große Freude, Emma sachte bei der Hand zu nehmen und sie durch ihr wohlgeordnetes Königreich zu führen.

Die Fingerhüte wurden in winzigen Apothekerschubladen aus Eichenholz aufbewahrt, auf denen die Aufschriften Gold, Silber, Bronze, Zelluloid, Knochen, Ebenholz und Elfenbein zu lesen waren. Es gab Schubladen für Knöpfe aus Knochen, Gagat, Leder, Elfenbein und Perlmutt. Spulen mit Garn in jeder Farbschattierung hatten ihren Platz auf Nagelbrettern an der hinteren Wand, wo sie in ihrer fröhlich-bunten Anordnung aussahen wie Buchrücken. Am meisten verwirrte Emma die Anzahl der verschiedenen Nadeln, aber die Kinder erklärten sie ihr mühelos, indem sie ihr sechs Kissen von der Größe eines Gesangbuches zeigten. Das rosafarbene Kissen war für die Stopf- und Strohnadeln, die für die Hauben gebraucht wurden; das kornblumenblaue für die spitzen Langöhrnadeln, mit denen man stickte; das gelbe für die Heftnadeln, die kürzer als die Sticknadeln waren; das fliederfarbene für Langöhrnadeln in einer Zwischengröße, die noch kleiner als die Heftnadeln waren; das elfenbeinfarbene für die stumpfen Rundöhrnadeln, kürzer als die Zwischengröße, die für Korsette benutzt wurden, und das taubengraue für die Whitechapel- und Chenillenadeln, die nur für Stickereien mit Seide oder Wolle benutzt wurden. Emma fragte sich, wie sie sie jemals auseinanderhalten sollte, aber es gelang ihr wunderbarerweise, dank dem elfengleichen Flüstern der Kinder, das sie anleitete.

Nachdem Josephine Discroll aus dem Geschäft ausschied, um zu heiraten, wurde Emma Zuschneiderin und bewunderte die phantastischen Stoffe, die ihr an ihren Tisch in dem Raum über dem Laden gebracht wurden und dort ihrer Schneiderschere zum Opfer fielen: Duchesse, Albatros-Tuch, Madrasbaumwolle, Eiskrepp für Schals und einmal, im Winter, viele Meter von samtartigem Pinguinfell für einen Damenmantel. Emma lernte, ein Muster für ein Kleidungsstück aufzuzeichnen, den Stoff zuzuschneiden, zu stecken und für die Anprobe zu heften und die komplexen Schnittmuster so anzuordnen, daß möglichst wenig Stoff verschwendet wurde. Sie heizte den Ofen, damit die Bügeleisen heiß blieben, und bügelte Säume, Bänder und die fertigen Gewänder – es gab immer etwas zu bügeln –, und wenn es einmal nichts zu bügeln gab, dann dämpfte sie mit einem feuchten Stück Sämischleder die feine Spitze, die im Untergeschoß meterweise auf Schlitten aufgerollt war. Wenn sie abends nach Hause ging, kräuselten sich ihre Haare um die Stirn.

Zwei Jahre darauf starb Marianne Walters, die erste Schneiderin, an der Schwindsucht; ihr Tod wurde durch eine absichtlich überhöhte Dosis Laudanum beschleunigt. Ungeachtet ihrer eigenen Überzeugungen bezahlte Madame Odessa für ein schönes Begräbnis nach den Gebräuchen der Episkopalkirche, und Emma rückte in Mariannes Stellung auf. Sie lernte, die Oberweiten, Turnüren, Schleppen und Krinolinen ihrer Kundinnen zu berücksichtigen, deren Maße in einem Buch mit Ziegenledereinband zu notieren und sich überdies Notizen zur Art des Gewandes, das eine jede bevorzugte, sowie den Farben, die Hautton, Haarfarbe und Alter schmeichelten, zu machen. Die Kundinnen verließen Emmas Anproberaum mit dem Gefühl, verwöhnt und verstanden worden zu sein, sowie mit einem gewissen Stolz auf ihre Figur, und sahen sich schon in Lindgrün, Königsblau, Purpur und Granatrot, den gewagtesten Farben, die aus Europa kamen, erstrahlen.

Abend für Abend stand Emma vor den Ankleidepuppen, die sie Anne Boleyn, Katherine Howard und Queen Mary nannte, und strengte sich im Licht einer Kerosinlampe an, Karos und Streifen, Borten, Litzen, Troddeln, schwarze Spitze und geknüpfte Fransen an hundert Gewändern miteinander in Einklang zu bringen. Dabei wünschte sie sich insgeheim, Mrs. Eugenia Gibson, dem Fräulein Isolde und Rowena Charlton-Huff, der mageren Frau, die Absinth trank, Nelkenzigaretten rauchte und sich Contessa di Rimini nannte, sowie mindestens siebzehn weiteren abscheulichen Frauen aus Madames Kundenstamm den Kopf abschlagen zu können.

An manchen Abenden war sie so müde, daß sie sich kaum nach Hause schleppen konnte. Ihre Mutter, bei der kurz nach der Auktion die Brightsche Krankheit diagnostiziert wurde, stand nie wieder von ihrem Krankenlager auf. Emma war zur Expertin für einschlägige Medikamente und Kräuterheilmittel geworden; den größten Teil ihres Gehaltes gab sie dafür aus, den Arzneimittelschrank mit Magenbitter, Malzextrakt, Sarsaparillentinktur, Schmerzmitteln, Pfeilwurz und Karminativum aufzufüllen. Häufig, wenn sie ins Zimmer ihrer Mutter ging, um ihr eine gute Nacht zu wünschen, vernahm sie ein dumpfes, benommenes Gemurmel, und der Geruch von Alkohol und Opiumtinktur verursachte ihr Brechreiz. Widerwillen stieg in ihr hoch, und sie stellte sich vor, daß sie zu einer Amazone würde, zu einer brustbewehrten Walküre, die den Mut hatte, zornentbrannt das Fenster aufzureißen und das Tablett mit den Fläschchen, Löffeln und Gläsern auf den Gehweg hinunterzuwerfen, und das zersplitternde Glas würde die Unantastbarkeit des Krankenzimmers, die lähmende Selbstversunkenheit der Kranken durchbrechen. Sie hörte sich, wie sie lauter Obszönitäten herausschrie, die bei einem solch leidenschaftlichen Ausbruch, das wußte sie, aus ihr hervorsprudeln würden, und sah sich, wie sie die betäubte alte Frau, die einst voller Leben gewesen war, schüttelte und anflehte: *Hilf mir, Mutter, ich kann das nicht alleine tragen.*

Doch sie gab dem nie nach. Sie schüttelte die Kissen auf, leerte die Bettpfanne, wusch sanft das schlaffe Fleisch, das sie nicht mehr lieben konnte, und schob Pfeilwurz-Pudding, Griesbrei und Milchsuppe zwischen die willenlosen Lippen.

Sie ließ sich auf dem harten Lehnstuhl neben dem Bett nieder, schlug den neuesten Liebesroman von E.D.E.N. Southworth auf und las so lange daraus vor, bis ihre Mutter eingeschlafen war. Dann kümmerte sie sich um ihren Vater, dessen Krampfadern allabendlich mit Öl massiert werden mußten, bevor sie ihm weiße Elastikstrümpfe über die verschrumpelten Beine streifen konnte. Emma gab ihrem Vater sein Abendessen, wußte aber nie, ob er sie erkannte.

Emma fing an, eine Brille zu tragen, die sie an einem Samtband um den Hals befestigte. Gelassen stand sie als erste Assistentin neben Madame Odessa vor den Kundinnen und führte ihnen ein reichhaltiges Angebot vor: Kaschmirwolle, Satin, Taft, Moiré und Ripsseide für den Winter, Surah, Mohair und Foulard für den Sommer, und für den Abend Spitze, Tüll mit Gagatperlenbesatz, Schleifen, Seidenblumen, weiße Pfauenfederspitzen und Federbüsche als Haarschmuck. *Jawohl, Ma'am, ein Kleid aus Atlasseide, mit schwarzem Samtbesatz. Wird Ihnen vorzüglich stehen. Jawohl, Ma'am, ein Gewand aus roséfarbenem Gros-de-Naples, mit reichlich bemessenem Brokatvolant. Wunderbar für eine Dame von Ihrer Statur. Zwei Kleider aus granatroter Seide, mit Valenciennes-Spitze und Samt abgesetzt. Dazu zwei passende Leibchen, blau und grün. Jawohl, Ma'am, genau das Richtige für Ihre Töchter. Ein Kleid aus erdbeerfarbener Seide, mit Kamelhaarfransen und Goldkugeln besetzt. Selbstverständlich, Miss, pünktlich zu Ihren Geburtstagsfeierlichkeiten.* Und die üppigen Stoffe glitten durch Emmas Hände wie die farbenprächtigen Flüsse des Paradieses, die sprudelnden, klaren Wasser der Lethe, die Bächlein und Rinnsale ihrer eigenen, hurtig davoneilenden Jugend.

Sie trug Jeremiahs goldenen Verlobungsring an einer Kette um den Hals, so daß er zwischen ihren Brüsten hing wie eine helle goldene Flamme, die auch nach sechs Jahren noch loderte. Er hatte ein zweites Wirtshaus in South Boston gekauft und spekulierte auf ein Bauvorhaben in der Linnaean Street in North Cambridge. Eines Tages kam er mit einem Geschenk für sie in Madame Odessas Geschäft: einer unerhört teuren, unglaublich geschmeidigen Tasche aus Ziegenleder. In seinen eisblauen Augen stand schalkhafte Zärtlichkeit, als er Emma zur japanischen Buche vor dem Geschäft zog.

Bitte, nehmen Sie das, Miss Beckett, sagte er mit seiner salbungsvollen Bankiersstimme, die er manchmal benutzte, um sie zu necken. *Ich hoffe, es gefällt Ihnen*. Er verneigte sich in einer übertrieben unterwürfigen Geste.

In der Tasche, eingewickelt in Goldpapier, war genug Geld, daß sie sich damit eine gebrauchte Nähmaschine kaufen konnte. So war sie in der Lage, ihren eigenen Schneiderbetrieb in der Wohnung in der Garden Street aufzuziehen und sich gleichzeitig um ihre Eltern zu kümmern, denn keine Krankenschwester blieb länger als eine Woche.

Emma seufzte zerstreut und nahm seine Hand. Es stimmte. Sie wurde dort gebraucht. Madame Odessa hatte ihr alles, was sie wußte, beigebracht. Es war an der Zeit, nach Hause zu gehen. Sie sah in seine Augen, erst besorgt, dann ängstlich. Würden sie je genug Geld haben, um zu heiraten? Würde die Zeit reichen?

Also sah Emma eines Abends im Winter 1881 zu, wie in dem Geschäft mit der rosaweiß gestreiften Markise die Lichter, eins nach dem anderen, erloschen, hörte, wie sich der bronzene Schlüssel im Schloß drehte, sah den von einem Lichtschein umgebenen Schatten ihrer guten Freundin und Lehrerin die geschwungene Treppe hinaufgehen und in der Dunkelheit verschwinden.

Granny sagte: «Jeremiahs Mutter war ein gemeines altes Weib. Sie haßte Emma und erlaubte ihr nicht, ins Haus zu kommen. Sonntags mußten sie sich heimlich treffen – sie waren zwölf Jahre verlobt, bevor das alte Scheusal endlich starb.»

Ich schüttelte das Papier, um zu sehen, ob der Fixierer

trocken war. Das Blatt war sauber und glatt, ohne Schmierspuren. Ich trug meinen Familienstammbaum wieder ins Haus und legte ihn auf den Eßtisch; dann überlegte ich, wie ich den Titel schreiben sollte.

In den atemlosen Augenblicken, bevor die ersten Vögel erwachten und zögernd die Welt munter sangen, schien es unendlich ruhig, als wäre eine ewige Uhr langsamer geworden und zum Stillstand gekommen; die großen und kleinen Zahnräder des Universums, die sich so unbeirrt, so unerbittlich drehten, hielten jetzt inne, und Emma dachte, sie könne sehen, wie sich die rastlosen Sterne im Schlafe bewegten. Der Morgenhimmel war ein noch nicht entrollter Ballen kobaltblauer Seide, der Hochzeitssaphir Venus ruhte in der jungfräulichen Rundung des Mondes, und darüber standen die Plejaden, so zart wie ein Nebelschleier. Emma lag auf dem Bauch, das Kinn in die Fäuste gestützt, und blickte ohne zu blinzeln in den überwältigend schönen Himmel.

Plötzlich verstand sie, wie sich ein Mensch das Leben nehmen konnte.

Steppen. Säumen. Reihen. Messen. Schneiden. Säubern. Einfassen. Fälteln. Rüschen. Plissieren. Tausende Meilen von Nähgarn, genug, um einen Pfad zur Venus zu weben, und sie war allein in ihrem Bett in einer Sommernacht, ein Nebelhauch strich verhalten an ihrem Fenster vorbei, in ihrem Körper spürte sie die monatlichen Spannungen. Was würde sie dafür geben, daß ein kräftiges Paar Hände ihr am Ende des Tages den Rücken massierte? Alles.

Dafür mühte sie sich doch so ab, oder – für die Liebe? Ungreifbar wie Rauch und fest wie die Feuerstelle, von der er aufstieg. Sie war ihr versprochen worden, aber sie kam nicht. Etwas Dunkles huschte durch die Baumwipfel – der Wind, ein Vogel, der Atem Gottes. Es hatte Jahre gedauert, ihr Warten. Sie lebte ihr Leben im Schlaf.

Montag: Leinentücher, Handtücher, Taschentücher, Unterwäsche, Hemden und Nachthemden in heißem Wasser einweichen, dazu Wäschestampfer und Waschbrett hervorholen; den Waschzuber auf die Kochmaschine zerren, mit Wäsche füllen, Seife und heißes Wasser vom Herd dazufüllen. Wäsche dreißig Minuten lang kochen. Abgießen, mit Waschblau und klarem Wasser spülen, auswringen und zum Trocknen aufhängen. Drei Mahlzeiten kochen. Mutter morgens und abends waschen. Bettwäsche wechseln. Pas Beine massieren. Nach dem Abendessen beim Licht der Petroleumlampe nähen, bis ihr die Augen brennen.

Dienstag: Bügelwäsche holen lassen. Saubere Wäsche in den Schrank legen. Brot, Muffins, Maiskuchen und Kekse backen, möglichst die Tierchen aus dem Maismehl heraussieben. Beim Küchenherd sitzen und alte Kleider für sich selbst ändern, für die Eltern Socken und Schals stricken. Lampen abstauben, reinigen und füllen, Dochte kürzen. Wohnzimmer, Flur und Treppe fegen. Drei Mahlzeiten zubereiten. Bettwäsche wechseln. Mutter morgens und abends waschen. Pas Beine massieren. Nach dem Abendessen beim Licht der Petroleumlampe nähen, bis ihr die Augen brennen.

Mittwoch: Zum Markt gehen. Schrumplige Kartoffeln und Äpfel aussortieren, Kohlköpfe mit wurmzerfressenem Strunk. Entweder Karpfen, Kabeljau oder Scholle. Ein Stück gesalzenes Schweinefleisch. Weiße Bohnen. Melasse. Nierenfett. Reis. Ein halbes Pfund Zucker. Drei Mahlzeiten zubereiten. Mutter waschen. Bettwäsche wechseln. Pa für sein wöchentliches Bad in den Waschzuber hieven. Seine Beine massieren. Nähen, bis sie nichts mehr sehen kann.

Donnerstag: In der Wäscherei fünfundsiebzig Cents fürs Bügeln bezahlen. Drei Dollar in der Apotheke für eine längst überfällige Rechnung bezahlen. Fenster putzen. Speisekammer putzen. Drei Mahlzeiten zubereiten. Mutter waschen. Bettwäsche wechseln. Pas Beine. Nähen, bis sie nichts mehr sehen kann.

Freitag: Wieder backen. Brotpudding machen. Stopfen. Flickenteppiche ausschütteln. Kamin und Herd ausfegen. Drei Mahlzeiten zubereiten. Mutter waschen. Bettwäsche wechseln. Pas Beine. Nähen, bis sie nichts mehr sehen kann.

Samstag: Charlotte ist den ganzen Tag bei Mutter. Zwischen neun und eins Kundinnen im Wohnzimmer empfangen. Tee und Hefekuchen reichen. Anprobe, Maß nehmen, stecken, heften, die neuesten Godey-Moden zeigen. Neue Bestellungen annehmen. Buchhaltung machen. Geld für Essen, Arzneimittel, Miete, Arztrechnungen und Wäscherei beiseite legen. Erspartes in die Spardose legen. Schnittmuster zurechtlegen, zuschneiden, reihen, ein Bad nehmen und Haare waschen. Nähen, bis sie nichts mehr sehen kann.

Sonntag: Bis acht Uhr schlafen. Drei Tabletts für Vater zurechtmachen, der sie zu Mutter hineinbringt. Mutter waschen, Bettwäsche wechseln. Sich zum Kirchgang richten. Nach dem Gottesdienst Jeremiah treffen. In einer hellen Rollschuhbahn mit Parkettboden für fünfundzwanzig Cents Rollschuh fahren – wild, ungestüm, Arm in Arm, danach heiße Schokolade und ein langer Spaziergang am Charles River, bei jedem Wetter, ein Picknick auf dem Friedhof von Mount Auburn, ein Ausflug mit der Fähre zum Badeort Winthrop, um Tennis zu spielen. An dem skandalösen neuen Sport – Radfahren – teilnehmen und ihren Ruf aufs Spiel setzen, und das in ihrem aufsehenerregenden neuen «Londonderry», einem Mantel aus graugrünem Loden mit langen, weiten Seitenpartien, den sie über Knickerbockern, einer Tuchjacke und langen Strümpfen trägt, dazu einen Hut und Fellhandschuhe und sportliche Schuhe ohne Absatz. Manchmal fuhren sie auch in seiner Kutsche nach Lexington, Concord oder Lincoln. Besuchten Circe. Saßen am Walden Pond. Fuhren an dem Haus in Cambridge vorbei, das Jeremiah für seine Mutter gebaut hatte und eigentlich auch für sie, seine Braut, und die alte Frau hinter den Gardinen sah ihnen zu. Abendessen in Jake Worths Restaurant.

Zuviel Sherry. Küsse unter der Linde auf dem Dorfanger von Cambridge. Tränen. Vorwürfe. Streit, Rückgabe des Rings. Briefe in der Post. Bitte um Verzeihung. Jeremiahs Bitte um Geduld, er kann seine Mutter nicht einfach in ein Altersheim stecken. Wieder Briefe. Küsse unter der Linde. Der Ring hängt wieder an seinem Samtband zwischen ihren Brüsten. Immer wieder derselbe Streit. Die Verlobung auflösen. Nachgeben. Liebte sie ihn überhaupt noch?

Vom Nähen hatte Emma eine steile Falte auf der Stirn, in ihrem Haar waren Silberfäden. Einmal hörte sie, wie im Schrank eine Falle zuschnappte und eine graue Feldmaus mit gebrochenem Rücken, blutig, verzweifelt mit den Vorderbeinen rudernd, versuchte, ihrem Schmerz zu entkommen, aber für das Tier gab es, genauso wie für sie, kein Entkommen.

Emma lag auf dem Bauch, das Kinn in die Fäuste gestützt, und blickte ohne zu blinzeln in den überwältigend schönen Himmel. Venus und Mond entfernten sich voneinander. Wolken wie Massen von gebauschtem Tüll überzogen das muschelfarbene Rosa des Horizonts. Warum heute überhaupt aufstehen? Als die Tränen flossen, drehte sie sich auf den Rücken. Ihr Leben passierte ohne sie, an einem anderen Ort, sie wurde älter, ohne je jung gewesen zu sein. Ihr Körper hatte sich verändert. Ihre Brüste waren schwer, die Hüften breit, der Bauch nicht mehr flach. Sie hatte Ischias und in den Knien Rheuma. Nicht die Liebe hatte ihren Körper verändert. Sie hatte keine Kinder geboren. Die Arbeit war es gewesen. An den Nachmittagen, wenn ihre Mutter schlief, strickte Emma nach einem komplizierten Muster Hochzeitsdecken von der Größe eines Ehebettes, mit hübschen langen Fransen versehen. Fünf rechts, sechs links. Überkreuz, eine abheben. Eine rechts, sieben links. Reihe um Reihe konzentrierte sie sich auf ihr Muster. Stunde um Stunde. Tag für Tag. Woche um Woche. Eine wunderschöne Hochzeitsdecke für Jenny, eine für Margaret, für Edith, für

Gladys und für Sue. Für jede brauchte sie Monate, und wenn sie die schwere Decke dämpfte, bevor sie sie verpackte, entdeckte sie jedesmal, daß sie Strähnen von ihrem eigenen Haar in das Zopfmuster eingestrickt hatte. Und dann die weichen Babydecken in zarten Pastelltönen – wie viele waren es? zehn? elf? –, Angorawolle, die sich an die zarte Haut der Babys anderer Frauen schmiegte. Sie würde nie heiraten.

Emma lag auf dem Rücken und ließ den Tränen freien Lauf. Charlotte hatte versucht, ihr von der Hochzeitsnacht mit Frank zu erzählen, doch sie hatte gestammelt und war rot geworden, so daß Emma sich nicht sicher war, ob sie ihre Schwester richtig verstanden hatte. Nichts würde mit Jeremiah je so häßlich, so primitiv sein wie bei Tieren, die auf dem Feld rammelten. Einen Mann zu lieben konnte nicht so unwürdig sein. Es gab so vieles, was sie nicht wußte. Ihr Körper könnte ebensogut einer Fremden gehören. Doch wenn Jeremiah sie küßte, strömte eine heftige Erregung von den Lippen in ihre Brust, ihr Körper erzitterte heiß und kalt, ein dunkles Feuer – sie konnte die Worte nicht sagen – erfaßte sie langsam, und ein Hunger, wie sie ihn noch nie gekannt hatte, bemächtigte sich ihrer.

Ihre Leidenschaft erschreckte sie. Sie verstand sie nicht. Noch erschreckender war der Wunsch, der sie manchmal überkam, ihren eigenen Körper zu berühren, das schlimmste aller Übel. Es hieß, man konnte immer sehen, wenn einer «es machte» – die Anzeichen waren deutlich erkennbar: Trägheit, blasse Wangen, ein schwaches Rückgrat, Nervosität, Übellaunigkeit, Gereiztheit, Verdrießlichkeit, Ungehorsam und ein unnatürlicher Appetit auf Senf, Pfeffer, Nelken, Lehm und Salz. Die Versuchung war manchmal unerträglich, aber der Gedanke, durchschaut zu werden, war ihr zu schrecklich, also gab sie nicht nach.

Sie lachte nie. Sie war die ganze Zeit zornig. An ihrem Rockbund trug sie eine Hutnadel, die sie sich in den Arm stieß, wenn ihre Mutter nörgelte und ihr Vater schwierig und zänkisch war. Sie konnte nie genug tun, es war nie so, wie sie es wollten, immer hatte sie etwas vergessen. Wie konnte man von einem Menschen erwarten, daß er sich um alles kümmerte? Und Jeremiah wollte seine Mutter nicht wegschicken. Die alte Hexe würde ewig leben. Nachts, wenn sie Gott darum bat, diese schreckliche, ichbezogene, ihren Sohn erstickende Frau sterben zu lassen, hatte Emma einen metallenen Geschmack im Mund, von einer giftigen Vermengung von Haß und Bitterkeit, die so intensiv war, daß sie würgen mußte. Sie glaubte, sie würde vor Wut verrückt werden. Sie war neunundzwanzig und immer noch ein Kind, aber älter, als sie geglaubt hatte, je zu sein.

Eines Sonntagmorgens stand Emma in der Küche und bereitete das Frühstückstablett für ihre Mutter vor, als es an der Hintertür klopfte. Sie zog die Kordel fester um ihren Morgenmantel, nahm den pfeifenden Kessel vom Feuer und goß das heiße Wasser über die Teeblätter in der Kanne, dann tappte sie auf Socken zur Tür. Es war Jeremiah, dessen Augen so rot und Wangen so blaß waren, daß sie beinahe zu lachen anfing, so sehr erinnerte er sie an ein Kaninchen. Er stürmte in die Küche und drückte sie an sich.

Jeremiah, was ist passiert? rief sie, denn er zitterte. Sein tränennasser Schnauzer kitzelte sie im Nacken, als er flüsterte: *Mutter ist tot.*

Ihre Knie wurden weich, fast fiel sie hin. War es der Schreck? Erleichterung? Schuldgefühle? Die Last seiner Trauer raubte ihr die Sinne. Er setzte sie auf den Stuhl beim Herd, goß ihr Tee ein und hockte sich ihr zur Seite auf einen Hocker, die Tasse achtsam in der Hand, bis sie sie nehmen konnte. Der Tee war noch zu heiß zum Trinken. Sie sah ihn durch den Dampf an, und sein Gesicht war so voller Gram, daß sie glaubte, es müsse ihr das Herz brechen.

Jeremiah. Oh, Liebster, es tut mir so leid, flüsterte sie und war überrascht, daß es ihr tatsächlich leid tat. Sie stellte die

Tasse auf den Tisch und drückte ihn wie ein Kind an die Brust.

Schusch, schusch, murmelte sie und wiegte ihn sanft. Bruchstücke eines Wiegenliedes, das sie für Charlottes Jungen manchmal sang, kamen ihr von den Lippen: *Es wird alles wieder gut, mein Herz. Sei ganz ruhig. Es wird alles wieder gut.*

Und da wußte sie, daß es wieder gut werden würde. Nachdenklich benetzte sie die trockenen Lippen. Sie würde ihm einen Beerdigungsmantel nähen. Sie würde das Haus, das Jeremiah ihr, seiner zukünftigen Frau, gebaut hatte, für Mutter und Vater einrichten. Binnen Jahresfrist würden sie heiraten.

Ich fand ein altes Buch, dessen Titelseite in Buchstaben gedruckt war, die ich für Altenglisch hielt. So gut ich konnte, schrieb ich die Buchstaben ab und verzierte das M und das F mit Extraschnörkeln. Dann zog ich die Striche mit tiefschwarzer Tinte nach, bis da zu lesen stand *Mein Familienstammbuch*. In die rechte untere Ecke schrieb ich meine Initialen.

Granny sagte: «Na ja, schließlich haben sie nach all diesen Jahren geheiratet und sind in das Haus in Cambridgeport gezogen, das er für seine Mutter gebaut hatte. Jeremiah scheffelte jede Menge Geld, und du weißt ja, wie Katholiken so sind, sie fingen an, sich wie die Kaninchen zu vermehren! Stell dir vor, Emma bekam in zwölf Jahren zehn Kinder, und alle, nachdem sie dreißig war.»

Emma stand vor dem Spiegel mit den seitlichen Säulen und versuchte, sich für den Gottesdienst fertigzumachen. Bleigewichte schienen sie zu beschweren, und ihre Hände zitterten, als sie die silberne Haarbürste hochnahm. Wie weiß ihre Haare geworden waren! Wo war der Glanz geblieben? Sie drehte die langen Strähnen zu einem losen Knoten zusammen und steckte ihn mit einer Gagatspange, einem Geschenk von Jeremiah, die zwei ineinander verschlungene Herzen darstellte, im Nacken fest. Sie hatte das Gefühl, an einer Schneiderpuppe ein Gewand zu richten. Ihre Finger waren steif. Sie konnte die Onyxknöpfe an ihrem Kleid aus Paramatta nicht zuknöpfen. In wortlosem Zorn hatte sie Charlotte aus dem Zimmer geschickt – wenn sie dies nicht allein schaffte, würde sie den Tag niemals überstehen.

Sie blickte in den Spiegel und zog den Schleier sorgfältig über das Gesicht. Durch das Gittermuster sah die Welt noch fremder aus als sonst, wirkte schräg, aus dem Lot. Tastend suchte sie die Glasplatte der Kommode ab, bis sie ihren elfenbeinernen Fächer, den gehäkelten Beutel für das Taschentuch, das Riechsalz und die kleinsten ihrer goldenen Schneiderscheren erfühlt hatte. Sie warf einen Blick aus dem Fenster. Es war heiß für einen Spätsommertag. Bleierne Wolken ballten sich über den Dächern und Schornsteinen von Cambridge zusammen. In der Ferne konnte sie das leise Rumpeln der Pferdeomnibusse hören.

Emma schloß die Schlafzimmertür hinter sich und blieb auf dem Treppenabsatz stehen, überrascht, daß alles so wie immer war: der auberginefarbene Perserteppich unter den bleigerahmten Fenstern, der große Farn in dem jadegrünen Übertopf mit dem Pflaumenblütenmuster. Als sie vier oder fünf Jahre alt war, hatte sie die Aufgabe gehabt, die langen, weichen Fransen der Aubusson-Teppiche im Salon und Eßzimmer ihrer Eltern zu kämmen. Sie erinnerte sich, wie sie zufrieden vor sich hin summend dort gekniet hatte, um sich herum die Reifen und Stoffülle ihres Kleides wie der gerüschte Satin um den Fuß des Christbaums. War sie wirklich je so jung gewesen? Jemand hatte heute die Fransen gekämmt. Warum hatte man sich um eine solche Kleinigkeit gekümmert?

Sie hörte das Murmeln der Gäste im Wohnzimmer und sah am Fuße der Treppe den Garderobenständer aus Marmor und Mahagoni, an dem Regen- und Sonnenschirme, Herrenhüte und Spazierstöcke aufgehängt waren. Im Facettenspiegel sah sie eine hohe Vase mit wohlduftenden Rosen – weiße, selbstverständlich. Das Silbertablett für die Visitenkarten war übervoll. Sie würde hinuntergehen müssen.

Sie nahm zwei Stufen, sorgfältig auf die ungewohnte Schleppe achtend, und lugte durch die Geländerstäbe, wie ein Kind, das wieder aus dem Bett gestiegen ist und die Gesellschaft der Großen beobachtet. Der Kaminsims im vorderen Salon war überladen mit einer Fülle von Margeriten und Farnen. Zu beiden Seiten des Kamins standen zwei kniehohe Vasen, gefüllt mit rosafarbenen und weißen Hortensien, und in der Feuerstelle stand ein Korb, randvoll mit weißen Tigerlilien und mit einer großen Schleife geschmückt. Im Wohnzimmer lag auf dem Mahagonitisch unter dem breiten Spiegel eine Spitzendecke, darauf standen die Kristallbowlenschale und die Gläser ihrer Mutter. Zu beiden Seiten waren hohe Vasen mit Lavendel und Rosen gefüllt, deren zarte, alabasterweiße Blütenblätter zu leuchten schienen. Auf der Anrichte, auf der das kalte Buffet aufgebaut war, brannten Kerzen, daneben standen rosafarbene Nelken. Es war wie in einem Traum – die gestärkten Servietten waren exakt ausgelegt, das Silber glitzerte unnatürlich. Emma wurde bleich, als die ersten Orgeltöne sie in den Salon riefen. Sie ließ das Geländer erst los, als sie die Halle erreicht hatte.

Noch konnte sie nicht eintreten, obwohl man auf sie wartete. Charlotte und Anne Marie schwirrten um sie herum, von ihrer Sprachlosigkeit erschreckt. Sie konnte nicht erklären, daß die Worte davongetragen wurden wie die Samen der Gänsedistel oder wie die Flöckchen einer Pusteblume am Ende des Sommers. Sie konnte sehen, daß ihre Münder sich bewegten und sie besorgte Mienen machten, aber es war, als sei sie nicht nur alt, sondern auch noch taub geworden und könne nur noch das Summen von Hunderten von Hummeln im Geißblattbusch hören. Das kam ihr außerordentlich komisch vor, und als sie anfing zu lachen, konnte sie nicht mehr aufhören. Anne Marie kam und brachte ihr ein Glas Sherry, das sie halten mußte, damit Emma daraus trinken konnte.

Aus den Augenwinkeln sah Emma Jeremiah mit schwarzer Krawatte und Smoking, der mit einem grimmigen Ausdruck auf dem Gesicht am Kaminsims aus Malachit stand, und die Menschen, weiße Gesichter, die ein Meer von Monden bildeten, teilten sich wie das Rote Meer, um ihr Durchgang zu gewähren. Sie hörte ein Geräusch, als würde jemand ein junges Kätzchen erdrosseln, und wußte, daß es aus ihrer Kehle drang, sie hörte, wie ein Sherryglas in Scherben zerschlug, und segelte wie ein Schiff bei der Ausfahrt aus dem Hafen durch die Haustür.

Es begann zu regnen. Sie hob ihr Gesicht den kühlen, versöhnlichen Tropfen entgegen, die von den orangefarbenen Blüten des Trompetenbaums am Eingang fielen. Sie wünschte sich ihren Fächer herbei, wußte aber nicht, wie sie ihn aus ihrem Beutel holen sollte. Über dem Charles River flackerte ein Wetterleuchten. Als Jeremiah sie am Ellenbogen berührte, drehte sie sich nicht um, fand aber plötzlich ihre Sprache wieder.

Wußtest du, daß auf Krepp ein Fleck zurückbleibt, wenn Regen darauffällt – weiß, verstehst du, wie eine Narbe. Guck, sagte sie und zeigte ihm ihren Ärmel, *das ganze Schwarze ist weggebleicht. Aber ich weiß, was man dagegen tun kann. Man legt ein Stück schwarze Seide unter den Fleck und streicht mit einem Kamelhaarpinsel, den man in schwarze Tusche getaucht hat, über den Fleck; was zuviel ist, wischt man mit einem Stück Seide ab. Es trocknet sofort, und die Narbe ist verschwunden. Und dann, wenn es so heiß ist wie jetzt, gibt Krepp unter den Armen und am Hals der Damenkleider schwarze Flecken, die man nicht mit Wasser und Seife wegwaschen kann, und wenn man noch so kräftig reibt. Aber auch dafür weiß ich ein Mittel. Ich habe einen Karton mit Weinstein und Kleesäure, damit bekommt man das weg. Und weißt du*, sagte sie und sah ihn zum erstenmal direkt an, *es ist Gift. Wenn ich es nehmen würde, wäre ich sofort tot.*

Em, sagte er sanft, *oh, Em*, und hielt sie wie ein Kind. Hinter dem Schleier rannen ihr leise die Tränen die Wangen hinab. Sie konnte seine Umarmung nicht erwidern.

Emma, sagte Jeremiah mit unsteter Stimme, *es ist an der Zeit. Wir müssen jetzt hineingehen*. Und sie ließ es zu, daß er sie in den Salon führte, bis sie am Kamin aus Malachit vor dem verhüllten Mahagonitisch mit den Klauenfüßen zum Stehen kamen. Zwei silberne Kerzenleuchter standen an den Enden, acht geschwungene Arme, mit silbernem Efeu umwunden, die in weißem Wachs und der flackernden Blüte einer hellen Flamme endeten. Ein Kranz aus rosafarbenen Rosen hing auf beiden Seiten der winzigen Särge zu Boden, die wie ein gruseliger Tafelaufsatz nebeneinanderstanden. Der Organist spielte «Oh, führe mich, meines Lebens Licht, im Dunkel dieser Welt», und Emma, überrascht über die Festigkeit in ihrer Stimme, sagte: *Hört bitte mit dieser abscheulichen Musik auf.* Im Raum wurde es totenstill, nur das Rascheln ihrer eigenen Krinoline war zu hören, als sie an den Tisch herantrat.

Sie legte die Fingerspitzen auf die Särge ihrer Kinder – Rosenholz und weißer Lack mit bronzenen Griffen, weiche rosafarbene Satinkissen mit Borte so fein wie Wiesenschaumkraut. Ja, dies waren ihre Kinder, ihre Zwillinge, Madeline und Emeline. Fünf Monate alt. Wie klein sie waren, wie Porzellanpuppen mit Rosenmündchen und Augenwimpern, die einen Schatten auf die wächsernen Wangen warfen, zart wie Spinnweben. Madeline und Emeline. Hatte sie sie unter ihrem Herzen getragen, wo sie aneinandergeschmiegt lagen, sich gleichend wie zwei Rosenblätter, oder sie zärtlich an ihre milchschweren Brüste gehoben? Sie konnte sich nicht daran erinnern, es schien so lange her. Wie seltsam, sie beide so still zu sehen. In ihren Kinderbettchen hatten sie nie so friedvoll geschlafen. Jetzt lagen sie in ihren Taufkleidern, ferner und reiner als Engel, zwischen ihren elfenbeinernen Fingern waren ein winziger Bund Veilchen und ein Rosenkranz aus Staubperlen, so zart, daß sie fast durchsichtig wirkten, gewunden.

Madeline, die Erstgeborene. Emma strich über den Langettekragen und glättete eine Falte. Ein glückliches Kind mit lieblichem Wesen und Jeremiahs eisblauen Augen. Sie berührte eine Vene, die blaßviolett an der Schläfe verlief. Wie hatte das Licht aus dem Gesicht ihres Kindes verschwinden können? Und Emeline, die zartere, Zweitgeborene. Ernst. Vorsichtig. Ruhiger, wenn sie ihre Schwester fühlen konnte. Emmas Finger hielten in der kleinen Kerbe im Kinn des Kindes inne, und ein Ton, so zart, daß er kaum hörbar war, fuhr durch sie hindurch – der Klang der letzten weißen Taste auf dem Klavier.

Sie waren ganz plötzlich sehr krank geworden. Emma und Jeremiah waren die ganze Nacht auf gewesen und hatten jeder ein fieberndes Kind gehalten, waren voller Sorge auf und ab gelaufen. Die Kinder konnten noch nicht einmal winzige Stückchen Eis bei sich behalten. Erbrechen. Überempfindliche Blähbäuche. Krämpfe. Madeline starb am zweiten Abend des zweiten Tages um elf Uhr, und Emeline, als spürte sie, daß ihre Zwillingsschwester nicht mehr da war, gab den Kampf zwei Stunden später auf. Eine Sommerkrankheit. *Cholera infantum*, hatte Dr. Morrow auf die Sterbeurkunden geschrieben. Bakterien in der Milch konnten die Ursache sein, aber keiner wußte es mit Sicherheit.

Der Priester hüstelte diskret. Der Gottesdienst sollte beginnen. Emma sah ihn an, fühlte nichts. Wie es doch ihrer Hochzeit ähnelte. Kerzenlicht, weiße Spitze, Orgelmusik, der überwältigende Duft von Rosen, Häppchen und Leckerbissen, auf Platten arrangiert, liebe Anverwandte in ihrem Sonntagsstaat, die gekommen waren, um an der Zeremonie teilzunehmen. Sie war so glücklich gewesen, damals, und so verliebt in Jeremiah, wie sie es nie für möglich gehalten hatte.

Jetzt stand er neben ihr, das schwarze Haar in der Mitte gescheitelt, und strich sich nervös über den Schnauzer. Er hätte genausogut ein Gepäckträger am Bahnhof sein können, so wenig bedeutete er ihr jetzt. Wenn alles vorbei war, würde sie allein eine Reise machen, sie würde, in eine Decke gehüllt, an Deck eines Schiffes sitzen und ihre Trauer mit der Meeresbrise über die Wellen davonwehen lassen. Vielleicht würde sie nie wiederkommen.

Die Orgel setzte wieder ein und spielte klagende Töne wie der Klang des Nebelhorns im Hafen. Sie fingerte an ihrem gehäkelten Beutel herum, doch er ließ sich nicht öffnen. Widerwillig gab sie ihn Jeremiah zu halten und öffnete ihn. Es war ohne Bedeutung. Es würde immer ohne Bedeutung sein. Sie faltete ein Spitzentaschentuch auseinander und legte es auf den Tisch. Dann nahm sie die kleinste ihrer Schneiderscheren, schnitt eine blonde Locke von Madelines Schopf und legte sie auf das Tüchlein. Emma küßte die Stirn des Kindes, die kalt wie Stein war. Sie beugte sich über das Kind, das nach ihr benannt war, ihre Emeline, und schnitt eine Locke hinter deren Ohr ab. Sie küßte die tote Wange; eine Träne, die dorthin gefallen war, tupfte sie weg. Die Locke legte sie auf das Spitzentuch neben die andere, dann band sie sorgfältig die Enden des Tuches zusammen, legte es in den Beutel, zusammen mit der Schere, und zog den Beutel an den Bändern fest zu, so wie ihr Herz.

Granny sagte: «Damals war Winthrop ein beliebter Badeort. Es gab sechzig Hotels. Nach dem Tod der Zwillinge schickte Jeremiah Emma zur Erholung nach Point Shirley, und Emma mochte Winthrop so sehr, daß sie beschlossen, dort ein richtiges Wohnhaus zu bauen. Guck, das ist es, das da drüben. Es dauerte fast drei Jahre, bis das Haus fertig war und sie Cambridge verließen. Zu dem Zeitpunkt hatten sie drei Kinder – Tom, deinen Großonkel, und Lillian und Anna, deine Großtanten. Du siehst ja, wieviel Geld sie hatten. Dein Großvater war das erste Kind, das 1894 in dem neuen Haus geboren wurde.»

Es war ein wunderschönes weißes Haus mit einem Turm, in dem ich gerne geschrieben hätte, nicht so großartig wie Nanaquaket und auch kein herrschaftliches Haus wie die in der Washington Avenue, aber dennoch schön. Es machte mich traurig, daß es ganz baufällig wurde und nur noch meine Großtante Emeline mit ihren struppigen Airedale- und Yorkshire-Terriern darin lebte. Ich hatte sie beobachtet, wie sie auf der hinteren Veranda ihre Wäsche aufhängte, nur mit einem zerknitterten Nachthemd bekleidet, ein Männerflanellhemd als Bademantel über ihre knochigen Schultern geworfen, die Haare zu Berge stehend. Wie alle Greens war sie stocktaub und hatte eine gebogene Nase, und wenn sie im Hof nach den Hunden rief, klang es wie das Kratzen von Schmirgelpapier durch ein Megaphon. Ich wollte, daß sie herüberkam, daß sie zur Familie gehörte, aber es herrschte eine Familienfehde, die mit Geld und Eigentum zu tun hatte. Sämtliche Geschwister meines Großvaters sprachen nicht miteinander. Emeline, das jüngste Mädchen, war zu Hause geblieben, um sich um ihre Eltern und die Schwester Annie zu kümmern. Nach dem Tod von Jeremiah und Emma ging das ganze Geld an Emeline. Die übrigen Greens fühlten sich betrogen.

Mein Familienstammbaum war fast fertig. Mit spitzen Fingern suchte ich unter fünfzig fett- und staubverschmierten Bilderrahmen, die neben dem Öltank im Keller standen, bis ich einen passenden gefunden hatte. Er war altmodisch mit etwas Goldblatt, aber nicht zu kitschig. Ich nahm ihn in die Küche, um den Schmutz von vielen Jahren abzuwaschen.

Es war ein wunderbarer Spätsommertag. Das Meer war ein blauer, mit Perlen besetzter Mantel. Statt Tau hatte der Morgen Goldstaub über die Felder gestreut, an dem geschwungenen Strand zwischen Grover's Cliff und Great Head nickten die zarten, fedrigen Sumpfsimsen wie ein Helmbusch, das Wasser glitzerte wie ein Schild. Die Luft war so klar, daß Emma jedes einzelne vergoldete Ahornblatt unterscheiden konnte, als seien es einzelne, frisch beschriebene Seiten aus einem mittelalterlichen Psalmenbuch, die zum Trocknen aufgehängt waren, nachdem ein alter Mönch das Blattgold mit Bermudagras poliert hatte. Es war Annas erster Geburtstag, und sie wollten unten an den Klippen ein Picknick machen.

Die Kinder waren noch beim Frühstück, alle drei in Kinderstühlen – Tom schalt Jingo und ahmte ein Pferdewiehern nach, als säße das Pony neben ihm; Lily zupfte die Blütenblätter von einer Schwarzäugigen Susanne und ordnete sie konzentriert um die Kruste ihres Stücks Toast; und Anna hämmerte mit dem Silberlöffel in ihrem Schälchen den Rhythmus eines einfachen Liedes. Emma stand in der Speisekammer und zählte die Gläser mit eingekochter Marmelade, Gelee und Kompott auf dem mit Papier ausgelegten Brett; dabei half ihr ein Notizbuch, das sie führte, seit die Beerensaison begonnen hatte: *10 Gläser Erdbeermarmelade, 20 Gläser schwarze Himbeermarmelade, 4 Gläser Johannisbeergelee, 17 Gläser Himbeeren und rote Johannisbeeren, 20 Gläser Himbeeren, 12 Gläser Pfirsiche, 14 Gläser Pflaumengelee, 4 Flaschen Johannisbeersaft, 5 Gläser Quittengelee, 2 Gläser Kirschen.* Sie hatte den ganzen Sommer lang und einige Herbstwochen damit zugebracht; jeden Nachmittag, wenn die Kinder ihren Mittagsschlaf machten, hatte sie eingekocht. Es kam ihr vor, als würde es nie ein Ende nehmen: Beeren durch ein Musselintuch pressen, Zucker abmessen und Sirup kochen, die endlosen Reihen der sterilisierten Gläser füllen. Sie hatte sich eine schlimme Verbrühung zugezogen, als sie Wasser aus dem gußeisernen Kessel gießen wollte und es aus Versehen über ihren Fuß geschüttet hatte. Einmal hatte sie gerade aus Pergamentpapier Kreise ausgeschnitten, in Brandy getaucht und dann die Marmelade in den Gläsern damit abgedeckt, als Lily aus ihrem Mittagsschlaf in die Küche gestolpert kam, sich die Augen rieb und, auf Emmas beerenrote Hände zeigend, sagte: *Guck mal, Mama, Blut.* Emma hatte die Hände an einem Trockentuch abgewischt und sich zu Lily hinuntergebeugt, um ihr das mit den Beeren zu erklären, doch als sie ihre Handfläche ausstreckte, um das Kind zu trösten, sah sie Blutstropfen, die wie Rubine aus dem Daumen pulsierten. Sie hatte nichts gefühlt. Dr. Morrow kam und nähte die Wunde, und Lily bestand darauf zuzugucken. *Tut weh, Mama, tut weh?* hatte sie gefragt, einen kummervollen Ausdruck im Gesicht. Emma fand, daß sie das klügste Kind war, das sie kannte: mit neun Monaten konnte sie laufen, war neugierig, aber nicht ängstlich – aber Mütter dachten ja häufig, daß ihre Kinder etwas Besonderes waren.

Es war ein idealer Tag für ein Picknick. Die Kinder ließen sich ohne Murren waschen und anziehen. Emma sammelte ihre Sonnenhüte, Eimer und Schaufeln zusammen, hängte sich den Korb über den Arm, und gemeinsam machten sie sich auf zum Stall. Sie spannte Jingo vor den Leiterwagen, rieb seine braunroten Nüstern und suchte in der Tasche ihres langen Rockes nach einem Holzapfel. Sie hob die Kinder eins nach dem anderen in den Wagen und setzte sie zwischen den Korb, einer Wolldecke und einem Regenschirm auf die Bank. Das kleine Shetland-Pony ließ sich das Zaumzeug mühelos anlegen und schüttelte seine whiskeyfarbene Mähne vor Freude, als Emma mit ihm aus dem Stall ins Sonnenlicht ging.

Sie führte ihn an den Zügeln an einer Häuserreihe vorbei, wo die Purpurwinde ihre Köpfe durch ein aufgehängtes Fischernetz steckte wie Rubine und eine Fliegentür leise quietschend zuschlug, am Cliff House vorbei, einem prunkvollen privaten Altersheim hinter einer Steinmauer, dessen Besitzer H. H. Hutchings war – das Morgenlicht auf den Flügelfenstern blendete und ließ das Gebäude wie eine Abtei erscheinen, obwohl Emma nie eine gesehen hatte – und an einem

Staketenzaun am Rande der Klippen entlang, durch den sich die letzten der lieblich duftenden, rosafarbenen Heckenrosen rankten, die in diesem Jahr bis in den Oktober hinein blühten. Das Pony kannte die Stellen, wo das saftigste Gras wuchs, und Emma ließ die Zügel fallen und erlaubte ihm, seinen Weg zur Hügelkuppe zu finden. Bei dem sanften Tock-tock der Hufe hörte sie das Rascheln der Blätter über sich wie Notenblätter, die sich für den Rhythmus des Meeres bereithielten. Eine große Schwarzrückenmöwe flog hoch über dem Leiterwagen, ihr kehliger Schrei erschreckte die Kinder. Darauf folgte das liebliche kip-kip-kip-killick einer der letzten Seeschwalben irgendwo unten am Strand, und zusammen klangen sie wie ein Orchester, das vor einem Konzert die Instrumente stimmte. Sie breitete die Wolldecke aus, öffnete den Regenschirm und sah ihren Kindern zu, die durch das kniehohe Gras krochen und nach Schätzen suchten. Später, nach dem Picknick und der Mittagsruhe, würden sie zum Strand hinuntergehen, wo jetzt Ebbe war und ein kräftiger Salzgeruch die Luft erfüllte.

Emma machte es sich auf der Decke bequem, seufzte zufrieden und hielt ihr Gesicht einen Moment lang in die Sonne. Schmetterlinge flatterten im Spiralflug über die Klippen hinweg, ein Walzer im Winde, und der dreijährige Tom mit den weißblonden, schulterlangen Locken stand wie ein Soldat, streckte einen Stock aus und wartete, daß sich einer darauf niederlassen würde. Anna drehte sich mit vor Verzücken geschlossenen Augen im Kreise, die Arme in den wolkenlosen blauen Himmel gestreckt, ihr Kleidchen wie ein Ballon gebläht, als glaubte sie, sie könne fliegen. Lily mit den dunklen Haaren und Augen stelzte vorsichtig durch die Brombeeren und raffte zum Schutz vor den Dornen ihre Schürze. Sie bückte sich, um eine Blume zu pflücken, und der Wind erfaßte die Bänder ihres Kleides, der Rand ihres Rockes kräuselte sich wie eine Wellenkrone. Emma öffnete die obersten Knöpfe ihrer Bluse und dachte daran, wie sie, Anne Marie und Charlotte an einem Tag wie diesem Arme voller Wegmalve, Paradiesvogelblumen, Strandflieder und Herzblatt gepflückt und ihrer Mutter gebracht hatten. Sie legte die Hand leicht auf ihren Bauch und dachte an das neue Kind, das in ihr wuchs. Es war so gut, die Trauer abgelegt zu haben. Das Unterkleid aus Musselin war kühl, das Kleid lose und weit.

Für ein Jahr nach dem Tod der Zwillinge war Emma völlig empfindungslos gewesen. Schweigend und ruhelos hatte sie im Bett gelegen. Sie schämte sich, wenn sie daran dachte, welchen Kummer sie allen gemacht hatte, wo doch Pa auf seinem Stock herumhumpelte und Mutter so schwach war und Jeremiah immer unterwegs war, Wohnhäuser baute und Läden, Bürohäuser und Bauplätze kaufte. Ihre Schwester Charlotte war ein Geschenk des Himmels gewesen. Im nächsten Jahr wurde Tom geboren, neun Monate später Lily, und einen Winter lang waren sie eine vollständige Familie. Eines Abends im März stand ihr Vater vom Tisch auf, drehte sich um, als wolle er noch etwas sagen, und fiel ohne ein Wort tot um. Sie hatten alle gedacht, daß die Mutter zuerst sterben würde, sie war so lange schon krank, das Fleisch an ihrem Körper wurde immer weniger, bis die Haut kaum noch die Knochen bedeckte. Sie starb noch im selben Jahr, kurz vor Thanksgiving. Als Emmas drittes Kind im folgenden Oktober geboren wurde, nannte sie es Anna Katherine, nach ihrer Mutter, und sagte zu Jeremiah, daß sie den nächsten Jungen nach ihrem Vater Richard nennen würde. Das Haus in Winthrop war fertig. Endlich konnten sie das Leid in Cambridge hinter sich lassen. Die Seeluft würde ihnen allen guttun.

Die Kinder kamen erhitzt und müde zu ihr zurück. Emma gab ihnen etwas zu essen, sang einige lustige Kinderlieder, brachte sie zum Lachen; dann rollten sie sich wie kleine Kommas zum Schlafen zusammen, und die Meeresbrise strich ihnen die Locken aus dem Gesicht. Sie legte sich neben sie, lauschte auf den sanften Atem der Kinder und hörte Jingo auf der Wiese, der mit seinen kräftigen gelben Zähnen das Gras ausriß, und die Wellen, die leise und immer ferner rauschend an den Strand rollten.

Sie war sechsunddreißig Jahre alt – eigentlich nicht besonders alt, obwohl ihr Haar nach dem Tod der Zwillinge weiß geworden war. Noch immer hielt Jeremiah sie nachts zärtlich im Arm, und wenn er ihr manchmal über den Tisch hinweg zublinzelte, dann vollführte ihr dummes, älter werdendes Herz einen mädchenhaften Sprung. Ihre schlanke Linie stellte sich nach jedem Kind mit Leichtigkeit wieder ein, und da sie jetzt nicht mehr täglich nähen oder Kranke pflegen mußte, hatten ihre Kopfschmerzen nachgelassen. Winthrop war ein ruhiger, sauberer und gesunder Ort. Sie verbrachte viel Zeit im Garten, mit den Kindern am Strand oder auf der Veranda, die um das ganze Haus herumlief und von der aus sie zu jeder Jahreszeit das Meer sehen konnte. Winthrop. Gelbe Blätter fielen zu Boden. Blattgold, das über das Gras geblasen wurde. Sie legte die Hand auf ihren Bauch. Richard Winthrop Green würde dieses Kind heißen. Ein starker Name für einen starken Jungen.

Das Pfeifen des Zuges weckte sie eine Weile später. Sie setzte sich auf, blinzelte und war für einen Augenblick verwirrt, dann sah sie die drei Waggons der Schmalspurbahn und die Lok, die Rauchlöckchen ausstieß, als sie um die unteren Klippen herumkam und sich die Steigung zum Crest Hotel hinaufkämpfte. Die Kinder erwachten, als ein weiterer Pfiff gellte, und zeigten aufgeregt, während der Zug auf die Locust Street und Rocky Beach zuhielt, in einem Tunnel aus Blumen verschwand und nur noch der Rauch zu sehen war. Emma sah ihm nach und fing aus einem ihr unerklärlichen Grunde an zu zittern. *Was um alles in der Welt war mit ihr los?* Sie schüttelte sich ungeduldig. Der kleine Zug fuhr die ganze Länge des Strandes ab, vorbei am St. Leonard's Hotel nach Point Shirley und der Anlegestelle der Fähre, dann durch die Stadt zurück zur Cherry Street und zu den Highlands, wie jeden Tag, immer pünktlich. Wieso hatte sie das Gefühl, daß sich eine Wolke vor die Sonne geschoben hatte?

Sie erhob sich abrupt, stieß den Picknickkorb um und trat Anna versehentlich auf die Finger. Sie nahm das schreiende Kind fest in den Arm, plötzlich war ihr kalt. Etwas aus ihrem Leben fuhr mit dem Zug davon, es ließ sie zurück und würde niemals mehr wiederkommen.

Ohne eine Klage setzten sich die Kinder in den Leiterwagen, und als Jingo sich zufrieden auf den Heimweg machte, wischte Emma sich mit einem Taschentuch heftig die Augen. *Was war nur mit ihr los?* Es war Annas Geburtstag. Es war ein gelungener Tag gewesen. Sie war überspannt. Sie war schwanger. Sie wurde verrückt. Es mußte der Wechsel der Jahreszeiten sein. Sie mochte nicht gerne zusehen, wie die Blätter fielen. Sie sah sich nach den Kindern um. Tom war bereit zum Salut, ein kleiner Soldat mit einer Weidengerte über der Schulter als Gewehr. Lily lächelte und hielt einen Strauß Astern und Mädchenaugen im Arm. Hinter dem Wagen, der nach Hause rollte, fielen die gelben Blätter sachte zu Boden, ein sanfter, goldener Schneefall unter den Kolonnaden der Bäume. Das Meer und der Horizont verblaßten in der Ferne zu einem Wandgemälde. Anna streckte die Hand nach der ihrer Mutter aus, und Emma, die neben dem Wagen herging, beugte sich vor und küßte die Finger des Kindes mit einem summenden Laut, der sie beide zum Lachen brachte, und Emma vergaß ihre Trauer und Beklemmung.

Als Jeremiah an diesem Abend nach Hause kam und Hut und Stock an dem Ständer in der Eingangshalle abgelegt hatte, purzelten die Kinder, die im vorderen Wohnzimmer leise miteinander gespielt hatten, wie Welpen über den Läufer, weil jedes ihn als erstes begrüßen wollte. *Papa, Papa*, riefen sie, als wäre er jahrelang zur See gefahren. Er kitzelte sie mit seinem Walroßschnauzer, brummte jedem wie ein Bär ins Ohr, was sie so liebten, und stemmte dann Anna in die Höhe, so daß sie die gemalten Engel an der Decke berühren konnte. Eigentlich waren es Cherubim in einem azurblauen Himmel, mit Sonnen und Monden und Girlanden. Emma hatte das Bild aus einem Buch abgemalt. Die Flügel zu malen, war besonders schwer gewesen, und einmal sagte sie zu Jeremiah, daß die fetten kleinen Engel wie Kaulquappen mit Gesichtern aussahen, aber Anna sah nur die Engel und wollte jeden Abend mit ihnen fliegen.

Das Eßzimmer erstrahlte im Kerzenlicht und im Leuchten der Blumen. Das Gaslicht der wie Efeuranken geformten Wandleuchter verlieh allem einen Glanz, und Emma trat in ihrem pflaumenblauen Seidenkleid auf ihn zu, um ihn zu begrüßen. Sie errötete wie eine Braut, als er sie auf die Wange küßte. Einer Regung nachgebend nahm sie seinen Arm; es gab so viele Dinge, die sie ihm sagen wollte – *daß es ein wunderbares Picknick war und der Kuchen perfekt gelungen, daß das Abendessen gleich fertig sein würde, daß eine Angst sie auf den Klippen plötzlich überkommen hatte*. Aber Tom und Lily stritten erbittert um ein Spielzeug, und Anna quengelte, weil sie ihren Kuchen sehen wollte, so daß der Augenblick verstrich und Emma keine Gelegenheit hatte, das zu sagen, was ihr auf dem Herzen lag.

Das Abendessen war im Nu vorüber. Der Kuchen wurde aus der Speisekammer herbeigebracht, die Kinder staunten mit offenen Mündern. Sie sangen Happy Birthday, und Anna, die wußte, was von ihr erwartet wurde, füllte ihre Backen prall mit Luft, pustete mit gewaltiger Anstrengung und klatschte fröhlich in die Hände, als die Kerze erlosch. Jeremiah ging in die Eingangshalle, um das Geschenk zu holen, und Emma schnitt den Kuchen an – der silberne Tortenheber mit den gravierten Maiglöckchen auf dem Griff zerteilte die Cremetorte im Nu –, dann kam er mit einem riesigen, in braunes Papier eingeschlagenen Paket in den Salon zurück, stellte es, ein breites Lächeln auf dem Gesicht, vor dem Kamin ab und rief zärtlich: *Komm her, Anna, das gehört dir.* Anna kam mit unsicheren Schritten herbei, denn das Paket war zweimal so groß wie sie, und fing unbeholfen an, es auszupacken.

Emma sah vom Eßzimmer aus zu, die Arme vor der Brust verschränkt, den silbernen Tortenheber immer noch in der Hand. Sie versuchte nicht zu lächeln. Es war Jeremiahs Idee gewesen. Evelyn Etheridges Vater unten beim Point war ein ausgezeichneter Holzschnitzer. Er hatte einige der schönsten Karussellpferde am Revere Beach geschnitzt, sie hatten aufgeblähte Nüstern, Feuer in den Glasaugen, wild fliegende Mähnen und waren stark wie brüllende Löwen, mit ihren angespannten Muskeln, während sie galoppierten und sich aufbäumten; die Hufe schienen auf den unablässigen Runden um die Dampfdrehorgel Funken zu sprühen. Jeremiah hatte ihm einen guten Preis für Annas Geschenk geboten.

Anna ließ das Papier fallen und formte vor Erstaunen mit dem Mund ein großes O. Es war ein Schaukelpferd, doch es war so lebensecht, als bewege es sich tatsächlich, blähe die Nüstern und stoße den heißen Atem aus; zwischen den Zähnen das goldene Zaumzeug, die goldenen Zügel über die windzerzauste Mähne gestreift, der Sattel rot und türkis, mit echten Steigbügeln. Jeremiah gab den Kufen mit der Schuhspitze einen leichten Stoß, und schon schien das Pferd zum Sprung anzusetzen und mit glitzernden Hufen über einen Zaun, eine Mauer, ein Gatter zu fliegen. Die Kinder kreischten vor Freude. Vorsichtig hob er Anna auf den Sattel. Sie legte ihre Arme um den Hals des Pferdes und küßte es sanft hinter das angelegte Ohr.

Circe, murmelte das Kind dankbar, *meine Circe.*

Emma war sprachlos. Von Anfang an hatte sie ihren Kindern Gutenachtgeschichten erzählt – weil sie irgendwo gelesen hatte, daß die Stimme der Mutter der psychischen Gesundheit und dem Geborgenheitsgefühl des Kindes zuträglich war, eine bessere Medizin, als sie die Wissenschaft je hervorbringen würde. Also rief sie sich allabendlich ihre

Lieblingsgeschichten in Erinnerung und erfand Abenteuer, die sie kein zweites Mal hätte erzählen können; sie erzählte Geschichten von ihren Vorfahren, die aus Belfast gekommen waren, von ihrer eigenen Kindheit, von Jeremiahs Werben. Doch in ihren wildesten Träumen hatte sie sich nicht ausgemalt, daß die Kinder sich daran erinnern würden. Sie dachte, sie würden sich an das Gefühl der Geborgenheit erinnern, weil sie sich im Bett an die Mutter kuscheln konnten, an das schwache Kerzenlicht, den Lavendelgeruch der Leintücher, aber Circe! Anna war noch so klein. Wie hatte sie sich bloß den Namen des heißgeliebten Pferdes aus Emmas Kindheit merken können?

Mit Tränen in den Augen beugte Emma sich wieder über den Kuchen. Plötzlich schien es ihr eigener Geburtstag gewesen zu sein, zu dem sie ein wundervolles Geschenk erhalten hatte. Sobald der Wasserkessel pfiff, wäre der Tee fertig, und sie ging zur Küche, um das Tablett zu holen. Sie hörte die Kinder lachen, als sie das Tablett zum Tisch trug. Jeremiah saß am Klavier und spielte «Camptown Races», und Tom ritt auf Circe, wie er später einmal auf Jingo reiten würde: verwegen, rücksichtslos. Sie gab Zucker in die Tassen, goß Milch dazu und wartete, daß der Tee genug gezogen hatte. Als Jeremiah *do-do-da, do-do-da* mit seinem schönen Tenor sang und sie ihm einen Blick zuwerfen wollte, sah sie Tom auf dem Sattel stehen, die Zügel in der Hand wie ein Akrobat im Zirkus, das Pferd in vollem Galopp.

Emma schrie und ließ eine Untertasse fallen. Jeremiah stürzte hinzu, riß seinen Sohn vom Pferd und schüttelte ihn voller Wut, bis der Junge vor Schreck zu schreien begann.

Stell dich nie, nie wieder auf den Sattel, brüllte sein Vater ihn an. Er legte Tom übers Knie und verprügelte ihn. *Hast du mich verstanden, du Satansbraten? Sonst nehme ich das verdammte Pferd und schmeiße es über die Klippen! Und dich hinterher, hörst du mich?*

Jeremiah, sagte sie beschwichtigend, doch er hörte sie bei dem Geheule der drei Kinder nicht und drosch weiter auf den Jungen ein. Emmas Herz wurde schwer – er hatte wieder getrunken – Gott, die Kinder hatten solche Angst vor ihm!

Jeremiah! schrie sie. *Hör auf damit! Hör auf!*

Und ihr Mann sah sie an wie ein Fremder, als wüßte er nicht, wo er war. Betroffen ließ er von seinem Sohn ab, blinzelte und fuhr sich mit der Hand durchs Haar. Laut schreiend rannte Tom zu seiner Mutter.

Ist schon gut, mein Kleiner, ist ja alles vorbei. Du mußt auf das hören, was dein Vater sagt, und nicht so auf dem Pferd reiten. Du mußt versprechen, richtig auf dem Sattel zu sitzen, ja? Ist ja gut, ist ja gut. Kommt jetzt, Kinder, eßt euren Kuchen.

Sie waren bedrückt, als sie auf ihre Stühle kletterten. Tränen glitzerten auf ihren Wangen. Tom wischte sich die Nase am Ärmel ab, und Emma brachte es nicht über sich, ihn zurechtzuweisen. Sie reichte den Kuchen herum, gab Jeremiah eine Tasse Tee und saß schweigend dabei, während sie aßen. So oft war sie darüber hinweggegangen. *Nur ein kleines Gläschen Whiskey mit den Jungs, Mutter*, sagte er dann in seinem breitesten Irisch. *Bin nur kurz reingegangen, in der A Street, und da hab ich John Barleycorn, einen alten Kumpel von mir, getroffen.* Seine Ausbrüche waren schnell vorüber, wie ein Blitz oder die Springflut, aber sie hatte es nie auf sein kleines *Gläschen Porter* oder den *winzigen Schluck Ale* zurückgeführt. Mit einemmal legte sie die Hände vors Gesicht. *Gott, wie hatte es so weit kommen können?*

Wie ein Automat nahm sie den silbernen Tortenheber mit den gravierten Maiglöckchen auf dem Griff und reichte ihrem Mann ein weiteres Stück Kuchen, um das er demütig, wie um sich zu entschuldigen, gebeten hatte, aber sie konnte ihn nicht ansehen. Aus großer Ferne hörte sie Lilys Stimme: *Guck mal, Mama, guck mal, was Anna macht*, und dann sah sie Anna im Salon vor dem Kamin, auf Circes Sattel stehend, die goldenen Zügel in der Hand wie ein Akrobat, das Pferd im wilden Galopp. Emma sprang auf, der Tortenheber flog ihr aus der Hand, sie stürzte sich auf das Kind, doch sie bewegte sich wie unter Wasser – in ihrem schweren Rock watete sie durch das tiefe Meer, Anna lachte wie ein bunter tropischer Fisch, Luftperlen der Wonne stiegen aus ihrem Mund auf, langsam glitten die Zügel aus ihrer Hand, und für einen Augenblick schwebte das Kind in der Luft wie einer der Cherubim, und sie stürzte nach vorn, über die geschnitzte Mähne des fabelhaften Pferdes, ihre Röcke wie die Gischt, die sich an den Felsen bricht, bevor sie für immer im Meer verschwand. Emma hörte ein entsetzliches, grauenhaftes Krachen, und sie wußte, daß es Annas Schädel auf dem Kamingitter war. Plötzlich konnte sie sich bewegen, sie hielt ihre Tochter im Arm und schrie Jeremiah an, er solle Dr. Morrow holen. Das Kind lag weiß und reglos in ihrem Arm, Blut floß in den Schoß von Emmas pflaumenblauen Kleid, Blut ergoß sich über Annas gestärkten Kittel, und die anderen Kinder schrien.

Jeremiah rannte, um Eis und ein Handtuch zu holen, das er dem Kind unter den Kopf legte, dann telefonierte er nach Dr. Morrow – *ein Notfall*, schrie er –, entriß Anna Emmas Armen, und als er sie nach oben trug, entstieg seiner Brust der Schluchzer eines tödlich getroffenen Tieres. Mit schwachen Knien stand Emma im Salon, riß sich das blutgetränkte Kleid vom Leib und warf es in die Feuerstelle, um das Blut vor den Kindern zu verbergen, obwohl sie wußte, daß die es bereits gesehen hatten. Sie stand im Unterkleid, und ein krampfartiges Zittern durchfuhr sie; sie hob Tom und Lily hoch und rannte mit ihnen nach oben. Sie wusch ihre schreckverzerrten Gesichter, redete zärtlich mit ihnen, zog sie für die Nacht an und legte sie ins Bett. Sie sang dasselbe Wiegenlied wie jeden Abend, und horchte auf das Klingeln des Arztes, sie wiegte sie in ihren Armen, bis ihr Weinen schwächer wurde, und lauschte angestrengt, ob der Wagen des Arztes vorfuhr, sanft, sanft summte sie sinnlose Reime, damit der Schlaf sich auf sie senke und ihr eigener rasender Herzschlag sich beruhige.

Stunden schienen zu vergehen. Sie sang weiter, bis ihre Kehle rauh war und die Kinder wie Steine in ihren Armen lagen, doch ihre Sinne waren hellwach, der Arzt mußte jetzt kommen. Als die Klingel endlich ertönte, deckte sie die Kinder hastig zu, warf sich einen Bademantel über und raste die Treppen hinunter, um die Tür zu öffnen.

Die ganze Nacht wachten sie bei Anna. Dr. Morrow wollte sie auf der Stelle ins Metcalf-Krankenhaus bringen, doch Jeremiah wollte davon nichts hören. Emma preßte die eiskalte Hand des Kindes und betete zu Gott, er möge Anna verschonen. Als der Arzt mit einer Lampe in Annas verdrehte Pupillen leuchtete, verbarg sie ihr Gesicht in den blutigen Laken. Sie konnte nicht zusehen, als er das feine Babyhaar wegschnitt und den Schädel mit vierzehn Stichen nähte. Nicht ein einziges Mal kam das Kind zu Bewußtsein, als sich die Nadel immer wieder durch seine Kopfhaut bohrte. Jeremiah mußte aus dem Zimmer gehen, Emma hörte ihn im Badezimmer würgen. Als er wieder hereinkam, das Gesicht aschfahl, brachte er ein Tablett mit Sherry und drei Gläsern. Er hielt seiner Frau ein Glas an die eiskalten Lippen und zwang sie zu trinken. Es brannte, als der Sherry ihr die Kehle hinunterrann, aber ihre Sinne verbanden sich wieder mit ihrem Herzen. Sie wandte ihre Augen nicht mehr von ihrer Tochter ab.

Drei Stunden später kam Anna zu Bewußtsein, sie erkannte niemanden, wußte nicht, wo sie war. Sie war zu schwach, um zu weinen. Der Arzt hatte über seiner schwarzen Tasche hin und her überlegt, er wollte ihr etwas gegen die Schmerzen geben, andererseits wollte er sie bei Bewußtsein halten, um ihren Zustand überwachen zu können.

Himmelherrgott noch mal, Mann, geben Sie ihr etwas gegen die Schmerzen, hatte Jeremiah gebrüllt. Anna blickte in die Richtung ihres Vaters, reagierte aber nicht auf ihn, sondern auf den plötzlichen Lärm.

Gegen Morgengrauen ging der Arzt, nachdem er ausführliche Anweisungen aufgeschrieben hatte, welche Gefahren eine Gehirnerschütterung barg und worauf zu achten sei. Man solle ihn sofort rufen, wenn das Kind anfing, sich zu erbrechen, oder in einen so tiefen Schlaf sank, daß es nicht geweckt werden konnte. Er stellte eine Flasche Laudanum auf den Nachttisch, gab Emma auch eine Flasche und bestand darauf, daß sie zu Bett gehe. Nach einigem Hin und Her nahm Emma eine Dosis des Beruhigungsmittels, aber dann zog sie sich einen Sessel neben Annas Bettchen und weigerte sich, diesen Platz zu verlassen. Schließlich übermannte sie die Erschöpfung, und sie sank in einen traumlosen Schlaf.

Früh am nächsten Morgen ging Jeremiah zur Nachbarin Gladys Peacock und bat sie, sich um die Kinder zu kümmern. Nie im Leben hatte er solche Angst gehabt.

Als Anna erwachte, schien sie ihre Umgebung besser wahrzunehmen. Sie weinte ein wenig, hielt sich den Kopf und wiegte sich. Emma kühlte den Schädel mit Eis, bis sie dachte, sie würde nie wieder ein Gefühl in ihren Fingern haben. Dann, am späten Nachmittag, wurde Anna unruhig, sie fieberte, weinte herzerweichend und klagte, *ein Pferd, ein Pferd käme, sie zu holen*. So ging es stundenlang. Jeremiah stürzte mit der wunderbar geschnitzten Circe aus dem Haus in den Stall. Emma sah vom Fenster aus zu und weinte, als er immer wieder die Axt auf das Holztier niedersausen ließ, als gelte der Angriff einem Lebewesen. Er spaltete den edlen Kopf, zerschmetterte die schlanken Beine, zertrümmerte den rot- und türkisfarbenen Sattel und die muskulösen Flanken, bis nur noch Anmachholz übrig blieb und seine Wut erschöpft war. Schwankend stand er da; schließlich ließ er die Axt zu Boden sinken, setzte sich schwerfällig im Hof nieder und schluchzte, die Arme um den Splitterhaufen des hölzernen Schaukelpferdes gelegt.

Die nächsten Monate waren die schlimmsten in Emmas Leben. Anna bekam Anfälle, bei denen ihre Augen nach hinten rollten, ihre Beine gegen die Gitterstäbe des Bettchens schlugen und der Speichel ihr aus dem Mund rann. Emma stopfte ihr Mull in den Mund, damit sie nicht auf die Zunge beißen konnte, und hielt ihre Hand, bis der Anfall vorüber war. Wenn Anna einen Ausbruch hinter sich gebracht hatte, erkannte sie niemanden und schlief tief und fest für mehrere Stunden. Danach wachte sie auf und erkannte ihre Umgebung wieder. Sie saß sogar im Bett und spielte leise mit den anderen Kindern. Tage gingen vorbei, an denen es keine Anzeichen für die Krankheit gab. Sie war stiller und sprach wenig, aber nach einer Weile lächelte sie wieder, sie fing an zu essen und verhielt sich wie ein normales Kind. Aber es geschahen seltsame Dinge. Manchmal, mitten in einer Beschäftigung – beim Spielen oder Singen –, hörte sie plötzlich auf und schien in eine Art Trance zu fallen. Nichts konnte sie daraus aufrütteln, keine Stimmen, kein Riechsalz, auch kein Schlag auf die Wange. Ein paar Minuten später wurden ihre Augen wieder sehend – und sie war wieder in der Welt, wenn auch verwirrt. Eines sonnigen Nachmittags saß sie auf dem Fenstersitz im Salon und erzählte ihrer Lieblingspuppe eine Geschichte, als ein Ausdruck so abgrundtiefen Entsetzens auf ihr Gesicht trat, daß Emma zu Tode erschrocken war. *Was sah Anna nur?* Das Kind fing angstvoll an zu schreien, es schrie und schrie, die Augen geweitet angesichts eines Schreckens, den es nicht benennen konnte, einer furchtbaren Vision, die sich nicht in Worte kleiden ließ.

Dr. Morrow machte mehrere Besuche und klärte sie jedesmal genauer über Epilepsie auf. Jeremiah verließ dann das Zimmer, weil er es nicht ertragen konnte. *Anna kann aus diesen Anfällen herauswachsen*, sagte er, *aber das wird sich erst später zeigen. Wenn sie nicht herauswächst, dann wäre es das beste, sie in ein Heim zu geben, wo sie richtig versorgt werden kann. Epilepsie*, sagte er, *endet unvermeidlich im Wahnsinn, außerdem könnte sie sich bei einem ihrer Anfälle eine dauerhafte Verletzung zufügen.* Wütend erhob Emma sich, reichte dem Arzt seine schwarze Tasche und seinen Hut und sagte, daß keines ihrer Kinder je in ein Heim gesteckt werden würde. Sie würden sie zu Hause versorgen.

Und damit wurde eine ganze Reihe qualvoller Rituale eingeleitet, mit Hilfe derer Anna vor sich selbst geschützt werden sollte. Die Kinder hatten Anweisung, Emma auf der Stelle zu rufen, wenn ihre Schwester sich auffällig zu verhalten begann, und wenn ein Tag ohne Wutausbruch, ohne Anfall verstrichen war, atmete die ganze Familie erleichtert auf. Darüber hatte Emma fast ganz vergessen, wer Tom und Lily waren. Sie waren die anderen Kinder, aber sie schien sie nicht mehr sehr klar wahrzunehmen. Mrs. Peacock blieb im Haus. Jeremiah ging wieder seiner Arbeit nach, und Emma ließ ihre Augen nie von Anna ab.

Die Nächte waren am schlimmsten. Dr. Morrow hatte ihnen klargemacht, daß es für Epilepsie keine Heilung gab, auch wenn die Anfälle nach einiger Zeit nachließen. Man konnte nur Bromid verabreichen, das der Krankheit aber kaum Einhalt gebot. Deswegen zeigte er Emma, wie sie Anna nachts im Bett anbinden sollte. Er öffnete den Mund des Kindes und legte ihr einen Mullpfropfen von der Größe seines Fingers auf die Zunge. Dann schloß er die Kiefer, indem er eine Bandage mehrmals vom Kinn über den Kopf führte und sie mit einem Knoten zuband, bis das arme Kind wie ein Holzschnitt aus einem mittelalterlichen Medizinbuch aussah, das einen Mann mit Zahnschmerzen darstellte. Dann band er ihre Hand- und Fußgelenke an den Gitterstäben ihres Bettchens fest. So, sagte er, könne sie sich nicht verletzen oder ihre Zunge verschlukken, wenn sie einen Anfall bekäme. Emma empfand darüber solchen Schmerz und Kummer, daß sie Anna jeden Abend ganz mechanisch festband, als hätte man ihr Herz derweil in ein Reagenzglas mit Äther gelegt. Sie war so verstört darüber, daß sie fast vergaß, daß sie ein neues Kind unter ihrem Herzen trug.

Im April schien Anna fast wieder die alte zu sein. Sie pflückte Osterglocken und brachte ihrer Mutter ein zerrupftes Sträußchen. Sie hörte auf, Lily an den Haaren zu ziehen. Sie gestattete Tom, sie in einem roten Wagen zum Strand und wieder zurück zu fahren. Emma konnte sich kaum bewegen, so groß war das Kind in ihrem Leib geworden. Es hatte sich in die richtige Lage gebracht, so daß die Niederkunft jederzeit bevorstand. Unter Mrs. Peacocks Betreuung schien das Haus so friedvoll, daß Emma sich bei dem milden Wetter, in eine Wolldecke gewickelt, auf die Veranda setzte und über das Meer blickte, dessen Beständigkeit, dessen regelmäßiges Kommen und Gehen sie in Bann schlug. Sie dachte an nichts, nur daran, wie heiter es war, endlich. Vielleicht war der Alptraum vorüber, und Anna war wieder gesund. Vielleicht würden sie wieder eine Familie sein. Vielleicht könnte sie tausend Jahre schlafen.

Dann wurde sie von einem enormen Getöse geweckt, aus dem geschwungenen Vorderfenster ging ein Schauer von Glassplittern auf ihre Schultern und Haare nieder, und Annas schreckliches Schreien begann – ein schrilles, ein unmenschliches Kreischen, das anhielt und nicht aufhören wollte. Emma saß benommen im Stuhl, Scherben von dem Fensterglas und der Vase, die Anna durch das Fenster geworfen hatte, bedeckten sie. Sie versuchte, sich aus dem Schaukelstuhl zu erheben, als ein Schmerz, so heftig, daß er ihr den Atem raubte, durch sie hindurchfuhr. Ein zweites Mal versuchte sie, sich aufzurichten, doch ein neuer Schmerz durchzuckte sie, noch stärker als der erste. Die Fruchtwasserblase war geplatzt. *Gott, die Wehen hatten eingesetzt.* Unablässig ertönte das Schreien, sie konnte das Schreien ihres kranken Kindes und die Wehen gleichzeitig nicht ertragen, es war zuviel. Sie schleppte sich zur Haustür, die Hände auf den Leib gepreßt, und lehnte sich gegen die Klingel, bis Mrs. Peacock kam. Halb trug man sie nach oben und legte sie ins Bett, und dann war auf einmal der Arzt da mit Jeremiah, und das Schreien hörte nicht auf. Sie zerrte an dem Laken, das am Bettpfosten festgebunden war, und versuchte zu pressen, aber die Schreie kamen nicht aus ihr. Sie preßte das schreckliche Ding aus sich heraus, das den Schmerz verursachte, und schrie, und in ihrem Herzen hörte sie auch Anna schreien, und nach einer Weile wußte sie nicht mehr, welche der unmenschlichen Schreie von ihr und welche von Anna kamen.

Das Baby, das schließlich das Licht der Welt erblickte, war ein kräftiger, gesunder Junge. Emma, der alles gleichgültig war, hob die Gewichte auf ihren Augenlidern mit der Kraft eines letzten Gedankens. *Sein Name*, hauchte sie Jeremiah zu, *er soll Richard heißen, nach meinem Vater – Richard Winthrop Green*. Dann fiel sie durch einen langen Tunnel in den Schlaf, das Echo von Annas Schreien hallte in ihr wider, und es klang für Emma, als würde jemand darum bitten, sterben zu dürfen.

Sorgfältig trocknete ich den Rahmen und das Glas mit einem Geschirrtuch. Ich legte den Familienstammbaum umgekehrt auf das Glas und schnitt die Ränder zurecht. Dann schnitt ich ein Stück Karton auf dieselbe Größe zu und legte es darauf. Mit einem Hammer schlug ich winzige Nägel rundum in den Rahmen, so daß das Bild nicht rutschen konnte. Ich klebte ein Stück von einer braunen Papiertüte auf die Rückseite. Dann half Granny mir, die Öhrschrauben in den Rahmen hineinzudrehen, und kniff ein Stück Draht für mich ab, das ich durch die Öhren zog und befestigte, damit das Bild über dem Kamin aufgehängt werden konnte. Mein Familienstammbaum war fertig. Granny sagte: «Das ist also die Geschichte, wie die Greens nach Winthrop kamen.» Sie stand auf, wusch sich die Hände und machte uns Tee.

Nach dem Abendessen saß ich draußen auf der Veranda und wartete auf Boppa, damit wir gemeinsam Tee trinken konnten, bis es dunkel wurde. Es war ein milder Sommerabend, und die Teestunde nach dem Abendessen auf der Veranda war uns zu einer lieben Gewohnheit geworden.

Boppas Schwester, meine Großtante Emeline, stand unter dem Apfelbaum im Garten des großen weißen Hauses auf der anderen Straßenseite – ihre Haare standen wild zu Berge, die riesige Hakennase ragte steil aus dem Gesicht, über ihrem verlotterten Nachthemd trug sie einen löchrigen karierten Männerbademantel – und rief nach ihrem von Flöhen zerbissenen Yorkshire-Terrier Jolly. Hinter dem Haus gab es einen Friedhof für die anderen, längst verstorbenen Terrier, die alle Jolly geheißen hatten. Meine Tante war eine furchteinflößende Frau. Alle Kinder in der Nachbarschaft fürchteten sich vor ihr, wagten es aber dennoch, ihr Streiche zu spielen. Sie rannten die hohen Steinstufen hinauf, klingelten an der Haustür und verschwanden dann kichernd in der Nebenstraße, bevor Emeline an die Tür kommen konnte. Sie war stocktaub – und hörte die Türklingel nicht. Aber der Hund spielte jedesmal verrückt. Deshalb warfen die Kinder die Fenster von ihrer Sonnenveranda ein. Nachts seiften sie den wunderbar geschwungenen und verglasten Eingangsbereich ein. Sie zerschnitten ihre Wäscheleine in kleine Stücke und warfen die zerfransten Enden hoch in den Apfelbaum.

«Jolly! Jol-l-l-y!» rief Emeline mit rauher, kratziger Stimme wie eine Krähe.

Ich konnte den Hund im Hortensienbusch herumstöbern hören und rannte hinüber, um ihn zu holen, bevor er auf die Straße lief. Jolly war kaum größer als eine Ratte, sein Fell war struppig und ungepflegt, und er stank. Ohne ein Wort reichte ich meiner Tante den zappelnden Köter. Emeline hatte wild glitzernde Augen und einen großen Kopf, das schüttere Haar hatte sie unordentlich mit Schildpattkämmen aufgesteckt. Ihre Zähne waren groß und gelb wie die der Pferde, die sie ihr Leben lang bewundert hatte. Aus lauter Einsamkeit sprach sie laut und grimmig mit jedem, der sich in ihren Garten verirrte – mit dem Postboten, dem Lebensmittelhändler, dem Zeitungsjungen, den kleinen Mädchen, die Kekse verkauften. Sie redete auf die Leute ein, als könnte ihre heisere Stimme jeden daran hindern zu gehen, bevor sie ihre Geschichte zu Ende erzählt hatte. Es sei unmöglich, ihr zu entkommen, sagten die Nachbarn. Keiner wollte Tante Emeline in die Klauen geraten. Geduldige, aber verunsicherte Händler wurden mit weitschweifigen und unzusammenhängenden Geschichten beehrt – von längst Verstorbenen, von Reisen, die sie gemacht hatte, Pferden, die sie gekannt, Trophäen, die sie gewonnen, Pferdeausstellungen, die sie besucht, und Mietern, mit denen sie vor Gericht gestritten hatte. Manchmal rief Emeline Granny an und überschüttete sie mit einem Monolog, der keine Unterbrechung duldete und auf den Granny ein paar Minuten lang mit «Aha, soso» und «Ich weiß» einging, dann legte sie den Hörer auf den Küchentisch und ging in die Speisekammer, um das Mittagessen vorzubereiten. Ab und zu nahm sie den Hörer auf und schrie: «Das hast du mir doch schon längst erzählt!» in die Muschel und fuhr dann fort, Mayonnaise auf die Sandwiches zu streichen. Ich fand das entsetzlich.

Emeline drückte den geretteten Terrier an sich und fing an, mir eine Geschichte zu erzählen, die ich schon gehört hatte – von einer ihrer Kreuzfahrten nach Europa zwischen den Kriegen, als sie die einzige weiße Frau war, die nicht seekrank wurde. Ich wollte nicht wieder gehen und sie so allein und verwahrlost, so alt und nach Gesellschaft hungernd in ihrem Garten zurücklassen, aber ich mußte mit Boppa Tee trinken. Spontan küßte ich ihre lederhäutige Wange, streichelte den zotteligen Hund und rannte quer über die Straße zu unserem Haus.

Ich erinnere mich nur noch an einen Besuch in dem weißen Haus, als Emeline mich zum Mittagessen eingeladen hatte. Granny, die ihre Schwägerin inbrünstig haßte, bestand darauf, daß ich ging. Sie war überzeugt, daß die alte Hexe mir etwas in ihrem Testament hinterlassen würde, wenn ich nett zu ihr wäre. Ich fühlte mich wie eine Geisel, eine Heuchlerin, eine Betrügerin, als ich die Stufen zum Haus meiner Tante erklomm. Ich wollte Tante Emeline gern haben, ihren Geschichten lauschen, ihr Fragen über ihre Familie stellen, aber ich sollte nur lächeln und mich bei ihr einschmeicheln, damit sie mir etwas vererbte, wenn sie starb. Manchmal haßte ich Granny so sehr, daß ich wie blind war.

Im Haus gab es überall wunderschönes Schnitzwerk und eine hohe, gewölbte Decke mit einem handgemalten himmelblauen Deckengemälde, auf dem Cherubim und Engel und blühende Weinranken dargestellt waren. Auf dem Boden kringelten sich Fetzen abgeblätterter Farbe. Die kunstvollen Kronleuchter waren mit Spinnweben überzogen, wie Pip sie bei Mrs. Havisham gesehen haben mochte. In allen Wohnzimmern lagen Perserteppiche, doch die feinen, verblaßten Muster waren durch getrocknete Urinflecken und Hundehaufen, die vom Alter weiß geworden waren, verunstaltet. Das Eßzimmer war atemberaubend – der Tisch ein See aus Mahagoni, auf dem muschelförmige Teller dahinglitten wie Seerosen, umrahmt von glänzendem monogrammiertem Silberbesteck, gestärkten Leinenservietten mit Spitzenumrandung und erlesenen Porzellantassen und -untertellern. Ich traute mich kaum, mich hinzusetzen.

Nie zuvor hatte ich so gespeist wie bei Emeline. Sie war eine ausgezeichnete Köchin und eine großzügige Gastgeberin, und als sie aus einer großen Terrine mit blauem Irismuster Hummercremesuppe auftat, Löwenzahn- und Endiviensalat auf Teller mit verschnörkeltem Rand lud und mir Essig und Öl in kristallenen Karaffen reichte, sollte ich ihr etwas von mir erzählen. Sie hatte kaltes Huhn mit einer süßen, lachsfarbenen Sauce, Pomme Duchesse und grüne Bohnen mit geraspelten Mandeln vorbereitet, zum Dessert gab es Crème Caramel. Auf dem Teewärmer war eine berittene Jagdpartie vor einer englischen Landschaft abgebildet.

Sie war freundlich und normal und flößte mir keinerlei Angst ein. Sie schien sich an die Vornehmheit einer anderen Ära zu erinnern, als ob sie sich nur zurechtfinden konnte, wenn sie von edlem Porzellan und großzügig bemessenen

Mengen köstlicher Speisen umgeben war. Sie saß aufrecht auf ihrem Stuhl, die Jahre der Einsamkeit schienen von ihr zu gleiten wie ein Schal, ihre Augen funkelten, und sie war eine fesselnde und anregende Geschichtenerzählerin. Sie hatte mich ganz in ihren Bann gezogen, auch wenn ich brüllen mußte, um mich verständlich zu machen.

Während der Mahlzeit erfuhr ich, daß sie in der folgenden Woche Geburtstag hatte, und als der Tag kam, schenkte ich ihr ein rosafarbenes Usambaraveilchen in einem bunt bemalten Topf und steckte ein Dankeschön-Kärtchen dazu. Ich wußte nicht, daß sie die Pflanze jahrelang aufheben würde, so erfreut und gerührt war sie, daß seit langer Zeit jemand an ihren Geburtstag gedacht hatte. Dennoch wurde ich nicht wieder zum Essen eingeladen, und Granny verzieh mir nie, daß ich mich nicht in Emelines einsame Existenz eingeschmeichelt hatte, um mir ihr Erbe zu ergattern.

In Winthrop saßen Boppa und ich an Sommerabenden nach dem frühen Abendessen immer auf der Piazza. Zu Hause sagten wir Veranda, aber für Boppa war es die Piazza. Das klang so großartig. Die langen, streichholzdünnen Lamellen der Jalousie konnten heruntergelassen werden, wenn die Nachmittagssonne auf die Korbstühle und den fadenscheinigen graurosa Läufer brannte. In Tontöpfen mit Untersetzern, die auf den Stufen zur Veranda standen, und in den bunt bemalten mexikanischen Terracotta-Töpfen zu beiden Seiten der Eingangstür blühten üppig die roten Geranien. In Winthrop gab es wegen der salzigen Luft kaum Kriebelmücken und nur wenige Stechmücken, so daß wir bis zum Einbruch der Dunkelheit unbehelligt im Freien sitzen konnten. Granny brachte uns ein Tablett mit Tee und Keksen und ließ uns allein, während sie das Geschirr abwusch.

Eine Nachbarschaft war etwas Wunderbares – ganz anders als die Isolation auf der Farm –, denn hier besuchten sich Menschen, die sich von Kindheit auf kannten, in ihren Häusern, um Wäscheklammern oder Schnittmuster auszuborgen.

Die Hausfrauen standen in ihren Schürzen an den Straßenecken und tratschten, sie brachten einander Kuchen oder Suppe, wenn jemand krank war oder starb. Bei Ebbe suchten die Kinder gemeinsam Muscheln. Es passierte immer dasselbe, tagein, tagaus. Boppa und ich beobachteten Männer auf dem Heimweg von der Arbeit, Schlüssel klirrten in der Hand, der Gang wurde beschwingter, wenn Essensdüfte aus der Küche drangen. Wir hörten das Klappern von Töpfen und Pfannen und das Zuschlagen von Fliegengittern, wenn sie zum Essen hineingingen. Jeden Nachmittag um Viertel nach fünf führte Mr. Doig seinen Hund spazieren, und jedesmal rief Boppa zu ihm hinüber, *er solle seinen Hund zum Kacken gefälligst in seinen eigenen Garten bringen, Himmelarschund-Zwirn*, worauf Mr. Doig folgsam seinen Hund fortführte. Manch einer kam auf die Veranda, um Hallo zu sagen und sich zu erkundigen, wie es uns ginge. Sie stellten fest, daß ich größer wurde, und fragten mich, wie es in der Schule ginge und was ich später werden wolle. In ihren Augen war ich ein richtiger Mensch, der zu jemandem gehörte, den sie mochten und zu respektieren schienen – zu meinem Großvater.

Natürlich durfte ich die Veranda nicht verlassen. Doch einfach zu wissen, daß eine solche Kameradschaft existierte, machte mich glücklich. Ich hatte das Gefühl dazuzugehören, wenigstens ein bißchen. Und so saßen wir an diesen Mittsommerabenden auf der Veranda, mein Großvater rauchte seine Pfeife, während ich gedankenverloren an den verschorften Wunden auf meinem Knie knibbelte und Tee trank. Wer war dieser große, schweigsame, säulenartige Mann mit den abgetragenen Kleidern und der Silberrandbrille, der der Welt wie eine intellektuelle Vogelscheuche erscheinen mußte? Mit seinem großen weißen Kopf, der römischen Nase und dem ausgeprägten Kiefer erinnerte Boppa mich an die Marmorbüste eines in Vergessenheit geratenen Herrschers. Selbst seine blaßblauen Augen schienen mit dem Alter immer mehr auszubleichen, und ich stellte mir vor, daß ich ihn eines Tages ansehen würde, und seine Iris wäre gänzlich verschwunden. Seine Haut war die weißeste, die ich je gesehen hatte. Sie war nicht fahl, wie bei Kranken oder einem Menschen, der sein Leben in geschlossenen Räumen verbrachte: seine Haut war von Natur aus weiß, weich und faltenlos, wie die eines Babys. Manchmal legte ich ihm ein Handtuch über die Schultern, klemmte es unter den ausgefransten Kragen seines alten karierten Hemdes und schnitt ihm die Haare. Auch sein Haar war schlohweiß, nicht gelblichweiß wie bei manchen alten Männern, sondern rein und weich wie Schwanenfedern. Ich schnitt die Haarbüschel in seinen Ohren und die Borsten in seinen enormen Nasenlöchern, während er mucksmäuschenstill saß; er wußte, daß ich ihn mit der scharfen Spitze der Schere nicht verletzen würde. Immer wieder fuhr ich mit dem Kamm durch seine Haare, schnitt sorgfältig an den Zinken entlang und versuchte, die Zeit ganz langsam zu machen, weil ich ihm so meine Liebe zeigen und bei ihm sein konnte.

Er war so alt. Er klagte nie über Schmerzen. Er war immer noch über einsachtzig groß und stark wie ein Ochse, aber er war ein uralter Mann. Ich saß neben ihm auf einem braunen Korbstuhl mit verblichenen Blumenmusterkissen und sah zu, wie er mit seinen riesigen weißen Händen zärtlich den Pfeifenkopf umfaßte, ein Streichholz nach dem anderen anzündete, an dem Mundstück kaute und sog, um die Glut zu entfachen, und die abgebrannten Streichhölzer in den Lebensbaum warf. Wir blickten auf das große weiße Haus auf der gegenüberliegenden Straßenseite, in dem er auf die Welt gekommen war – auf den geschwungenen, verglasten Eingang, den Turm und die breite Veranda über dem gemauerten Fundament, an der einen Ecke ein blühender Fliederbusch, einem schweren Vorhang gleich, ein Stock leuchtendblauer Glyzinien an der anderen. Der Duft drang bis zu mir auf unsere Veranda, der Geruch der Abenddämmerung, des zarten, schwachen, purpurgrauen Lichts, das vom Himmel herabgefiltert wurde, und ich dachte daran, wie Boppa vor so langer Zeit dort aufgewachsen war.

Dieser Junge von damals war Ehemann, Vater und schließlich mein Großvater geworden. Der Mann von damals hatte gearbeitet, gekämpft, gelacht und war alt geworden, aber der Junge steckte immer noch irgendwo in ihm. Ich dachte daran, wie Granny steif geschlagenes Eiweiß mit einem Spachtel unter das Eigelb hob, wenn sie ihre berühmte Sahnetorte machte, und wie das Eiweiß sich zu etwas gänzlich anderem verwandelte. Ich dachte daran, wie mein kleines Lieblingssäugetier, das jetzt vergessen war, der Eohippus, immer noch in den Zuchtpferden existierte, die Hürdenrennen gewannen, in Zirkusarenen tanzten und im Kentucky-Derby an den Start gingen. Nie würde ich ein Eohippus sehen, aber wenn ich nur genau hinschauen würde, dachte ich, dann könnte ich ihn in den muskulösen Flanken und den Fesseln von Roger St. Cyrs Palomino Sugar erkennen.

Ich dachte an all die Wahrheiten in der Welt, die sich bekämpften und im Widerspruch zueinander standen, und dennoch jede für sich Bestand hatten. Der Eohippus war tot, aber er lebte im amerikanischen Reitpferd fort. Das Eiweiß wurde unter die Teigmischung gehoben und verschwand, aber der Teig wurde ohne das Eiweiß nicht zum Kuchen. Boppa war ein alter Mann, aber der Junge, der er einst war, würde für immer, so lange Boppa lebte, in ihm fortleben. Von all diesen Gedanken tat mir der Kopf weh.

Wie konnte eine Mensch je einen anderen Menschen richtig kennen? Und was war die Geschichte anderes als eine Version der Wahrheit, die so groß und kompliziert war, daß niemand sie je verstehen konnte? Immer wenn ich an den Himmel dachte, hoffte ich, daß er – kein Ort sein würde, sondern eine Möglichkeit zu verstehen. Ich wollte keine weißen Flügel haben – ich wollte in jedes Jahrhundert meiner Wahl von Anbeginn aller Zeiten fliegen können. Und es wäre dann nicht so, als würde ich einen Film über Johanna von Orléans sehen oder über die Pioniere, die in ihren Planwagen durch Amerika fuhren, oder über Balboa und seine Entdeckung des Pazifik. Der Himmel würde mich nicht von der Geschichte ausschließen, er würde mich einlassen, denn ich glaubte, daß Geschichte im Himmel nicht der Vergangenheit angehörte, sondern im fortwährenden Entstehen begriffen war.

Das war mein Lieblingstraum, der mich an den meisten Abenden in den Schlaf lullte. Die anschaulichen Geschichten meiner Mutter, die Bücher, die ich im geheimen verschlungen hatte, jedes Bild, das ich je gesehen hatte – all das bestärkte mich in dem Glauben, daß ich eines Tages wissen würde, wie das Leben für einen Bauern im Reich Karls des Großen aussah oder das eines Sklaven beim Bau der Pyramiden, oder das der Nofretete, der Kleopatra, der Maria Stuart, der Artemisia Gentileschi, der Florence Nightingale oder Margaret Bourke White. Im Himmel würde ich die ganze Zeit im Leben anderer Menschen zubringen – ob berühmt oder berüchtigt, traurig, krank, mächtig, hungrig, siegreich, schön oder entstellt – und ihr Leben bis in die letzten Einzelheiten erleben – seien es die geflochtenen Sandalen, die Fliegen, die Pest oder reiche Brokatstoffe und Honigwein in silbernen, rubinbesetzten Kelchen. Ich würde mich zum Kacken in die Gosse hocken, Katzenfleisch essen, wenn ich am Verhungern wäre, bei einem Kartenmacher in die Lehre gehen, für Leonardo da Vinci Modell sitzen oder Leonardo da Vinci sein, ich würde als Kräutersammlerin im fünfzehnten Jahrhundert leben und als Hexe verbrannt werden, ich würde das Feuer spüren und den Geruch meines eigenen Fleisches in den Flammen wahrnehmen. Ich würde meine eigenen Farben herstellen, unter einer reich beladenen Tafel in einem Bergfried sitzen und den Hunden die saftigen Knochen wegschnappen. Ich wäre eine Motte, die in eine Flamme fliegt, ein schwarzes Kind, das im Laderaum eines Sklavenschiffes auf schreckliche Weise stirbt; ich wäre ein riesiger einsamer Eisbär, der schwerfällig durch die schneebedeckte Tundra trottet oder auf einer Eisscholle im Polarmeer treibt. Ich glaubte nicht an die Hölle – wie es ist, im Feuer zu schmoren, hatte ich schon erfahren –, sondern ich glaubte an einen glorreichen Himmel. Nach einer Weile würde ich verstehen, warum Eva den Apfel genommen hatte, und ich würde soviel wissen wie Gott.

Jetzt wollte ich mit einer merkwürdig verzweifelten Dringlichkeit mehr über die Familie meines Großvaters wissen; ich wollte erfahren, was dazu geführt hatte, daß all diese sympathischen jungen Leute sich im Alter so haßten. Deshalb stellte ich mich eines Tages nach dem Abendessen in Boppas Zimmer mit der braunkarierten Tapete und betrachtete die beiden Fotografien auf der Kommode – eine stand in einem verzierten Silberrahmen und zeigte seine Eltern, Emma und Jeremiah, auf der anderen war seine ganze Familie abgebildet, als die jungen Männer noch ihre Uniformen aus dem Ersten Weltkrieg trugen. Von Granny hatte ich alle möglichen Geschichten über die Greens, ihren Charakter und ihr Treiben, gehört, doch sie war so böse auf die ganze Familie, daß ich wußte, ich würde von ihr nicht die Wahrheit erfahren. Boppa dazu zu bewegen, mir überhaupt etwas zu erzählen, war so, als wollte ich ihm einen Zahn ziehen, aber ein neuer Versuch lohnte sich allemal.

«Boppa», sagte ich, ließ mich gemütlich im Korbstuhl nieder und hielt das Bild im Arm wie ein Baby. «Erzähl mir noch einmal, wer diese Leute sind.»

Er stopfte Prince-Albert-Tabak in den Pfeifenkopf, zündete erst einmal, bevor er zu reden anfing, ein Streichholz an, und zog und zog, um den Tabak zum Brennen zu bringen. Ich stellte das Teetablett auf den Läufer zu meinen Füßen, plazierte das Foto auf den Korbtisch zwischen uns und zog meinen Stuhl näher an ihn heran. So liebte ich es am allermeisten.

Er zeigte mit dem heißen Pfeifenstiel auf die linke Ecke des Rahmens. «Das bin ich, als ich aus Pensacola zurückkam. Im Krieg hatte ich Flugzeugmotoren repariert, weißt du. Ich glaube, das Bild wurde ungefähr zu der Zeit gemacht, als ich deine Großmutter geheiratet habe.»

«Warum ist sie denn nicht neben dir auf dem Bild?»

Er überlegte. *Ma hatte die Tür im verglasten Eingang geöffnet und auf uns herabgeblickt. Sie funkelte die arme Ellen an, die an meinem Arm hing und zu lächeln versuchte. Wir hatten uns am Nachmittag von einem Friedensrichter trauen lassen. Ma starrte grimmig auf Ellens königsblaues Kostüm und den kleinen Hut mit dem Schleier. In den letzten zwei Jahren war sie so taub geworden, daß ich gleich schrie: Ma, das ist –, und sie brüllte so laut, daß die ganze Nachbarschaft es hören konnte: Also für die da hast du mich verlassen!*

«Nun ja», sagte er nach einer Weile. «Mein Vater wollte, daß nur die Familie auf das Bild käme.» Er räusperte sich und zeigte mit dem Pfeifenstiel auf den Mann neben sich. «Das ist Tom, mein ältester Bruder. Er diente unter General Pershing an der mexikanischen Grenze, als sie Pancho Villa jagten. Im Zweiten Weltkrieg war er Chef der Militärmiliz in Pearl Harbor.»

Ich mochte Toms schiefes Lächeln und seine abstehenden Clark-Gable-Ohren.

Tom, du dürrer Hurensohn. Wer hätte gedacht, daß du derjenige sein würdest, der den Absprung schafft, der sein Leben in die Hand nimmt und uns der Vergänglichkeit überläßt? Na, vermutlich habe ich es ja gewußt – als wir Jungen waren, war ich immer in deinem Schlepptau, so daß du mich ‹Schatten› genannt hast. Mike und Ike nannten wir uns. Scheint, als wären wir damals immer zusammen gewesen. Die Mädchen blieben im Haus, und Ollie jammerte herum – wir haben ihn, so oft es ging, abgehängt. Ma wollte uns immer aus dem Haus haben – Mann, wir verbrachten unser halbes Leben am Strand, im Wald, beim Eislaufen und Fischen; auf dem Schlitten sind wir die Temple Avenue zur Bootanlegestelle hinuntergerast; wir sind schwarz mit der Eisenbahn gefahren, und an der Shirley Street sind wir abgesprungen, um in den jüdi-

schen Geschäften Bagel vom Vortag und Süßigkeiten zu kaufen. Merkwürdige Erziehungsmethoden, die unsere Eltern hatten – sie kauften uns die besten Sachen, bezahlten für Klavierstunden und Tanzunterricht, gaben uns reichlich Taschengeld und ließen uns dann in der Stadt herumstreunen. Wir machten, was wir wollten, und wenn wir geschnappt wurden – weißt du noch, wie wir die hinteren Fenster von J. J. Dromgooles Laden an der Ecke von Magee angemalt haben? –, dann kam Pa in seinem offenen Marmon, umschmeichelte Dromgoole in seinem breitesten Irisch und gab ihm das Doppelte von dem, was der Schaden betrug, «für den Ärger», den wir ihm beschert hatten. Er rechnete damit, daß wir in Schwierigkeiten geraten würden, und war dann noch stolz auf uns, der Spinner.

Mit unseren jüngeren Geschwistern hattest du mehr Geduld als ich. Gott, wenn ich daran denke, wie wir jahrelang mit Jingo in die Schule gezogen sind, und du hast den Zug angeführt wie John Philip Sousa, am Strand entlang und dann den Hügel hinauf zur Almont Street. Du hattest die Regel aufgestellt, daß die, die morgens reiten durften, nachmittags laufen mußten. Du hast mich und Lily auf Jingos Rücken gesetzt, und du und Ollie, ihr gingt nebenher. Am Schultor hast du dann gesagt: Nach Hause, Jingo, und er drehte um und trottete wieder in seinen Stall zurück. Um drei Uhr wartete er auf uns wie ein Hühnerhund, dann bist du mit Ollie geritten, während Lily und ich laufen mußten.

Ich habe nur einmal erlebt, daß du wütend wurdest, das war, als Walter Jingo dazu bringen wollte, sich wie ein Mustang aufzubäumen. Er zerrte so lange am Zaumzeug, bis Jingo am Maul blutete, und du hast ihn von der Decke heruntergerissen und auf den kleinen Mistkerl eingedroschen, weil er ein schönes Tier mißhandelt hatte. Du hattest noch nicht einmal deine Stimme erhoben – wir waren starr vor Schreck, weil du wie Pa gehandelt hattest.

Und obwohl Annie nie ihre Angst vor Pferden überwand,

erlaubte sie dir, sie im Pferdewagen in der Stadt spazierenzufahren – ich sehe sie noch genau vor mir: im Sommer, unter einem von Mas alten Sonnenschirmen, so fuhr sie, stolz wie die alten Damen vom Beacon Hill unter einem Sonnenverdeck, umher. Wenn es kühl wurde, hast du sie in Wolldecken eingewickelt und auf dem Boulevard auf und ab gefahren, das Meer auf der einen Seite und all die großen weißen Hotels auf der anderen Seite, denn das war etwas, was Annie zum Lachen brachte. O Mann, wenn sie einen ihrer Anfälle hatte und ausrastete, wenn sie dann biß, um sich trat und sich in deinen Armen wand, mußten wir ihr fast die Handgelenke brechen, um sie festzubinden. Dann sah sie dich aus diesen schreckgeweiteten, arglosen Augen an – es hat dich fast umgebracht, das zu tun, stimmt's, Mike? Du warst schon beinahe erwachsen, doch wenn es vorbei war, hast du dich ins Badezimmer eingeschlossen und wie ein Baby geweint.

Doch dein Liebling war Emeline, wahrscheinlich, weil sie reiten lernte, bevor sie richtig laufen konnte. Erinnerst du dich noch – Emeline war so ungefähr zwei Jahre alt –, wie du sie auf Jingos Rücken gesetzt hast, wo sie sich an seiner Mähne festhielt und lachte, und wir sie mit zur Schule genommen haben? Als du sagtest: Nach Hause, Jingo, kehrte Jingo mit der Kleinen nach Hause zurück und brachte sie in den Garten. Ma hat dich mit dem Teppichklopfer grün und blau geschlagen, aber es hat sich gelohnt. Sie hat gesagt, als sie aus dem Fenster sah, stand da Jingo mit diesem kleinen Bündel auf dem Rücken, und das Bündel wimmerte zum Steinerweichen. Sie hat nicht gleich gemerkt, daß es Emeline war, die weinte, weil sie nicht wußte, wie sie von dem Pony herunterkommen sollte.

Mann, du hast mir alles beigebracht – Golf, Tennis, Basketball, Squash, Schwimmen, Kartenspielen. Komisch, das einzige Spiel, in dem ich dich schlagen konnte, war Poker – du warst ein ehrlicher Mensch, Mike. Du warst in allem besser als ich, und ich hatte diese schrecklichen Jähzornausbrüche. Wenn ich einen Ball verschlug, zerschmetterte ich den Schlä-

ger an einem Baum, woraufhin du zu lachen anfingst, was mich noch wütender machte. Pa dachte, Ollie könne kein Wässerchen trüben, du warst Mas Liebling, und Walter stand unter Lilys Schutz – deshalb hatte ich immer das Gefühl, daß ich um etwas kämpfen mußte: Aufmerksamkeit, Lob – was auch immer. Aber ich wußte, daß du mich lieb hattest. Als ich vierzehn war und anfing, beim Yachtclub herumzuhängen und an der Hintertür, wo die Mülltonnen stehen, mit meinen Freunden zu saufen – du warst neunzehn und in der Armee, und ich konnte nicht mehr hinter dir hertrollen –, kam ich einmal am Nachmittag sturzbesoffen nach Hause, und du hast mich nach oben gebracht und meinen Kopf über die Toilette gehalten, während ich mir die Eingeweide rauskotzte. Du wolltest mit mir übers Trinken sprechen, aber ich war so kreuzunglücklich darüber, daß du nicht mehr zu Hause warst, daß ich auf meinem Bett lag und nicht reagierte. Jetzt tut es mir leid, daß ich nicht zugehört habe. Du warst mein bester Freund, Mike. Mein bester Freund.

Boppa war ganz weit weg. Furchen durchzogen sein Gesicht, während er seinen ältesten Bruder betrachtete. Ich wußte, daß ich nie verstehen würde, wie es für sie war, gemeinsam aufzuwachsen, oder was Tom ihm bedeutete. Ich goß ihm Tee nach und deutete auf eine winzige junge Frau, die neben Tom stand.

«Wer ist das, Boppa?» fragte ich leise. Es dauerte eine Weile, bevor er den Faden wieder aufnahm.

«Das ist Lillian, meine älteste Schwester. Sie hat Klavierunterricht gegeben. Sie war hübsch, aber sehr, sehr schüchtern. Sie war mit Ma und Annie zu Hause, bis sie schließlich einen Zahnarzt geheiratet hat. Komisch, danach haben wir sie immer Mrs. Tobin genannt. Sie wohnt in Highland Nummer 52, in dem weißen Haus mit den schwarzen Fensterläden.»

Ich kannte das Haus, aber ich war noch nie dort gewesen. Ich hatte meine Großtante nie gesehen. Lillian wirkte zerbrechlich wie ein Vogel – so winzig zwischen ihren Brüdern, die alle über einen Meter achtzig groß waren.

Lily. Gott, beinahe habe ich vergessen, daß wir sie so genannt haben. Sie war nie ein wildes Kind, obwohl sie manchmal mit uns spielte, als sie klein war. Doch nachdem Pa und Ma sie mit acht Jahren Paderewski in New York vorgestellt hatten, dachte sie nur noch an die Musik. Einmal, Jahre später, hat sie mit mir darüber gesprochen. «Dickie», sagte sie, «ich hätte mir nicht träumen lassen, daß je etwas so – so überwältigend sein könnte. Seine weißen Hände flogen über die Tasten wie Tauben. Er war schön – wie ein Erzengel – sein goldenes Haar reichte ihm bis zu den Schultern –, und jede Note brachte mein Herz wie eine himmlische Saite zum Schwingen, bis ich schluchzte. Danach war nichts mehr wie zuvor.» Ma engagierte einen Klavierlehrer, einen schleimigen, rundlichen, kleinen Italiener, der sich Maestro Pompeo nannte, aber ich glaube, Lily lernte in drei Jahren unglaublich viel von ihm. Sie wollte Konzertpianistin werden, aber Pa wollte davon nichts hören. Sie mußte zu Hause bleiben und sich um Annie kümmern. Dazu waren Mädchen ja da.

Lily. Arme Lily. Du hast dich immer für uns eingesetzt, aber Pa gegenüber konntest du dich nicht behaupten und ihn zum Teufel schicken. Walter hat sich immer hinter dir versteckt, wenn Pa hinter ihm her war, und du hast dich zwischen die beiden gestellt wie eine kühle, weiße Göttin – war es Athene? – und einen geliebten Sterblichen vor dem Zorn des Zeus geschützt. Und dann hast du uns gepflegt, als wir bei der großen Epidemie direkt nach dem Krieg alle die Grippe hatten – in der Stadt starben die Menschen wie die Fliegen, wir hätten beinah Ollie verloren. Ein, zwei Wochen hast du kaum geschlafen, hast uns Brühe gemacht, kalte Umschläge und frische Bettwäsche gebracht und uns mit Alkohol abgerieben, um das Fieber zu senken. Nie habe ich gütigere Hände gespürt. Mann, wie hätten wir es in dem Haus ertragen können, wenn du nicht so gut mit Annie hättest umgehen können? An dem entsetzlichen Tag, zum Beispiel, als Annie vor dem Spiegel stand und zu schreien anfing, daß sie einen Dämon mit flammendem Haar sähe, dann rannte sie von einem Zimmer zum anderen und zerbrach alle Spiegel im Haus, außer dem auf Mas Frisierkommode. Vier von uns waren nötig – Tom, Walter, Ollie und ich –, um sie in ihr Zimmer zu tragen, während Annie wie eine Besessene schrie, daß ihre Augen heiße Kohlen seien und wir zu Asche verbrennen würden, wenn wir versuchten, sie in ihrem Bett festzubinden. Und nachdem es uns gelungen war, sie festzubinden – wobei sie obendrein noch Walters Nase blutig schlug und meine Brille zertrümmerte – schrie sie immer noch, daß sie uns durch einen roten Schleier sähe, daß wir verbrennen und sterben würden. Du kamst in ihr Zimmer und hast sie gehalten, als Dr. Morrow ihr eine Spritze gab und die Wunden an ihren Händen und Handgelenken versorgte. Sie drehte sich mit irren Augen zu dir und schrie verzweifelt, als ob nur du sie verstehen könntest: «Lily, unsere vier prachtvollen Brüder sind Säulen von Feuer, und von ihren Knochen wird das Fleisch abfallen, bis die Knochen schwarz sind – es ist alles meine Schuld, und ich kann sie nicht retten.»

Sie konnte ihre Wahnsinnsanfälle ein wenig erklären, wenn sie vorüber waren, doch meistens sprach sie mit dir. «Lily», sagte sie mit ihrer leisen Kleinmädchenstimme, «ich fürchte mich, wenn du nicht da bist. Du singst so hübsche Lieder. Ich kann dich ganz gut hören, außer, wenn ich unter das Wasser gleite. Dann geht deine Stimme weg, und ich höre das sanfte Rauschen der Wellen, es wiegt mich sanft, sanft, bis ich ganz leicht bin, wie Seegras, und in Frieden ertrinke. Anna, mein eigentliches Ich, ruft mich zu sich auf den Meeresgrund. Sie ist so fern und so schön. Ich weiß gar nicht mehr, wie wir auseinandergerissen wurden – du? –, aber ich weiß, ich muß zu ihr gelangen. Sie sagt, ich muß die Medizin im ganzen Haus nehmen, damit ich für immer mit ihr im lichten, blauen Meer schlafen kann.» Und du hast sie zugedeckt und in den Schlaf gewiegt, und dann hast du das ganze Haus mit einer Kerze durchsucht, bis du jede Medizinflasche und jede Tablette gefunden und verschlossen hattest. Den Schlüssel hast du jahrelang um den Hals getragen.

Und später, als sie erwachsen war – es passierte so oft, daß es schon komisch war –, kletterte Annie aus ihrem Fenster, schlich auf Zehenspitzen über das Dach der Veranda, kletterte am Spalier herunter und begab sich kühn, mit meinem alten Waschbärmantel bekleidet, zur Highland Station, von wo sie mit der Fähre nach Rowe's Wharf übersetzte. Dort schlenderte sie durch Jordan Marsh, Filene's und Gilchrist's, steckte lauter Dinge in ihre Taschen – Halsketten, Uhren, Handschuhe, Seidentücher, Ohrringe – und spazierte wieder hinaus, weil sie glaubte, sie sei unsichtbar. Wenn sie in dem riesigen Mantel wieder nach Hause kam, nahmst du sie sanft mit nach oben, um dir all die Dinge anzusehen, die sie «gefunden» hatte. Du halfst ihr, die Tücher über Lampenschirme zu drapieren, die Halsketten wie Girlanden über den Kamin zu hängen und die Ohrringe auf dem Sims zwischen den Muscheln, die sie sammelte, anzuordnen, damit sie funkelten. Sie erklärte dir, warum sie drei Wecker auf ihrem Nachttisch brauchte. Einer war für die Hauszeit da, der zweite zeigte die Traumzeit mit Anna an, und der dritte war der Zeitmesser der schwarzen Götter, die ihr die Anfälle als Strafe schickten. Und wenn sich die Ladenbesitzer in aller Diskretion «wegen Miss Annes Einkäufen» meldeten, hast du immer dafür gesorgt, daß Pa sofort einen Scheck schickte. Du brachtest es nicht übers Herz, ihr zu sagen, daß die hübschen Dinge wieder zurückgeschickt werden müßten.

Ach, Lily. Nie hatte ich Zeit für dich. Ich war zu sehr damit beschäftigt, zu kämpfen, zu grübeln oder mir um Annie Sorgen zu machen. Morgens wollte sie immer mich. Wenn sie aufwachte und merkte, daß sie angebunden war, wollte sie, daß ich komme und sie festhalte, damit sie nicht wegfliegen konnte. Annie war unser Kind, Lily. Wir standen rechts und links von ihr, haben sie zusammengehalten und uns gegenseitig nicht gesehen. Wir waren selbst noch Kinder und schwirrten um sie herum wie Motten um das Licht – und alles andere zwischen uns war dunkel.

«Boppa?» fragte ich. Vielleicht war es zuviel für ihn. Ich hätte das Bild stehenlassen sollen, wo es stand. Aber ich wollte es wissen. Ich mußte es wissen. Ich hielt den Atem an, als er sich in seinem Sessel aufrichtete und seine Pfeife wieder anzündete, die kalt geworden war. Er hustete ein bißchen und zeigte dann mit dem Pfeifenstiel auf das Bild.

«Das ist Walter, der Kleine neben Lillian. Mein Vater mußte ihm immer wieder aus der Klemme helfen. Als Pa die Highland Garage kaufte und uns beide als Geschäftsführer einsetzte, stand Walter immer erst gegen Mittag auf. Er war ein fauler Sack. Hat sein ganzes Leben nie richtig zugepackt. Er war verwöhnt, daß es zum Himmel schrie.»

Überrascht sah ich Boppa an. Nicht weil er fluchte – er fluchte dauernd –, sondern weil er offenbar seinen Bruder Walter haßte. Walter sah so süß aus – jung und sehr attraktiv.

Walter, du mieser kleiner Kerl. Du wärst viel besser dran gewesen, wenn du deinen Mund gehalten und den Hosenschlitz zugelassen hättest. Mußtest immer auftrumpfen, wie, Sam? Sam Houston haben sie dich genannt, weil du auf Napoleon bei den Klippen auf und ab geritten bist und den Boulevard entlang, wildes Geschrei ausstoßend wie ein Cowboy. Vielleicht wäre es dir im Westen besser ergangen, darüber hatten wir mal gesprochen. Wahrscheinlich hast du gedacht, wenn Pa dir schon nicht die Hand schüttelt, dann ist eine Tracht Prügel das Nächstbeste. Nie hast du die Verantwortung für etwas übernommen – immer war jemand anders schuld. Du kleiner Intrigenspinner, du wußtest, daß Lily sich immer auf deine Seite schlagen würde, egal, was geschah. Zu mir bist du nur gekommen, wenn Tom nicht da war und du nicht wolltest, daß Lily erfuhr, was du wieder angestellt hattest.

Du bist in unsere Schlafräume oben im Haus, wo wir Jungen alle schliefen, gestürmt, bist auf und ab gelaufen, hast geraucht und geflucht – und warst sauer auf die gesamte Christenwelt. Du hast gewettert, daß man dir übel mitspielte, daß Annie ein Teufelsbraten sei und du die verrückte Hexe haßtest. Ich habe dich toben und schimpfen lassen, damit du nicht ausholen und zuschlagen würdest.

«Keiner schert sich einen Dreck um mich außer Ma und Lily, und das weißt du auch, Dickie, und die auch nur dann, wenn sie mal nicht alle Hände voll zu tun haben mit ‹Eleanora Duse›. Mensch, was sie Annie alles durchgehen lassen – ‹Ma, ich bringe mich um, wenn du noch näher kommst – Ma, in meinem Haar ist ein Schlangennest – Ma, ich brauche nichts zu essen, die Götter geben mir Ambrosium.› Großer Gott, was für ein Affentheater! Die ganze verdammte Familie soll angerannt kommen, wenn sie ankündigt, daß sie niesen muß. Und Pa denkt, ich bin derjenige, der den Namen der Familie besudelt! In Ordnung. Als ob sie Annie nicht nach oben verfrachten, wenn Besuch kommt, damit sie kein Theater machen kann.

Dickie, wirklich, Mary Alice Frobisher war selber dran schuld – sie war seit der vierten Klasse in mich verknallt. Jeder weiß, daß die Frobisher-Mädchen Flittchen waren – alle sechs. Mary Alice war so scharf auf mich, daß es schon peinlich war. Eines Abends hatte ich die Nase voll von ihren Versuchen, mich anzumachen. Ich ging also zu der kleinen Hütte am Strand, wo sie wohnte, und fragte an der Tür so höflich nach ihr, als sei es der Buckingham Palace. Dann nahm ich das kleine Luder mit in die Dünen. Hat sie etwa gesagt: ‹Walter, hör auf!›, als ich ihr die Bluse aufknöpfte? Hat sie gesagt: ‹Oh, Walter, das dürfen wir nicht›, als ich ihr den Rock auszog? Hat sie geschrien, oder ist sie in Ohnmacht gefallen, als ich meinen Schwanz aus der Hose nahm? Sie zog sich ihr Höschen herunter und sagte: ‹Oh, Walter, laß uns ein Baby machen!› Wie sollte ich denn wissen, daß sie es noch nie mit einem Jungen gemacht hatte?»

Das Mädchen war sechzehn, du mieser Dreckskerl. Du wußtest es besser, aber du hast dir immer das genommen, was du haben wolltest, stimmt's? Die Welt schuldete dir dein Vergnügen und wonach dir sonst noch der Sinn stand. Ein paar Monate später, als der alte Frobisher vor der Tür stand und brüllte, daß Pa ein Monster herangezogen habe und seine Tochter geschändet sei, nahm Pa ihn nach hinten in den Garten und gab ihm ein paar Gläschen Whiskey, um ihn zu beruhigen – und als ich dich über den Eßtisch hin ansah, hast du gelacht! Das Mädchen wurde nach New York geschickt, wo sie das Baby bekam, und du hast keinen Finger gekrümmt. Pa kam mit hochrotem Gesicht ins Wohnzimmer und fauchte: «Komm her, du elender kleiner Drecksack», und du bist mit erhobenen Fäusten auf ihn losgegangen, bereit, ihn umzubringen. Er hat dir so eine deftige Wucht mit dem Gürtel verpaßt, daß du kaum noch stehen konntest, und als wir zum Stall kamen, wo Ma und Lily weinend und bettelnd an die Tür hämmerten, lagst du ohnmächtig auf dem Boden. Ich dachte, er hätte dir den Rücken gebrochen. Ich habe das Fenster eingeworfen und bin zu dir hineingeklettert, aber ich konnte gleich sehen, daß wir für dich gestorben waren und du keinem von uns je verzeihen würdest.

Das einzige Mal danach, daß du zu mir gekommen bist, war, als Ditch Metcalf nach Frankreich ging. Ditch hatte unter Pershing in Mexiko gekämpft und Pancho Villa verfolgt, genau wie Tom. Du hast ihn deswegen gehaßt. Nein, nicht gehaßt – du warst eifersüchtig, weil du nicht mit ihm zusammen da warst. Er war – als Korporal, glaube ich – in der Winthrop Machine Gun Company, bis diese im Krieg zur 101. Infanterie, 26. Division unter General Edwards stieß. Ditch hatte eine Woche Fronturlaub – eine Woche –, bevor er nach Frankreich geschickt wurde, und Pa erlaubte dir nicht, ihn zu sehen. Armer Kerl – Ditch war dein bester Freund, und du wärst ihm auf der Stelle in die Schützengräben gefolgt, nur daß Ma und Lily Pa davon überzeugten, daß du zu jung warst, um dich freiwillig zu melden. Es war kurz nach der Sache mit den Frobishers, und Pa wollte dich bestrafen – er hat dich auf dem Dachboden eingesperrt und nicht rausgelassen. Eines Abends kam ich nach oben, und du hast heulend auf dem Bett gelegen und mit beiden Fäusten das Kopfbrett bearbeitet. «Zwei lumpige Postkarten aus Paris, Dickie, zwei miese Postkarten von seiner Fahrt nach Château-Thierry. Das ist alles, was ich von ihm habe. Sie haben seine Leiche immer noch nicht überführen können.» Und du bist mir in die Arme gefallen wie ein kleiner Junge und hast geschluchzt: «Ditch, Ditch, verzeih mir, ich hätte bei dir sein sollen. Ich hätte es nicht zugelassen, daß sie dich umbringen. Oh, Ditch, Ditch. Ich konnte mich noch nicht einmal von dir verabschieden.»

Das hatte ich vergessen. Auf dem Bild hält Lily deine Hand, sie hält sie, als wolle sie allen Schmerz von dir nehmen. Das konnte ich nie. Tut mir leid, kleiner Bruder. Ich konnte dich nicht bekehren. Du warst genauso dickköpfig wie Pa.

Boppa kratzte sich die Bartstoppeln und sagte: «Der am Rand mit dem weißen Jackett ist Ollie, er kam nach mir zur Welt. Pa schickte ihn zum Jurastudium nach Yale, obwohl ich nie verstanden habe, wie er da durchgekommen ist. Er war ein heller Kopf, aber ein Träumer. Er hat Gedichte geschrieben. Und er hat ständig Pläne ausgeheckt, wie er zu Geld kommen konnte. Er wohnt an der Ecke mit deiner Tante Cleora.»

Wieder schrillten die Alarmglocken. Boppa mochte auch Ollie nicht. Wie seltsam, dachte ich, daß dieser gutaussehende Offizier in weißer Uniform Gedichte ebenso liebte wie das Geld. Die beiden Dinge schienen nicht zueinander zu passen.

Wir haben uns von Anfang an gehaßt. Vielleicht lag es an dem Chaos im Haus, daran, daß Annie soviel von Mas Aufmerksamkeit auf sich zog und du das neue Baby warst. Du warst von Anfang an Pas Liebling. Ich weiß nicht, warum. Vielleicht hat er Teile von sich selbst in dir wiederentdeckt. Sofort, nachdem Tom in die Armee eingetreten war, nahm Pa dich, obwohl ich der nächste in der Rangfolge war, unter seine

Fittiche, und übergab mir die Highland Garage. Ich war ein ölverschmierter Mechaniker, während du zum wohlhabenden Geschäftsmann herangezogen wurdest. Komisch, wir haben immer das gemacht, was Pa uns gesagt hat. So sah es also viele Jahre aus: Ich nahm Befehle von Ma entgegen, und du bist mit dem alten Herrn durch die Gegend gefahren, hast Geld gezählt und Witwen und Waisen den Rausschmiß verpaßt. Das lag dir anscheinend – mir hätte es vielleicht nicht so gelegen. Also hieß es: Dickie, hilf mal John White, das Dach zu reparieren. Dickie, Pat braucht dich im Stall. Dickie, fahr mal zur Cliff Nummer 93 und kümmere dich um den Schornstein. Dickie, die Hendersons brauchen eine Ladung Kohlen. Dickie, renn nach Hause und binde deine verrückte Schwester fest. Ich war das Mädchen für alles, der Laufbursche, kaum mehr als eine Aushilfe. Und du, Ollie, du warst der Prinz. Pfiffig, das gebe ich zu. Aber kalt. Ein Granitklotz, wo andere ein Herz haben. Du hättest ohne mit der Wimper zu zucken deinen eigenen Vater verkauft, und er hätte sich von dir verkaufen lassen.

«Emeline ist die, die neben meinem Vater sitzt», sagte Boppa unvermittelt. «Sie war auf dem College und ist Sportlehrerin geworden. Aber sie hat sich immer nur für Pferde interessiert, Pferde, Pferde, Pferde – sie hat eine Menge Preise gewonnen, sicherlich war sie recht gut. Du hast sie ja mit den Hunden drüben im Garten gesehen.»

In ihrem Reitkostüm muß sie wie eine Königin ausgesehen haben, dachte ich. Auf dem Bild war sie so schön. Ich konnte mir nicht vorstellen, wie das atemberaubend hübsche Mädchen zu dieser alten Frau auf der anderen Straßenseite geworden war, die so abschreckend aussah. Es war so traurig, daß ich gar nicht daran denken mochte. Boppa hat auch sie gehaßt, aber warum? Sie waren Nachbarn, aber sie hatten seit Jahren kein Wort miteinander gewechselt.

Pa konnte nie genug von dir, seinem «süßen Mädel» bekommen. Während Lily, Ma und ich zu verhindern versuch-

ten, daß Annie in tausend Stücke zerstob, wurdest du nach Europa geschickt; du bekamst dein eigenes kleines Auto, die neuesten Kleider aus Paris, und gleichzeitig lief Annie herum wie ein Waisenkind und Lily wie eine etwas vernachlässigte, altjüngferliche Tante. Er mietete in Swampscott einen Stall und kaufte dir Pferde, Hunde, die beste Ausrüstung. Er hat dich so sehr aufgeplustert, daß deine Füße kaum noch den Boden berührten. Er hat dich gekauft, wie eine Sklavin, aber du hast es lange Zeit nicht wahrhaben wollen. Als Lily heiratete, hat er dich an ihre Stelle gesetzt – und du mußtest dich um das Haus, Ma und Annie kümmern. War bestimmt ein ganz schöner Schock, von deinem hohen Roß runterkommen und in diesem verrückten Haus wohnen zu müssen. Immerhin hast du, das muß ich dir lassen, Pa so gut versorgt wie eine richtige Krankenschwester, und nach seinem Tod dann Ma. Ma hat dir alles vererbt – alles –, damit ihr beide, du und Annie, bis an euer Lebensende versorgt sein würdet. Jetzt sitzt du da, du altes Weib, über deinen Kontobüchern, reicher als Krösus. Und du fragst dich noch, warum keiner von uns mit dir sprechen will? Pa hat uns betrogen, Ma hat uns betrogen. Hat es sich gelohnt, «süßes Mädel»? Keine Menschenseele kümmert sich um dich. Und es ist allein deine Schuld.

«Mein Vater und meine Mutter sitzen in der Mitte, und Annie ist ganz rechts im Bild», sagte Boppa, als hätte er es eilig, die Sache abzuschließen. Es wurde dunkel. Er paffte seine Pfeife. Fast konnte ich hören, wie er nachdachte und sich seine Worte zurechtlegte.

«Mein Vater kam aus Irland, weißt du. Er hatte in Cambridge und in Winthrop eine Menge Immobilien. Er war bei drei Banken Vorstandsvorsitzender. Pa war sehr sportlich, obwohl du das auf diesem Bild nie ahnen würdest. Er spielte Handball, Squash, Tennis, Cricket, Baseball, und er konnte ausgezeichnet reiten. Mutter hatte alle Hände voll zu tun mit uns Kindern. Es hat sie, nun ja, es hat sie hart gemacht. Sie war gut zu uns, aber man kann sagen, daß sie ihre Lieblinge hatte.»

Vermutlich gehörte Boppa nicht dazu. Dennoch, sie sah nicht gemein aus. In ihrem schwarzen Kleid und den Gagatperlen wirkte Emma stark und aristokratisch. Jeremiah dagegen sah alt und besorgt aus. Boppas Blick war wieder auf das weiße Haus gerichtet. Ich konnte nicht erraten, was er dachte.

Ma und Pa starben beide an Herzversagen, ungefähr zehn Jahre nacheinander.

Pa brauchte eine ganze Weile zum Sterben. Krank zu sein war für ihn eine Qual, nachdem er so lange wie ein König über seine kleine Welt geherrscht hatte. Ich glaube, er und ich haben niemals richtig miteinander gesprochen. Er hat Befehle erteilt, ich habe sie befolgt. In seinen Augen war ich irgend jemand, nicht einer seiner Söhne – einfach nur ein großer, kräftiger Hilfsarbeiter. Er hatte sich eine Allzweckrede zurechtgelegt, die er jedem von uns hielt.

«Geld», sagte er dann, «dafür habe ich all die Jahre so hart gearbeitet. Wollte nicht, daß einer von euch je in einer Wohnung über einer Nutte in Charlestown wohnen müßte wie ich. Habe säckeweise Geld gescheffelt und alles an einem Tag verloren, aber ich habe nie aufgegeben. Hör mir zu, mein Junge, laß dich von niemandem zu einem Geschäft drängen, überreden oder verführen. Ich gebe ja zu, daß ich im Laufe der Jahre den einen oder anderen übers Ohr gehauen habe, aber das gehört zum Geschäft. Sichere dich immer nach hinten ab, sonst jagt dir jemand ein Messer in den Rücken. Du mußt lernen, den Leuten Honig um den Bart zu schmieren, im breitesten Irisch – damit du ihnen die Hand schütteln und gleichzeitig in ihre Tasche greifen kannst. Sie hassen die Iren hier, aber ich habe gelernt, daß es sich nicht lohnt, ehrlich oder fair zu sein – die Yankees und die Itaker und die Juden sind es auch nicht. Du mußt also zäh und gerissen sein und darfst ihnen nie zeigen, was du wirklich denkst. Und merk dir eins, mein Junge, du kannst dein Geld nur einmal ausgeben.» Wir dachten, Geld sei sein ein und alles, aber als er starb, jammerte er wie ein Kind nach Emma. Pa hatte mein Leben so lange bestimmt,

daß es mir kaum auffiel, als er nicht mehr da war. Ich machte einfach weiter wie ein Tier, ein Pflugpferd zum Beispiel, das den Weg kennt und seine Aufgabe automatisch verrichtet.

Als Ma starb, rief sie mich an ihr Bett. «Weine nicht, Dikkie», sagte sie und hielt meine Hand, und ich fühlte mich wieder wie fünf. «Ich bin alt und müde. Du wirst es auch ohne mich schaffen.» Und dann fing sie an, wirres Zeug zu erzählen, Dinge von früher, die ich ganz vergessen hatte.

«Howard», murmelte sie. «Mein letztes Kind. Ich war dreiundvierzig, als er geboren wurde, wußtest du das? Manchmal denke ich, ich wollte kein Kind mehr. Er war immer kränklich. Es war heiß an jenem Tag, genau wie damals, als die Zwillinge starben. Nanny war in der Küche und machte Tee. Ich war übellaunig und gereizt. Du kamst zu mir und hast dich neben mich gestellt, erinnerst du dich, Dickie? ‹Mutter›, hast du mit ernster Miene gesagt, ‹du mußt dich setzen.› Sechseinhalb warst du, und schon so ernst! Ich setzte mich auf den Fenstersitz, weil ich auf eine kühle Ostbrise hoffte, lächelte zu dir hinunter und dachte, wie hübsch du aussahst in deinem ersten Matrosenanzug mit dem weißen Kragen und den Manschetten.

‹Ich dachte, du und die anderen Kinder, ihr wärt draußen mit euren Reifen›, sagte ich und fuhr dir durch deine hellblonden Locken. ‹Hast du wieder mit Ollie gestritten?› Wir konnten nie verhindern, daß ihr euch in die Haare gerietet. ‹Nein, Mutter›, sagtest du mit bebender Unterlippe. ‹Unser kleiner Howard ist tot.› Erinnerst du dich daran, wie du ihn gefunden hast? Das muß ein schlimmer Schock gewesen sein. Wahrscheinlich hatte ich keine Zeit, darüber nachzudenken, wie schwer es für dich war – es gab ständig Krisen, eine nach der anderen – Cholera, Keuchhusten, Pseudokrupp, Scharlach, Masern, Mumps, Diphtherie, gebrochene Arme, gebrochene Knöchel. Und dann Annie, immer Annie. Wie habe ich das nur alles ausgehalten?»

Ich hielt ihre weiße Hand und ließ meinen Tränen freien

Lauf. Und dann schien Ma mit jemandem auf der anderen Seite des Zimmers zu sprechen.

«Dickie war wahrscheinlich mein sensibelstes Kind – er wachte mitten in der Nacht auf, wenn er Annie weinen hörte, kam nach unten und legte sich zu ihr ins Kinderbett – damals war er erst ein kleiner Junge.

‹Aber, Mutter, das mußte ich doch tun›, sagte er am nächsten Morgen. ‹Sie hatte doch einen ihrer Alpträume.› Er band ihre Hände und Füße los und wickelte die Bandage von ihrem Kopf ab, und am Morgen fand ich sie schlafend, die Arme umeinandergeschlungen, wie zwei kleine Engel. Es war so süß. Schon damals konnte er es nicht ertragen, daß sie litt oder sich einsam fühlte.»

Dann schien sie wieder zu erkennen, wo sie war, und sah mich mit soviel Trauer in den Augen an, daß ich es kaum aushielt. Ich wollte das Fenster mit der Faust zerschlagen. Sie rief: «Dickie, Dickie, hast du so sehr in Toms Schatten gestanden, daß ich dich nicht gesehen habe? Warst du so still, daß Walters Eskapaden unsere ganze Aufmerksamkeit in Anspruch nahmen? Annie war mein Leben – sie brauchte soviel Zuwendung –, du wußtest am besten, wieviel. Du schienst deinen Weg allein zu gehen. Es tut mir leid. Mein gutaussehender Sohn. Ich habe dich nicht genug geliebt. Ich war dir keine Mutter.» Sie wandte ihr Gesicht wieder ab und schwieg, und ich saß da, stumm, die Tränen rannen mir über das Gesicht, und hielt ihre weiße Hand.

Lange Zeit saß Boppa ganz still. Seine Pfeife war wieder kalt geworden, aber er schien es nicht zu bemerken. Vom Meer her wehte eine leichte Brise, und ich konnte Salz und Seetang riechen.

«Was ist mit Annie?» fragte ich. «Du hast ganz vergessen, mir von ihr zu erzählen.»

«Nein», sagte er nach einer Weile. «Ich habe Annie nicht vergessen.» *Annie, oh, meine Annie.*

«Wie war sie denn, Boppa?» versuchte ich.

Mein Großvater legte seine Pfeife in den Aschenbecher und streckte seine langen Beine, bis die Knochen knackten. Er rieb sich eine Weile die Schulter und schneuzte sich geräuschvoll in sein kariertes Taschentuch – es klang wie der gespenstische Ruf der Gänse, wenn sie im Winter nach Süden flogen und ihr trauriges, so trauriges Ade riefen. Er ließ die Hände zwischen den Knien hängen, die spitzen Ellenbogen bohrten sich durch sein zerrissenes Hemd. Ich konnte die weißen Stoppeln auf Wangen und Kinn sehen.

«Annie war – nun ja, sie war nicht ganz richtig im Kopf.»

Ich wußte nicht, was ich sagen sollte. «Auf dem Bild sieht sie ganz normal aus, außer, daß sie einen komischen Haarschnitt hat.»

«Es gab gute und schlechte Tage.»

«Was hatte sie denn?»

«Alles mögliche, denke ich. Damals wußte man nicht viel über Krankheiten, weißt du. Vielleicht, wenn sie heute geboren wäre, hätte man sie heilen können.»

Sie war so ein liebes Ding, wenn sie sich nicht fürchtete oder krank war. Sie hatte so ein sanftes Wesen, man kann sich kaum vorstellen, daß sie mir einmal auf die Nase geschlagen, die Brille zerbrochen und zwei blaue Augen verpaßt hat. Nachdem sie anfing, das Phenobarbital zu nehmen, ging es ihr um einiges besser. Mann, war das gruselig davor. Es lief mir jedesmal kalt den Rücken runter, wenn sie diesen wilden Blick bekam, und wir wußten, sie würde wieder wegtreten.

Ma erlaubte nicht, daß man sie wegbrachte, auch dann nicht, als es ganz schlimm wurde. Wir müssen sie zu Hause behalten, sagte sie, auch wenn es uns alle teuer zu stehen kommt. Eine Zeitlang litt Annie unter Depressionen und schloß sich in ihr Zimmer ein. Wahrscheinlich war sie so um die Dreißig, aber sie sah aus wie eine Zwölfjährige. Sie kam an die Tür, um ihre Medizin oder das Essen entgegenzunehmen, und ging gleich wieder ins Bett. Dann weigerte sie sich, überhaupt aufzustehen – es wurde immer schlimmer, bis schließ-

lich Tom, Walter und ich die Zimmertür aufbrachen. Sie fing an, wie wild zu kreischen, und drohte, sich aus dem Fenster zu stürzen; wir mußten sie packen – sie schrie und trat um sich – und im Sessel festbinden, um das Zimmer auszumisten. Nie im Leben hast du eine solche Schweinerei gesehen – an den Wänden klebten Essensreste, überall lagen Kleider, der Teppich war bedeckt mit kleinen Häufchen, Schwärme von Fliegen überall, und die Matratze war so vollgepißt, daß wir sie zusammenrollten, von der Veranda in den Garten warfen und dort verbrannten. Wir mußten den Großteil ihrer Kleider, ihr ganzes Bettzeug und den Teppich rauswerfen. Sie saß in dem Sessel, wie eine Irre angebunden, und lachte die ganze Zeit, und wir wuschen die Wände, Fenster und den Fußboden mit Ammoniak und Desinfektionsmitteln ab. Ma, Lil und Ollie brachten eine neue Matratze und Kissen, machten das Bett und lüfteten das Zimmer, Tom Walter und ich zerrten sie ins Badezimmer, Lil ließ Badewasser einlaufen und kniete auf der Matte, und dann hievten wir die schreiende Annie in die Wanne. Tom sang ein Lied und goß ihr immer wieder Wasser aus einem Krug über die Hände, was sie ein wenig zu beruhigen schien. Pa entfernte das Türschloß und brachte einen Riegel an, der nur von außen zugeschoben werden konnte. Dann schlug er Nägel in den Fensterrahmen ein, so daß sich das Fenster nur einen Spaltbreit öffnen ließ. Tom sang, Lily seifte sie ein, und wenn Annie einen Moment stillhielt, schnitt ich ihr die verfilzten Strähnen aus dem Haar. Ollie stand in der Tür und starrte auf ihre Brüste, die im Wasser auf- und abwippten. Plötzlich wurde er so weiß, daß ich dachte, er würde in Ohnmacht fallen, und ihn packen wollte, aber er stürzte davon – und übergab sich in den Papierkorb in seinem Zimmer. An diesem Nachmittag bekam er zum erstenmal Migräne, und sie dauerte drei Tage.

Annie, Annie. Wenn ich dich nachts weinen hörte, schlich ich mich vom Dachboden herunter, kniete mich an dein Bett neben deiner Armbeuge, wickelte die Bandage von deinem

Kopf, band deine Hände und Füße los und schmiegte mich eng an dich, damit du mit dem Weinen aufhören konntest. Wir kuschelten uns in die Decken, die Gesichter eng aneinandergelegt, und dein Kleinmädchenatem auf meiner Wange roch nach Birnen. Ich erzählte dir Geschichten, bis du einschliefst.

Erinnerst du dich noch an die, die dir besonders gefiel, von unserer Insel? Ich sagte: «Es war einmal ein Eiland», und du sagtest: «Ein Irland?», und ich sagte: «Nein, eine Insel, wie Winthrop, nur hübscher.» An den Rest erinnere ich mich gar nicht – es hatte mit weichem Gras und bunten Vögeln zu tun, die den ganzen Tag und die ganze Nacht sangen, und Blumen, die so groß wie Teller wurden, weil es das ganze Jahr warm war, und du und ich, wir schliefen unter dem Sternenzelt, und du brauchtest nicht mehr festgebunden zu werden, weil du nicht mehr krank warst, es gab nichts, was dir angst machte, und wir konnten Äpfel von den Bäumen und die Beeren von den Büschen essen. Manchmal frage ich mich, ob du je wußtest, wie sehr ich dich geliebt habe.

«Was hatte Annie denn, Boppa?» Ich ließ nicht locker.

«Sie war krank – im Kopf. Sie sah Dinge. Sie hörte Dinge. Sie hatte Anfälle.» Er stand auf wie eine Marionette, als ob all die langen Knochen an Fäden hingen. Er schlurfte zur Tür, um sich eine Natriumtablette in Wasser aufzulösen.

«War sie wahnsinnig?» flüsterte ich und verfolgte ihn mit den Augen.

«Sie war krank – im Kopf.» Die Fliegentür schlug hinter ihm zu.

Ich setzte mich mit einem Ruck in meinem Sessel zurück. Na ja, viel mehr, als ich schon wußte, hatte ich nicht erfahren, aber wenigstens hatte ich es von ihm gehört. *Die irre Annie*, hatten sie immer zu mir gesagt – Granny, Daddy und Flap. *Du wirst genau wie deine Großtante Annie*, sagte mein Vater immer mit einem ahnungsvollen Blick, so daß ich eine Gänsehaut bekam. Ich hielt mich nicht für die verwunschene Prinzessin von Atlantis, noch hörte ich die Möwen mit mir sprechen, und Anfälle hatte ich auch keine, aber irgendwo tief in meinem Inneren vermutete ich, daß er recht hatte. Man hatte mir gesagt, daß ich klug, dumm, schön, häßlich, begabt, nutzlos, fleißig, faul, perfekt und das egoistischste Gör unter der Sonne sei. Ich war verwirrt und verängstigt und haßte mich so sehr, daß ich sterben wollte. Wahrscheinlich war ein solcher Mensch verrückt.

Ich hörte, wie Granny und Boppa sich in der Küche anschrien, dann ging eine Tasse oder Untertasse zu Bruch. Sie stritten wieder. Früher, als Boppa noch trank, stritten sie die ganze Zeit. Einmal, als ich fünf oder sechs war, hatte ich mich in dem kleinen Zimmer hinter der Tür versteckt und gehört, wie sie sich gegenseitig mit schrecklichen Wörtern beschimpften. Ich hatte Angst hervorzukommen, aber es ging immer weiter, bis ich es nicht länger ertrug und in meinem Nachthemd in die Küche gestürzt kam. Meine Großeltern standen mit wütenden Blicken und heftig atmend einen halben Meter voneinander entfernt. Es war, als würde ich mich zwischen zwei brüllende Löwen in der Serengeti-Steppe werfen – ich war sicher, daß es mein Tod sein würde –, aber ich rannte trotzdem dazwischen und schrie so laut ich konnte: «Hört doch auf, hört doch auf, ihr wißt doch, daß ihr euch lieb habt!»

In dem langen Schweigen, das folgte, stand ich unter ihnen, und es war so komisch, daß ich beinahe angefangen hätte zu lachen. Sie wirkten wie ausgestopfte Tiere im Naturkundemuseum – im Brüllen begriffen, die Zähne gebleckt, Grannys Finger zu Krallen gekrümmt, Boppas große weiße Tatze im Begriff zuzuschlagen. Doch ihre Augen, die wie rote Kohlen in der Wildnis gefunkelt hatten, kühlten in der Erstarrung ab und wurden zu blindem, leblosem Glas.

«Ihr wißt doch, daß ihr euch lieb habt», wiederholte ich tapfer und ging wieder zu Bett.

Noch einmal betrachtete ich das alte Foto mit den stolzen, zornigen, verletzenden, buhlenden, unnachgiebigen, zärtlichen Gesichtern der Greens. Ihre Familie war so wie unsere. Dann dachte ich: es ist unsere. Wie konnte Liebe sich so mit Haß vermischen? Wie hatte sich Freundlichkeit in Bitterkeit verkehrt? Warum schwangen in ihren Herzen bei allem, was sie sagten, Neid, Groll, Wut, Trauer und Vorwürfe mit, und das tief empfundene Gefühl, daß das Leben sie betrogen hatte und sie Besseres verdient hätten? Ihr Blut war meins. Ihr Scheitern, ihre Traurigkeit und ihr Trotz flossen auch in meinen Adern, bis sie sich wie Flüsse in meinem Herzen vereinten.

Noch einmal blickte ich hinüber zu dem verglasten Eingang, dem Türmchen und der Veranda, wo tiefpurpurne Schatten näher aneinanderrückten. Tauben hatten sich vertraulich auf dem kupfernen Firstbalken niedergelassen. Die Highlands lagen friedlich, in den Häusern wurden die Lichter angezündet. Ich betrachtete das Gesicht meines Großvaters auf dem Foto, dann die seiner Geschwister. Ich dachte an Emma und Jeremiah und fragte mich, wie alles eine so falsche Wendung nehmen konnte – und besonders dachte ich an Annie.

Granny kam zur Fliegentür und sagte, es sei Zeit hereinzukommen. Ich verließ meinen Platz auf der Veranda nicht gern, aber es war so dunkel, daß ich auf dem Foto nichts mehr sehen konnte. Ich legte es auf das Tablett und trug es ins Haus.

Ich hatte nicht mehr mein Kinderbett in Grannys Zimmer. Seit ich größer war, schlief ich im Winter auf der Couch im Wohnzimmer und im Sommer im Wintergarten. Meine Bücher und Malblätter lagen auf dem Couchtisch, und lesen konnte ich beim Licht der Stehlampe, die ganze Nacht hindurch, wenn ich wollte, und keiner sagte etwas. Ich durfte morgens sogar lange schlafen. Granny schloß immer die Schwingtüren zwischen dem Eßzimmer und der Speisekammer, so daß ich von ihren Frühstücksgeräuschen nicht geweckt wurde. Wenn sie merkte, daß ich wach war, brachte sie mir mein Frühstück ans Bett. Manchmal wünschte ich, ich könnte für immer in ihrem Haus bleiben.

Als ich es mir an dem Abend im Bett bequem gemacht hatte und überlegte, ob ich mir wirklich einen weiteren langweiligen Erle-Stanley-Gardner-Krimi vornehmen sollte, kam Granny mit meiner abendlichen Tasse Tee herein. Sie setzte sich in den schwarzgold gestreiften Ohrensessel und legte die Füße auf den Puff.

«Dein Großvater hat es wieder mit dem Magen – diese verdammten Chesterfields werden ihn noch ins Grab bringen.» Es waren nicht die Zigaretten, hatte ich Mama sagen hören, seine Magenschmerzen kamen vom jahrelangen, harten Trinken. Er nahm jeden Abend Natrium. Der Arzt hatte ihm gesagt, er müsse aufhören zu trinken, wenn er sich nicht umbringen wolle.

Ich legte das Buch auf den Couchtisch, stützte mich auf die Ellenbogen und legte den Kopf in die Hand. Eine Frage von mir, und Granny würde anfangen zu erzählen.

«Granny, wie habt ihr euch kennengelernt?»

Ihr Gesicht, das im Schatten lag, leuchtete wie ein Halbmond. «Also», sagte sie, und ich konnte fast sehen, wie sie die verstreuten Einzelheiten auflas wie Fallobst in einen Korb. «Damals, weißt du, hatte meine Großmutter eine Pension – ein großes, gelbes Haus mit einer umlaufenden Veranda – in der Massachusetts Avenue 988 in Cambridge. Wahrscheinlich steht es jetzt nicht mehr. Vielleicht abgebrannt, ich weiß es nicht. Die meisten ihrer Pensionsgäste waren Studenten von Harvard und Tufts. Ich machte damals einen Schreibmaschinenkurs am Burdett's Business College – davor, das weißt du ja, war ich ein Tingel-Mädchen, und unsere Truppe hatte eine Tournee durch die White Mountains gemacht – Flo, Maxine, Shirley und ich – du hast das Foto gesehen – alle mit Pailletten, Boas und Netzstrümpfen. Wir haben gesungen und getanzt und unsere Strumpfbänder gezeigt und hatten viel Spaß dabei.

Eines Nachts stand ich in diesem schmuddeligen Lokal in New Hampshire hinter der Bühne und wartete auf meinen Auftritt – die Männer hatten alle schwarz geschminkte Gesichter, es war eine Minstrel-Show – du weißt schon, Jiggs und Mr. Bones spielten auf dem Banjo und taten so, als seien sie taub. Also, ich sah zu dem anderen Flügel hinüber, um zu sehen, ob Maxine für unseren Auftritt bereit war, da kam Gram und winkte mich zu sich. Ich lief hinter der Bühne auf sie zu, und sie packte mich am Kragen und riß auf der Stelle sämtliche Federn von meinem Kostüm. ‹Zeit, daß du nach Hause kommst, Ellen›, sagte sie und zerrte mich aus dem Hintereingang direkt zum Bahnhof. Ich hatte nicht einmal Zeit, mich von Maxine zu verabschieden oder mir meine Gage abzuholen. Gram sprach fast eine Woche kein Wort mit mir. Also gut, wie ich schon sagte, ich machte einen Kurs am Burdett's Business College und kam eines Abends mit der Straßenbahn nach Hause, wo immer dieselben Jungen am Tisch saßen, rauchten und lachten. Aus dem Augenwinkel sah ich einen großen, gutaussehenden Kerl mit einer Chesterfield im Mundwinkel. Er stand auf, nahm seine Büchermappe und sagte, er müsse gehen, er sei schon spät dran für sein Seminar. Ich hatte ihn gar nicht richtig bemerkt. Doch ungefähr eine Woche später stand ich in der Küche – ich hatte ein schmutziges Kittelkleid an und mein Haar irgendwie hochgesteckt – und putzte den Herd, als es klingelte. Es war dieser Junge, der mit der Chesterfield – und ich stand da und sah aus wie die letzte Schlampe. Ich erinnerte mich vage, daß er Dickie hieß, also sagte ich Hallo und wünschte, er würde schnell wieder abhauen. Statt dessen kam er herein und setzte sich ins Wohnzimmer, als sei es seins. Ich fragte, ob er eine Tasse Tee haben möchte, und er sagte: ‹Nein, danke, Miss Kimball, aber würden Sie mich heiraten?› Es war das Komischste, was ich je gehört hatte. Er lächelte aber nicht einmal – kannst du dir das vorstellen? Er wollte mich wirklich heiraten! Ich sagte, er müsse verrückt sein und solle gehen und mich in Frieden lassen. Er setzte sich seine Mütze auf und ging. Eine Woche später kam er wieder und fragte erneut. Danach kam er ewig lang einmal in der Woche, bis ich mich schließlich bereit erklärte, mit ihm auszugehen.»

«Wieso hast du dich dann entschlossen, ihn zu heiraten?» fragte ich und versuchte, mir die ganze Sache vorzustellen.

«Na ja, weißt du, ich war nie in ihn verliebt. Ich war in Winslow verliebt, den Sohn von Gouverneur Gates aus Vermont. Als ich sechzehn war, verbrachten wir den Sommer am Lake Champlain auf Pas Hausboot, und da habe ich Winslow in Fort Ticonderoga kennengelernt. Den ganzen Sommer waren wir zusammen. Manchmal kam er bei Mondlicht drei Meilen über die Felder gelaufen und hat zu mir hinaufgepfiffen, weil er mich einfach noch einmal sehen wollte, bevor er schlafen ging. Danach hat er bei Pa um meine Hand angehalten. Er brachte mir sogar eine Schachtel Pralinen – den Deckel habe ich immer noch in meinem Nähkasten, du weißt, das Bild von den Damen in altmodischen Abendkleidern, die um ein Spinett herumsitzen? Auf jeden Fall, Pa hat ein Riesentheater gemacht und geflucht und gebrüllt wie ein Wahnsinniger, und schließlich hat er Winslow mit dem Gewehr aus dem Garten gejagt. Ich war so wütend, daß ich zwei Wochen lang nicht mit dem alten Mistkerl gesprochen habe – ich wartete einfach ab, packte meine Tasche, und dann bin ich aus dem Fenster geklettert und über den Schuppen abgehauen und zu Winslow gerannt. Daß ich Madeline allein bei Pa ließ, behagte mir gar nicht, aber ich konnte nicht ohne Winslow sein. Drei Tage hat der alte Sack gebraucht, bis er uns fand. Als er uns entdeckte, zerrte er mich ins Haus und schlug mich mit einem Besenstiel grün und blau – es ist ein Wunder, daß er mir nicht das Rückgrat gebrochen hat. An dem Tag habe ich mir geschworen, daß ich ihn an meinem achtzehnten Geburtstag mit seinem eigenen Gewehr umlegen würde.»

Granny hatte mir die Geschichte schon hundertmal erzählt, und an dieser Stelle seufzte ich immer – der gutaussehende Jüngling, der bei Mondschein über die Felder lief, um seine große Liebe zu sehen, in einer Welt, die so böse war, daß sie zusammen fortlaufen mußten. Winslows Foto stand immer noch in einem Goldrahmen auf ihrer Kommode. Von meinem Großvater hatte sie kein Bild da stehen, und sie waren schon fast fünfzig Jahre verheiratet.

«Auf jeden Fall habe ich Winslow nie überwunden», sagte sie. «Ich habe ihn nie wieder gesehen.»

«Weißt du, was mit ihm passiert ist?» fragte ich, gleichzeitig fasziniert und abgestoßen von einer so schrecklichen Wunde.

«Vor ein paar Jahren ist er gestorben. Dick ist mit mir zu seinem Grab gefahren. Es heißt, er hat sich zu Tode getrunken.»

«Weil er dich nicht heiraten konnte?»

«Das weiß ich nicht. Ich habe seine Frau und seinen Sohn kennengelernt. Sie wußte von mir, sagte sie. Winslow hatte immer von mir gesprochen.»

Mein Magen krampfte sich zusammen.

«Warum hast du Boppa denn geheiratet, wenn du ihn nicht geliebt hast?»

«Ich war zwar nicht in ihn verliebt, aber sicherlich habe ich ihn geliebt. Er war stark und freundlich. Er mochte meinen großen Busen. Er verabscheute dünne Frauen. Er mochte mich, weil ich ordentlich Fleisch auf den Knochen hatte. Ich wußte, daß er gut zu mir sein würde. Es war die Zeit der Prohibition, aber die Leute, mit denen wir befreundet waren, verbrachten die meiste Zeit im Suff oder veranstalteten wilde Partys bei Ko und Doug oder bei Ralph Halford oder Anna Tabor und rasten wie besengt mit ihren Fords am Strand entlang. Es gab immer reichlich Whiskey für alle. Einer kannte immer jemanden, der jemanden kannte. Einmal, mitten in einem Schneesturm, sank ein Schmugglerschiff. Am nächsten

Morgen, es war noch Flut, wurden haufenweise Kisten am Back Beach angeschwemmt. Männer in Anglerstiefeln standen bis zum Bauchnabel im eiskalten Wasser und versuchten, die Flaschen aus dem Wasser zu fischen, bevor sie an den Felsen zerbrachen. Sie bildeten eine lange Kette und reichten die Kisten von einem zum nächsten – von den Männern am Strand zu denen auf der Uferbefestigung, auf der Straße, bis in die Kofferräume ihrer Autos.

Ich habe nie getrunken – ich mochte den Geschmack einfach nicht –, aber die anderen waren immer beschwipst. Aber auch wenn Dick wirklich betrunken war, hat er mich nie geschlagen. Doch einmal hat er Richie geschlagen, als der ungefähr vier war. Er kam betrunken nach Hause, und Richie trommelte einen Rhythmus auf einem Stuhlbein. Dick holte aus und beförderte das Kind mit einem Schlag in die andere Ecke des Zimmers, dann stand er wie unter Schock – und ohne ein weiteres Wort ging er in den Keller, steckte seine Hand in eine Schraubzwinge und schlug sich mit einem Hammer auf die Finger, bis er sich vier davon gebrochen hatte. Er hat nie wieder Hand an das Kind gelegt.

Ich war so aufgebracht, daß ich Richie und Gram ins Auto setzte und nach Kalifornien fuhr. Damals gab es kaum asphaltierte Straßen, mußt du wissen. Wir waren immer noch in Nebraska, und Gram fragte mich die ganze Zeit, ob wir bald nach Schenectady kommen würden. Gott im Himmel! Ich fuhr bis an den Rand des Grand Canyon, und Gram wollte nicht einmal aussteigen, um zu gucken, weil sie ihre Hausschuhe anhatte und keine Lust hatte, sich Schuhe anzuziehen. Schließlich blieben wir zwei Jahre in Long Beach.»

«Wolltest du dich scheiden lassen?» fragte ich und kippte meinen Tee hinunter, der inzwischen kalt geworden war.

«Scheiden lassen? Nein. Ich wollte Kalifornien sehen. Ich hatte immer Hummeln im Hintern. Ich habe Richie oft bei der alten Mrs. Green gelassen und bin weggefahren.»

Also war mein Vater auch einfach abgegeben worden wie

ein Gepäckstück, und sie hat ihn wieder abgeholt, wenn sie ihre Reiselust befriedigt hatte. *Auf Vergnügungstour* nannte Granny es. Sie war ständig unterwegs, entweder allein oder mit ihrer Freundin Mildred, für ein paar Tage oder auch ein paar Wochen – nach Montreal, New York, Georgia, sogar nach Tampa, als es praktisch noch ein Sumpf war. Sie sparte ihr Haushaltsgeld, kaufte sich einen Pelzmantel und reiste 1938 nach Europa, ohne auch nur zu merken, daß sich ein Krieg anbahnte.

«Dein Großvater war verdammt zugeknöpft mit dem Geld. Während der Depression, als er noch in der Werkstatt arbeitete, band er sich seine Schuhe mit Paketschnur zu, weil er zu geizig war, um Schnürsenkel zu kaufen, und gleichzeitig trug er fünftausend Dollar in bar in seiner Arbeitshose bei sich, weil er den Banken nicht traute. Wenn er im Yacht Club Poker spielte, kam er betrunken, aber glücklich nach Hause und schüttete das ganze Geld auf den Küchentisch – haufenweise Zehn- und Zwanzigdollarnoten, Massen von Fünfzigcent- und Vierteldollarstücken und Silbergeld. Das Kleingeld steckte er sich in die Taschen, und das Papiergeld gab er mir. Ich glaube nicht, daß er je beim Kartenspielen verloren hat. Er konnte so gut mogeln, daß er nie erwischt wurde.

Zu dieser Zeit lungerte immer eine Bande Jungen bei der Werkstatt herum, und einer von ihnen fiel ihm auf – ein magerer, dunkelhaariger Junge mit schwarzen Augen, der mit seiner Großmutter und seiner Mutter – beide dem Alkohol verfallen – in der Summit Avenue lebte. Das Kind war ein Häufchen Elend und dankbar für die kleinste Freundlichkeit. Dick brachte ihn zum Mittagessen nach Hause, weil der Arme halb verhungert aussah, und ich konnte es noch nie mit ansehen, wenn einer nichts zu beißen hatte. Als Kind hatte ich selbst oft genug Hunger gehabt – ich konnte den Gedanken, daß er nicht satt wurde, nicht ertragen. Nach kurzer Zeit kam der Junge auch zum Abendessen, dann zum

Baden und zum Kleiderwechseln. Nach einer Weile zog er bei uns ein. Und so wurde Flap ein Teil unserer Familie.»

Philip Lincoln Flynn – in meinen Ohren ein richtig vornehmer Name, aber die Greens hatten ihn abgekürzt, ihn vermindert, indem sie ihn Flap nannten. Er blieb bei ihnen, bis er in die Marine eintrat und sich im Zweiten Weltkrieg als Matrose von Hafen zu Hafen trank, und als der Krieg vorbei war, schickte mein Großvater ihn als Hilfsarbeiter zu meinem Vater, damit er beim Aufbau der Eierfarm helfen sollte – die auch die Idee meines Großvaters war. Mein Vater hat immer das getan, was man ihm vorschrieb. Meine Großeltern hatten Flap durch ihre Freundlichkeit vor einem unwürdigen Leben bewahrt, doch dann, im Laufe der Jahre, aus Gründen, die ich nicht verstand, begannen sie, ihn wie einen Leibeigenen zu behandeln.

Granny gähnte laut, stand auf und streckte sich. Ich merkte, daß es kühler geworden war und kuschelte mich tiefer unter meine Decken. Sie kam an mein Bett, um mir einen Gutenachtkuß zu geben, doch als sie das Foto von den Greens auf meinem Erle-Stanley-Gardner-Krimi sah, blieb sie abrupt stehen.

«Was machst du denn mit diesem alten Foto?» fuhr sie mich an. «Die verdammten Greens hatten mehr Geld als jeder andere in dieser Stadt, und sie haben sich einen Dreck um andere geschert und nur sich selbst im Kopf gehabt. Dein Großvater war der einzig anständige in der ganzen Sippe. Der Alte fand ab und zu ein gutes Wort für mich, aber die anderen hätten nicht einmal ihre Spucke gegeben, wenn ich in Flammen gestanden hätte. Gott sei Dank ist der alte Green vor dem Schwarzen Freitag gestorben und mußte nicht mit ansehen, wie sich seine Kinder über die Häuser und das Geld zerstritten.

Emma, die alte Hexe, hat während der Depression Jura studiert und mit siebzig ihr Examen gemacht. Kannst du dir das vorstellen?»

Ich hatte ein Bild von Emma im Universitätstalar gesehen, ein stolzes Lächeln auf dem Gesicht, das verschrumpelt war wie ein Stück Satin. Sie sah nicht wie eine Hexe aus. Ich wünschte, Granny würde sie nicht so nennen.

«Weißt du, warum sie Jura studiert hat? Damit sie ihre Nachbarn vor Gericht bringen konnte! Sie prozessierte immer gegen jemanden. Der Alte hat all seinen verheirateten Kindern Häuser vermacht und sämtliche Papiere übertragen. Dieses Haus hatte uns schon lange gehört, bevor sie krank wurde. Als die alte Hexe starb, fanden wir heraus, daß sie jedes Haus einem anderen in der Familie vermacht hatte. Wir mußten alle vor Gericht ziehen, um unsere Häuser wiederzubekommen!

Und Lillian! Sie hatte die Stirn, mich in meiner eigenen Nachbarschaft zu schneiden. Seit fünfzig Jahren habe ich nicht mit ihr gesprochen. Tom war der einzige, der Mumm hatte. Im Krieg war er Chef der Militärjustiz in Pearl Harbor. Aber er betritt keines der Häuser seiner Brüder. Auch heute können er, Dick und Ollie an der Straßenecke stundenlang tratschen, aber er kommt nicht in mein Haus, und auch nicht in das von deiner Tante Cleora. Er verbringt seine Ferien gegenüber bei deiner Tante Emeline. Sie gehen immer zusammen reiten. Und von der will ich gar nicht erst anfangen, dem alten Pferdegesicht.»

Granny hielt inne, um Luft zu holen. Ich wandte meinen Blick nicht von dem Bild, von diesen schönen, jungen Menschen, und versuchte die Risse, die Tränen, die Sprünge zu erkennen, an denen die Familie zerbrochen war. Die junge Emeline war sanft und hübsch, und am liebsten wollte ich von ihrem Leben nach diesem Moment nichts wissen, doch ich hatte keine Wahl.

«Emeline blieb zu Hause und pflegte ihren Vater bis zu seinem Tod, dann pflegte sie ihre Mutter, bis sie starb – und erbte alles, angeblich, weil sie eine so liebevolle Tochter war und sich für den Rest ihres Lebens um Annie kümmern würde. Die alte Hexe hat ihr also alles hinterlassen – jede Menge Wohnblocks in Cambridge, in South End und South Boston. Alle waren außer sich. Emeline war entsetzlich eingebildet, redete immer von ihren Reisen nach Europa und gab aufwendige Partys – zu denen wir nie eingeladen wurden, in all diesen Jahren nicht – für Leute, die in großen Autos und Rolls-Royce-Karossen vorfuhren. Sie hat mich rasend gemacht mit ihren Jagdclubs, den Pferdeschauen, den Hundeschauen, diesen verdammten Airedales und Yorkies, den ganzen Tag kläffen sie im Stall, den sie zu einem Zwinger umgebaut hat. Sie hat mich nicht einmal gegrüßt. Jetzt verfallen alle Häuser, und sie ist zu alt und zu störrisch, um sich um die Dinge zu kümmern; sie weigert sich, auch nur ein einziges Haus zu verkaufen. Lieber läßt sie alles verfallen, als daß sie einem anderen etwas überläßt. Sie zerfleischen sich gegenseitig, so war es schon immer bei den Greens.»

Es stimmte, daß die Häuser verfielen. Überall waren die Fenster zerbrochen, die Stufen wurden rissig, die Dachpfannen fielen von den Dächern, im Gebälk nisteten die Tauben – ein Haus nach dem anderen, auch jenes, das Jeremiah und Emma vor so langer Zeit gebaut hatten und wo sie ihre Familie großgezogen hatten. Emelines Leben machte mich ganz verstört – es war so voll, und doch so einsam.

Ich wußte, daß Granny sie alle haßte, konnte aber nicht verstehen, warum. Ich hatte Tom, den General, mit Ollie auf der Straße sprechen sehen, ich hatte ihn an der Ecke unter dem Ahorn mit Boppa sprechen sehen. Ich hatte ihn nach dem Abendessen mit seiner Schwester Emeline auf ihrer Veranda gesehen. Boppa sprach nicht mit Emeline, Ollie, Lillian und Walter. Emeline sprach nur mit Ollie und dem General. Walter sprach mit niemandem. Und mit Lillian sprach keiner, außer Tom.

Granny war immer noch aufgebracht. Sie sagte: «Und Ollie, dieser Mistbock. Ich könnte ihm einen Pfahl durchs Herz bohren, soviel Kummer hat er Cleora bereitet, aber ich würde nicht gerne allzu nah an ihn herantreten, um es zu tun. Er hat ihr, so klein und schmächtig, wie sie ist, sechs Kinder gemacht, dieser hünenhafte Rohling. Ich weiß nicht, ob es stimmt, aber ich habe gehört, daß er immer sein ganzes Geld unten im Yachtclub vertrank, dann nach Hause kam und sie durch die Mangel nahm, die Ärmste. Komisch, die anderen haben alle keine Kinder bekommen.»

«Was ist denn mit Walter passiert?» fragte ich zaghaft.

«Er wohnt in Grover's Avenue. Seine Frau Dot und ich verstehen uns sehr gut, aber immer, wenn ich sie besuche, knurrt der alte Sack mich an und geht aus dem Zimmer. Er hat nie in seinem Leben richtig gearbeitet.»

«Und Annie? Was ist mit Annie geschehen?»

«Sie ist vor vier oder fünf Jahren gestorben. Sie weigerte sich, zum Zahnarzt zu gehen, und ihre ganzen Zähne sind im Mund verfault. Wenn man sie auf der Straße ansprach, legte sie immer die Hand vor den Mund und drehte sich zur Seite.»

Mir war nach Weinen zumute. Ich hatte nicht gewußt, daß sie tot war. Ich hatte mir vorgestellt, daß sie sich in ihrem Zimmer bei Tante Emeline versteckte, wie ich es zu Hause tat, weil ich mich fürchtete, nach unten zu gehen und Fremden zu begegnen. Das letzte Mal, als ich sie gesehen hatte, war ich sehr klein. Sie hängte zusammen mit Emeline die Wäsche auf, aber ich konnte die beiden nicht unterscheiden. Sie sahen beide wie Männer aus.

«Sie hatte Kehlkopfkrebs und weigerte sich, einen Arzt an sich heranzulassen», sagte Granny. «Der Tumor wurde immer größer, bis sie schließlich nicht mehr schlucken konnte. Soviel Geld, und keiner hat versucht, sie zu retten – schließlich ist sie an Unterernährung gestorben.»

Ich drängte meine Tränen zurück, legte meinen Kopf aufs Kissen und tat so, als sei ich zu müde, um länger zuzuhören. Granny gab mir einen Gutenachtkuß und brachte das Bild wieder in Großvaters Zimmer.

Im Dunkeln war das Zimmer so still. Das Licht der Autoscheinwerfer fiel durch die Jalousien und schwenkte über die Decke wie Suchscheinwerfer. Ich fühlte mich so schlecht. Ich dachte daran, wie traurig mein Großvater sein mußte angesichts der großen Verschwendung in seinem Leben, und wollte ihn plötzlich noch einmal umarmen, um mich oder ihn oder uns beide zu trösten.

Er saß in der Küche und spielte mit seinem speckigen, schwarzen Kartenspiel, das er nicht hergeben wollte, Solitaire. Eine Flasche Schnaps und ein Glas standen vor ihm. Ich warf ihm meine Arme um den Hals und fing an zu weinen.

«Boppa, bitte, trinke nicht. Es ist nicht gut für dich. Du wirst krank, wenn du trinkst.»

Er hielt mich einen Augenblick lang im Arm und schickte mich dann zu Bett.

Ich schlief unruhig und wälzte mich im Schlaf. Später wachte ich auf, alle Lichter im Haus brannten. An der Tür waren Männer, Feuerwehrmänner und Polizisten, und sie rollten meinen Großvater auf einer Bahre aus dem Haus. Er hatte eine Maske auf dem Gesicht, und Granny war da, in ihrem Bademantel, und hielt seine Hand ganz fest und sagte immer wieder seinen Namen. Alle gingen auf die Veranda und ließen die Tür offenstehen. Ich sah, wie die roten Lichter des Krankenwagens und die blauen des Polizeiwagens gespenstisch über die Gesichter der Männer, über das meiner Großmutter und das meines Großvaters huschten.

Ich rannte in sein Schlafzimmer – um seine Hausschuhe oder seinen Bademantel oder was weiß ich zu holen – und blieb entsetzt stehen. Auf den Kissen, auf den zurückgeworfenen Decken, überall war Blut, so dunkel, daß es fast schwarz war, in der Mitte seines Bettes war eine Lache von dunklem Blut, Flecken von hellrotem Blut auf der weißen Tagesdecke; auf der hellbraun karierten Tapete bei der Tür waren Blutspritzer. Meine Knie wurden weich, und ich fing an zu zittern. Das Foto stand auf der Kommode, wo es hingehörte. Ich blickte nach unten, weil meine Füße kalt wurden, und sah, daß ich im Blut stand, meine weißen Zehen waren in das schreckliche Blut getaucht, das den Saum meines Nachthemdes besudelte. Ich schrie und schrie. Ich war schuld. Ich hatte ihn unglücklich gemacht, weil ich ihn nach seiner Familie gefragt hatte, und er hatte getrunken, weil es für ihn so schmerzhaft war, und jetzt würde er sterben. Es war meine Schuld, meine Schuld, meine Schuld.

Boppa starb in dieser Nacht nicht, aber ein Großteil seines Magens wurde entfernt. In den nächsten sechs Monaten aß er nur Haferschleim und trank dünnen Tee. Seine blaßblauen Augen wurden von Tag zu Tag farbloser, und ich stellte mir vor, daß ich ihn eines Tages ansehen würde und seine Iris wäre ganz verschwunden.

Am letzten Tag des sechsten Schuljahres stand ich, hysterisch weinend, auf dem Schulhof und weigerte mich, mit Mama ins Auto zu steigen. Ich war voll beladen mit Pullovern, Heften, einer Büchermappe, Karteikarten, Zeichnungen, einem Gummistiefel, einem völlig verbogenen Sonnensystem aus Drahtbügeln und bemalten Styroporbällen, und jeder Menge anderer Überbleibsel aus meinem Leben in der Spaulding Memorial School.

«Verstehst du denn nicht, Mama?» schluchzte ich verzweifelt. «Das ist mein letzter Tag hier, für immer! Verstehst du das denn nicht? Ich werde nie wieder hierherkommen!»

Meine Mutter schnalzte entrüstet mit der Zunge, als fragte sie sich wieder einmal, wie sie dieses fremdartige Kind zur Welt gebracht hatte, zischte mir zu, daß ich ein Riesentheater wegen nichts und wieder nichts machte, und schob mich in den Chevy, bevor ich ihr noch mehr Peinlichkeiten verursachte. Ich kauerte mich auf den Beifahrersitz und weinte in den Schließfachgeruch meiner Büchermappe, den Kopf zwischen meine türkisfarbene Venus und den blutroten Mars gelegt. Sie verstand mich nicht. Nie wieder würde ich hier Schülerin sein. Das Wort «nie» war entsetzlich. Ich schluchzte und war untröstlich und sah, wie die Schule mit der Fledermaus auf der Wetterfahne im Heckfenster verschwand, als wir die Dudley Road entlangfuhren. Ich hatte mir nichts dabei gedacht, und jetzt war sie verschwunden – die merkwürdige Fledermaus auf der Wetterfahne. Die Gebrüder Spaulding hatten Townsend eine freie Schule gestiftet, doch die knickerigen Stadtväter hatten pausenlos über den teuren Unterhalt der Schule geklagt, für den sie aufkommen müßten, daß die Gebrüder Spaulding, doch empfindlich verärgert, die Eule – das Symbol der Athene, der Göttin der Weisheit, deren Attribute Bücher und Licht waren – durch eine Fledermaus – das Symbol für Nacht, dem Schlaf und Tod beigesellt waren – ersetzten. Doch selbst unter der Führung einer Fledermaus hatte ich etwas gelernt, und ich konnte es nicht ertragen, daß meine Zeit an der Spaulding School vorüber war.

An meinem zehnten Geburtstag hatte ich einen ähnlichen hysterischen Anfall. Es war mir plötzlich, am Morgen meines Geburtstags, klargeworden, daß mein Alter mein ganzes restliches Leben lang immer zweistellig sein würde – ich würde nicht lange genug leben, um hundert Jahre alt zu werden, und ich würde nie wieder neun sein. Nie, nie, nie. Ich wollte, daß die Zeit stehenblieb, oder daß sie zumindest langsamer verging, aber das würde nicht geschehen. Wie konnte es im Leben etwas so Monströses wie «nie» geben? Wie gelang es den Menschen, einen normalen Tag zu überstehen, wenn das «Nie» wie ein Damoklesschwert über ihnen hing?

Zu Ferienbeginn war ich in einer schlimmen Verfassung. Tagelang rannte ich umher, weinte, hatte Wutanfälle wegen Kleinigkeiten, brach Streit mit meinen Geschwistern vom Zaun, gab beim Essen freche Antworten und wußte, während ich meine rotzigen Bemerkungen herausschleuderte, daß die Worte, die aus meinem Munde drangen, nicht das waren, was ich eigentlich sagen wollte.

Ich wollte nicht, daß mein Leben sich veränderte. Ich

wollte, daß alles immer so bliebe. Im Herbst würde ich auf eine neue Schule – eine Nonnenschule – in einer anderen Stadt kommen, und ich würde Uniform tragen und ein anderer Mensch sein müssen, fast schon erwachsen, eine Siebtkläßlerin. Neue Menschen kennenzulernen war mir verhaßt. Neue Umgebungen waren mir verhaßt. Ich fürchtete mich zu Tode. Ich konnte nicht von zu Hause weglaufen, weil ich nirgendwohin konnte, außer zu Granny. Voller Verzweiflung packte ich meinen Koffer. Granny hatte diskutiert, geschmeichelt und die Hände gerungen, bis meine Eltern erlaubten, daß ich den ganzen Sommer in Winthrop verbringen durfte. Ich glaube nicht, daß es schwer war, meine Eltern zu überreden – ich war in so übler Stimmung, daß sie mich sicherlich genauso gerne loswerden wollten, wie ich von ihnen weg wollte. Zwischen den kurzen Hosen und Sandalen und der sauberen Unterwäsche lagen Bände mit Dickens, Jane Austen und Flaubert; die alte Royal-Schreibmaschine paßte gerade hinter das Ersatzrad im Buick. Ich nahm mir vor, meinen Roman über Becky und Danny Hanks und ihr Leben in Freedom, New Hampshire, im Jahre 1837 zu Ende zu schreiben. In Winthrop konnte ich so tun, als würde die Zukunft nie näher kommen.

Ich lag auf meiner Couch im Wintergarten, las, döste und hörte Radio. Ich ging nicht hinaus, auch nicht zum Strand hinunter, was mir immer besonders viel Spaß gemacht hatte – ich konnte es nicht ertragen, im Badeanzug gesehen zu werden. Aber im Wintergarten war ich glücklich. Dort war es ruhig und luftig, und ich konnte mich ohne allzu viele Unterbrechungen meinen Tagträumen hingeben. Dort fühlte ich mich sicher. Ich hatte mich sogar halb davon überzeugt, daß die Zeit gar nicht verging. Dennoch lag in jenem Sommer etwas Eigentümliches in der Luft. Es war ein bißchen unheimlich. Ich sah vom Fenster aus zu – Teenager, nur wenig älter als ich, trugen Zeltkleider in psychedelischen Farben und hatten sich Gänseblümchen ins Gesicht gemalt, die Jungen ließen sich die Haare über die Schultern wachsen und trugen zerrissene und geflickte Latzhosen, ihre Musik war laut und zornig. Meine Freundin Joyce Nolan hatte von Pillen gehört, die bewirkten, daß man sich in einen Schmetterling oder eine Tulpe verwandelt fühlte, und von einer anderen Droge, die einem das Gefühl gab, man könne fliegen. Ich hielt das für Unsinn, aber der Gedanke, daß es stimmen könnte, machte mir angst. Die alten Männer im Fernsehen schienen müde. L. B. Johnson sah jetzt aus wie ein alter geprügelter Jagdhund. In Washington gab es Proteste gegen den Krieg, und jeden Abend gab Walter Cronkite die Zahl der getöteten Soldaten bekannt, wie der Papst, der aus der Enzyklika der Heiligen vorliest. Ich legte den Kopf auf die hölzerne Armlehne des Stuhls in dem kleinen Raum und weinte, denn die Welt war allzu furchterregend.

In diesem Sommer weinte ich über alles – die Filmbilder von den entsetzlichen, mörderischen Gefechten, die Leichensäcke, die in den Rumpf von Armeeflugzeugen geladen wurden, Bürgerrechtskämpfer, die in der Hitze zu Tausenden mit schweißüberströmten Gesichtern auf das Capitol zuströmten, während sie «We Shall Overcome» sangen. Ich weinte, wenn ich sah, wie mein Großvater Polenta in seinen eingefallenen Mund löffelte und seine Zähne in einem Glas schwammen, wie ein Präparat im Reagenzglas im Chemieunterricht der sechsten Klasse. Ich weinte über den vernachlässigten Boxer von nebenan, der Ingie hieß und sich aus reiner Liebe die Hintertreppe hinaufschleppte, wenn meine Großmutter mit dem Löffel gegen die Fensterscheibe klopfte, obwohl seine Hüftgelenke völlig arthritisch waren, so daß er die Stufen kaum schaffte. Ich weinte, als ich die ersten Härchen unter meinen Achseln bemerkte und auch, wenn sich die Nachmittagssonne auf der Fensterbank in meinem Eisteeglas brach und der Tee funkelte wie Gold – denn ich wußte, daß ich nie wieder so jung sein würde und daß das, was folgte, schrecklich, gefährlich und von mir nicht mehr beherrschbar sein würde. Ich hatte darauf bestanden, mir die Haare so wie die von Twiggy und Mia Farrow zu schneiden, aber das war ein schrecklicher Irrtum gewesen – ohne die kniehohen Vinyl-Stiefel, die top-aktuellen Carnaby-Street-Kleider, den weißen Lippenstift und die falschen Augenwimpern sah ich aus wie ein untersetzter Zeitungsjunge mit kurzen Beinen und Pickeln im Gesicht. Es war entsetzlich. Schon bald trug ich nur noch Hemden mit langen Ärmeln, damit keiner die Wunden sehen konnte, die ich mir beigebracht hatte.

Ich fügte mir schon seit einiger Zeit Schnittwunden zu. Ich weiß nicht mehr, wann es begann oder wie alt ich war, als ich ernstlich damit anfing. Aber wenn die Dinge auf der Farm oder die Dinge in mir mich zu überwältigen drohten, flüchtete ich ins Badezimmer (das einzige Zimmer im Haus, das man verriegeln konnte), öffnete den Medizinkasten, griff hinter Flaps gesprungenem Zahnputzbecher und seinem uralten Rasierpinsel nach seinem Rasierer, schraubte den Griff los und nahm die rostige Klinge heraus. Ich konnte nicht anders. Ich mußte es tun. Die silbrige Klinge zitterte in meiner Hand, wenn ich an der Innenseite meines Unterarms einen blutigen Strich zog, aber ich fühlte nichts. Es gab einfach einen weißen Ritz, darin ein rotes Band, und ein enormes Gefühl der Erleichterung.

Wenn beim Abendessen Salven von Beschimpfungen und Flüchen auf mich niedergingen – wenn mein Vater anläßlich eines winzigen Verstoßes einen Tobsuchtsanfall bekam – und ich nicht länger stillsitzen konnte, trug ich ohne ein Wort meinen Teller ins Spülbecken und schloß mich im Badezimmer ein. Das Gebrüll prasselte an die Tür wie ein Kanonenfeuer und prallte dort ab. Ich war nicht das Ziel – es gab kein Ziel –, dennoch war ich verletzt: Sie verstanden mich nicht, und ich löste mich in Luft auf. Die Klinge brachte eine klare rote Linie hervor. *Ich blute, also bin ich.*

Wenn meine Schwester und ich stritten und Worte benutzten, die zutiefst verletzten, und in mir ein wortloser Sturm tobte, sprach die Klinge mit Klarheit: *Hier und hier und hier, schau, das Gift ist aus dir heraus, du bist frei, es ist vorbei.* Wenn ich auf dem Wannenrand saß, die Gefechtslinien in meinen Arm geritzt, konnte ich den Kopf senken und wieder durchatmen.

Wenn ich an unsere Soldaten dachte, die im Kampf fielen, an meine Freundin Carol Morrison, die Leukämie hatte und mit elf Jahren ein Bein abgenommen bekam, an den Mann, den wir in der Maple Street kannten, der sich in seiner Garage erschossen hatte, an die Frau, die jeden Sonntag in ihrem Ostermantel und einem blumenbesetzten Hut mit einem kleinen Schleier und einer Bandage über dem Gesicht, weil sie keine Nase hatte, zur Messe ging, stürzte ich ins Badezimmer und holte die Klinge hervor. Zwischen dem, was schrecklich in der Welt war, und dem, was schrecklich in mir war, gab es scheinbar keinen Unterschied. Ich hatte keine Haut, es gab keine Schutzschicht, ich war eine saugfähige Gewebemasse, die Schmerz, Schrecken, Leid, Verzweiflung und Niederlage aus allem um mich her aufsaugte. Die Klinge machte einen klaren, geraden Schnitt, und plötzlich, weil ich mich verletzt hatte, gab es eine Schicht zwischen mir und der Welt, und sie blutete.

Wenn mich die Verwirrung wie ein Fieberschauer packte und meine Zähne heftig aufeinanderschlugen, weil ich unbedingt erwachsen werden wollte, aber nicht wußte, wie ich das bewerkstelligen sollte; wenn ich mir häßlich und dumm vorkam und mir wünschte, ich wäre nie geboren; wenn ich am ganzen Körper vor Verzweiflung zitterte, weil ich mir wünschte, für immer Kind zu sein, und wußte, daß mein Körper mich verraten würde – wenn sich ein Schleier von Verzagtheit und Zweifel und Angst auf mein Gesicht legte, und mit ihm der überwältigende Wunsch, mich umzubringen, damit ich keine Veränderungen hinnehmen müßte, dann schnitt die Klinge gerade tief genug in meinen Arm, daß ein bißchen von dem Schmerz herauskam und mich davor bewahrte, sterben zu müssen.

Die Narben bildeten ein Zickzackmuster, platzten auf, entzündeten sich und heilten wieder, und ich dachte an Gefangene, die Kreidestriche an ihre Zellenwände zeichneten, damit sie nicht das Zeitmaß verlören, damit sie nicht verrückt würden. Ich konnte meine Arme betrachten, als wären sie ein verzweifelter, persönlicher Kalender, und sagen: *Ich bin jetzt schon so und so lange hier, ich war dann und dann und dann hier, ich erinnere mich, ich erinnere mich, ich erinnere mich.* Keiner sah je meine Arme. Es war mein Geheimnis. Es war meine Art, mich zu retten.

Und so stellte ich in jenem Sommer in Winthrop in allerbester Absicht die ganzen alten Dickens-, Jane-Austen- und Flaubert-Bände vom Flohmarkt auf den Marmortisch im Wintergarten, in dem ich schlief, in der Hoffnung, auf den herrlichen Wellen von Sprache von mir selbst hinweggetragen zu werden. Ich öffnete die Ledereinbände mit der Prägeschrift und war entzückt über den Vorsatz aus Marmorpapier, doch die Doppelspalten mit winziger, schwarzer Schrift schreckten mich ab, und als ich feststellte, daß die Seiten nicht einmal geschnitten waren, legte ich, vollends entmutigt, die Bücher beiseite. Als ich versuchte, die Arbeit an meinem Roman aufzunehmen, entdeckte ich, daß die Figuren, die ich in der Schule so innig geliebt hatte, mich verlassen hatten – sie schienen sich, ohne einen Blick zurück, in die Berge von New Hampshire abgesetzt zu haben. Die Schreibmaschine staubte ein. Ich konnte mich nicht daransetzen. Aber in einem der Korbstühle, unter Strandlaken, Schlafanzügen und einer Einkaufstüte, auf der ein blinzelnder roter Hummer zu sehen war, lagen die Liebesromane, die ich mir in der Bücherei ausgeliehen hatte. Den ganzen schrecklichen Sommer lang las ich diesen Schund und träumte davon, ohnmächtig in die Arme eines geheimnisvollen Fremden zu sinken, der mich von allem, das so schwer auf mir lastete, fortholen würde, und in einem Taumel der Leidenschaft würde ich zu seiner geliebten Kindfrau werden. Endlich würde mich jemand auf Händen tragen. In billigen Romanzen kam das Wort «nie» nicht vor. Sie hatten nur das Wort «immer».

Ohnmächtig in die Arme eines Fremden sinken. Ja, das war es, was ich mir am meisten wünschte – sich der Liebe hinzugeben, sich in dem Geliebten aufzulösen, sicher in den Armen eines anderen gehalten zu werden, bis das Zittern aufhörte. Danach sehnte ich mich, seit ich vier war.

Die Familie meiner Mutter kam aus Fall River, Massachusetts, nicht weit von Rhode Island entfernt, und mein Vater veranstaltete jedesmal ein Höllenspektakel, wenn meine Mutter ihre Mutter oder ihre Schwester, meine Tante Peggy, besuchen wollte. Sein Zorn hatte keine Logik. Mit seiner Familie kamen wir jedes Wochenende zusammen, aber aus irgendeinem Grunde wollte er nicht, daß wir die Familie meiner Mutter besuchten. Mama und Daddy stritten hitzig über diesen Punkt, doch er kam immer zu demselben Schluß – einmal im Jahr konnten wir Nana Higgins in Fall River besuchen, aber nie begleitete Daddy uns.

Nana Higgins war Witwe und eine fromme Katholikin, die in einer Dachwohnung in der New Boston Road, nicht weit von ihrer unverheirateten Schwester, meiner Großtante Genevieve, wohnte. Nana hatte schlohweiße, glänzende Haare, eine Brille, rosige Wangen, einen weichen, vollen Busen und vertrauenerweckende, mit Sommersprossen übersäte Arme. Sie liebte meinen Bruder und meine Schwester und mich aufrichtig und ohne Unterschied, in ihrem Haus gab es keine Lieblinge. Wir wurden um unserer selbst willen gemocht, wegen unserer Gedanken und Gefühle. Wir gingen häufig zur Kirche und betrugen uns ganz vorbildlich. Sie hatte eine Kiste voller Stifte, Papier, Malbücher, Puzzles und Gesellschaftsspiele, und wir durften Kakao trinken und uns sogar Zucker über unsere Cornflakes streuen. Nana war die ideale Großmutter.

Eines Nachmittags, als ich vier war, besuchte meine Mutter mit meinen Geschwistern Verwandte in Tiverton, und Nana und ich waren allein unter den schrägen Wänden mit den dikken Brokatrosen auf der Tapete, den klopfenden Heizkörpern und der heißen, schwülen Luft. Sie stand mit einer Schürze vor dem geblümten Hauskleid in der zum Wohnraum offenen Küche und wusch das Geschirr ab. Ich saß vor der Zehn-Zoll-Mattscheibe des Zenith – in meinem Schürzenkittel kam ich mir ganz erwachsen vor –, fläzte mich auf einem bestickten Polsterhocker und war damit beschäftigt, auf einem Beistelltisch ein Puzzle zusammenzusetzen.

Der Fernseher lief, ich hörte, wie Nana in der Küche mit dem Besteck klimperte, in der Hand hielt ich das blutrote Blütenblatt einer Mohnblume, das ich in mein Puzzle einfügen mußte. Plötzlich erschien alles in einem Glanz, alle Geräusche im Haus wurden schwächer und schwollen dann zu einem unerträglichen Lärm an. Meine Augen richteten sich auf die flimmernde Mattscheibe, und ich spürte, wie mein Herz stehenblieb. Dort, in dem prasselnden Regen, bekleidet mit einem langen, weißen Mantel, stand eine Frau mit gesenktem Kopf, die Schultern unter dem Gewicht einer schrecklichen Last gebeugt. Sie legte die Hand mit der Handfläche nach außen über die Augen und schwankte. Ein Mann mit dunklen Haaren trat hinzu, und sie taumelte unter dem Gewicht ihres Leids. Die traurige Frau schwankte erneut und sank zu Boden, und der Regen ging um sie herum nieder. Der dunkelhaarige Mann beugte ein Bein und hielt sie in den Armen, er richtete sie auf und berührte ihr Gesicht ganz, ganz zärtlich mit einer Hand, ihr Kopf ruhte an seiner Schulter, ihre Augen waren geschlossen.

«Nana, Nana», rief ich, sprang auf und stieß all die hölzernen Mohnblumen zu Boden. «Was ist mit ihr passiert?»

Von der Küche aus warf Nana einen Blick auf den Fernseher und sagte: «Sie ist ohnmächtig geworden», und fuhr mit ihrer Arbeit fort.

«Was ist das?» flüsterte ich, und mein Herz sank bis zu den Knien.

«So etwas Ähnliches wie sterben – nur daß man wieder aufwacht», ertönte eine Stimme aus der Küche.

Mit einemmal sah ich, wie sich die Brokatrosen an der Wand öffneten und mir zuwandten. Das Zimmer drehte sich wie ein Karussell. Die Geranien auf der Fensterbank schienen von einem ungeheuer heftigen Wind zerzaust. Die Schwertlilien auf dem bestickten Kissen sahen aus, als erblühten sie vor meinen Augen und verwelkten wieder. Die Mohnblütenblätter waren zu Boden gefallen wie Blut aus einer tödlichen Wunde. Ein Mensch konnte von den Toten auferstehen. Der Mann berührte das Gesicht der Frau, wie man eine Blume berühren würde, und dann küßten sich der Mann und die Frau und überlisteten dadurch den Tod, und als der Mann und die Frau sich wieder küßten, erwachte sie. Sie war wieder ins Leben zurückgekehrt, weil er sie geküßt hatte, und der Tod, der sie wie ein schrecklicher Regen bedroht hatte, konnte ihr kein Leid antun. Eine Frau in ihrem Mantel des Kummers war in den Tod gesunken, ein Mann hatte sie liebevoll im Arm gehalten, und sie war wieder lebendig geworden. Sie standen zusammen im Regen und küßten sich, und der Tod konnte ihnen nichts anhaben.

Ich hatte nicht gewußt, daß ein Donnerschlag auch den Körper treffen kann. In meinen Ohren war ein Brausen, und die Gänseblümchen auf Nanas Kleid wogten wie auf einer Wiese im Wind. Sie hielt mir ein Glas Wasser an die Lippen. Es war kalt. Ich wollte nichts davon trinken. Ruhig lag ich in ihrem Schlafzimmer auf den gehäkelten Blättern ihrer Bettdecke, meine Finger in die Fäden einer gestickten Tulpe verschlungen, mit Blütenblättern von der Farbe wie Blut. Die Vorhänge waren vorgezogen, als sei jemand gestorben.

Was habe ich denn mit vier Jahren von den Geheimnissen der Liebe und des Todes verstehen können, daß mich ein so heftiges Zittern schüttelte? Aber niemals konnte ich das, was ich gesehen hatte, ungesehen machen. Ich wußte, daß es ein Film war, und später begriff ich, daß die Figuren nicht Kummer und Liebe waren, sondern Jean Arthur und Gary Cooper, und dennoch hatte ich gespürt, wie ich aus der Welt glitt. Ich hatte gespürt, wie ich in Ohnmacht sank.

Der Wunsch, in Ohnmacht zu sinken, zu sterben und ins Leben zurückgeliebt zu werden, wurde mein ureigenstes Geheimnis, eine Vorstellung, über die ich viele Jahre lang nicht sprechen konnte, an die ich aber ständig dachte und die ich immer weiter ausschmückte, bis das Bild so schön und komplex wie ein Wandteppich war. Obwohl ich damals nicht hätte erklären können, was ich sah, kam ich später zu der Überzeugung, daß Kummer und Liebe in einer sichtbaren körperlichen Handlung angesiedelt waren, im gewaltsamen Tod und in der zärtlichen Wiederbelebung der Seele im Angesicht der Unermeßlichkeit all dessen, was heilig ist; das ganze Geheimnis des Lebens war in dem Ausdruck «in Ohnmacht sinken» zusammengedrängt. Danach waren der Ausdruck und der Vorgang für mich ein und dasselbe, mein ganzes Leben lang. Wenn ich dem Ausdruck in Büchern begegnete, machte er mich schwindelig. Er sprang von der Seite, rührte mein Herz an, als sei es eine Glocke, ließ meine Knie weich werden, und die Welt glitt mir aus den Händen. Dann ließ ich den Ballast des Buches sinken und suchte nach etwas Größerem, etwas Festem, das mich aufrechthalten würde. In Ohnmacht zu sinken bedeutete, zu sterben und aus dieser Welt in den dunkel strahlenden Glanz der nächsten zu fallen. In Ohnmacht zu sinken bedeutete, die Größe des Todes zu spüren. In Ohnmacht zu sinken bedeutete, die Zärtlichkeit menschlicher Liebe zu erfahren und ihre Kraft, den weißen Schmetterling der Seele wiederzubeleben, der sich am Zeigefinger der Liebe festklammerte, als er mir sanft auf die Wange klopfte, um mich zu erwecken. In Ohnmacht zu sinken bedeutete, die furchtbare Auslöschung des Geistes zu spüren, und die Hand Gottes auf meinem Haar, die wie ein Flüstern war: «Nein, mein Kind, noch nicht, geh zurück», und wieder in meinen Körper zu schlüpfen, wie ein Geist, der in sein Haus zurückkehrt.

«In Ohnmacht sinken» war zu heilig, um es auszusprechen oder es auch nur zu flüstern. Es wurde eine Verführung des Geistes, der ich in meinen Träumen nicht widerstehen konnte und die ich nicht dadurch zerstören wollte, daß ich sie laut aussprach. Bei einer Schulfeier wurde ein dicker Junge aus der sechsten Klasse kreidebleich, sank in die Knie und fiel mit einem großen Krachen vom Podest. Ich war schockiert. Auf meiner Stirn standen Schweißperlen, Schweiß rann mir an der Wirbelsäule hinunter. Ich sah ein anderes Kind, das wie ein geflügelter Bote durch den Saal flog, um den Direktor zu holen. Ich sah unseren Musiklehrer, Mr. Viggiano, der sein Jackett mit großer Gelassenheit auszog, es auf links zog, halb zusammenlegte und dem blassen Jungen, der zu schlafen schien, unter den schweren Kopf schob. Unser Lehrer kniete sich nieder und wischte mit seinem Taschentuch erst dem Jungen und dann sich selbst das Gesicht trocken.

Ich wußte, daß der Junge aufwachen würde, daß seine Augenlider flattern würden und er in den Gesichtern der Erwachsenen nach einer Erklärung suchen würde. Aber ich war außer mir. Ich wollte aufbegehren: *Warum ist es an dich verschwendet worden? Ich weiß, was es bedeutet, in Ohnmacht zu sinken. Es hätte mir passieren sollen!* Ich sah den weißen Flügel des Heiligen Geistes, wie er durch die Strahlen der Staubkörnchen schwebte, die durch die hohen Turnhallenfenster hereintanzten, und ich wollte zu dem Jungen eilen und ihn fragen: *Wie war das Sterben? Erzähl mir von der Liebe!*

Irgendwie verband sich der Ausdruck «in Ohnmacht sinken» in meinem Vokabular untrennbar mit anderen Zeichen der Reife – den knospenden Brüsten, den Rosenblättern des Blutes auf dem Laken. Ich glaubte, daß mein Herz eines Tages, wenn mein Körper sein zaghaftes Wachstum beendet hatte, zu dem Herz einer Frau werden würde, und daß ich die Personifizierung von Kummer wäre, die, von der Dunkelheit des Todes überwältigt, die Hand der Liebe auf ihrer Wange spüren würde. Zwar kamen die Brüste und das Blut, aber es war nicht so, wie ich es mir vorgestellt hatte.

Die Schundromane trivialisierten, was mir heilig war – die geistlosen Heldinnen sanken an den ungeeignetsten Stellen in Ohnmacht –, aber der Spannungsbogen der Geschichte nahm mich dennoch gefangen, auch wenn die Einzelheiten abgeschmackt waren. Also las ich die Liebesromane mit merkwürdiger Verzweiflung und verfolgte jede Heldin, wie sie über die Felder der Unschuld flog und auf die Unergründlichkeit ihres Frauseins zueilte und gleichzeitig davor floh. Unablässig suchte ich nach Hinweisen darauf, wie ich mein eigenes Leben schreiben könnte. Wenn sich die Heldin, atemlos vor Erregung und Furcht, der Gefahr, also ihrem Geliebten, in die Arme stürzte, wartete ich darauf, in eine Welt eingelassen zu werden, wo auf das Leid die bedingungslose Liebe folgte.

Die jungen Frauen in diesen Büchern erschienen mir weniger unerfahren als dumm, nicht unschuldig, sondern naiv. Mit ihren wogenden Busen, den Korsetts und den allzu blassen Wangen waren sie keine Geschöpfe feuriger Leidenschaft, sondern Figuren kühler Teilnahmslosigkeit. Wie verängstigte Rehe in einer Höhle kauernd, sahen sie nicht die Heilige Jungfrau, die in den Armen des Johannes in Ohnmacht sank, sondern sich selbst, unfähig, ihre eigene Sexualität anzunehmen. Die Rettung durch den byronischen Helden bedeutete lediglich, daß sie vor ihren eigenen verzagten Herzen in Sicherheit gebracht wurden. Sie waren mir verhaßt, weil sie weinerlich und furchtsam waren – und mit tiefem Abscheu mußte ich zugeben, daß ich genauso war wie sie.

Ich las diese Bücher immer wieder. Sie waren austauschbar in Handlung und Einzelheiten, bis hin zu dem viel zu engen Nachthemd der Heldin aus durchbrochenem Musselin. Ich versuchte sogar, eine Parodie zu schreiben, so formelhaft waren sie. Meine Heldin hieß Dimity Witte, war Waise und kam auf Geheiß von Roderick Grange, dem finsteren, geheimnisvollen Herrn von Grange Grange, als Gouvernante auf sein Schloß. Es gab eine Anzahl merkwürdiger und wahrscheinlich leicht debiler Nebenfiguren – Flummox, die Köchin, Diddit, der Butler, und der dort ansässige Herumtreiber, Cousin James Tunichtgut. Angesichts meines eigenen Geniestreiches rieb ich mir die Hände und schrieb ein paar Kapitel, in denen es jede Menge makabrer mitternächtlicher Begegnungen, mysteriöser brennender Kerzen, Schreie aus der Waschküche, beinahe tödlicher Unfälle und langer, hingebungsvoller Küsse gab, doch es langweilte mich schon nach kurzer Zeit, so daß ich mich wieder dem Lesen von Schundromanen zuwandte und das Schreiben aufgab, obwohl ich jedesmal das Ende im voraus kannte.

Gleichzeitig wußte ich aber genau, warum ich billige Romanzen verschlang, warum ich mir nicht Jane Austen oder Flaubert vornehmen konnte. Liebesromane waren die verwässerte, leicht verdauliche Version einer Erhabenheit, an die ich mich nicht herantraute. Sie beruhten auf einem Kunstgriff, sie waren der Schatten der Kunst, und etwas anderes konnte ich damals nicht ertragen. Ich hätte die alte, zeitgewaltige Sprache von Homer nicht überlebt. Ich hätte vor Virgils marmorner Klarheit nicht bestanden. Ich wäre mit den Kriegern in Troja gefallen, hätte ich das Geflüster der Griechen im Pferdeleib vernommen.

Mit jedem Taschenbuch, das ich las, watete ich auf eine nebelverhangene, seichte Romanzenwelt zu und entfernte mich von der echten, wahrhaftigen Welt der Liebe, von einer Herrlichkeit, vor der ich zweifellos erblinden würde. Ich war bemüht, nicht nur zu irgendeiner Frau heranzuwachsen, sondern zu einer Frau, die schreibt. Statt eines in Unordnung geratenen, halb geöffneten Mieders wollte ich den Mantel des Kummers beschreiben. Ich kämpfte mich heraus aus meiner Mädchenzeit, damit ich nicht länger verzagt das Wort «Geliebter» in die Höhle hineinhauchen mußte. Aus tiefem Kummer würde die Seele sterben, und das größte Wort von allen –

Liebe – würde sie wiedererwecken. Wenn ich den heiligen Ausdruck «in Ohnmacht sinken» laut und deutlich aussprechen konnte, hieße das, ich hätte meine eigene Stimme endlich gefunden. Aber noch war ich nicht soweit. Ich wußte nicht genug. Ich wollte in Ohnmacht sinken, und zwar nicht wie die hölzernen, steifen Mädchen aus den Geschichten, sondern wie eine Frau, die den Kummer des Lebens sah und verstand und nicht ertragen konnte. Ich wollte glauben, daß die Liebe mich wieder in die Welt zurückbringen konnte, wahrhaftig erweckt und wahrhaft lebendig.

In Grannys Haus gab es in jedem Zimmer Fotos von meinem Vater, doch je öfter ich sie im Laufe der Jahre betrachtete, desto weniger meinte ich, meinen Vater zu kennen. Das traurige Kind, das ich in Winthrop sah, hatte keinerlei Ähnlichkeit mit dem brüllenden, unberechenbaren Gewaltmenschen, der unser Leben auf der Farm bedrohte. Über der zierlichen Wurlitzer-Orgel im Wohnzimmer saß der einjährige Junge in weißem Spitzenkleidchen auf einer Matte, das goldene Haar zu einem Pony frisiert und die Hände in die geöffneten Pranken eines lebensechten, kindergroßen Grizzlybärs gelegt. Im Eingang unter dem Spiegel saß der Zweijährige gedemütigt und nackt auf dem Topf, das Kinn in die Hände gestützt und die Ellenbogen auf den staksigen Knien, die des Anstands halber zusammengepreßt waren, einen Strohhut schräg über einem Auge. Er blinzelte ausdruckslos in die Sonne. Auf dem Mahagonitisch unter der bauchigen Lampe im Erker blickte der vierjährige Richie aus einem Goldblattrahmen. Es war das traurigste Gesicht, das ich je gesehen hatte; er trug eine Fliege und einen Mantel mit Fuchskragen, das Haar war in der Mitte gescheitelt, und aus seinen dunkel leuchtenden Augen sprach mehr Wissen über das Leben, als ein Kind je verstehen sollte. Im Flur nahmen mir die süßen, mädchenhaften Züge des Sechzehnjährigen über dem gemusterten Pullover den Atem.

Er sah so schön aus. Auf dem Heizkörper hinter dem Sofa saß er in seiner Offiziersuniform, das Haar pomadiert, ein ernstes Profil, runde Rauchwölkchen stiegen von seiner Zigarette auf. Granny fand, daß er wie ein Filmstar aussah. Es war die Sorte Foto, auf der man in der rechten Ecke in eleganter Handschrift eine Widmung zu finden erwartete: *Meiner geliebten... Ewig dein.* Wenn wir «Perry Mason» oder «Bonanza» sahen, lächelte mein Vater in seiner Offiziersmütze und den Rangabzeichen spöttisch auf uns hinab. In Grannys Schlafzimmer hing seine Totenmaske.

«Alle Mädchen wollten Richie heiraten», sagte Granny häufig. «Und ich bin mit ihm nach Hollywood gefahren, um zu sehen, ob ich ihn beim Film unterbringen könnte.» Manchmal wußte ich nicht, was ich glauben sollte.

Dann gab es die Fotos von mir: Mit einem Jahr und Lokkenkopf; mit zwei in einem Kittel auf einem See aus Spitze in einem tellergroßen Goldblattrahmen, der über dem Sofa hing; mit vier, fünf und sechs – mein heranwachsendes Gesicht war im Wohnzimmer verteilt, dazu die Bilder meines Vaters wie in einem Schrein. Es gab nicht ein einziges Bild von meiner Mutter oder von meinen Eltern zusammen, so als würde meine Mutter nicht existieren, als hätte ich keine Mutter gebraucht. Als Fortführung von Granny brauchte ich nur Teil meines Vaters zu sein, um Teil von ihr zu werden.

Nana Higgins hatte mir ein einziges Bild von meiner Mutter gegeben, von dem Mama nicht wußte, daß ich es besaß, und mir von dem Tag erzählt, an dem es aufgenommen wurde. Meine Mutter trug ein weißes Kleid und stand, zusammen mit vielen anderen Mädchen, auf den Stufen der Academy of the Sacred Heart; sie waren auf dem Weg ins Rose Hawthorne Lathrop Cancer Home, wo sie singen sollten. Das Heim war von Nathaniel Hawthornes Tochter gegründet worden, und die Mädchen hatten sich aufgestellt und standen wie ein Kreis von Lilien im Aufenthaltsraum.

Die Krankenschwestern brachten die Patientinnen in Rollstühlen und Betten so nah wie möglich an die Mädchen heran – die Lektion über die Sterblichkeit des Körpers und Unsterblichkeit der Seele konnte nicht oft genug wiederholt werden. Die Mädchen sangen «Dies Irae» und «Lo, How a Rose Ere Blooming» vor Frauen, die keine Gesichter mehr hatten, von denen manche keine Brüste, Arme oder Beine mehr hatten, vor Patientinnen, die die Krankheit zu verströmen schienen, deren Verbände nach Tod und Infektion rochen. Die jungen Mädchen öffneten die Münder und hauchten ihren süßen, unverbrauchten Atem in die Luft über den unheilbar kranken Frauen, die jeden klaren Ton in ihre siechen Körper aufsogen. Der Nachmittag schritt voran, und die Mädchen wurden immer blasser. Eine der älteren Frauen, der aus den Höhlen, wo einst die Augen waren, der Eiter lief, packte meine Mutter mit ihrer mageren Hand, und als sie zu sprechen versuchte, spritzte grünlicher Auswurf auf das weiße Kleid meiner Mutter. Nana sagte, daß meine Mutter das weiße Kleid nie wieder tragen wollte und den Geruch der Krankheit wochenlang nicht wieder loswurde.

In dem Sommer, als ich zwölf war, lag ich auf der Couch in Grannys Wintergarten und dachte viel über meinen Vater und meine Mutter nach. Hatten sie sich, wie es in meinem Liebesroman vorkam, leidenschaftlich geliebt? Hatten sie gelacht und sich auf dem Vordersitz eines 41er Cadillac aneinandergeschmiegt, als sie durch Pinkham Notch in den White Mountains in die Flitterwochen fuhren? Jetzt konnten sie es kaum ertragen, sich im selben Zimmer aufzuhalten. Ich kann mich nicht erinnern, je gesehen zu haben, daß sie sich berührt hätten, nicht einmal versehentlich. Warum gab es keine Bilder von meiner Mutter in einem langen weißen Kleid, mit einem strahlenden Lächeln unter dem Schleier und den Orangenblüten? Es schien ein schreckliches Geheimnis zu sein, über das keiner sprach. Manchmal glaubte ich, daß meine Eltern heiraten mußten, weil ich unterwegs war, und daß unsere unglückselige Familie nie zustandegekommen wäre, wenn ich nicht gezeugt worden wäre.

Ich seufzte, drehte mich auf den Bauch und drückte das staubige Federkissen mit dem gehäkelten Spitzenrand unter meinem Kopf zurecht, und guckte zu, wie der leise Sommerregen an den Scheiben herunterrann und sich in kleinen Pfützen auf dem Fliegengitter sammelte. Ich war immer wieder überrascht, daß man den Regen in Winthrop riechen konnte, und gewöhnte mich nie daran, wie schwer die Luft war, wie stark mit Salz angereichert. Dies war nicht der klare, reinigende, frisch-grüne Sommerregen, der auf der Farm beständig und leise fiel, einfach um die Erde zu tränken. In Winthrop war der Regen älter, trauriger, als wäre der Himmel so durchdrungen von Kummer, daß er nicht anders konnte, als überzufließen. Dann zog der Nebel ein wie ein Geisterwesen, halb wirr vor Trauer, wand sich blind zwischen Häusern und Bäumen hindurch, als suche er jemanden, befühlte sanft Fensterriegel und ankerförmige Türklopfer, schlüpfte durch Korbmöbel auf den Veranden und durch regenschwere rote Geranienblüten; der Nebel mit Tränen auf dem Gesicht, auf der Suche nach einem Platz, wohin er gehörte.

Nein, du Trottel, schimpfte ich erzürnt mit mir selbst, *es ist nur ein Küstensturm, ein gewöhnlicher Nebel, ein ganz alltäglicher Regen*. Statt des sanften Klopfens der Regentropfen auf dem Glas hörte ich die Stimmen meiner Familie wie das Schlagen einer Trommel in meinem Kopf: *Du tust wieder so melodramatisch. Du lebst im Märchenland. Im Traumland. Den Kopf in den Wolken. Du machst dich lächerlich. Dummes Gehabe. Verrückt. Überdreht. Du lebst in einer Welt für dich*.

In einer Welt für mich. Ich fühlte mich wie Archimedes in seinem Bad. Das war's! Meine Familie konnte es nicht ertragen, daß ich dem Leben, das wir alle miteinander führten, auf phantastische Weise entfliehen und mich aus dem Zimmer träumen konnte – sie konnten es nicht oder wollten es nicht, oder sie fürchteten sich. Sie wollten, daß ich im Sumpf ihrer handfesten Welt aus gehortetem Geld, Autowracks, zerborstenen Rohren, abblätternder Farbe, verstopften Sikkergruben, einem Dachboden, einem Keller und einem Schuppen voll mit Ramsch feststeckte. Sie wollten, daß ich mich zu ihrer «wirklichen Welt» bekannte. Sie wollten nicht wissen, daß *Der große Gatsby* von Scott Fitzgerald, Picassos *Guernica*, Tschaikowskys *1812*-Ouvertüre und Michelangelos *David* für sie ebenso existierten wie für mich. Sie hätten nicht verstanden, noch hätte ich ihnen erklären können, daß Sprache das einzige war, was mir wirklich etwas bedeutete. Sprache war ein sonnenüberfluteter Fluß mit klarem Wasser voller aquamarinblauer Lagunen und wilder Strudelbecken. Die Berge meiner Phantasie türmten sich hoch und bedrohlich auf, sie glitzerten im Quecksilber des Mondlichts und der Sterne; meine Träume waren das Grasland der Serengeti, in der Metaphern, schnell und schön wie Geparde oder anmutig und zierlich wie Gazellen, quicklebendig waren: Bilder belebten die Landschaft, ähnlich einer Horde Löwen, die sich in der fliegensurrenden Mittagshitze sonnte, oder einer Kikuyu-Siedlung in der Abenddämmerung, wenn die ersten Feuer angezündet wurden, ähnlich auch dem Schnee, der leise und dicht in einen smaragdgrünen See hoch oben in den rötlichen Bergen fällt.

Plötzlich sah ich meine Familie vor mir, wie sie im Eingang einer primitiven Höhle hockte, in zerrissene Felle gehüllt und eng um das armselige Feuer geschart, wo ihre Mahlzeit garte, ein Primatenstamm, der vorsichtig den Horizont nach wilden Raubtieren absuchte. Beiderseits der Höhle waren mannshoch und höher Knochen von Säbelzahntigern, riesige Oberschenkelknochen von Mammuts und die Schädel von Antilopen aufgeschichtet – ein Schatz von toten Knochen, den sie unter Einsatz ihres Lebens verteidigen würden. Und tief im Innern der Höhle warf die Flamme der Fackel aus Tiertalg einen Schatten auf ein halbnacktes Kind – auf mich, vor Kälte und aus Angst vor Entdeckung zitternd, während ich die Hand in rotes Pigment tauchte und einen Auerochsen an die Wand malte.

«Komm her, du Mondgesicht», rief Granny durch das Fenster, das den Wintergarten mit ihrem Schlafzimmer verband. «Ich packe gerade. Komm her und unterhalte dich mit mir, während ich die Sachen zusammensuche.»

Ich seufzte. Es regnete immer noch. Granny störte immer wieder.

Ich tapste durch die Küche und setzte mich auf den Rand ihres Bettes. Normalerweise fuhr Granny nie fort, wenn sie mich in ihren Klauen hatte, doch jetzt hatte sie beschlossen, in die White Mountains zu fahren, um ihre alten Freunde Jack und Lena Childs zu besuchen. Lena war eine beleibte, bebrillte Friseuse, die in einem kleinen Ferienort in der Nähe der Presidential-Range-Berge arbeitete und damit prahlte, daß Bette Davis zu ihren Kundinnen zählte. Jack, ihr Mann – «mein zwiebeläugiger Mistkerl», sagte sie immer zu ihm –, war Richter. Granny bedrängte mich, mit ihr zu kommen, aber es gab nichts, was ich weniger gern getan hätte.

«Ich will hierbleiben und lesen», sagte ich mürrisch.

«Du kannst in New Hampshire genausogut lesen wie hier», sagte sie und steckte eine Dose Hautcreme in die Innentasche des Koffers. Ich verzog das Gesicht und ließ mich auf die Kissen des Feldbetts fallen. *Kann ich nicht*, knurrte ich im stillen, *weil DU da sein wirst*. Außerdem würde mich eine unerträgliche Langeweile überfallen, und ich würde eine Woche lang wie ein abgerichteter Affe vorgeführt werden. Zum Glück kam mein Großvater mir zu Hilfe.

«Herrgott noch mal, Ma, laß die Kleine doch in Ruhe. Wenn sie hierbleiben will, dann laß sie doch. Ich werde mich schon um sie kümmern.»

Und ausnahmsweise hatte Boppa das letzte Wort.

Dann fragte ich ganz bescheiden: «Granny, kann Joycie Nolan heute hier schlafen?»

Ich kannte Joyce von Kindesbeinen an; wir hatten zusammen in zerknautschten Spielanzügen, mit Sonnenhüten und Plastiksonnenbrillen am Strand gesessen und mit unseren roten Eimern und Schaufeln gespielt. Joyce und ich hatten uns verabredet, daß wir bei ihr zu Abend essen und dann bei mir schlafen würden.

«Na ja, meinetwegen», sagte Granny geistesabwesend. Normalerweise durfte ich nicht mit anderen Kindern spielen, und schon gar nicht durften sie bei mir schlafen, weil Granny es nicht haben konnte, wenn sie mich mit jemandem teilen mußte. Selbst ihre eigenen Freunde wußten, daß es unklug war vorbeizukommen, wenn ich zu Besuch war, weil Granny dann sehr grob zu ihnen war und ihnen deutlich zu verstehen gab, daß sie gehen sollten, damit sie mich wieder ganz für sich hätte. Aber diesmal war es anders – sie fuhr ja weg.

«Meinetwegen geh und sag Rommie, daß Joyce kommen kann», sagte Granny mit einem eifersüchtigen Schnauben.

Als ich den rosaschwarzen Läufer entlangraste und die Haustür hinter mir zuschlug, jubilierte ich innerlich. Ich stand auf der Veranda und atmete tief durch; das liebliche, nur zu seltene Freiheitsgefühl und der köstliche Salzregen auf meiner Haut waren ein Hochgenuß.

Das Meer war grau wie ein Schlachtschiff und stürmisch, als ich an den Türmchen und hohen Fenstern des Cliff House vorbeisauste, an den Heckenrosen vorbei, die wild über den Zaun am Rand der Klippen wucherten, und die lange Holztreppe zum Strand hinunter. Von Rommies und Johns Haus hatte man einen Blick zu den Leuchttürmen in Boston Harbor und dem langen, wie ein Schild gebogenen Boulevard. Auf der anderen Seite des Hauses, in dem hüfthohen Gras hinter einem rostigen, mit einem Vorhängeschloß versehenen Wetterzaun, befanden sich die Reste eines alten Armeeforts.

Auf einer korrodierenden Eisenstruktur von der Form eines halbierten Eiffelturms war eine Radaranlage errichtet, die, bis hin zu den kleinen Einbuchtungen, wie ein riesiger Golfball aussah. Keiner wußte genau, was für Strahlen hier ausgesandt wurden. In der Nachbarschaft bekamen etliche Menschen Krebs und starben.

Als ich an Rommies Haus klingelte, hörte ich oben den Staubsauger, also ging ich auf der breiten Veranda ums Haus herum und durch die Hintertür hinein, die niemals abgeschlossen war. Ich mußte lächeln – wann immer man Rommies Haus betrat, hörte man, wie der Staubsauger unsichtbare Staubkörnchen, Bazillen, Viren, mikroskopische Fasern aufsaugte, die Schädlinge herbeirufen, Epidemien auslösen oder irgendwelche Krankheiten verursachen könnten. Rommie Nolan war der beste Mensch, den wir kannten – wahrhaft freundlich, großzügig, fromm und über jeden Tadel erhaben –, aber über ihren Reinlichkeitsfimmel mußten wir lachen, weil er uns zeigte, daß sie auch nur ein Mensch war und keine Heilige.

Sonst schien keiner zu Hause zu sein. Ich ging in die vor Sauberkeit blitzende Küche und nahm mir ein Glas Limonade. Hier war ich in einem Haus, wo ich mir etwas nehmen durfte, ohne Angst zu haben, angebrüllt zu werden. Das Wunderbare war, daß ich wählen konnte, daß ich selbst entscheiden durfte, ohne Vorwürfe wegen meines Urteilsvermögens, meiner Gier oder meiner Person zu hören zu bekommen. Eine so schlichte Handlung wie das Eingießen von Limonade in ein Glas gab mir das Gefühl, ein Mensch zu sein. Ich kam liebend gern hierher, wo jeder mich «Schätzchen» nannte. Es war, als würde ich übers Wochenende in den Himmel kommen.

In diesem Haus hatten mein Bruder, meine Schwester und ich viele glückliche Stunden erlebt – Grillfeste am Labor Day, Picknick im Garten am Memorial Day, Feuerwerke, Hummerschwänze und Maiskolben am Nationalfeiertag,

Cocktail-Partys an Sommerabenden, wo die Kinder aufbleiben und Kinder-Cocktails mit Maraschinokirschen trinken durften. Manchmal fuhr John mit uns allen im Boot seines Bruders, der eleganten *Lord Fox*, hinaus. Die Erwachsenen tranken und wurden immer ausgelassener, wir Kinder sprangen in unseren Rettungswesten umher und bekamen stündlich mehr Farbe im Gesicht, und das Boot sauste zwischen den Inseln in Boston Harbor über die Kielwellen anderer Schiffe hin und her. Bevor wir auf die Welt kamen, hatten sich Mama, Daddy, Rommie und John hier getroffen, um Feste zu feiern, Karten zu spielen und zu trinken, während Benny Goodman, Paul Whiteman und Cab Calloway sich auf dem Plattenspieler drehten. Alle rauchten und tranken John Nolans berühmte Cocktails. Manchmal ging einer, häufig war es mein Vater, zum Klavier, griff in die Tasten und spielte eine bekannte und beliebte Melodie wie «Chattanooga Choo-Choo», «A Nightingale Sang in Berkeley Square» oder «White Christmas». Sie rollten im Wohnzimmer den Teppich an die Seite und tanzten und waren so jung und so schön in ihren langen, enganliegenden Kleidern, ihren Smokings und Uniformen, die Sektgläser waren mit Mata-Hari-Lippenstift verschmiert, und die Männer pinkelten zu Rommies Entsetzen, auf den Stufen vor der Haustür stehend, in die Fliederbüsche.

Ich saß auf dem roten Ledersofa im Wohnzimmer, das zwei Fenster zum Meer hatte. Wahrscheinlich ist Joyce noch in der Tanzschule, dachte ich. Im Obergeschoß brummte der Staubsauger. Nur zu gern hätte ich zwei Zigaretten aus dem Jadekästchen auf dem Couchtisch gestohlen – Rommie und John rauchten beide wie die Schlote –, aber ich wußte, daß man mich ertappen und tadeln würde. Zwischen zwei tellergroßen Aschenbechern lag ein schwarzes Gästebuch, das ich, soweit ich mich erinnern konnte, noch nie gesehen hatte. Also nahm ich es in die Hand und fing an, es von hinten durchzublättern, wo ich die Namen der Freunde meiner Eltern fand, auch die,

die schon gestorben waren, Daten von Partys, Taufen, Messen und Beerdigungen, alle vor meiner Geburt. Es war aufregend, mir ihr Leben vorzustellen, als es mich noch nicht gab. Die Unterschriften, die ich kannte, las ich mit einem Gefühl der Zuneigung, denn diese Menschen waren mit meinen Eltern befreundet gewesen, als sie noch glücklicher waren: Kay Wainwright, Russell Bergman, Eddie und Mary Lou Novak, Onnie Davis, Hank Remby, Lois und Hugh Lyons, Bob und Terry Stewart, Danny Grady, Bill und Elaine Tunis. Sie alle waren voller Hoffnung gewesen – außer dem großen, dunkelhaarigen, lustigen und gutaussehenden Archie Stewart, dem besten Freund meines Vaters, der von den Deutschen gefangengenommen worden war, als die Nazis merkten, daß der Krieg zu Ende ging, und ihre Gefangenen auf wochenlangen Gewaltmärschen auf die russische Frontlinie zu schickten. Archie Stewart war nur wenige Wochen vor Kriegsende vor Hunger gestorben; seine papierne Haut hing lose von den Knochen, und seine Kameraden konnten ihn nicht begraben, so geschwächt waren sie selbst. Ich konnte es nicht begreifen. Noch Jahre später hob Mims, seine Mutter, manchmal einen vollen Löffel zum Mund und konnte dann nichts essen, denn ein solcher Happen hätte ihrem Sohn das Leben gerettet.

Ich schlug das Buch vorne auf, um zu sehen, ob es ein Datum gab, von dem ab all die Partys aufgezeichnet worden waren, und als ich auf der ersten Seite die allererste Unterschrift las, klappte ich sofort das Buch zu und rannte aus dem Haus an die frische Luft. Ich kniff die Augen fest zusammen, die Tränen zwängten sich zwischen meinen Wimpern hindurch, und ich versuchte das ungesehen zu machen, was ich soeben gesehen hatte. Aber die Handschrift war nicht zu verwechseln. Ich wußte, was sie bedeutete, weigerte mich aber, es zu glauben. Es durfte nicht wahr sein. Es mußte ein Irrtum sein. Ich schluckte mehrfach an etwas Hartem in meinem Hals und übergab mich dann über die Verandabrüstung in die Petunien.

Plötzlich trat Rommie auf die Veranda.

«Melissa, ich hab dich gar nicht kommen hören. Was ist los, Schätzchen? Ist dir nicht gut?»

Ich konnte sie nicht ansehen. Mein Magen war in Aufruhr.

«Komm ins Haus. Ich hole dir eine Alka-Seltzer.»

Sie führte mich zu Johns Fernsehsessel aus rotem Leder und brachte mir ein Glas Sprudel, in dem sich zwei Tabletten auflösten. Ich zwang es hinunter und wünschte mir, es sei Arsen.

Rommie war zu allen Kindern zärtlich, ihren eigenen und allen anderen, die sich in ihre weiten Rockschöße verirrten. Wenn sie sich für eine Party anzog, trug sie Capri-Hosen, lange, bunte Hemden und funkelnde Armreife und Ohrringe. Sie machte sich dann perfekt zurecht, puderte ihr Gesicht, legte Rouge auf, zog die Augenbrauen nach, trug Lippenstift auf und sah aus wie ein Fotomodell. Aber an einem Samstagmorgen in ihren Putzsachen und ohne einen Schimmer Make-up – vielleicht hätte ich laut gelacht, wenn ich nicht so aufgewühlt gewesen wäre – unsere Rommie, der beste Mensch, den wir kannten, trug kein Make-up, und ich könnte schwören, sie sah aus wie ein hartgekochtes Ei.

«Was ist los, Schätzchen?»

Wortlos und gegen die Übelkeit ankämpfend, brachte ich ihr das Gästebuch und legte es ihr in den Schoß. Sie sah mich verwundert an.

«Die erste Seite», krächzte ich und ließ mich in den Fernsehsessel plumpsen. «Tante Rommie, lies mir die erste Unterschrift vor.»

Sie öffnete das Buch, errötete, fuhr sich nervös mit der Zunge über die Lippen und schlug das Buch zu.

«Tante Rommie, erklär es mir.»

Sie hustete, griff nach einer Zigarette und zündete sie mit zitternden Händen an.

«Solltest du das nicht besser zu Hause fragen?» fragte sie leise.

«Nein», schrie ich entsetzt und fuhr hoch. «Ich muß es

jetzt wissen, du mußt es mir erklären, ich weiß ja sowieso, was es heißt, aber du mußt mir die Wahrheit sagen, du mußt es mir erklären, bitte!» Ich ließ mich wieder in die Polster fallen und schluchzte.

Die Handschrift meiner Mutter war eindeutig. In Tinte, die schon lange getrocknet war, stand dort: «Anna und Tom Murphy.» Ich hatte nie von Tom Murphy gehört, doch ich verstand blitzschnell. Meine Mutter war schon einmal verheiratet gewesen. Ich erinnerte mich an den Stapel alter Koffer, die ich im Schuppen gesehen hatte, mit den Initialen AHM. Jetzt begriff ich, daß sie meiner Mutter gehört hatten, als sie Mrs. Thomas Murphy gewesen war, Mrs. Anna Higgins Murphy.

«Mama war mit ihm verheiratet, oder?» schluchzte ich. «Warum hat mir das keiner gesagt?» Es ging über das hinaus, was auch ich mir vorstellen konnte. Wer war er? Wie lange waren sie verheiratet gewesen? Wo hatten sie gelebt? Hatte meine Mutter vor mir schon Kinder bekommen? Ich war außer mir. «Rommie, Rommie, bitte, erklär's mir. Mama war verheiratet, bevor sie Daddy kennengelernt hat, ja? Erzähl doch! Erzähl mir doch, was passiert ist.»

Rommie seufzte. «Eigentlich sollte deine Mutter dir das erzählen. Wenn sie gewollt hätte, daß du es erfährst, hätte sie es dir selbst erzählt.»

«Aber ich weiß es jetzt. Du mußt es mir erzählen.»

Sie drückte ihre Zigarette aus und zündete sich eine neue an. «Weißt du, während des Krieges war deine Mutter Stewardess bei American Airlines.»

Ich nickte. Früher mußte man Krankenschwester sein, um Stewardess zu werden, aber im Krieg wurden alle Krankenschwestern gebraucht, und meine Mutter war eine der ersten Stewardessen, die keine Krankenschwester war. Damals galt es, wenn man jung und hübsch war, als schick, in einer einundzwanzigsitzigen DC-3 zu fliegen, die klapperte und heulte und sich kaum über die Baumwipfel hob.

«Sie war damals sehr hübsch», fuhr Rommie fort. «Rötliche Locken, ihr bezauberndes Lächeln, eine sagenhafte Figur mit Wespentaille. Wahrscheinlich hat sie Tom auf einem ihrer Flüge nach New York oder Nashville kennengelernt. Sie haben 1943 geheiratet und in der Sewall Avenue gewohnt – du kennst doch das kleine graue Haus am Ende von Back Beach? Da haben sie gewohnt.»

Ich schnappte nach Luft. Im Sommer ging ich dort immer schwimmen, weil es ganz flach hineinging und der Wellengang nicht so stark war. Ich kannte das silbrige Haus mit der Sonnenveranda und den Fliederbüschen, deren Äste an die Fensterscheiben pochten – ich hatte es schon immer gemocht, weil man durch das ganze Haus aufs Meer schauen konnte. Ich hatte mir immer vorgestellt, daß ich eines Tages dort leben würde. Es war perfekt für eine Schriftstellerin. Jetzt zu erfahren, daß meine Mutter dort als junge Ehefrau gelebt hatte und ich nichts davon gewußt hatte, machte mich ganz krank.

«Waren sie glücklich?» fragte ich und wollte gleichzeitig hören und nicht hören.

«In den Flitterwochen waren sie wohl glücklich, soweit ich weiß, aber danach ... da wurde es schwierig. Eigentlich sollte deine Mutter dir das alles erzählen.»

«Bitte!» Ich mußte es wissen. Wenn nicht, dachte ich, würde ich von der Strandmauer springen.

«Das Haus gehörte Toms Vater, und der wohnte in einem alten Kapitänshaus in Somerville und betrieb mit seinen beiden Söhnen einen Spirituosenhandel in Charlestown, neben der Marinewerft. Tom kam jeden Abend betrunken nach Hause. Schließlich mußte Anna eine Stelle annehmen, weil Tom sein Gehalt vertrank. Manchmal war er eine Weile nüchtern, gelobte Besserung, versprach aufzuhören, doch es dauerte nicht lange, dann fing er wieder an. Er hat sie ... glaube ich, schon ziemlich früh ... geschlagen. Sie kamen nicht mehr zu unseren Partys. Ein paarmal habe ich sie mit einem blauen Auge auf dem Markt gesehen – sie sagte, sie sei gegen eine

Tür gelaufen. Und ich glaube, sie fing an, mit ihm zu trinken, obwohl sie niemals davon sprach. Wahrscheinlich hat sie sich so geschämt, daß sie keinem von uns davon erzählen konnte.»

Rommie kratzte ihr Ekzem am Ellenbogen auf. Es tat ihr weh, mir die Geschichte zu erzählen, aber ich mußte es wissen.

«Hatten sie Kinder?»

«Nein.» Sie seufzte. «Zum Glück. Sie waren acht Jahre verheiratet, dann hat sie die Scheidung eingereicht.» Sie schauderte, als sie das Wort aussprach, und ich auch. Eine Scheidung war eine böse Sache. Wenn die Seele ein reines, weißes Tuch war, dann war Scheidung eine Art tödlicher Tarantel mit schwarzen, behaarten Beinen, die in alle Ewigkeit darüberkroch. Gute katholische Ehefrauen ließen sich nicht von ihren Ehemännern scheiden, und wenn sie noch so unglücklich waren, das wußte selbst ich. Meine Mutter – eine Geschiedene? Ich dachte an Nana Higgins und wie sie sich gefühlt haben mußte, als ihre makellose, kluge Tochter sich scheiden ließ. Und dann hat sie meinen Vater geheiratet? Eine Geschiedene war schon verbrecherisch genug, aber dann einen neuen Mann zu heiraten, und dann einen, der noch nicht einmal Katholik war? Kein Wunder, daß Mama sonntags nie zur Kommunion ging – sie mußte exkommuniziert worden sein. Es war, als sei man für die Kirche tot, ausgelöscht, vernichtet, man war ein so endgültig Verbannter, als habe man nie existiert. Ich sagte nicht, daß mein Vater auch zum Trinker geworden war.

Ich mußte mit Granny sprechen. Sie kannte die Geschichte bestimmt. Ich mußte zu ihr.

«Rommie, ich kann heute abend nicht bei euch essen, sag doch Joyce, sie kann ein andermal bei mir schlafen – ich fühle mich nicht wohl», rief ich unhöflich über meine Schulter, als ich holterdiepolter zur Haustür hinausrannte.

Im strömenden Regen raste ich nach Hause. Granny

würde mir von Mama und Tom Murphy erzählen. Sie würde mir erzählen, was sich tatsächlich zugetragen hatte. Ich flog die Stufen zur Haustür hinauf, klopfte laut mit dem Türklopfer, streifte meine durchweichten Turnschuhe ab und schüttelte mein nasses Haar. Mir war kalt, mich fror bis ins Mark, aber es war nicht der warme Sommerregen, der mich frösteln ließ. Ich hatte das Gefühl, als hätte ich in ein offenes Grab geblickt und könnte das unheimliche Gefühl nicht wieder loswerden. Granny mußte mir alles erzählen.

Sie war immer noch nicht fertig angezogen, als sie zur Tür kam.

«Was ist denn jetzt wieder los?» fuhr sie mich an.

«Joyce kann heute nicht kommen – sie ist krank», log ich und hängte dabei meine Socken über den Heizkörper.

«So ein Pech», säuselte Granny, sichtlich triumphierend. Sie stand im Flur und zog ihren Unterrock hoch, um ein Strumpfband zu befestigen und die Naht an ihrem Strumpf geradezuziehen. «Komm, es gibt Mittagessen. Wir müssen uns beeilen – mein Zug geht um zwei, und Dick muß uns zum Bahnhof fahren.»

Ich wusch mir die Hände am Spülbecken und setzte mich an den Tisch. Schon wieder Mortadella und Käse. Mir drehte sich der Magen um. Vorsichtig nahm ich einen Schluck Tee und überlegte, wie ich das Gespräch auf Tom Murphy und die unglückliche Ehe meiner Mutter mit einem Trinker bringen sollte.

«Granny», platzte ich unvermittelt raus, «kanntest du Mama, bevor sie Daddy geheiratet hat?»

Sie wischte sich eine Spur Mayonnaise aus dem Mundwinkel. «Ich sah deine Mutter jeden Morgen, wenn sie auf dem Weg zur Arbeit an unserem Haus vorbeikam. Sie war ein hübsches kleines Ding mit rosigen Wangen und wunderschönen Locken. Sie nähte sich ihre Sachen selbst – schöne Wollkostüme und Mäntel. Sie hatte eine phantastische Figur. Sie hatte wirklich ...» – sie kaute nachdenklich – «wirklich Haltung. Und wenn sie lächelte, glaubte man, die Sonne geht auf.»

«War sie da schon mit Tom Murphy verheiratet?» fragte ich ganz unbeteiligt und biß beiläufig in mein Sandwich. Granny zuckte nicht mit der Wimper.

«Man hätte nie geahnt, daß er ein Trinker war. Er sah gut aus, auf eine etwas derbe Art. Er war viel älter als sie, weißt du. Er arbeitete in dem Laden von seinem Vater, deshalb konnte er so viel Schnaps haben, wie er wollte. Und wenn er nach Hause kam, hat er das arme Mädchen verprügelt. Es ist ein Wunder, daß sie überhaupt so lange bei ihm geblieben ist.»

«Meinst du, sie haben sich jemals geliebt?»

«Wer weiß? Sie war sehr jung, aus behütetem Hause – du weißt ja, wie das bei Katholiken ist. Ich wage zu bezweifeln, daß sie wußte, was Liebe ist. Sie stand da in der Kirche in ihrem weißen Kleid, und Murphys Bruder – er war Trauzeuge – war volltrunken und fiel vor dem Altar um, und sie mußten ihn wieder zu sich bringen, bevor sie den Ring aus seiner Jackentasche herausholen konnten, damit Tom ihn ihr anstecken konnte. So fing diese Ehe an. Dann mußte sie in dieser armseligen Hütte wohnen und sie zu ihrem Zuhause machen. Einmal hat sie mir erzählt, daß das Haus so zugig war, daß der Wind die Kerzen auf dem Eßtisch ausblies. Sie waren arm wie die Kirchenmäuse. Er vertrank jeden Penny, den sie hatten.»

Es ist keine armselige Hütte, wollte ich sagen. Es ist ein schönes kleines Haus mit Dachgauben und Fenstern auf allen Seiten, von denen man das Meer sehen kann, und auf der Wiese wachsen Heckenrosen und Flieder.

«Weißt du bestimmt, daß er sie geschlagen hat?» fragte ich und betete, daß es nicht wahr sein möge.

«Gott im Himmel, und ob!» schnaubte Granny. «Eines Tages war ich draußen und fegte die Blätter vor der Haustür zusammen, als deine Mutter die Straße entlangkam – ohne

Hut und Mantel, die Bluse zerrissen, und einen Schuh hatte sie verloren. Sie schien völlig kopflos. Wahrscheinlich stand sie unter Schock und wollte einfach nur weg. Na ja, ich kannte sie nicht sehr gut, aber ich rief sie herbei und ging die Stufen hinunter auf sie zu. Sie zuckte zusammen, als sie den Besen sah, wie ein Hund, der weiß, daß er geschlagen wird. Ich habe sie mit ins Haus genommen, ihr eine Decke umgelegt und Tee gemacht, um sie zu beruhigen. Auf der Stirn hatte sie eine Beule so groß wie ein Golfball, und als ich ihr dafür einen Eisbeutel gab, rutschte ihr die Decke von der Schulter, und ich sah die blauen Flecken. Er hatte sie an der Gurgel gepackt – ich konnte die Druckstellen von seinen Fingern sehen. Und dann erzählte sie mir, daß er, nachdem er versucht hatte, sie zu würgen, eine Axt nach ihr geworfen hatte.»

Mein Kiefer fiel herab. Tränen schossen mir in die Augen, wie um sie zu verteidigen. Granny stand vom Tisch auf, ich packte sie am Arm.

«Was ist dann passiert?» fragte ich und meinte ihre Ehe, ihr Herz, ihr Leben.

«Ich habe ihr einen Mantel, ein paar Essensmarken und ein Paar Arbeitsstiefel von deinem Vater gegeben – meine Schuhe waren viel zu klein – und bin mit ihr zu Rommie gegangen. Nach einer Weile hörte ich, daß sie mit ihrem kleinen Hund Dusty in einer Wohnung in der Mermaid Avenue wohnte. Sie hatte sich, als Tom bei der Arbeit war, ins Haus geschlichen, ihre Handtasche, den Hund und einen Arm voller Kleider genommen und ist nie wieder hingegangen. Als sie und dein Vater anfingen, miteinander zu gehen, war sie noch verheiratet. Komm jetzt, hilf mir beim Anziehen.»

Das Thema war beendet. In meinem Kopf bohrte ein kleiner Mann mit einem Preßlufthammer eine winzige Erzader an.

Granny saß vor dem Spiegel und machte sich ihr Gesicht zurecht, während ich ihr den Rücken und die Schultern puderte. Sie schlängelte sich in ein blauweißes Sommerkleid aus leichtem Leinen, ich zog den Reißverschluß hoch und suchte im Schrank nach ihren zweifarbigen Pumps. Zwei große Hände drückten mein Herz zusammen wie einen Ballon.

Dann sah sie mich an und sagte: «So kannst du nicht zum Bahnhof mitkommen. Zieh dich an.»

«Ich ... ich will aber nicht mitkommen. Ich will zu Hause bleiben.» Mein Herz war wie ein zerlumptes Hemd, das in meiner Brust zerrissen wurde.

«Du kommst mit zum Bahnhof, um dich von mir zu verabschieden», sagte sie resolut, drehte sich zum Spiegel um und zupfte ihren hellblauen Tüllschleier zurecht.

«Granny, ich kann nicht mitkommen. Ich muß zu Hause bleiben. Mir ist schlecht.»

«Dir ist schlecht?» fragte sie, und ihre Stimme wurde schrill.

Nein, nein, wenn ich sage, mir ist schlecht, dann fährt sie nicht. Denk dir was aus, schnell. Nicht schlecht –

«Nicht schlecht, Granny, ich bin nur müde – schlapp. Ich möchte mich ein bißchen ausruhen. Mir ist überhaupt nicht schlecht.» Ich setzte ein strahlendes Lächeln auf und umarmte sie ungestüm. «Ich sage dir hier auf Wiedersehen. Du wirst mir fehlen, Granny», sagte ich und legte soviel Schmalz in die Stimme, daß selbst Shirley Temple davon übel geworden wäre.

Granny bedeckte mein Gesicht, meinen Hals und meinen Mund mit klebrigen, korallenroten Tupfern von ihrem Lippenstift; ihre Augen wurden als Reaktion auf meine Lüge feucht.

«Komm schon, Ma, es wird Zeit. Wir müssen uns beeilen», dröhnte die Stimme meines Großvaters von der Tür.

Mein Herz flatterte wie das eines Vogels. Granny war so nervös, daß ich fast verrückt wurde. Sie versicherte sich, daß der Herd abgedreht war. Sie mußte nachsehen, ob die Kellertür verriegelt war. Sie prüfte nach, ob sie Schlüssel, Geld, Fahrkarte, Zigaretten, Taschentücher eingesteckt hatte, und ging ein letztes Mal aufs Klo. Ich hüpfte von einem Fuß auf den anderen und wartete, daß sie endlich ging – fieberhafte Küsse, Umarmungen, Granny zog sich die Handschuhe über, der Riegel schob sich vor, als mein Großvater von außen abschloß, Granny rief mit kläglicher Stimme meinen Namen, als führe sie für den Rest ihres Lebens nach Sibirien. Ich hörte den Motor des Wagens und rannte, am ganzen Körper in Schweiß gebadet, in die Küche.

Ich mußte mich beeilen. Mein Verstand ratterte wie eine Rechenmaschine – wie lange würde es dauern, bis sie am Bahnhof waren, das Auto geparkt hatten, in der Schlange gewartet hatten, Boppa geduldig seinen Hut drehte, während Granny im Zeitschriftenladen nach dem *Ladies Home Journal* und *Yankee*, nach Briefmarken, Postkarten und Kirschen mit Schokoladenüberzug fahndete. Ein Sandwich mit Käse hatte sie bereits eingesteckt, aber etwas Süßes war bei einer Reise unabdingbar. Boppa würde allein zurückfahren, tanken, das Auto in die Garage stellen, abwaschen und dann das Radio andrehen, um sich das Red-Sox-Spiel anzusehen. Ich mußte mich beeilen, die Zeit war knapp.

Meine Hände steckten im Spülbecken, aus dem Wasserhahn lief heißes Wasser über die glitschige Spülseife, und ich fuhr in aller Eile über die Teller. Ich wischte die Krümel auf dem Tisch zusammen, stellte die Stühle unter den Tisch, füllte einen Zoll hoch Wasser in die Teekanne und leerte die Teeblätter über die Wurzeln des Fliederbusches vor der Tür. Ich schaffte es, meine Aufgaben zu erfüllen. Doch der Puls in meinem Kopf hämmerte jetzt wie eine mexikanische Springbohne. Ich rannte über den Flur und schloß mich im Badezimmer ein, wo ich wie ein Bündel auf dem Boden zusammensackte, den Rücken gegen die eiskalten Rippen des Heizkörpers gelehnt, den Kopf auf den Knien. Ich zitterte. Ich mußte ruhig bleiben. Ich mußte versuchen zu verstehen.

Meine schöne, schöne Mutter. Ein Stipendium für das Emmanuel College, als sie sechzehn war. Ein Angebot von Radcliffe, ihre Studiengebühren zu übernehmen. Eine Aufforderung von der Zeitschrift *Time*, für sie in New York zu schreiben. Eine bezaubernde Stewardess, die auf einer Weihnachtsparty auf Beacon Hill in einem von Kerzen erleuchteten Ballsaal mit einem Adeligen getanzt hatte. Meine Mutter war eine Prinzessin, ihr war ein glückliches Leben beschieden. Was war so entsetzlich schiefgegangen?

Bilder rasten durch meinen Kopf wie in einem Film, der aus der Transportrolle gesprungen war, ein Bild das andere jagend. Ich steckte den Kopf zwischen die Knie und legte die Hände schützend über den Kopf, als würde auf mich geschossen. Die elfenbeinerne Braut. Ein Todesfall am Altar. Die Kriegssonne durch die gelbgepunkteten Netzgardinen, die Farbe in das graue Haus bringen sollten, hereinströmend, wie die grelle Lebensmittelfarbe, die man Margarine zufügen sollte, damit sie wie Butter aussah. Mahlzeiten, bis zum Morgengrauen im Ofen warm gehalten. Schlafloses Auf-und-ab-Wandern. Verkohlte Essensreste, den Möwen vorgeworfen, als die Sonne über dem Wasser aufging. Streit. Vorwürfe. Ein Stuhl, gegen die Wand geschmettert, zerberstend. Flaschen mit Whiskey – Bourbon und Malt –, bei Ebbe an den Felsen zerschmettert, eine nach der anderen, von einer Frau mit Platzwunden am Kopf. Meine Mutter, zitternd bis zum Zähneklappern; ihr Mann, sein Gesicht in ihrer karierten Schürze, bettelnd und wimmernd, voller Selbstmitleid auf die Knie sinkend. Eine Tür zugeschlagen, dann eingetreten und schließlich aus den Angeln gerissen. Ein Spiegel, in gezackte Scherben zersplitternd. Ihre Bluse zerrissen. Der Schrei eines Tieres, seine Hände an ihrer Kehle. Die Axt. Der Mann. Die glitzernde Klinge. Die Ausholbewegung. Die Axt. Die Klinge, herabsausend.

Ich schrie und preßte meine Stirn in die Knie, Donner schüttelte meinen Körper, meine Haut bettelte darum, geschnitten zu werden – um sie zu retten, um ihn aufzuhalten, um den Schmerz zu lindern, um den Lärm zum Verstummen zu bringen, das fortwährende Schreien. *Laß mich, laß mich, laß mich!* Ich stand am Waschbecken und löste die Klinge aus dem Rasierer meines Großvaters, in ihrer silbernen Halterung glitzerte sie vor Wut, der mörderischen Wut eines Kindes wegen seiner Mutter. Sie schrie nach Blut. Die Klinge bewegte sich wie eine Silberflamme. Wie die Schneide eines Obstmessers, die in das Fleisch einer Melone drang. Und der helle, rote Saft lief über mein Handgelenk, durch meine Augenwimpern fielen endlich die Tränen, meine Knie gaben nach, ich konnte wieder atmen. Ihre Qualen verließen meinen Körper, die Panik verschwand hämmernd aus meinen Lungen wie ein Eindringling. Der Schmerz eines Menschen floh. Ein Mensch war frei.

Ich hob den Kopf. Einen Moment lang war alles verschwommen. Das Badezimmer. Die Rasierklinge. Blut. Ganz automatisch wusch ich die Klinge, trocknete sie an einem Handtuch ab, steckte sie wieder in die Halterung und drehte sie fest. Ich preßte einen Waschlappen auf meinen Arm, und als ich ihn abnahm, war er blutgetränkt. Ich preßte den Lappen wieder auf den Schnitt und drückte meinen Arm an die Brust, während ich das Waschbecken auswusch. Gleich würde es aufhören zu bluten. Ich holte den Mull und einen Verband herunter und wartete.

Meine Mutter. Meine arme Mutter. Wie sehr mußte sie sich gefürchtet haben, wie allein sie sich gefühlt haben mußte. Sollte ich Tom Murphy je begegnen, ich würde ihn umbringen.

Der Waschlappen war mit Blut vollgesogen, Blut lief in den Ärmel meiner Bluse, die ich bis zum Ellenbogen aufgekrempelt hatte. Es hörte nicht auf. Ich wand den Waschlappen fester um meinen Arm und preßte ihn auf den Schnitt. Es würde aufhören. Es mußte aufhören. Mein Großvater würde bald zu Hause sein.

Aber es hörte nicht auf. Blut rann in Strömen an meinem Arm herunter wie ein Fluß, der über die Ufer trat. Ich konnte es Boppa nicht sagen. Ich würde ins Krankenhaus gehen müssen, um genäht zu werden. Er durfte es nicht wissen. Er würde es nicht verstehen. Er durfte es nicht wissen. Ich würde alles erklären müssen. O Gott, ich würde es selbst nähen müssen.

Es ist ein Traum, dachte ich, als ich wie ein Fisch durch das träge, wäßrige Licht schwamm. Unten im Weidenkorb fand ich ein zerschlissenes Leinentuch und band einen Streifen davon um meinen Arm, indem ich auf ein Ende trat und mit meiner unverletzten Hand einen Knoten band. Mein linker Arm gehörte nicht zu mir. Ganz ruhig durchsuchte ich Grannys Nähkasten – *wo sind die Nadeln?* Es gab Nadeln für ihre Singer-Nähmaschine, ganz kleine zum Sticken, aber nichts, um ein Handgelenk zuzunähen. Ich stieß auf den Pralinenkasten mit den um ein Spinett gruppierten Damen in Ballkleidern, die Winslow Gates Granny geschenkt hatte, als er um ihre Hand angehalten hatte. *Nadeln, Nadeln, wo waren nur die richtigen Nadeln?* Ich fand eine Karte mit Polsternadeln und wählte eine gekrümmte aus, die dick genug aussah. Aber in dem Nähkasten gab es nur Baumwollgarn – das meiste blau, sonst schwarzes und weißes, aber Baumwollgarn würde reißen. Es würde mein blutendes Handgelenk nicht zusammenflicken. *Denk nach, denk nach!*

Boppas Angelkasten! Ich ging in die Küche und nahm alles aus dem Schrank neben dem Spülbecken heraus, bis ich die blaue Dose mit einer Rolle Angelschnur fand. Aber konnte ich das wirklich? Mich zunähen? Die Küche bekam dunkle Flecken. Ich hielt den Kopf unter den Wasserhahn und ließ mir kaltes Wasser über Wangen und Nacken laufen. Ich mußte mich beeilen.

Ich rannte wieder ins Badezimmer und verschloß die Tür. Ich legte ein Handtuch auf den Toilettendeckel, holte die Nagelschere und kniete mich vor meinen improvisierten Operationstisch. Das Laken war durchtränkt. Ich riß es vom Arm und fädelte den Nylonfaden in die Polsternadel. Meine

Hände zitterten. Mir war schwummerig. Ich mußte durchhalten. Ich wußte nicht, ob ich es schaffen würde.

Alles war voller Blut. Ich drehte den Wasserhahn am Waschbecken auf und hielt meinen Arm wieder darunter, während ich nähte. Die Nadel durch die Haut zu schieben, war nicht leicht. Es tat nicht weh – alles war betäubt –, aber die Haut rutschte immer wieder weg, und zwischen den Stichen mußte ich meinen Arm unter kaltes Wasser halten. Einmal, zweimal. Wie viele Stiche waren wohl nötig? Langettestich war am besten. Dreimal, viermal, fünfmal. Ich hielt meinen Arm immer wieder unter das fließende Wasser. Es war jetzt so kalt, daß mein Arm wie gelähmt war. Sechsmal, siebenmal, achtmal. Es schien zu halten. Ich schnitt den Nylonfaden mit der Nagelschere ab, drückte den feuchten Lakenstreifen auf die Wunde und preßte den Arm an die Brust. Mit meinem heilen Arm reinigte ich das Becken, schrubbte es mit Scheuermittel und wischte das Blut weg. Die Naht schien zu halten.

Ich trocknete meinen Arm an einem Handtuch ab, umwikkelte ihn mit einer Mullbinde und fing an aufzuräumen. Ich rollte das blutgetränkte Handtuch und meine Bluse in Zeitungspapier und versteckte das Bündel unter dem Müll im Abfalleimer in der Vorratskammer. Ich stellte den Angelkasten weg und zog mir frische Kleider an, den Ärmel über der Mullbinde knöpfte ich fest zu. Wenn Boppa nach Hause kam, wollte er bestimmt Tee trinken. Ich füllte gerade den Wasserkessel, als ich den Schlüssel im Schloß hörte. Ein Schmerz fuhr mir wie eine scharfe Klinge durch den Kopf.

Ich brachte Boppa seinen Tee auf einem Tablett, und er drehte das Radio für die Spielübertragung an. Ich küßte seine breite unschuldige Stirn. Ich konnte ihm nicht ins Gesicht sehen, geschweige denn, ihm erzählen, was ich getan hatte.

Ich kroch in mein Bett im Wintergarten und zog die Decke über den Kopf, mein verletztes Handgelenk legte ich auf ein Handtuch zwischen zwei Kissen, falls es wieder anfing zu bluten. Ich war erschöpft. Als ich einschlief, weinte ich.

Jemand schüttelte mich und rief mich beim Namen. Es war dunkel. Ich wußte nicht, wo ich war. Ich schoß in die Höhe, als ein Kranz von Feuer vor meinen Augen zu tanzen begann, und erkannte blinzelnd Boppa, dann sah ich die Lampe, aber ein spitzer Schmerz fuhr durch meinen Kopf, und ich sank wieder in die Kissen und hielt meinen Kopf.

«Hattest du einen Alptraum?» fragte mein Großvater zärtlich. «Ich habe dich von nebenan weinen hören.»

Meine Zähne taten mir weh. Meine Haut tat weh. Der Widerschein des Lichts auf dem Marmortisch brannte in meinen Augen, also machte ich sie zu. Die rechte Seite meines Kopfes steckte in einer Schraubzwinge. Ich dachte, ich würde sterben.

«Ich bin krank, Boppa. Mein Kopf tut mir weh. Es ist ganz schlimm.» Plötzlich hatte ich die Stimme eines kleinen Mädchens, das ich nicht erkannte. Der Schmerz war überall, es gab kein Entrinnen.

«Kopfschmerzen?» sagte er. «Wo denn?» Seine Hand legte sich zärtlich auf meine Stirn, um zu sehen, ob ich Fieber hatte, und strich mir übers Haar.

«Es tut hier weh», jammerte ich und hielt meine rechte Kopfhälfte. «Mir ist übel.» Er zog den Papierkorb herbei, und ich hängte mich über die Bettkante und würgte.

Ich hörte, wie Boppa in die Küche ging. Ich würde sterben. Er kam zurück, legte ein kühles Tuch auf meinen Kopf und hielt einen Eisbeutel an meine Stirn.

«Ich glaube, du hast Migräne, mein Herzchen. Das gibt's in unserer Familie oft. Ich habe früher auch Migräne gehabt. Dein Vater auch. Dein Onkel Ollie ist manchmal drei, vier Tage deswegen im Bett geblieben. Es tut sehr weh, das weiß ich, aber es geht wieder vorüber. Ich bleibe ein bißchen bei dir sitzen.»

Ich hatte noch nie etwas von Migräne gehört. Ich dachte, es sei ein Gehirntumor. Ich versuchte stillzuliegen, aber das Eis machte den Schmerz nur kälter. Ich weinte und bewegte den

Kopf hin und her, weil sich ein Eisberg auf mich gelegt hatte und der Schmerz so stechend war, daß ich entzweizubrechen glaubte. Boppa hielt meine Hand. Ich schlief ein wenig, doch dann durchzuckte ein Schmerz wie eine Schwertspitze meinen Kopf. Ich schoß hoch und schrie auf.

«Boppa, Boppa, ich sterbe, laß mich bitte nicht sterben!» wimmerte ich. Ich zitterte im Fieber.

Er legte eine Wolldecke über mich und ging hinaus. Ich fing an, ein Sündenbekenntnis zu sprechen, aber ich konnte mich nicht mehr an die richtigen Worte erinnern. Ich schluchzte. Würde ich, wenn ich die Schwelle des Todesschmerzes überschritten hatte, Gott schauen? *Bitte, vergib mir, lieber Gott, daß ich so gemein bin, so niederträchtig, selbstsüchtig, faul und verdorben. Ich bereue, daß ich meine Schwester hasse. Ich hasse sie jetzt nicht mehr. Ich werde Daddy nie wieder sehen. Wissen sie, daß ich sie lieb habe? Sag es ihnen, bitte. Laß mich nicht sterben.* Dann bohrte sich ein Bajonett so tief in meinen Kopf, daß er wie Glas zersprang.

Als ich die Augen wieder öffnete, stand neben meinem Großvater ein anderer Mann. Kam er von einem Bestattungsunternehmen? Ich öffnete meine Augen nur einen winzigen Spalt und blinzelte zwischen den Wimpern hindurch, weil das Licht so hell war. Es war Dr. Conrad, unser Hausarzt, der immer noch Hausbesuche machte. Er saß auf der Bettkante und nahm meine Hand. Er trug seinen weißen Arztkittel.

«Es geht dir bald wieder besser», sagte er freundlich. «Ich werde dir eine Medizin geben, damit der Schmerz weggeht und du schlafen kannst.»

Er sah mir mit einer kleinen Lampe in die Augen – es war wie Folter –, legte mir eine Hand auf die Stirn, steckte mir ein Thermometer in den Mund und sprach leise mit Boppa, während er darauf wartete, die Temperatur ablesen zu können. Er zog mein Handgelenk unter dem Kissen hervor, um meinen Puls zu fühlen, doch ich entriß es ihm und biß so heftig auf das Thermometer, daß es in meinem Mund zerbrach. Sein Blick traf meinen, und ich wußte, daß er die Naht unter dem im Schlaf verrutschten Verband gesehen hatte.

Ich spuckte die Splitter des Thermometers in ein Tuch, das er mir hinhielt. Ich hatte mich im Mund nicht geschnitten. Er stand auf, holte einen Block aus seinem Arztkoffer und schrieb rasch etwas mit einem schwarzen Füller auf.

«Hier», sagte er zu meinem Großvater. «Könnten Sie zur Apotheke gehen? Ich habe Kodein verschrieben. Das wird den Schmerz lindern, so daß sie schlafen kann. Sie wird sich morgen schon wieder viel besser fühlen.»

Boppa war weg. Ich hörte, wie die Haustür ins Schloß fiel. Lieber Gott, was würde Dr. Conrad jetzt mit mir machen? Ich wollte ihn nicht ansehen. Ich spürte, wie er den Verband löste und seine Fingerspitzen die Wunde und den verknoteten Nylonfaden betasteten. Er sprach sanft mit mir.

«Du mußt sehr unglücklich gewesen sein, daß du dich so verletzt hast.» Er wartete. «Hast du eine Rasierklinge benutzt?»

Ich öffnete überrascht die Augen. Woher wußte er das? Er sah mich über seine halbe Brille an. Seine Stirn war gerunzelt, seine Miene sorgenvoll, aber er war nicht böse, er wollte mich nicht bestrafen. Er hatte die anderen Narben gesehen. Verstand er etwa?

«Es wird besser ... wenn ich mich schneide», sagte ich. «Aber ich wußte nicht, daß es so tief war.»

«Wie bist du darauf gekommen, es selbst zu nähen?»

Ich wandte den Blick ab. Das Licht war so hell. Es regnete immer noch. «Ich konnte keinem erzählen, daß ich es getan hatte. Wenn mein Großvater es gesehen hätte, hätte er mich ins Krankenhaus gebracht, und ich hätte erklären müssen ...» Ich brach ab. *Erklären, was nicht zu erklären war – daß ich mich besser fühlte, wenn ich mich schnitt, daß der Schmerz dann erträglich war, daß ich weiterleben konnte, wenn ich mich schnitt.*

«Das hier ist ein sehr tiefer Schnitt, so etwas tun Menschen, wenn sie sich umbringen wollen.» Der Arzt hielt mein Gesicht vorsichtig mit einer Hand und sah mir in die Augen. «Wolltest du dich umbringen?»

Einen Moment lang konnte ich nicht antworten. So oft wollte ich tatsächlich tot sein. Ich wartete darauf, daß mein Leben vorbei sein würde, aber es ging einfach immer weiter. Ich wußte nicht, wie ich ihm antworten sollte. Ich fing an zu weinen. Ist das der Grund, warum ich mich schneide? Um zu sterben? Ich dachte, ich täte es, um nicht zu sterben. «Ich ... ich will einfach nur ... daß der Schmerz ... aufhört.»

Er hielt immer noch mein Kinn und erforschte mein Gesicht, als hätte er es nie zuvor gesehen. Er überlegte angestrengt, aber ich hatte keine Ahnung, was es war. Schließlich räusperte er sich.

«Nun ja», sagte er, «das Nähen hast du ganz gut hingekriegt. Möchtest du Medizin studieren, wenn du groß bist?»

Ich versuchte ein Lächeln. «Nein, ich will Schriftstellerin werden.»

«Dazu mußt du aber lebendig und gesund sein, nicht? Ich werde jetzt mal die Angelschnur herausziehen und es richtig nähen, damit du keine Infektion bekommst, einverstanden?»

Ich spürte, wie das kühle Blatt der Schere den Faden durchtrennte. Er rieb etwas Kühles auf die Wunde. Seine Nadel war warm und flink, und ich spürte kaum mehr als ein paar feine Stiche. Er pinselte etwas über die Naht und legte dann zärtlich einen Mullverband an.

«Das hätten wir», sagte er und verstaute die Schere und den Mull wieder in seinem Arztkoffer. «So wird's wohl gehen.» Er wartete einen Moment und sah auf mich hinab. «Du mußt aufhören, dich zu schneiden. Du könntest dich in echte Gefahr bringen, weißt du. Keiner will, daß du stirbst.»

Ich spürte einen Kloß in meiner Kehle. Keiner? Keiner, außer mir?

«Werden Sie es meinem Großvater erzählen?» fragte ich. In meinem Kopf donnerten immer noch Gewehrsalven.

«Sollte ich es ihm erzählen?»

«Ich werde mich nicht mehr schneiden, Dr. Conrad», versprach ich, obwohl ich wußte, daß ich log. Ich wollte seine Freundlichkeit nicht verspotten. «Erzählen Sie es bitte keinem. Ich höre auf damit.» Doch ich wußte, daß ich nicht aufhören konnte. Er blickte wieder forschend in mein Gesicht und schien mir zu glauben. Er würde Boppa nichts erzählen.

Dr. Conrad zog die Decke über mein Handgelenk und drückte den Eisbeutel sanft an meine Schläfe. Als mein Großvater mit der Medizin zur Haustür hereinkam, stand Dr. Conrad auf und ging ihm entgegen. Ich hörte ihre Schritte im Flur, ihre leisen Stimmen in der Küche. Ich hatte soviel Aufmerksamkeit, soviel Sorgen nicht verdient. Es war so wunderbar und so vollkommen, daß es wie ein Messerschnitt weh tat.

Ich schluckte zwei gelbe Tabletten und trank ein Glas heiße Milch mit Zimt und Honig. Ich versuchte, mir die beiden großen Männer mit ihrem weißen Haar vorzustellen, wie sie am Herd standen und die Milch warm machten. Ein Wärmegefühl machte sich in mir breit, als würde ich von den sonnenfunkelnden, sommerlichen Wellen am Back Beach geschaukelt, nahe einem silbergrauen Häuschen mit gelben Vorhängen, die sich in den Fenstern bauschten. Das letzte, woran ich mich erinnerte, war Dr. Conrad, der auf der Bettkante saß und meine Hand hielt, und mein Großvater, der hinter ihm in einem Schaukelstuhl saß und an seiner kalten Pfeife kaute.

Ein Nebel, keine Schwaden, sondern zarte Spitze, huschte an meinem Gesicht vorbei und überzog mein lang wehendes Haar, meinen schwerelosen Körper mit einem Seidenschleier. In meinem Traum schwebte ich mühelos unter einem Blätterdach dahin, über dem Gitterwerk der Äste war der schwarzblaue Himmel mit Sternen betupft. Ich konnte das Meer riechen und erreichte den Strand, wo Tausende von Sternen auf glitzernden Wellen trieben. Ich kam zu dem gelben Haus in der Floyd Street Nummer 56 und stieg die breite Treppe hinauf, ohne mit meinen Füßen die Stufen zu berühren. Die Tür stand offen. Ich wußte, daß Cap Bergman auf mich warten würde, und Tränen traten mir in die Augen, denn er war schon geraume Zeit tot, und ich vermißte ihn sehr.

Ich schwebte in sein Arbeitszimmer aus Mahagoni und Messing und sah ihn in seiner blauen Uniform mit den blanken Knöpfen und der Mütze mit dem breiten Schirm und den goldenen Tressen am Fenster stehen. Er war tadellos und elegant gekleidet und freute sich, mich zu sehen.

«Ich habe auf dich gewartet, mein Kind», sagte er herzlich. «Komm mit.»

Ich sah das Regal mit den Buddelschiffen, sah den herrlichen *Star of India*, einen vollgetakelten Dreimaster, den ich vor so langer Zeit mit ihm gebaut hatte. In den schimmernden Flaschen im Zimmer waren Fregatten, Ketschen, Schoner, Jollen, alle sorgfältig in ihren gläsernen Sarkophagen erhalten.

Er forderte mich mit einer Geste auf, zu einer Vitrine zu kommen, die ich zuvor nicht bemerkt hatte, wo fünf Flaschen der Länge nach in Halterungen lagen; das Mondlicht füllte sie mit gespenstischem Leuchten, erhellte Bugspriet, Spill, Signalleine und Sprossen der Schiffe in ihrem Innern und ließ die gebauschten Segel bleich erscheinen.

Ich beugte mich tiefer über die Flaschen und las die Namen der Schiffe. Die *Girl of Aurelia* rollte in aufgewühlten irischen Gewässern, Wasser wie Stahl, kein Land in Sicht – das Schiff, auf dem Jeremiah und seine Mutter nach Amerika gekommen waren. Die *Maria Consuela* schimmerte, die Strahlen des Mondes warfen ihren Schein auf das ruhige, tönerne Meer bei den himmelblauen Roßbreiten, eine winzige Figur – der junge Jeremiah – hing an einer Angelleine von der Jakobsleiter. Die wendige Sloop *Louise* – das Schiff meines Großvaters, das er nach seiner Mutter, Emma Beckett, benannt hatte – legte sich mit voller Besatzung bei Graves Light in den Wind und wartete, daß sich die Segel füllten. Der kleine Kabinenkreuzer von John Nolans Bruder, die *Lord Fox*, fuhr zwischen Fischschwärmen und den Sandbänken in der Cape Cod Bay einen gefährlichen Zickzackkurs. Die *Chick-a-Biddy*, das Ruderboot mit der abblätternden tannengrünen Farbe, das an der Wand der alten Böttcherei auf der Farm hing, lag am Ufer des Squanicook, am Bug zwei schräg eingesteckte Bambusstöcke, als wären Flap, Daddy und Boppa damit zum Angeln ausgefahren. Dann sah ich Cap Bergman an und fragte: «Haben Sie diese Schiffe denn jemals gesehen?»

«Aber nein, mein Kind. Brauchte ich auch nicht. Verstehst du denn jetzt? Schiffe in Flaschen können niemals segeln. Es ist ihr Schicksal, in einem Traum vom Segeln gefangen zu bleiben. Dies sind Whiskeyflaschen, mein Kind, alle meine Schiffe sind in Whiskeyflaschen gebaut. Als dein Urgroßvater auf der *Girl of Aurelia* aus Irland kam, brachte er den Samen dafür mit. Das offene Meer bot ihm ebensowenig ein Leben in Freiheit wie die Fregatte in dieser Flasche. Doch jede ihm nachfolgende Generation sprang an Deck, hißte die Segel und stach in See, ohne zu wissen, daß ihr Anker, eine einfache, leichte Whiskeyflasche, sie immer daran hindern würde, frei zu segeln.»

«Zimmer aus Glas – Schiffe in Flaschen – ein Sarg aus Glas», schrie ich heraus, als mein Großvater mich weckte.

Er gab mir eine gelbe Tablette, aber meine Hände zitterten so heftig, daß ich das Glas mit der Milch kaum halten konnte. Er hielt mich in den Armen und wiegte mich wie ein Baby, als ich versuchte, ihm meinen Traum zu erzählen. Aber etwas stimmte nicht mit meiner Zunge. Ich sank wieder unter die Schaumkronen, die sich an der Meereswand meines Herzens aus Glas brachen, und träumte erneut.

Es war mitten im kältesten Winter. Ich saß in einem Zug in Winthrop, die schneebedeckten Felder flogen vorbei und die Fenster teilten, wie Spielkarten, immer neue Lichtvierecke aus. Entlang des Boulevards spritzte die Gischt hoch, die wütenden Wellen rollten vom Horizont herbei und krachten über die frostgeränderten Felsen, und Schaum sprühte fünfzig Fuß hoch in die Luft, bevor er fiel. Der Zug keuchte, als wir den Brückenpfeiler von Great Head umrundeten, der schon vor hundert Stürmen weggefegt worden war. Dann fuhr der Zug an Short Beach vorbei und auf Point Shirley zu, und plötzlich war es Sommer, und die Meeresbrise roch nach Salz, Sonnenschein und Heckenrosen. Ich erkannte Columbia Cottage, das Crest Hall Hotel, die Häuser Elsmere, Hawthorne, Hazelhurst, Lawrence, dann das Leeds, das Leighton House, das Ocean Spray Hotel, Mrs. Palfrey's, das Phoenix, St. Leonard's, das Taft Inn und Young's Hotel. Das Wasser war ruhig wie Turmalinseide. In ihren wollenen Badehosen und den Badeanzügen mit Röckchen unter den riesigen, gestreiften Sonnenschirmen waren die Menschen wie Punkte über den Sand gestreut.

Alles war still und bewegte sich, als wäre es unter Wasser. Die Wellen brauchten Minuten, bis sie sich auftürmten und brachen; Feriengäste in Korbstühlen, die ihre weißen Taschentücher auf den breiten, weißen Veranden flattern ließen, schienen wie Vögel, die auf den unsichtbaren Flügeln des Windes ritten. Der Zug fuhr im Bogen durch die Marsch auf die Highlands zu, er folgte nicht mehr den Schmalspurgleisen, sondern zog paffend an all den Orten, die ich aus meinen Träumen kannte, vorbei.

Ich sah Emma, die Jingo vor den Ponywagen spannte und ihre drei Kinder zusammen mit dem Picknickkorb auf die Sitze hob und sie die Cliff Avenue entlang zu einer Wiese am Ende des Steilufers führte. Ich sah das silbergraue Häuschen auf der Seawall Avenue, meine Mutter erstarrt im Wohnzimmer, die Hände ihres Mannes an ihrer Kehle. Wir fuhren an der Highland Garage vorbei, wo mein Großvater sich in ölverschmierten Arbeitskleidern bückte, um sich die Stiefel mit Paketschnur zuzuschnüren. Der Zug fuhr die Revere Street zur Summit Avenue hoch, und ich sah, wie der zehnjährige Philip Lincoln Flynn von seiner Mutter mit einem Feuereisen verprügelt wurde und seine betrunkene Großmutter zusah; vorbei an der Schule, wo Miss Cochran meinen Vater vorlesen ließ: «Ich wurde von einem Schneesturm befallen»; vorbei an dem weißen Haus mit dem verglasten Eingang, wo die kleine Anna wild auf dem Rücken des geschnitzten Pferdes ritt; vorbei an dem schwarzen Haus, wo mein betrunkener Großvater sein Handgelenk in eine Schraubzwinge einspannte und sich mit dem Hammer vier Fingerknöchel brach, weil er seinen Sohn geschlagen hatte; vorbei an Granny, die in ihrem Filzhut, einem Affenpelzmantel und einer schwarzen Bluse mit rosa Kußmündern auf der Veranda stand, einen Koffer in der Hand, vorbei an Rommies und Johns Haus, an Cap Bergmans Haus, den Boulevard am Strand entlang, vorbei an all dem Schmerz der Vergangenheit, und ich sah, wie es immer wieder geschah, als würde es immer so weitergehen, ob ich in dem Zug saß oder nicht. Ich wollte aus dem Zug steigen. Für immer.

Die Schmalspurbahn zuckelte gemächlich in den Bahnhof, und ich erkannte, daß es der Bahnsteig war, von dem aus ich die Fähre nehmen und Winthrop verlassen konnte. Die Mahagonitür mit den Messingbeschlägen öffnete sich, ich sprang die Stufen hinunter und fiel vor Aufregung auf die Knie. Eine behandschuhte Hand nahm meinen Ellenbogen und half mir auf. Ich blinzelte in die Sonne und erkannte Archie Stewart, den besten Freund meines Vaters, lächelnd und schmuck und jung in seiner blitzenden Uniform. Er würde mich zur Fähre eskortieren. Er war so groß und stark und schön im Tode, als wäre er nicht am Hunger gestorben. Ich trug das Kleid, das meine Mutter trug, als sie im Rose Hawthorne Cancer Home gesungen hatte, und es war so frisch wie der Spitzensaum der Wellen. Ich hatte es mit meinen Tränen reingewaschen.

Bei der Fähre stellte ich mich auf Zehenspitzen, um Archie Stewart auf seine glatte Wange zu küssen.

«Ich werde immer an dich denken», sagte ich. «Ich werde nichts vergessen.» Archie zwinkerte mir zu und salutierte, dann reichte er mich zu Cap Bergman hinauf, der an Deck stand.

Cap Bergman half mir an Bord. Er warf mir eine schwarze Öljacke, so groß wie eine glänzende, schwarz geteerte Persenning, über. Die Sonne strahlte.

«Ich werde nicht frieren», sagte ich tapfer.

«Nein, nicht du, mein Herzchen. Aber du mußt an das Kind denken.»

Er legte ein weißes Bündel in meine Arme, ein Kind, in Segeltuch gehüllt, und ich zog die Öljacke enger um mich, damit die sprühende Gischt nicht sein Gesicht benetzte. Die Fähre setzte sich in Bewegung. Archie Stewart stand an der Anlegestelle stramm. Cap Bergman lichtete den Anker, und wir traten den Weg über das Niedrigwasser an zur Rowe's Wharf, auf Boston und das Beth Israel Hospital zu, wo das Kind, das ich vorsichtig in den Armen hielt, geboren werden und den Namen Melissa erhalten würde.

[illegible] immer an die [illegible] gedacht. Ich wollte nicht [illegible] [illegible] [illegible] [illegible] [illegible] [illegible] [illegible] [illegible] [illegible] [illegible] [illegible].

[illegible] [illegible] am [illegible] [illegible] [illegible] [illegible] [illegible] [illegible] [illegible] [illegible] [illegible] [illegible] [illegible] Sonne [illegible].

[illegible] nicht [illegible], sagte ich [illegible].

[illegible] wir [illegible] immer [illegible]. Aber [illegible] [illegible] [illegible].

Er [illegible] [illegible] [illegible] [illegible] [illegible] Arme, [illegible] [illegible] [illegible] [illegible] und [illegible], die [illegible] und die [illegible] [illegible] [illegible] [illegible] [illegible] [illegible] [illegible] Kind [illegible] [illegible] [illegible] [illegible] [illegible] [illegible] und [illegible] [illegible] wird.

Epilog

Mein ganzes Leben lang habe ich sie inbrünstig gehaßt. Wo immer möglich, habe ich Distanz gewahrt. Ich bin ihr nicht freundlich begegnet, wo es vielleicht wichtig gewesen wäre; ich habe sie nicht getröstet, obwohl das ihre Tränen hätte trocknen können. Ich habe sie gepeinigt und gequält. Sie allein erfuhr die Wucht meiner Zornesausbrüche, meiner kindlichen Wutanfälle, meiner heftigsten Raserei, und nie machte sie mir Vorwürfe. Ich haßte ihr teilnahmsloses Gesicht. Ich haßte es, wie sie Strafe und Kritik scheinbar aus der Luft selbst sog und sich daran labte, als sei es ihr Speise und Trank. In meiner ganzen Kindheit klebte sie mir beharrlich an den Fersen, wie ein Schatten, dem ich nicht entfliehen konnte. Ich haßte sie und hoffte, sie würde sterben. Ich verabscheute ihre Zartheit, ihre Fieberattacken, ihre anfälligen Zähne, ihre Kopfschmerzen, ihr toxisches Blut, ihren giftigen Speichel. Ich kehrte ihr den Rücken zu und tat so, als sei sie ein Krieg in einem anderen Land, der nicht an mein Leben rührte. Und jetzt ist sie immer noch an meiner Seite und liegt still auf dem Rücken in unserem Bett, die Arme ruhig über den Bauch gelegt, den Nabel verbergend, als wünschte auch sie, nie geboren worden zu sein. Ich habe das Gesicht zur Wand gedreht.

Es ist so still heute nacht. Venus steht ganz nahe am Neumond. In den Bäumen raschelt es, Schnee liegt auf den Ästen. Ich kann nicht schlafen.

Sie seufzt. Vielleicht ist es gar kein Seufzen, sondern das Geräusch der Wellen, die in den Sand sickern. Ich drehe mich um und sehe sie an. Eigentlich habe ich sie seit Jahren nicht richtig angesehen.

Sie ist so viel älter geworden. Ich hatte vergessen, wieviel Zeit verstrichen ist. Die goldblonden Locken sind verschwunden, ebenso die kastanienbraunen, taillenlangen Haare. Jetzt ist ihr Haar kurz und dunkel. Ich wage nicht, es zu berühren, weil sie so reglos daliegt, doch zaghaft befühle ich die silbernen Strähnen, die die Wellen durchziehen. In ihrer Nacktheit liegt sie still wie eine Tote. Ich wußte nicht, daß sie so blaß ist. Sie atmet sanft, halbmondförmige, bräunliche Schatten unter zum Schlaf geschlossenen dichten Wimpern. Ihr Gesicht ist wie der Mond, hell, aber von Narben gezeichnet, eine jede Zeichen eines alten Schmerzes, Merkmal von Leidenschaft und Scham, Entstellungen, die längst vergessene Verletzungen bedecken, nur nicht die Spuren des Selbsthasses. Ihre Züge sind zarter, als ich gedacht hatte – eine kurze Nase, leicht zur Seite gebogen, ein kleiner Mund, ein kantiger, aber zierlicher Kiefer. Heute habe ich den Namen für den kleinsten Knochen im Gesicht gelernt, das Tränenbein. Ich möchte ihre Augen berühren, kann es aber nicht.

Ihre Ohrläppchen sind durchstochen, doch sie trägt nie Ohrringe. Einst hatte sie sich goldene Medaillons, funkelnde Silbersterne, herzförmige Rubine, Federn, Ketten von Frost und Feuer vorgestellt, doch gegen alles ist sie allergisch und geht ungeschmückt durchs Leben. Ihre Schultern sind kräftig wie die einer Schwimmerin, und wenn ich genau hinsehe, kann ich die weißen Striemen alter Stockschläge sehen, schwach wie der Schatten von winterlichem Gras auf altem Schnee. Ihre Brüste – ich erinnere mich daran, wie sie durch den Obstgarten sprang und ihre Brüste kaum größer als zwei Pilze waren, als sie rannte. Die meiste Zeit waren sie wie die Brüste eines jungen Mädchens. Früher war sie ganz schlank, doch jetzt steht sie in der Mitte des Lebens, und ihre Brüste sind voll wie Wintermelonen, mit großen dunklen Brustwarzen, den Brustwarzen einer Frau, die nie ein Kind stillen wird.

Ihre Hände sind immer noch klein, gefaltet wie die eines Kindes im Gebet, dieselben Hände, die sich zur Erstkommunion ausstreckten, die ängstlich das Taillenband des weißen Spitzenkleides und des Petticoats betasteten, die die Schönheit des Tüllschleiers ungläubig befühlten. Als unser Vater starb, steckte ich seinen Siegelring auf ihren Ringfinger, denn ich wußte, daß sie nie heiraten würde, aber ich wollte ein Zeichen der Liebe auf ihren dünnen, weißen Händen sehen. Ich sehe mir die Innenseiten der Handgelenke an. Die Narben sind tief. Ich hatte vergessen, daß es so viele waren. Einst wußte sie, mit wie vielen Stichen eine jede Wunde genäht werden mußte, doch jetzt hat sie es vergessen. Sie sehen nicht mehr aus, als täten sie weh, sondern als wären sie in ihre Haut modelliert, wie eine Muschel sanft den Sand formt.

Ihr Bauch war schon immer rund. Ihre Hände ruhen darauf, um ihn vor Ungemach zu schützen. Als kleines Kind hatte sie Alpträume, daß ihr Blinddarm platzen würde und daß, wenn der Chirurg sie mit einem scharfen Messer aufschlitzte, statt Blut Maden herausquellen würden. Auf ihrem Brustkorb, in ihren Seiten, auf ihrem Bauch sind Hunderte von Narben zu sehen; selbst sie weiß nicht, woher sie rühren. Weiter unten, an ihrem Schambein, ist ihr Haar weich, die Schamlippen feucht und rosig, wie ein Kind, das aus dem Schlaf geweckt wird. Sie hat vergessen, daß ihr Geschlecht existiert, so unaussprechlich sind die Dinge, die dort mit ihr geschehen sind. Ihre Schenkel sind kräftig, von Adern durchzogen wie Marmorsäulen, von Unreinheiten und Zeichen früherer Strafen befleckt. Ihre Knie sind voller Narben, aber die Waden und Fußgelenke sind immer noch die eines jungen Mädchens.

Sie seufzt und schlägt die Augen auf. Ich wußte nicht, daß aus ihnen soviel Kummer spricht. Die sie umgebenden Linien rühren vom vielen tiefen Nachdenken, ohne daß sie eine Lösung gefunden hätte, von der Verzweiflung, ohne daß sie Hoffnung gefunden hätte, vom Weinen, ohne daß sie Trost gefunden hätte. Wie kam ich darauf, daß sie meine Feindin sei? Sie wurde nicht geliebt. Ich habe sie mehr als jeden anderen gehaßt, aber sie hatte es nicht verdient, im Stich gelassen zu werden, schon gar nicht von mir. Ich sehe tief in ihre Augen und bemerke zum erstenmal, daß sie graublau sind, mit kleinen goldenen Lichtern. Sie ist so traurig. Ich weiß nicht, wie ich sie um Verzeihung bitten soll. Ich berühre ihre Wange und versuche, den kleinsten Knochen in ihrem Gesicht, das Tränenbein, den Leidensknochen, zu erfühlen. Ich lege meine Lippen auf ihre, und es ist wie eine Besiegelung, heiß wie Wachs, dauerhaft. Zaghaft umarme ich sie, sie legt ihre kräftigen Arme um mich, und ich fühle ihren Puls, kräftig und ruhig. Ich höre ein Herz schlagen, und plötzlich verstehe ich – es ist mein Herz, das schlägt. Ich bin ich selbst geworden, ein Körper und eine Seele, miteinander verschmolzen, wie von der Natur gewollt, und ich strecke mich wie eine Katze, um meine Muskeln und Sehnen zu spüren. Ich bin erschöpft. Ich bin heil.

Venus steht ganz nahe am Neumond. In den Bäumen raschelt es, Schnee liegt auf den Ästen. Ich kann nicht schlafen. Ich trockne mir die Augen, die Tränen von tausend Jahren, und denke: *Nun kann ich mein Leben beginnen.*

Lebensgeschichten

In loser Folge erscheint eine Reihe ganz besonderer Biographien bei rororo: Lebensgeschichten aus dem Alltag, in denen sich das Zeitgeschehen auf eindrucksvolle Weise widerspiegelt.

Helen Colijn
Paradise Road *Eine Geschichte vom Überleben*
(rororo 22146)

Friedrich Dönhoff / Jasper Barenberg
Ich war bestimmt kein Held *Die Lebensgeschichte von Tönnies Hellmann, Hafenarbeiter in Hamburg Mit einer Einleitung von Marion Gräfin Dönhoff*
(rororo 22245)
Seit Jahren korrespondieren Gräfin Dönhoff und Tönnies Hellmann miteinander. Denn so kraß der Klassenunterschied zwischen ihnen, so verbindend ist die Erfahrung des Widerstands gegen den Nationalsozialismus. Hellmann war Kommunist, Mitglied der Bästlein-Gruppe, wurde von der Gestapo verfolgt, war als Kriegsgefangener in Sibirien.

Anne Dorn
Geschichten aus tausendundzwei Jahren *Erinnerungen*
(rororo 13963)

Jean Egen
Die Linden von Lautenbach *Eine deutsch-französische Lebensgeschichte*
(rororo 15767)

Melissa Green
Glasherz *Eine Kindheit*
(rororo 22362)

rororo Biographien

Eva Jantzen / Merith Niehuss (Hg.)
Das Klassenbuch *Geschichte einer Frauengeneration*
(rororo 13967)
Fünfzehn Frauen aus Erfurt führten seit ihrem Abitur im Jahre 1932 ein Tagebuch, in das reihum jede von ihnen Erlebnisse und Gedanken über ihr Leben schrieb. Dieses «Klassenbuch» führt aus zeitgenössischer Perspektive durch die Kriegs- und die Nachkriegszeit des geteilten Deutschlands bis ins Jahr 1976 und schildert die sehr privaten, aber gleichzeitig auch typischen Frauenschicksale.

Tracy Thompson
Die Bestie *Überwindung einer Depression*
(rororo 22396)

Ein Gesamtverzeichnis aller bereits lieferbaren Titel dieser Reihe finden Sie in der *Rowohlt Revue*. Vierteljährlich neu. Kostenlos in Ihrer Buchhandlung.

Rowohlt im Internet:
http://www.rowohlt.de

Wolfgang Borchert

Wolfgang Borcherts Stück «Draußen vor der Tür» wurde zum größten Nachkriegserfolg des deutschen Theaters. **Wolfgang Borchert** schrieb es 1947 wenige Monate vor seinem Tod innerhalb von acht Tagen nieder. 1921 in Hamburg geboren, absolvierte Borchert eine Buchhändlerlehre und nahm Schauspielunterricht. 1941 wurde er eingezogen und später wegen «Wehrkraftzersetzung» verurteilt. Seine Kurzgeschichten bewahren wie keine anderen die deutschen Erfahrungen der letzten Kriegsjahre und der Nachkriegszeit .

Draußen vor der Tür und ausgewählte Erzählungen *Mit einem Nachwort von Heinrich Böll*
(rororo 170)
«Die kleine Erzählung *Brot* und der Dialog Beckmanns mit dem Obersten allein weisen Borchert als einen Dichter aus, der unvergeßlich macht, was die Geschichte so gern vergißt: Die Reibung, die der Einzelne zu ertragen hat, indem er Geschichte macht und sie erlebt.» *Aus dem Nachwort von Heinrich Böll*

Das Gesamtwerk *Mit einem Nachwort von Bernhard Meyer-Marwitz*
352 Seiten. Gebunden.

Die Hundeblume. Nachts schlafen die Ratten doch *Limitierte und numerierte Ausgabe*
98 Seiten. Kartoniert.

rororo Literatur

Die traurigen Geranien und andere Geschichten aus dem Nachlaß *Herausgegeben mit einem Nachwort von Peter Rühmkorf*
(rororo 975)
Die Kurzgeschichten legen Zeugnis davon ab, mit welchem Einfühlungsvermögen Borchert über alle zeitbedingte Thematik hinaus seelische Katastrophen in beiläufigen Gesten anzudeuten vermochte.

Marius Müller-Westernhagen liest
Die Hundeblume. Nachts schlafen die Ratten doch. Die Küchenuhr. Schischyphusch
1 Toncassettte (90 Min.) im Schuber
(rororo Literatur für Kopfhörer 66011)

Wolfgang Borchert
dargestellt von Peter Rühmkorf
(rowohlts monographien 58)

«Bei Borchert wird nicht angeklagt – dieser Dichter weiß, daß niemand anzuklagen ist. Nur eines bleibt: fragen.» Alfred Andersch

3205/2